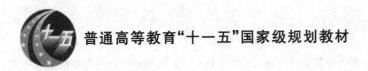

普通高等教育"十一五"国家级规划教材

信息分析与决策

(第二版)

王延飞　秦铁辉　等编著

内容简介

信息分析与决策是情报研究工作的核心。本书在阐明有关决策的基本概念后，逐次讨论了情报研究各环节的主要内容，并重点介绍了现代管理决策中的指标分析和竞争情报等。

本书适于信息管理或情报学专业的本科生及管理决策相关领域的工作人员阅读和参考。

图书在版编目(CIP)数据

信息分析与决策/王延飞等编著. —2版. —北京：北京大学出版社，2010.12

ISBN 978-7-301-17946-8

I. ①信… II. ①王… III. ①决策学－高等学校－教材 IV. ①C934

中国版本图书馆 CIP 数据核字(2010)第 200679 号

书　　　名：信息分析与决策（第二版）
著作责任者：王延飞　秦铁辉　等编著
责任编辑：郑月娥
封面设计：张　虹
标准书号：ISBN 978-7-301-17946-8/C・0617
出版发行：北京大学出版社
地　　　址：北京市海淀区成府路 205 号　100871
网　　　址：http://www.pup.cn　新浪官方微博：@北京大学出版社
电子信箱：zpup@pup.pku.edu.cn
电　　　话：邮购部 62752015　发行部 62750672　编辑部 62767347
　　　　　　出版部 62754962
印　刷　者：北京大学印刷厂
经　销　者：新华书店
　　　　　　890 毫米×1240 毫米　A5　13.125 印张　380 千字
　　　　　　2001 年 7 月第 1 版
　　　　　　2010 年 12 月第 2 版　2019 年 8 月第 4 次印刷
定　　　价：36.00 元

未经许可，不得以任何方式复制或抄袭本书之部分或全部内容。
版权所有，侵权必究
举报电话：(010)62752024　电子信箱：fd@pup.pku.edu.cn

第 2 版前言

决策是人们进行判断、作出抉择的智力活动,决策行为依仗信息支持。决策的本质是一个信息处理的过程,信息在决策流程中表现为不同的形态。由于决策活动通常在信息不完备的情况下进行,因而以解决信息的获取和认知困难为己任、以利用信息支持决策为目标的情报研究工作就显得尤为重要。以决策议题为核心,依照准确、快速、有效的原则,对信息素材进行搜集筛选、参详分析,最终提出参考意见,是情报研究工作的典型流程。而概括抽象、系统顺达以及通权达变则是对情报研究方法和情报研究人员素质的基本要求。正可谓

情报本自实践出,
决策信息流中现。
特征属性是"难""用",
素材要求"准、快、灵"。
流程不离"获、详、参",
方法标准"凝、达、通"。

信息分析与决策是情报研究的通俗表达形式,其内容应涉及情报研究工作的各个环节,其重心应落在分析研究的方法上。这就是作者修订本书的出发点。

本书第一版是"九五"教育部重点教材,秦铁辉教授根据我国本科教学和情报研究实际情况的需要,为其设计了一个系统框架,该框架在教学实践中经受住了考验。本次修订,在基本保持原有框架内容的基础上,补充说明了商业数据库和国家经济信息系统,介绍了完善信息分析的方法(第 6 章第 3 节)及现代决策支持系统的结构与功能(第 10 章第 4 节),增写了有关人才的部分内容(第 8 章第 2 节)。根据现代经济决策任务的要求,增设第 11 章"现代管理决策中的指标分析"。针对竞争情报盛行的现状,增设第 12 章"现代管理决策中

的竞争情报研究"。

在本书修订过程中,借鉴使用了多种媒介上的成果,在此向同行学者表示敬意和谢意。

感谢北京大学出版社的郑月娥老师为本版图书付出艰苦劳动。

衷心欢迎读者朋友提出宝贵意见。

王延飞
2009 年 12 月于燕园

第 1 版前言

决断古已有之,今亦有之。大至国计民生,小至购物出行,无一不需要决断。通常情况下,人们将对个人和家庭问题作出的决断称之为决定,将对事关宏旨的重大问题作出的决断称之为决策。决策遍及政治、军事、经济、科技、文化等领域,纵观决策的发展历史,大致经历了三个阶段。第一阶段是经验决策阶段,这一阶段,决策者将决策对象的情况与自己过去曾经亲身经历过的情况或听到的、见到的类似的情况加以比照,然后作出判断、形成决定。第二阶段是知识决策阶段,在这一阶段中,决策者对于一些重大问题的决定非常重视"外脑"的作用,这些"外脑"在古代称之为谋士、幕僚,军事上称之为参谋,近现代则称为智囊团。第三阶段是科学决策阶段,在这一阶段中,决策工作有了一套比较规范化的机制、程序和方法,一些重大问题的决策通常是由信息系统、智囊系统和决策系统三部分人共同完成的。

纵观古往今来的事实,无论任何人、以何种方式做出决策,都离不开信息的支持。田忌赛马是一个大家耳熟能详的故事,田忌之所以能够做出正确的决策,并且赛而胜之,关键就在于他掌握了自己的和对方的马的优劣的信息。1941 年苏联卫国战争期间,法西斯德国军队兵临莫斯科城下,斯大林之所以敢于抽调防守东线的西伯利亚集团军作为执行战略反攻任务的机动力量,而不必担心日本军队乘机入侵,对苏联形成两面夹击的态势,是因为得到了理查德·佐尔格提供的准确情报。一个更加鲜为人知的事实是,1941 年 12 月 7 日的珍珠港战斗中,日本之所以能够以微小的代价,取得辉煌的战果,完全得力于情报(信息)的系统收集、深入分析和准确判断。可以毫不夸张地说,离开了信息,决策就成了无源之水、无本之木。有鉴于信息与决策之间如影随形、鱼水相依的关系,在管理学科学生中开设一门讲授相关知识和技能的课程实乃当务之急。就在这种形势下,拙著《信息分析与决策》应运而生,与读者诸君见面了。

值得指出的是,学术界关于决策工作和信息分析的著作虽然不下百十种,但在两者的交汇点上展开研究的却不多见。本书在这方面作了一些大胆的尝试,成功与否还有待读者的认定。《信息分析与决策》紧紧围绕科学决策中的信息保障而展开章节,铺陈材料,全书共10章,可以划分为四大部分:第一部分(第1、2章)主要讨论决策概念、决策类型、决策程序、决策原则、决策技巧、决策的地位等有关决策的基本理论和基本方法问题;第二部分(第3章)可以视为第一部分与第三部分之间的链接,主要讨论信息分析在决策中的作用和信息分析的基本工作流程;第三部分(第4、5、6、7、8章)按照信息分析的主要工作环节,分章讨论了决策信息源、决策研究素材、信息分析方法、决策信息分析成果、信息分析人才等问题;第四部分(第9、10章)主要讨论决策者的素质、决策班子的遴选、决策群体的合作与共事、决策科学化等问题。本书的主要读者群是管理科学的高年级学生、咨询人员和管理人员。该书的编写既注重了一定深度的理论探讨,又注重了实际操作过程和案例选择。理论联系实际、可操作性强、可读性高是本书的一个突出特点。

本书由秦铁辉负责宏观策划,拟定章、节细纲,收集部分资料,然后由多人分头补充资料、执笔撰写,具体分工如下:第1章、第2章、第3章(秦铁辉),第4章(王延飞),第5章(任小伟),第6章(秦铁辉),第7章(陈芳),第8章(熊言豪),第9章(秦铁辉),第10章(秦倩)。全书最后由秦铁辉、王延飞两人统稿。在本书编写过程中,张选伟、申水平二位同志曾经对提纲修订和资料补充提供过许多帮助;王辉、王彤、李艳、段学鹏、贾丽冰、祝小静等同志在稿件录入和校对上做了大量工作。特别值得指出的是,北大出版社段晓青和胡美香两位老师为本书的出版提出过宝贵的意见,付出了艰辛的劳动。值此书稿付梓之际,对上述这些同志的无私帮助,我们表示衷心的感谢!马克思指出:科学劳动部分以前人的劳动、部分以今人的协作为成果。在本书编写过程中,我们参考和阅读了国内外大量决策学、管理学和情报学方面的资料,除了书末列出的数十种书籍以外,更有大量从报刊资料上辗转摘抄的资料无法一一注明出处。正是因为吸收和借鉴了前人和今人的大量研究成果,拙著才得以问世。在这里,我应当特别强调刘基唐、彭斐章、蒋沁、魏同悟、陈秀梅、赵文彦、沈悦林等人的著作(或文章)对于本书的启迪和借鉴作用。读者如果认为本书尚有些可取之处,首先应当感谢那些在有关领域已经做出精深研究的前辈和朋友,是他们的辛勤劳动为本书提供了丰富的营养。

对于在本书写作过程中,曾经鼓励和帮助我的老师和朋友,我将永志不忘!

1997年受国家教委委托,衔命编写《信息分析与决策》一书,作为普通高等教育"九五"教育部重点教材。冬去春来,寒暑易节,四年中我曾多次重写大纲、数易其稿,个中艰辛只有编著者方能体味。即便如此,由于编著者见闻有限,学力不济,书中仍不免会有疏漏错误的地方。我们恳切希望广大读者,尤其是情报界、咨询界、管理界的同志对本书的内容和结构多提意见,不吝指正!

秦铁辉
2001年1月于燕园

目 录

第1章 决策概述 …………………………………………… (1)
　1.1 决策概念 ………………………………………………… (1)
　　1.1.1 决策的一般含义 ………………………………… (1)
　　1.1.2 与决策有关的几个名词术语 …………………… (3)
　　1.1.3 预测与决策的关系 ……………………………… (4)
　　1.1.4 决策科学的形成 ………………………………… (5)
　1.2 决策类型 ………………………………………………… (8)
　　1.2.1 决策大家庭 ……………………………………… (8)
　　1.2.2 决策的分类 ……………………………………… (9)
　　1.2.3 各类型决策的内容 ……………………………… (11)
　1.3 决策的地位 ……………………………………………… (29)
　　1.3.1 决策是各级领导的主要任务 …………………… (30)
　　1.3.2 决策是管理工作的核心 ………………………… (31)
　　1.3.3 决策是顺利进行现代化建设的依据 …………… (32)
　　1.3.4 决策是改革成功的保证 ………………………… (34)

第2章 决策机制 …………………………………………… (36)
　2.1 决策程序 ………………………………………………… (36)
　　2.1.1 决策各阶段的主要内容 ………………………… (36)
　　2.1.2 关于决策程序的简化和跳跃问题 ……………… (43)
　2.2 决策原则 ………………………………………………… (45)
　　2.2.1 系统原则 ………………………………………… (46)
　　2.2.2 可行性原则 ……………………………………… (48)
　　2.2.3 时效原则 ………………………………………… (50)
　　2.2.4 创新原则 ………………………………………… (51)
　2.3 决策技巧 ………………………………………………… (53)
　　2.3.1 深入调查,发现问题 ……………………………… (53)

  2.3.2　认真研究,确定目标 …………………………… (55)
  2.3.3　拟订方案,全面论证 …………………………… (56)
  2.3.4　综合比较,择优选取 …………………………… (58)
  2.3.5　抓住时机,果断拍板 …………………………… (60)

第3章　科学决策与信息分析 ………………………………… (62)

 3.1　信息分析在决策中的作用 ………………………………… (62)
  3.1.1　决策活动中的信息利用 ………………………… (62)
  3.1.2　不同决策阶段的信息服务 ……………………… (72)
  3.1.3　决策对信息的基本要求 ………………………… (74)
  3.1.4　决策活动中信息利用的注意事项 ……………… (78)
 3.2　各类型决策中的信息保障 ………………………………… (80)
  3.2.1　科学研究活动中的信息保障 …………………… (80)
  3.2.2　技术开发的信息保障 …………………………… (83)
  3.2.3　新产品研制的信息保障 ………………………… (89)
  3.2.4　对外经济贸易中的信息保障 …………………… (93)
  3.2.5　工程建设中的信息保障 ………………………… (97)
  3.2.6　制订经济发展规划和计划中的信息保障 ……… (101)
 3.3　信息分析的工作流程 ……………………………………… (106)
  3.3.1　信息分析的基本工作流程 ……………………… (106)
  3.3.2　信息分析工作的特点 …………………………… (114)

第4章　决策信息源 ……………………………………………… (118)

 4.1　决策信息的载体 …………………………………………… (118)
  4.1.1　情报与载体的不可分性 ………………………… (118)
  4.1.2　决策信息的载体 ………………………………… (119)
  4.1.3　决策信息的类型 ………………………………… (125)
 4.2　常见决策信息源简介 ……………………………………… (131)
  4.2.1　正式出版物 ……………………………………… (131)
  4.2.2　非正式出版物 …………………………………… (136)
  4.2.3　业务管理和统计资料 …………………………… (139)
  4.2.4　其他 ……………………………………………… (142)

4.3 计算机情报检索数据库 …………………………… (144)
  4.3.1 书目数据库 ……………………………………… (144)
  4.3.2 全文数据库 ……………………………………… (145)
  4.3.3 数值数据库 ……………………………………… (147)
  4.3.4 指南数据库 ……………………………………… (148)
  4.3.5 术语数据库 ……………………………………… (150)
  4.3.6 图像数据库 ……………………………………… (151)
  4.3.7 商业数据库 ……………………………………… (153)
  4.3.8 国家经济信息系统 ……………………………… (158)

第5章 决策研究素材 ………………………………… (161)
5.1 研究素材的收集 ……………………………………… (161)
  5.1.1 系统检索 ………………………………………… (161)
  5.1.2 经常浏览新书和新刊 …………………………… (166)
  5.1.3 参观考察 ………………………………………… (167)
  5.1.4 调查研究 ………………………………………… (168)
  5.1.5 参加会议 ………………………………………… (169)
  5.1.6 发放调查表 ……………………………………… (172)
5.2 研究素材的整理和阅读 ……………………………… (175)
  5.2.1 研究素材的积累 ………………………………… (175)
  5.2.2 研究素材的整理 ………………………………… (178)
  5.2.3 研究素材的阅读 ………………………………… (180)
  5.2.4 研究素材的摘录或摘译 ………………………… (181)
5.3 研究素材的鉴定 ……………………………………… (182)
  5.3.1 情报的可靠性的判断 …………………………… (182)
  5.3.2 情报的先进性的判断 …………………………… (185)
  5.3.3 情报的适用性的判断 …………………………… (188)

第6章 信息分析方法 ………………………………… (193)
6.1 研究方法概述 ………………………………………… (193)
  6.1.1 创造性思维方法 ………………………………… (193)
  6.1.2 逻辑思维方法 …………………………………… (197)

6.1.3　数学方法 ……………………………………… (199)
　6.2　常用研究方法简介 ………………………………… (204)
　　6.2.1　比较 ………………………………………… (205)
　　6.2.2　分类 ………………………………………… (210)
　　6.2.3　类比 ………………………………………… (212)
　　6.2.4　分析与综合 ………………………………… (215)
　　6.2.5　相关分析 …………………………………… (217)
　　6.2.6　变换角度 …………………………………… (220)
　　6.2.7　头脑风暴 …………………………………… (222)
　　6.2.8　文献计量 …………………………………… (223)
　6.3　完善信息分析的方法 ……………………………… (228)
　　6.3.1　信息分析中可能存在的不足 ……………… (228)
　　6.3.2　盲点分析法 ………………………………… (231)
　　6.3.3　矛盾假设分析法 …………………………… (239)

第7章　决策信息分析成果 ……………………………… (243)
　7.1　研究报告的撰写 …………………………………… (243)
　　7.1.1　研究报告的构成 …………………………… (243)
　　7.1.2　研究报告的撰写 …………………………… (245)
　　7.1.3　撰写研究报告应当注意的几个问题 ……… (253)
　7.2　研究报告的修改 …………………………………… (256)
　　7.2.1　论文写作的一般技巧 ……………………… (256)
　　7.2.2　研究报告中的常见毛病 …………………… (261)
　　7.2.3　修改文章的步骤与手段 …………………… (264)
　7.3　研究成果的特点 …………………………………… (265)
　　7.3.1　客观性 ………………………………………… (265)
　　7.3.2　间接性 ………………………………………… (266)
　　7.3.3　独立性 ………………………………………… (267)

第8章　决策信息分析人才 ……………………………… (269)
　8.1　信息分析人员的素质 ……………………………… (269)
　　8.1.1　热爱本职工作 ……………………………… (269)

8.1.2　强烈的情报意识 ………………………………… (270)
　　8.1.3　实事求是的态度 ………………………………… (270)
　　8.1.4　提倡多路思维 …………………………………… (271)
　　8.1.5　自信而不刚愎自用 ……………………………… (272)
　8.2　信息分析人员的培养 …………………………………… (273)
　　8.2.1　信息分析人员的知识结构 ……………………… (273)
　　8.2.2　信息分析人员的培养方式 ……………………… (275)
　　8.2.3　培养信息分析人员的课程设置 ………………… (279)
　8.3　信息分析人员的使用 …………………………………… (282)
　　8.3.1　人才管理的意义 ………………………………… (282)
　　8.3.2　人才群体的组合原则 …………………………… (283)
　　8.3.3　信息分析人员的使用 …………………………… (287)

第9章　决策者与决策群体 ……………………………… (290)
　9.1　决策者 …………………………………………………… (290)
　　9.1.1　决策者的素质 …………………………………… (290)
　　9.1.2　领导的功能 ……………………………………… (297)
　　9.1.3　领导者的地位权力与影响力 …………………… (297)
　9.2　决策班子的遴选 ………………………………………… (299)
　　9.2.1　领导人才的类型 ………………………………… (299)
　　9.2.2　组成有效决策班子的基本条件 ………………… (300)
　　9.2.3　对于候选人的考察方法 ………………………… (302)
　　9.2.4　选拔领导者时应当注意的事项 ………………… (304)
　9.3　决策群体的合作与共事 ………………………………… (308)
　　9.3.1　主要领导者的职责 ……………………………… (309)
　　9.3.2　正、副职的协调和配合 ………………………… (311)

第10章　决策科学化 ……………………………………… (316)
　10.1　决策行为与决策环境 ………………………………… (316)
　　10.1.1　决策行为是决策者主观条件
　　　　　　与客观环境相结合的产物 ………………… (316)
　　10.1.2　决策环境的几个层次 ………………………… (317)
　　10.1.3　决策行为的合理性 …………………………… (319)

10.2 科学决策系统 ………………………………………… (322)
  10.2.1 信息系统 …………………………………… (323)
  10.2.2 智囊系统 …………………………………… (324)
  10.2.3 决断系统 …………………………………… (325)
  10.2.4 执行系统和反馈系统 ………………………… (326)
  10.2.5 评价系统 …………………………………… (327)
10.3 计算机决策支持系统 ………………………………… (328)
  10.3.1 计算机决策支持系统的产生和发展 ………… (328)
  10.3.2 决策分析中计算机特有的功能 ……………… (329)
  10.3.3 决策支持系统的组成 ………………………… (332)
  10.3.4 决策支持系统的开发过程 …………………… (334)
10.4 现代决策支持系统的结构与功能 …………………… (335)
  10.4.1 现代决策支持系统的集成结构 ……………… (336)
  10.4.2 现代决策支持系统的情报功能 ……………… (338)

第11章 现代管理决策中的指标分析 …………………… (340)

11.1 指标的含义、类型与来源 …………………………… (340)
  11.1.1 指标的含义 ………………………………… (340)
  11.1.2 指标的类型 ………………………………… (341)
  11.1.3 指标的来源 ………………………………… (344)
11.2 指标分析注意事项 …………………………………… (347)
  11.2.1 对指标内涵的把握 …………………………… (347)
  11.2.2 对指标外延的把握 …………………………… (349)
  11.2.3 对指标时效性的把握 ………………………… (351)
  11.2.4 对指标发布主体的把握 ……………………… (353)
11.3 决策中常用的经济和管理分析指标 ………………… (356)
  11.3.1 常用宏观经济指标 …………………………… (356)
  11.3.2 企业经营分析指标 …………………………… (368)

第12章 现代管理决策中的竞争情报研究 ……………… (374)

12.1 竞争情报的基本概念 ………………………………… (374)
  12.1.1 竞争情报工作发展的动因 …………………… (374)
  12.1.2 竞争情报的相关概念 ………………………… (377)

12.2 竞争情报工作过程……………………………………(380)
　12.2.1 竞争情报工作过程的表示方式 ……………(380)
　12.2.2 竞争情报工作管理的主要环节 ……………(381)
12.3 竞争情报研究方法……………………………………(386)
　12.3.1 情报研究的基本方法 …………………………(386)
　12.3.2 情报研究的通用方法 …………………………(389)
　12.3.3 竞争情报分析技术 ……………………………(392)
12.4 竞争情报产品评审……………………………………(394)
　12.4.1 对竞争情报产品质量的评审 …………………(394)
　12.4.2 对竞争情报产品内容的评审 …………………(396)
　12.4.3 对竞争情报产品时效的评审 …………………(398)

主要参考文献………………………………………………(400)

第1章 决策概述

1.1 决策概念

1.1.1 决策的一般含义

决策是人类社会实践活动的一个重要环节。决策问题涉及人类生活的各个领域,如军事上的指挥、医疗上的诊断、企业的经营管理、交通运输中的调度、科学研究规划的制订等等。可以毫不夸张地说,从日常生活、工作到改造自然、改造社会的巨大变革,都离不开决策。尽管不同领域的决策在具体内容上有着本质的差别,但就其共同本质来说,都是一个作出决定的过程。而科学的决策过程作为人的一种创造性思维活动,是从调查研究开始,经过分析判断,达到对事物客观规律的正确认识,直到作出决定的动态过程。

为了比较准确地理解决策一词的含义,我们不妨先看一个有关决策的例子。第二次世界大战爆发后,战争造成市面谷物紧张,美国政府决定不准用谷物酿酒。美国企业家哈默知道这个消息后,预测到威士忌酒马上要成为缺门货。当时美国酿酒厂的股票价格为每股90美元,而且以一桶烈性威士忌酒作为股息,哈默买下5 500股美国酿酒厂的股票,因而得到了作为股息的5 500桶威士忌酒。

果然,市场上很快就短缺威士忌酒,哈默不失时机地把威士忌酒改为瓶装,并贴上"制桶"的商标,哈默的"制桶"牌威士忌酒大受欢迎,买酒的人排队成龙。当哈默的5 500桶酒卖掉2 500桶的时候,一位叫艾森伯格的化学工程师前来拜访哈默。这位客人讲,如果把威士忌酒掺上80%的廉价土豆酒精,数量可以增加5倍,而且这种混合酒的味道也不错。

哈默遵照这位工程师的建议作了实验和科学分析,证实他说得不错。于是决定将所剩的3 000桶威士忌酒加上80%的廉价土豆精使之变成15 000桶,并把这种混合酒定为"金币"商标,获得了较大利润。

时间不长,美国财政部公布从1944年8月1日起,谷物开放,不再限制用谷物酿酒了。这对哈默是一场灾难。但是,哈默立即对形势作出分析,他认为第二次世界大战不会马上结束,即使马上结束,美国经济亦不会立刻好转起来,因此,谷物开放的时间不会长。哈默为了验证预测是否准确,请了一些经济学专家及有关权威人士对这个问题进行分析研究,大家的结论与他的看法完全一致。于是,他下决心继续大量收购土豆生产土豆酒精,供混配"金币"酒。果然不出哈默所料,"谷物开放"只持续了一个月就告终了,哈默的"金币"酒比以往更畅销了。

在上述事例中,哈默作了三个重要决策:一是准确判断用谷物酿成的威士忌酒将成为紧俏物资,及时买入酿酒厂的股票,因而获得了作为股息的5 500桶威士忌酒;二是采纳工程师艾森伯格的建议,用80%的土豆酒精掺入威士忌酒中,开发出"金币"混合酒;三是认定"谷物开放"的时间不会长,继续大量收购土豆生产酒精,与威士忌酒一道勾兑"金币"混合酒。

虽然决策普遍存在于人们的生活当中,但是,究竟何为决策,还是见仁见智、众说纷纭。归纳起来,人们对于决策大概有以下一些提法:"决策就是作决定"、"决策就是选择、是确定目标的行动"、"决策就是一种决断"、"决策就是管理",等等。现代管理科学创始人之一,美国著名经济学家赫·阿·西蒙(H. A. Simon)认为,"管理就是决策"。中国著名经济学家于光远提出,"决策就是作决定"。学术界一般认为:决策是决定未来的行动目标,并从两个以上实现目标的方案中,选择一个合理方案的分析判断的过程。

目前,国内对科学决策虽然尚无一个统一的定义,但基本概念大同小异。人们普遍认为,凡是一种科学决策,它必定要有四个环节,这四个环节缺一不可,否则就不属于科学决策。这四个环节是:

(1) 决策总是要付诸实施,围绕既定目标拟定各种实施方案是决策的基本要求。

(2) 决策总是在若干个有价值的实施方案中进行比较和选优。

没有比较和选优,也就不成为决策,更谈不上科学决策。

(3) 决策总是为了达到一个既定的目标。没有目标就无从决策;目标不准或错误,会导致决策错误。

(4) 决策既要考虑实施过程中情况的不断变化及应变的方案,还要考虑实现目标之后的经济效果和社会效果。没有应变方案和不计社会效果的决策,是不完全的决策,更不是科学的决策。

1.1.2 与决策有关的几个名词术语

由于决策所具有的特殊重要性,当人们还没有对它进行系统而科学的研究以前,就已经十分重视并且经常讨论这方面的问题,因此,有关决策的名词术语很多,而且人们对其理解也各不相同。在讨论决策问题之前,我们认为有必要对几个经常使用的与决策有关的词语,作一些简单的解释。

1. 战略、策略

这两个词本来都是军事学名词。战略指对战争全局的规划和指导原则,后来引申为在一定历史时期中带全局性的规划与谋略。策略指为实现战略任务而在较短时间内或局部问题上所采取的手段。策略是战略的一部分,是为战略服务的。我们认为,战略和策略是重要性或层次高低不同的两种决策:战略是总体规划,策略是在特定时期对局部问题的决策。

2. 路线、方针、政策

这是政治性文章中使用很多而含义很不确定的一组术语。大体来说,路线指政党和国家在较长时期所采取的基本原则或所要走的基本道路,依其范围大小,又可分为总路线和各种工作中的具体路线。方针指在某个具体时间和问题上的基本原则。方针也同样可以分为总方针和具体方针。政策一般指政党和国家为实现一定任务所规定的行动目标和准则。以上几个词语在同时使用时,也体现出一种层次关系,即:路线、方针、政策,我们可以把它们当做大小不同的决策看待。

3. 规划、计划、方案

这些也是含义比较广泛而且不太确定的词语。通常所说的规划,是指在做出详明的计划与决策之前,大致拟订的粗略估计或打算;有时也指决策既定之后,对实际行动所作的具体安排。至于计划与方案,往往是决策制定之后对具体工作的具体安排。因此,规划、计划与方案的差别主要表现在粗和细、抽象和具体上面。

1.1.3 预测与决策的关系

预测是人们对未来将要发生的情况及变化所作出的推断和预见。从决策学理论来看,预测是指对某一个非控制变量的预报,是描述一定条件下或一定环境中可能发生的变化,是向人们提供一种未来将会发生何种情况的信息。预测与决策是密不可分的,它们的密切关系主要表现在以下两个方面。

首先,预测是制定科学决策的重要依据。预测的作用是减少和防止人们做出错误的决策。无数的历史与现实证明,凡是原始材料准备越充分,统计数据越准确,预测精度就越高,人们据此做出正确决策的可能性就越大;反之亦然。

其次,决策对预测具有反作用。当人们制定决策以后,必须考虑这些决策会怎样改变预测。也就是说,当人们执行了决策、采取了行动以后,必须对预测值加以调整(修正),以反映这项行动所产生的影响。否则,如果继续利用原来的预测值作为决策的依据,就会发生错误,把人们引入歧途。

总之,预测既是决策的依据,也是改进决策的手段,它可以帮助人们做出决策,或者修正决策,但它本身并非目的。因此,人们要善于根据变化了的情况,及时地对事物的未来进行预测,审时度势地修改决策,以便不断地提高决策的科学性。这就是说,进行科学决策不仅要对客观情况作静态分析,更重要的是要作动态分析,并善于根据动态分析与预测及时调整决策、修正方案。

预测是决策的依据,它为决策的科学性、可行性提供了坚实的基础,江苏春兰集团的崛起就是一个有力的例证。

江苏春兰集团的前身是江苏泰州冷气设备厂。这家地方国营小企业固定资产只有 280 万元,年产值不足 1 000 万元。1985 年,32 岁的陶建幸走马上任。十几年过去了,春兰已发展成为中国最大空调生产基地,世界七大空调企业之一。在没有要国家一分钱投资的情况下,春兰的国有资产、年产值、利税成百倍地增长。

春兰的高速发展得益于决策者对市场的科学预测。陶建幸面对该厂生产40多个批量小、成本高、效益差产品的现实,通过对市场进行大量调查,得出了人们在家用电器方面的消费热点将由冰箱、彩电转到空调上来的预测。1986年,他当机立断砍去原有的40多个品种,集中优势兵力,打空调战,并将研究、开发、生产春兰牌空调定为春兰集团的发展目标。当时,全国空调生产厂家已发展到数十家,面对实力雄厚的竞争对手,陶建幸独辟蹊径,避开国内众多厂家生产的3 000大卡至7 000大卡空调,专门开发3 000大卡以下的家用空调和7 000大卡以上的柜式空调。企业一举赢得了市场,扭转了亏损局面。我国空调市场曾一度出现疲软现象,许多空调生产厂家纷纷下马。面对这种形势,陶建幸又作出了"市场萧条后必定会繁荣起来"的预测。为此,春兰集团通过引进、改造流水线等措施扩大了企业规模。当他通过市场预测得知有几种特种空调将受到用户的欢迎时,马上组织人力、物力改造厂房,只用了半年时间就建成了特种空调厂,生产出一流的特种空调产品。当其他空调厂家醒悟过来时,春兰集团已经走在了国内同行的前面,并在国际市场上占有一席之地。

1.1.4 决策科学的形成

人类的决策活动有着悠久的历史,可以说,自从有了人类,就有了人类的决策活动。真正使人类的决策活动得到长足发展是文字产生以后。文字的产生使人类的决策活动的成果,由口传心授变成用文字的形式记载下来。这样,人类不仅使这些宝贵的财富得到更为广泛的流传,而且也不会因为前人的消亡而失传,后人既可以从前人流传下来的实践成果和长期决策活动产生的智慧成果中汲取必要的经验和教训,又可以继续不断地丰富和完善决策工作。

在我国历史上,广泛流传的决策事例有:刘备因采纳诸葛亮的"隆中对"而三分天下;朱元璋采纳"广积粮、高筑墙、缓称王"的建议而创立了明朝;孙膑为田忌赛马献策而胜齐威王;李冰父子设计了都江堰水利工程体系,妥善解决了分洪、排沙、引水等一系列兴利除害的问题。这些决策都是凭借领导者和智囊人物的阅历、知识和智慧进行的。决策成功与否，主要取决于他们的阅历是否丰富、知识是否渊博、智慧是否过人。这种决策本质上是依靠人的经验，所以又叫做经验决策。经验决策是与小生产方式相适应的。

现代决策智囊机构的形成，与军事和战争有着极为密切的关系。最早建立起来的决策机构是军事参谋体制。1806年，普鲁士军事改革家沙恩霍斯特(Scharnhorst)，创建了军事参谋本部体制，把军事决策从一种智慧的艺术上升到一门科学。不久，普鲁士军队创建了比较完善的参谋本部体制。军事统帅的决策过程，必须依赖于参谋集体智慧的支持来完成。到了19世纪末，不仅在统帅部组建了有科学分工的参谋机构，而且在旅团一级也有参谋人员参加司令部。

第二次世界大战中，由于科学技术的进步，交战双方在先进军事技术部署方面，迫切需要科学家和工程师参与参谋机构的决策过程。当时，英国和加拿大投入战术决策研究工作的科学家和工程师不少于700人。这些人的有效工作，不仅保证了当时军事需要，而且对战后各国的科学家和工程师集体参加智囊机构，参与决策活动，产生了深远的影响。

决策问题发展为一门科学，是第二次世界大战以后的事情。下述典型事例有力地推动了决策科学的发展。

德国著名的化学家奥托·哈恩(OttoHahn)，揭示出一种新型的铀-235材料在核裂变中会释放出惊人的能量之后，希特勒迷信闪电战术，拒绝接受不能在6周内取得成果的研究课题，放弃了原子弹的研制。美国总统罗斯福采纳了包括爱因斯坦在内的一批科学家的建议，大力推进"曼哈顿计划"，终于首先掌握了核武器。这说明，科学决策是掌握先进军事技术的重要条件。

20世纪50年代，苏联研制人造卫星的消息不断传到美国，美国政府对此未加注意，反而相信了执另一种观点的科学家的推断：洲际火箭在今后相当长的时间内不可能和轰炸机竞争。正是这种错误决策，导致了美苏之间的导弹实力的差距。

在导弹实力差距的猛烈冲击下，美国总统组成了由18位高级科学家参加的科学咨询委员会，任命了总统的科学技术特别助理，建立了联邦科学技术委员会,美国国防部还建立了国防与工程署。1969年,美国终于把两名宇航员成功地送上了月球,并于 5 天后返回地球。

正当美国高层决策人员认为洲际导弹的命中精度比导弹的数量和威力更重要时,赫鲁晓夫却大肆吹嘘他手里有一亿吨级的炸弹。美国科学家对此嗤之以鼻,认为这是白花钱的蠢事。赫鲁晓夫下台有着复杂的政治背景,但是,包括冒险把导弹运进古巴等一系列的重大决策失误,也是一个很重要的原因。

现代社会化的大生产带来了一系列社会活动的根本变革,以经济与科技领域为例,20 世纪 30 年代以来,出现了"大科学"、"大工程"、"大企业"。大科学是指需要各类学科协调,花费大量人力、财力、物力进行的科学研究项目。大工程是指诸如大型水利工程、地区性供电工程和超高层建筑工程。大企业是指规模庞大的联合企业,一般由主体工厂、分厂、研究和发展部、销售部和技术服务部等五大部分组成,职工数以万计,机构遍布全世界,这样的大企业实际上是一个自成体系的"经济王国"。

大科学、大工程和大企业具有许多共同的特点:它们的规模庞大,结构复杂,具有多分支性和综合性,其参变量之多,活动规律之复杂,输入和输出信息量之巨大是过去小生产、自然经济所无法比拟的。因此,对其决策时,就要从战略到战术,从宏观到微观,从全局到局部,从经济价值到社会效果,进行周密的方案论证工作。

常言道:"多谋善断"。这种"谋"和"断"过去是一个人完成的,现在不行了,"谋"和"断"分开了。"谋"是集体智囊完成的,"断"才是决策者的主要职责。"谋"得对,才能"断"得好;"谋"错了,"断"就必然失误。第二次世界大战后,世界的政治、经济形势发生了很大变化,科学技术作用日益重要,过去那种以政治权术和军事韬略为专长的智囊,逐步被以经济为中心,以科学技术为手段的多学科专家集体所取代。对于决策问题的不断深入研究,很快便形成了一门引人注意的新兴学科——决策学。

实际上,决策科学作为一门新兴的科学,正逐步形成一个科学的体系。决策科学具有特定的方法和内容,既有定性的分析又有定量的分析。决策科学涉及的问题很多,包括:研究人的逻辑思维过程和创造性思维活动,研究决策系统的程序性和非程序性的决策过程,研究决策正确的原因和失误原因以及内在关系,寻求实现决策系统体制科学化的途径,研究决策的产生、实施、反馈、追踪、控制等问题。目前,先进的科学知识和技术,包括经济学、社会学、科学学、系统论、控制论、信息论、预测科学以及电子计算机等,为决策者适应决策目标多、准、快的客观要求,提供了许多新的科学方法和新的工具。因此,我们的决策研究可以而且应该在马克思主义的立场、观点和方法的指导下,吸收现代科学技术的新成果,使之成为紧密地为社会主义现代化建设服务的崭新科学。

1.2 决 策 类 型

1.2.1 决策大家庭

决策是一个综合性的大家庭,其中的成员可分可合,关键是看从哪种角度对决策进行分类。按照不同的标准,我们大体可以得出以下几种分类:① 按思维方式分,有逻辑型(推理型)决策、推测型(直觉型)决策。② 按科学性分,有经验型决策、科学型决策。③ 按状态分,有静态决策、动态决策。④ 按目标数分,有单目标决策、多目标决策。⑤ 按时间分,有短期决策、长期决策。⑥ 按竞争性分,有进攻型(主动型)决策、竞争型决策、防守型(被动型)决策。进攻型决策以获胜、成功为目标,防守型以维护现状、减少损失、避免失败为目标。⑦ 按执行过程分,有有效决策、备用决策、追踪决策。⑧ 按重复性分,有程序化(常规型)决策、非程序化(非常规型)决策。非程序化决策问题,可以通过把非程序化决策简化为一系列有程序化决策来解决。⑨ 按范围分,有微观决策、中观决策、宏观决策。⑩ 按决策者分,有个体决策、群体决策,其决策对象可以是企事业单位、区、县、局、市、省、部、国家、国际的各种问题。⑪ 按确定性分,有确定型决策、随机型(风险型)决策。⑫ 按管理职能分,有人事决策、生产决策、经营决策、财务决策、技术决策。⑬ 按效果分,有最优决策、满意决策。⑭按层次分,有高层(战略)决策、中层(管理)决策、基层(业务)决策。

1.2.2 决策的分类

按照不同标准,上面我们将决策分成了14个种类,但这种区别似乎过于繁琐。下面我们依据决策过程的主要特点,将决策划分为七个大类。

1. 按决策主体分类,有集体决策和个体决策两种

社会主义社会实行民主集中制原则,应当坚持集体领导与个人分工负责相结合的决策体制。但过去多年来受"集中型"政治与经济体制的影响,中央"统"得过多,包揽了许多地方与下级决策的问题;党委包揽过多,党政职能不分,一切统统由党委集体讨论,削弱与限制了行政首长的决策权。政治体制改革,实行党政职能分开,就是要充分发挥行政部门的职能作用,一则可以使党委集中精力抓大政方针,二则可以充分发挥行政首长的作用,包括扩大其决策权。

2. 按决策范围分,可分为宏观决策与微观决策

宏观决策又称战略决策或全面决策,主要指全局性和长期性的战略决策。这类决策一般由较高层或最高层集团做出。它涉及的范围大,因素多,关系复杂,随机性大,带有明显的全局性和整体目标性,要求决策者的思想水平高,善于把定性分析与定量分析相结合,尤其要作出准确的定性分析与判断。微观决策,也称战术决策或局部决策,主要指基层的、局部性、战术性问题的决策,它是宏观决策在工作上的延续。这类决策比较具体,一般比较容易掌握所含因素之间的精确的数量关系,它十分注重作定量分析。微观决策与宏观决策要互相结合,微观决策活动中要以宏观决策作指导。

3. 按思维过程可划分为程序化决策与非程序化决策

所谓程序化决策,是指可以制定出固定程序进行处理的决策;所谓非程序化决策,是指没有一套固定的程序,只能采用"现裁现做"的方式进行处理的决策,或者说是不能准确表达过程的决策。程序化决策又称重复性决策,非程序化决策又称一次性决策。程序化决策所要解决的是社会管理中经常出现的问题。例如,城市交通管理、社会人口控制等方面大量的决策就属于重复性决策。一次性决策则是用来解决以往没有经验可依据的新问题，以后也往往不会重复出现。比如中国共产党的十二大决定，在中央和省一级设立顾问委员会。这在当时的历史条件下，既考虑到让优秀的中青年干部进入领导班子，顺利完成新老交替，又使那些贡献较大、经验丰富的老干部退出第一线后继续在党、国家和社会的政治生活中发挥一段时间的作用。这是一项典型的、出色的一次性决策。

4. 按决策问题能否用数量来表示，可以分为数量决策和非数量决策

社会管理中有些决策目标要求有一定的准确度，如就业人员的比率上升多少个百分点，失业待业人员的比率下降多少个百分点等。社会稳定或是不安定的程度，也应当通过一定的指标体系进行定量化，而不能笼统地提出"就业面应有明显扩大"、"社会不安定因素应有大幅度的减少"这样空洞的目标。数量决策比较容易采用数学方法给出最优方案。但是还有许多决策却难以用数学方法来解决。比如采取计划经济体系还是市场经济体系、抑或是计划调节与市场调节相结合的经济体系；在共同富裕和允许一部分人先富起来之间是各执一端，还是兼顾二者。这些就属于非数量决策，主要依靠决策者基于管理经验之上的分析判断。

5. 按决策问题所处的条件不同，可以分为确定型决策、风险型决策和不定型决策

确定型决策是指一个方案只有一种确定的结果。这种决策比较好做，只要比较各个方案孰优孰劣，即可做出决策，确定选择一个最好的方案。风险型决策和不定型决策都是由于存在不可控制的因素，一个方案有可能出现几种不同的结果，包括令人满意的好结果和令人不快的坏结果；二者的区别在于，风险型决策是在对各种可能结果出现的概率有了认识以后所做的决策，而不定型决策则是在根本不存在这样一种概率或尚未认识这种概率的条件下做出的。

6. 按决策要求获得答案的数目多少及其相互关系，可以分为单项决策和序贯决策

单项决策也称静态决策，它所处理的问题是某个时点的状态或

某个时期总的结果,它所要求的行动方案只有一个。序贯决策也称动态决策,它要做出一系列相互关联的决策,从而具有两个特点:一是它做出的决策不是一个而是一串;二是这一串决策并非彼此无关,而是前一项决策直接影响后一项决策。

7. 按决策的作用分类,可分为突破性决策与追踪性决策

所谓突破性决策,是促使事物发生方向性或性质突变的决策,也称发展性决策。追踪性决策是指在决策的实施过程中,根据反馈对出现的偏差进行调整,以及由于情况的突变或原决策有失误而重新确定的决策。实际工作中追踪性决策是普遍采用的。比如我国国民经济计划实施过程,往往采用滚动式计划,就是一种追踪性决策。

1.2.3 各类型决策的内容

前面我们从不同角度对决策进行了分类,这种分类有助于我们对决策科学的了解。下面我们对社会实践中经常遇到的科学研究决策、技术决策、生产经营决策、地区经济发展决策、对外经济决策等决策问题的内容作一些简单介绍。

1. 科学研究决策

科研决策的主要内容包括目标决策、条件决策及管理体制与制度决策。

(1) 目标决策

目标决策主要包括以下四个方面的内容:一是确定发展战略,即对带全局性、战略性和长远性影响的宏观目标进行决策,它决定了一个国家(地区)科学发展的总战略。有的科研项目虽然规模不大,但由于在科学技术发展中处于特殊的地位,也有可能被列入科技发展战略。如新型半导体材料、超导材料、高清晰度电视等。二是确定重点发展领域,即为保证战略目标的实现,在一定时间内明确予以重点发展的科技领域。三是确定研究项目,即在研究领域确定以后,分解出若干研究的具体项目,然后从不同方面去解决这一研究领域所面临的各个主要问题。四是确定研究课题,即将一个研究项目分解为若干个比较单一、具体、明确的课题。

科技战略目标、重点领域、科研项目和研究课题构成了科研决策

的四个层次。对于一个国家或一个部门,在一段时期内只宜有一个总的战略目标;为了实现战略目标,必须要确定一系列的重点研究领域,以及成百上千个研究项目和研究课题。

(2) 条件决策

科研目标的实现,必须要有相应的条件作保证。科研条件决策就是研究如何努力创造、合理利用条件实现决策目标。条件决策包括投资、设备材料、技术、信息和人五个方面的内容。

① 投资决策。确定经费数量,以及如何合理使用,使其发挥最大效益,这些都是投资决策的内容。不同范围的科学研究,其投资决策的内容也不相同。例如,就全国来说,有科研投资占国民经济总产值的比例问题;在科学内部,基础研究、应用研究和开发研究的投资比例问题,重点研究领域的投资强度,重点项目的投资数量,直至每个研究单位的研究课题的经费分配等都是投资决策的内容。

② 设备材料决策。设备材料是支撑科学研究活动的基本物质条件,设备材料决策是为了保证决策目标的实现,决策者所做的设备材料的总体计划和重点设备材料的审批工作。设备材料型号、规格是否对口,经费来源能否保证,关键性设备材料的主要技术指标、供货渠道、时间保证、检测手段与检测方法等都是设备材料决策的内容。

③ 技术条件决策。科研目标确定以后,现有的技术条件能不能满足要求,科学技术能力能不能胜任,技术路线、工艺水平、装备能不能适应等都是技术条件决策的内容。任何技术都有一定的适用范围,在某地认为是先进的技术,在另一地可能不适用。采用先进技术,要根据一个国家当时当地的具体条件,如资源、能源、交通、市场、科学技术状况等进行决断。盲目选用先进技术,不注意结合本国及当时当地的具体情况,往往会导致技术条件决策中的失误。

④ 信息的决断。包括如何获取信息,如何分辨信息的真伪,有了信息如何利用,以及如何利用有限的信息进行决策等。另外,如何充分利用现有的信息加工、传输技术也是决策者必须统筹安排的,以便更好地为科研决策服务。

⑤ 关于人的决策。科研目标的实现,要靠人去完成。不同的

人,由于在能力、个人素质、经验、组织才能等方面存在着差异,所以决策者要针对不同情况对人进行使用,做到知人善任,恰到好处,最重要的是选择出色的学科带头人。

(3) 管理体制与制度决策

管理体制与制度决策就是要确定适宜的组织形式和管理体制,并根据科研工作的要求制定相应的管理制度、法规和章程。

科研目标的实现,要有与之相适应的组织形式来保证。有效的组织形式和管理体制,还必须通过各种组织措施,才能发挥作用,使科研目标得以完成。围绕目标采取什么样的组织形式和管理体制,国外的做法是多样的。例如:对于大型科研工程的研制宜采用经理负责制,实行刚性管理;开放性实验室或国家研究中心,一般实行共管制;对于一些重大的综合性研究,则采用跨部门、跨地区的组织形式,有的已经发展为国际性建制,如西欧核子中心是10个成员国共同管理的,等等。

制度、法规和章程是保证科研目标实施的重要措施。什么样的章程可以促使目标最快实现、什么样的制度才能最大限度地调动每个人的工作积极性等,都是需要决策者站在全局的高度,审时度势,广泛调查研究并进行深入分析才能进行决策的。

科研目标决策、科研条件决策和科研管理体制与制度决策构成了完整的科研决策体系。其中目标决策是整个科研决策体系的最核心部分,科研条件和管理体制与制度的决策都是围绕目标决策,并为之提供物质上、技术上、管理上和组织上的保障的。

2. 技术决策

(1) 技术结构决策

技术结构是指一个国家或地区经济构成中各种层次、水平的技术的种类及其所占比例。经济决策的一个重要任务就是要从不同产品、不同行业、不同部门的具体情况出发,确定合理的技术结构,即进行技术结构决策。

根据我国经济发展方向和资金不足、技术相对落后的基本国情,在今后一个较长时期内,应该采取多种技术同时并存的技术政策。在尽量采用先进技术的同时,多采用需要资金少、提供就业机会多的中间适用技术,并且保持和发展具有优良传统的手工艺技术。也就是说,我国的技术结构,将是自动化、半自动化、机械化、半机械化和手工操作同时并存、合理分工、协调发展的多层次结构。具体地说就是在一些以科学技术为基础的生产部门,如能够为整个国民经济提供技术装备的冶金、机械、电子、化工等工业部门,应广泛采用先进技术,促进整个国民经济从落后的技术基础逐步转移到具有现代先进技术基础的轨道上来。在纺织、轻工、食品等一些加工工业部门应多采用适用的中间技术,以便扬长避短,节约资金,扩大就业,加速生产建设,充分满足人民的需要。在以纯粹手工业基础上发展起来的一些行业,如工艺美术、服装鞋帽、皮革制品、日用五金、日用陶瓷等占用固定资产不多,产值却很高的企业,可以适当加大投入,以便提供更多的就业机会。

(2) 技术引进决策

技术引进是国际上的一种技术转移活动,它是指通过贸易途径,以各种不同的方式,从国外获得发展本国国民经济和提高技术水平所需的技术和技术装备。国际上通称为技术转移。任何科学技术都有一个继承与发展的问题。只有重视技术引进,把学习、吸收、消化国外科学技术作为发展科学技术的重要途径,在继承中发展,在借鉴中创新,才能缩短发展技术的时间,在经济上获取最大收益。

技术引进决策是一项重大的战略性决策,投资大,技术性复杂,其工作涉及政治、外交、经济、技术、贸易、法律等诸多方面的问题。为使技术引进获得预期效果,必须坚持以下一些基本原则。

① 适应国情,有选择地引进。技术引进首先要有同先进技术相适应的管理水平,并与国内的资源情况、技术水平相适应。同时,技术引进耗资巨大,因此一定要建立在有偿还能力的基础上,量力而行。

② 有利于本国工业经济的发展。引进技术的目的是为了发展本国的工业,增强自力更生的能力和在国际市场竞争的能力。因此,引进技术必须以是否有利于本国工业经济的发展作为标准。无论是发展中国家还是发达国家,在引进技术时都采取各种措施保护、扶持本国工业的发展,对国内能够制造并能满足生产需要的技术设备严

格限制引进。

③ 注重引进吸收创新技术。在引进技术的应用和消化过程中，必须抓好以下几个环节的工作：一是抓紧应用。现代技术具有速度快、周期短的特点，一些新兴技术引进后如果不及时应用，很快就显得落后了。二是认真学习和吸收国外技术中的先进标准知识。除国际通用的标准外，还要重视吸收别国的国家标准和先进企业的标准。三是抓好引进技术应用中的配套件问题，特别是要保证质量和供货期，以免耽误引进技术的及时应用。四是加强科研工作，剖析引进技术，学习其设计和工艺，提高自己的设计水平。五是学习引进技术或项目中的先进的管理经验。六是在消化引进技术的基础上进行国产化改造，加速引进技术的国产化进程。

④ 有计划地择优引进。对国外的先进技术，必须统筹规划，择优引进。对于技术复杂或规模较大的项目，应聘请外国专家设计和帮助建设，建成后帮助掌握技术和管理。还应利用国外各种咨询机构，提供技术情报和建议，以便在技术引进决策时择优汰劣。

(3) 技术推广决策

技术推广是科研成果转化为直接的生产力的必经环节，只有经过推广，科研成果才有可能产生巨大的经济效益。技术推广决策就是有效地创造条件加速技术向生产力的转化，使科学技术的实际效果在生产建设中得到检验。

为了使技术能尽可能高效地形成直接的、现实的生产力，在作出技术推广决策时，必须考虑好以下几个方面的问题：

① 适用有效。即推广的技术首先要有适用性，符合生产建设的实际需要，具有普遍推广应用的条件；同时也要考虑有效性，即应用上是否经济合理，技术上是否先进适宜。

② 成熟可靠。任何一项技术必须是成熟的、可靠的才能推广。因此，在推广前要加强技术的经济论证，鉴定其成熟程度、实际水平、应用范围、有效价值，以便为顺利推广应用创造条件。

③ 配套衔接。要加速技术的推广应用，就必须充分重视产品、工艺、设备、原料、材料、资金等各方面的配套安排。同时要采取有效措施，充分调动科研单位和应用单位两个方面的积极性，把科研单位

所掌握的技术变为应用单位所掌握的技术，从而使科研成果转为生产成果。

④ 稳定连续。根据科学技术的研究、推广、应用周期的长短不同，推广项目有远期和近期之分。为了尽快取得成果和效益，应优先推广那些投资少、时间短、见效快的项目，特别是那些生产建设迫切需要，经济效益较好的项目；但是对于那些具有重大作用的远期项目，也要根据需要和可能，分别轻重缓急，作出适当安排，以便为后续时期的经济发展提供必要的技术储备。

3. 生产经营决策

生产经营决策就是对企业的近期和远期的生产经营目标以及具体任务作出最优选择并付诸实施的过程，其目的是使企业的全部管理、生产、经营与外部的环境适应，以最小的劳动和物耗取得最大的经济效果。生产经营决策的主要内容包括市场开拓决策、产品开发决策、新产品定价决策和亏损产品决策。

(1) 市场开拓决策

社会主义市场经济的重要特点就是通过市场来使社会资源得到最佳配置，市场既是社会需要的反映，也是联系生产和消费的桥梁。只有进行正确的市场开拓决策，才能不断开辟新的市场领域，不断扩大企业的生产经营规模，促进企业蓬勃健康地发展。

市场开拓决策的重点是分析市场环境的影响因素，这些影响因素主要包括：① 市场容量，即在一定的时间和范围内，某种商品的社会总需要量。掌握市场容量可以帮助决策者了解销售前景，确定合理的生产规模，组织符合实际需要的销售网，预测新商品的更替时间，并制订相应的研究、试制和投产计划，从而提高生产经营活动的有效性和主动性。② 生产条件，即本企业生产的历史、设备能力、职工素质、技术水平、质量水平、管理水平和资金等条件。只有在了解了生产条件之后，才能量力而行，扬长避短，使市场开拓更切合实际。③ 供应条件，即企业的能源、原料、材料、辅助材料和配件等的供应来源、数量、质量和价格等是否充足并且合理。这是企业生产能否顺利进行，生产计划能否实现的保证条件。④ 销售渠道，即采取哪些办法，通过哪些途径来销售商品，决策者要根据产品的特点和市场供求情况来确定合理的销售渠道,使企业的利益最大化。⑤ 方针政策规定,一般情况下,国家对一些商品生产和销售都会有一些政策规定,鼓励或限制一些行业或产品的发展。决策者应该熟悉了解这些政策,并认真贯彻执行。⑥ 国际环境特点,由于国际市场的购买者在政治、经济、社会、文化、宗教和生活习惯等方面与我国不同,出口外销产品的品种、规格、质量、包装和服务等应符合他们的消费习惯和民族特点,才能使产品顺利地进入国际市场。

市场开拓决策的第二步是根据上述因素制定市场开拓策略,这是市场开拓决策的主体内容,它直接关系着市场开拓的成败。市场开拓策略主要包括以下几个方面的内容:① 市场划分策略,即确定谁是你的用户,你的产品是为谁生产的。按照购买者的需求和动机,市场可分为消费者市场和生产者市场。消费者市场也叫最终消费品市场。生产者市场的需求是从消费者对消费品的需求引申出来的,其目的是以此产品为原料或半成品生产供市场消费的产品。② 市场定位策略,即本企业的产品可以销到哪些地区,哪些地区还很畅销,是否应该加强开发;哪些地区已经饱和或滞销,是否应该退出或转移。或者说,本企业的产品在市场上处于什么位置,应该做怎样的地区分布。这就需要精心调查研究各地区市场需求和竞争对手情况,反复进行分析比较,实事求是地依据自己的力量加以决断。③ 市场定时策略,即如何把握产品生产和投放的时机。这对新产品的开发更为关键。预测不准,把握不好,错失时机,小则影响企业生产经营的效益,大则影响到企业的盛衰兴亡。④ 市场进入策略,即企业产品采取什么方式和途径进入市场。通常情况下,产品进入市场有三种方式和途径,一种是生产单位—批发单位—零售单位—消费者;一种是生产单位—零售单位—消费者;一种是生产单位—消费者。每种销售方式和途径各有特点和利弊,在实际工作中应根据实际情况具体确定。由于市场情况多变,商品特点不同,因此在一个企业内往往是两三种方式、多种形式兼而有之。决策者的任务就是要通盘考虑,择优选定。⑤ 市场组合策略,亦称市场效益策略。即根据产品的质量、价格、税利和效益等进行组合或综合考察,不仅要考虑企业微观效益,更要考虑国家宏观效益;不仅要考虑目前效益，更要考虑长远利益；不仅要考虑经济效益，更要考虑社会效益。

（2）产品开发决策

产品开发主要是指新产品的研制，老产品的改进和产品生产线的改革改造等活动，产品的不断开发是企业生存发展的关键，它关系到企业的兴衰存亡。产品开发决策就是研究如何进行产品的更新换代，以满足不断变化的市场需要，保持企业和产品在市场上的竞争力。

产品开发决策通常是以产品（技术）的经济寿命分析为基础的，并通过对产品（技术）的经济寿命的分析和判断，指导和规划产品开发工作。

一般情况下，在产品的经济寿命处于初始缓慢发展阶段，产品开发决策应侧重于尽快完善产品性能、改进生产工艺、做好定型成批生产的准备。在迅速增长阶段产品开发决策的重点应是稳定和改进工艺，努力扩大生产能力，积极开展推销活动，保证质量和信誉，保持销售量的继续增长，提高市场占有率，确保产品迅速成长尽快进入高峰期。高峰期则应改变结构和改善性能，提高质量，尽量使产品的经济寿命得到延长，并尽快用新产品取代老产品，在巩固已有市场的基础上，再开拓新的市场。

由于科学技术的迅速进步，企业之间的竞争日益激烈，产品的经济寿命周期一般都趋于缩短。因此，对于一个具有远见的决策者来说，更应做好新产品的及时接替和迅速接替。就是说，对于产品的开发，应该努力做到生产一代、试制一代、设计一代、构思一代。由于更新换代的产品，特别是用新原理、新结构、新技术、新材料制成的具有新性能、新用途的产品，涉及科学研究、设计、试制鉴定、工艺技术、生产准备等一系列工作，产品开发通常需要较长的周期。因此，必须统筹安排，作好长远规划。

（3）新产品定价决策

新产品如何定价，定高一点，还是定低一点，对新产品的发展前途关系极大。在一定程度上说，新产品定价是否合理，关系到新产品的发展前途。

新产品定价一般分为高定价、低定价以及中等价三种。高定价表示价格比生产成本高出很多,这种高利价格一般适用于高档的和紧缺的新产品,市场需要很多而生产一时上不去。把价格定得高一些,一方面可以鼓励生产单位积极投资,尽快批量生产,另一方面也可以限制市场需求,避免由于奇缺而带来黑市交易等问题。低定价表示价格比生产成本还要低,亏本试销。这种亏本价一般适用于有发展前途、市场潜力很大、但一时尚难为消费者接受的产品。价格低一些,在短期内会有大量亏损,但可以很快扩大销售量,从而占有更大的市场;或者说为了今后更快、更大的发展,需要把价格定得低一些,这样就可尽早扩大产量;产量增大,单位成本就会下降,亏本销售情况会很快扭转,从而更可靠地占有市场。

在高定价与低定价之间的价格,一般叫中等价,或叫保本价格。它是根据新产品试制、生产的成本来确定,试销阶段不赔不赚。但由于生产单位采用的原料、工艺等不同,有的可能成本很高,有的可能很低。因此,这种价格生产单位满意,消费者可能并不满意。

新产品定价要在国家总的物价政策指导下,根据产品的生产成本,兼顾国家、企业和消费者的利益。新产品定价具体要遵循以下原则:① 薄利多销原则。在保证企业比生产老产品有较好或同等收入的情况下,实行薄利多销,以适应市场的需要。② 按质论价原则。质量性能与老产品相当,仅是花色品种有所改变,其定价不能超过同类产品的最高价;质量性能优于或低于老产品者,实行优质优价或低质低价。③ 经常核算原则。第一次出现的又无同类老产品可以对比的新产品,要按照实际情况,具体分析市场销售和财务成本状况,来确定新产品价格。④ 市场策略原则。这主要是从战略和策略的高度,根据市场供求状况和企业发展的要求,机动灵活地确定新产品价格。

(4) 亏损产品决策

亏损产品决策是指企业生产某一产品发生亏损时对于应付措施的选择,一般情况下,人们总认为亏损企业应该"关停并转",其实这是不科学的。正确的亏损产品决策应根据生产成本中固定成本和可变成本的数量关系来确定,特别是当固定成本很高时,多生产一些就可以少赔一些。例如,某企业建成后,如果投产每年要亏损 100 万元左右,因为是亏损,决策者就决定不投产,而发放"维护费"。"维护费"每年就要花 500 万元。显然这是一个错误的决策,或者说是一个极不高明的决策。再如,某产品的单位成本是 500 元,其中固定成本 300 元,可变成本 200 元。假定销售价格为 400 元,生产一个单位产品要亏损 100 元。但是,如果进一步分析,即使不生产,固定成本 300 元仍会存在,产品停产只能节省可变成本 200 元。因此,表面算账,生产一个单位产品要亏损 100 元;实际上捞回了固定成本 300 元,相抵后,等于净赚 200 元。

因此,亏损产品决策要依据固定成本和可变成本的数量关系,经过科学核算后,决定是继续生产还是停产,是增产还是减产,才是最佳的选择。

4. 地区经济发展决策

地区经济发展决策就是在中央统一的方针和政策的指导下,参照全国经济发展提出的目标、内容和措施,结合本地区的实际情况,提出本地区经济发展的具体目标、发展重点、发展的步骤和措施,从而保证全国经济决策得到具体的落实和有效的实施。

(1) 如何发挥地区经济优势

地区经济决策既不能脱离全国经济决策自成体系,也不能用一个模式硬套。它应当在服从全国经济决策的前提下,按照地区经济决策的任务、原则和要求,抓好影响地区经济发展全局的重点环节。或者说,地区经济决策的重点是要研究如何最充分、合理、有效地发挥地区经济优势。发挥地区经济优势,在决策中应掌握以下几点:

① 合理确定优势部门发展的规模和速度。发挥地区经济优势,并不是每个地区搞单打一,只孤立地发展一两个优势部门,而是应围绕优势部门,实行地区经济的综合发展,建立合理的地区经济结构。如果优势部门的发展超过了一定的界限,势必造成地区经济结构的畸形化。因此,要全面考虑、综合论证,把本地区的优势放在全局去衡量,合理确定优势部门的发展规模和速度。既要保证本地区的优势得到充分发挥,各种良好条件得到充分利用;又要防止从地区有利条件出发,把优势部门的生产规模搞得过大。为了做到这点,应该在

认真进行调查研究、摸清现状和存在问题的基础上，根据国家对本地区优势部门发展的要求，对本地区的有利条件和制约因素进行实事求是的分析；考虑不同生产规模和速度所需要的能源、物资、资金、运输等条件，经过综合分析和比较，确定本地区优势部门比较合适的近期和远期的发展规模和速度。只有这样，才能更好地发挥地区经济优势。

② 注意搞好地区农、轻、重的协调发展。一方面，要从本地区的需要、资源、生产基础和发展可能来考虑农、轻、重的比例；另一方面，还要考虑地区之间工农业产品的调入调出情况，把地区农、轻、重产品的生产、分配、流通、消费各个环节联系起来进行考察。也就是说，要从地区农、轻、重之间的物质生产联系统一考虑，分析地区农、轻、重生产发展的规模和结构，研究地区农、轻、重产品的使用及其发展变化规律，安排地区农、轻、重产品的资源与需要之间的平衡。例如，工业优势部门的发展规模和布局，要同农业可能提供的原料、粮食和副食品相适应；重工业优势部门生产发展的规模和速度，要同地区内部农业、轻工业发展水平及其承担能力，还有农业和轻工业产品调进调出的情况相适应。

③ 注意地区优势部门与其他部门的发展是否协调。优势部门与其他部门的关系，实际上是重点与一般的关系。在强调发展优势部门的同时，必须兼顾其他部门。重点和一般是相互制约、相互促进的，是相辅相成的。实践证明，只顾重点优势部门，不顾其他一般部门，必然会破坏地区经济的比例和协调发展。

④ 注意基础设施的建设和改善。基础设施是现代化大生产的基础。地区经济的发展，特别是某些优势部门的发展，水、电、运输、通信等基础设施一定要跟上，否则就会影响生产，优势部门的优势也就难以发挥。由于基础设施的建设周期较长，投资较多，因此，我们在作出地区经济发展决策时，特别是在安排某些大型工业项目时，一定要注意配套建设、同步建设，恰当地安排好基础设施项目，以保证地区经济特别是优势经济部门在协调、平衡中迅速发展。

(2) 搞好生产布局决策

生产布局又称生产配置，是指生产力在全国或一个地区范围内的空间分布与组合。生产布局决策正确与否,对于地区经济以至整个国民经济能否稳步地、健康地、迅速地发展,关系极大。

生产布局决策失误,会造成严重的后果,不仅经济损失大,而且影响的时间长。比如,各地区之间建设的比例安排失当,会严重延缓整个国民经济的发展速度;一项大型工程厂址选择错误,可能造成成百上千乃至上亿元的浪费;如果把运量大的工厂建在远离原料、燃料的地方,就会造成运输费用的长期增加;不合理的工厂布局一旦形成,日后要改变相当困难,甚至可以说几乎不可能。

生产布局是一种复杂的综合的经济现象。它的形成和发展,受自然、经济、技术、政治、军事、历史等多种因素的影响和制约。只有综合各种因素,才能全面地、科学地研究生产布局,提出符合客观经济规律和自然规律要求的布局决策。

从节约社会劳动消耗、提高社会经济效益的要求出发,进行地区生产布局决策,应该遵循如下的基本原则:

① 生产尽可能接近原料、燃料产地和消费地区

使生产接近原料、燃料产地和消费地区,一方面可以充分利用各地区的自然资源,减少或消除原料、燃料、半成品和成品的不合理运输,减少中间环节,从而节约社会劳动,降低生产成本,提高劳动生产率,提高经济效益;另一方面,可以保证各地区生产的产品的结构、品种、质量,同当地资源和居民需要的特点尽可能一致,使原料提前变成生产资料参加社会再生产过程,使产品提前供给消费者及时实现商品的价值。

生产布局应尽量既接近原料、燃料产地,又接近消费地区,这种要求是比较理想的,在多数场合下是可以做到的。如在煤、铁开采区同时建立钢铁工业、重型机器制造和矿山机械制造工业,就可以同时接近原料、燃料产地和消费地区。但也有种种原因,使生产不可能同时接近原料、燃料产地和消费地区。在这种情况下,必须根据节约运输费用等社会劳动消耗和更好地满足消费需要的原则,按照不同部门的特点具体考虑,分别对待。

② 专业分工与综合发展相结合

各地区的自然资源和自然条件的差异,现有经济发展水平和特

点的不同,最终会反映到生产效益的高低和好坏上来。从现代化大生产的要求来看,各个地区经济、技术、自然条件的差异性,决定了一个地区某些产品可以多生产一些,某些产品只能少生产一些,甚至不能生产。地区经济决策的任务,就是要充分利用各地区生产发展的有利条件,建立合理的地区生产专业分工与协作,真正做到扬长避短,取长补短,相互支援,共同发展,从而使每个地区都在全国生产总体系中占有一定地位。

实行合理的地区专业分工,首先要考虑本地区特殊有利条件的优越程度。优越性越好,生产发展的规模可以越大。其次,要考虑专业规模,要有利于社会劳动的节约,以降低成本,提高效益;再次,要考虑地区专业生产发展规模,要与外区需求及供应可能相适应,外区需要量大而发展可能小的产品,本地区可以多生产,否则就要控制;需要外地供应生产资料的产品,也要详细计算后确定生产规模。最后,要考虑交通运输条件的可能,专业生产的产品调出,所需物资的调入,都要有可靠方便的运输条件作保证。没有必要的交通运输条件,地区专业生产是难以发展的。

在发展地区专业生产的同时,要注意地区生产的综合发展。专业分工不等于单一发展。片面的单一经济,既会造成某些产品过分集中生产,分散消费,增加远距离、大批量的运输,也会影响到专业生产的协作配套以及本地区其他一般资源的开发利用和综合利用。因此,在地区经济决策时,除了要充分考虑地区专业生产布局外,也要充分考虑发展对区内经济有重大意义的产品,如地区内消耗量大而又不宜长途运输的自给性产品、由外地供应有困难或难以适合当地生产特点的产品、直接与专业生产部门协作配合的产品以及当地居民特殊需要的产品。

③ 要适当分散,互相配合,合理集中

生产布局,从全国来看,要处理好集中与分散的关系,从一个地区来说也是这样。集中与分散,既反映在布点的地理位置上,也反映在人力、物力、财力的运用上。在布局决策时,应该实行"大分散,小集中"的方针,掌握"适当分散,合理集中"的原则。

生产布局适当分散,布点多,分布广,可以充分利用各地资源,使生产均衡分布于各地;可以充分调动各方面的积极性,促进各地区经济普遍发展;可以使工业接近农村,促进工农结合、城乡结合;可以充分利用各地人力、物力和财力,缩短运输里程,降低产品成本;可以避免由于工业过分集中而产生的一系列难以解决的问题。但是,也并不是说越分散越好。这是因为,随着生产力的发展,现代化生产内部分工越来越细,联系更加紧密,各个企业需要进行生产上的协作和技术上的交流,需要对资源进行综合利用,需要共同利用水、电、交通、通信等基础设施,需要共同的专业化的辅助工厂和服务企业。

生产布局的集中与分散,还必须同城市的发展规划结合起来。要根据"控制大城市规模,合理发展中等城市,积极发展小城市"的方针,广泛建立城市与地区的经济联系,处理好城市这个"点"与地区这个"面"的关系。新的项目布点,尽可能不要都挤在大城市,要多建设中小城镇,但也绝不是说完全不要在大中城市布点。要充分注意发挥大城市经济中心的作用,特大城市和部分有条件的大城市,要有计划地建设卫星城镇,以加快工业现代化的发展。

④ 把工业布局与农业布局结合起来进行

新中国成立以来,我国工业与农业、城市与乡村之间的根本对立已经消除,但是,差别仍然存在,纯工业区和纯农业区界限在一些地区还较明显。因此,工农业生产如何在地区上合理结合,仍然是生产布局决策中的一个重要问题。

搞好工农业生产布局的合理结合,要充分考虑工业生产与农业生产的密切配合,保证其协调发展;既要有利于工业的发展,又要有利于农业的发展,使两者互相促进,共同提高。

在工业和农业互相支援和促进的基础上,要逐步调整农副产品加工业的布局。要有计划、有步骤地把农副产品加工业,特别是粗加工部分,转向农业原料产地,以利支持、促进乡镇企业的发展。

⑤ 处理好经济建设与社会发展的关系

合理的生产布局,不仅要考虑经济效益,还要考虑社会效益。要充分考虑现有人口分布不均衡的状况,鼓励人口向资源丰富而人口稀疏的地区流动,促进人口分布趋向均衡;要充分考虑现有劳动力资源丰富的特点,通过生产布局的安排,解决富余人员的就业问题。

合理的生产布局,要高度重视消除污染,保护环境。在工业布局中,一定要注意合理利用自然环境,防止环境污染和注意生态平衡,为人们创造一个清洁适宜的生活和劳动环境。在企业布点和厂址选择时,要注意水源、风向、生态等。防止污染和其他公害的设施要与主体工程同时设计、同时施工、同时投产,同时要搞好综合利用。在农业布局中,也要注意保护环境,保持生态平衡,处理好种植业、养殖业与林业之间的关系,建立起合理的比例,使之互相促进,形成良性循环。

合理的生产布局,要体现尊重民族风俗习惯,发展少数民族地区经济,促进各民族在经济、文化和科学技术上的差别逐步缩小,有利于充分发挥各民族人民的智慧和力量,巩固和加强各族人民的安定团结。

合理的生产布局,要注意生产发展与国防建设相统一。要妥善处理国防前沿地区与腹地的关系,重要工厂和产品的生产能力要有纵深配置,最好在若干个地区分散建设同类企业,并妥善处理好战略要求和经济合理的关系。

5. 对外经济决策

对外经济决策所包含的内容很多,概括起来讲是两个:一是输出(即出口),二是输入(即进口)。这两个方面是互相制约、互相依赖、互为条件的。因此,对外经济决策的中心问题,就是正确处理这两方面的关系,使它们辩证地统一起来。

(1) 对外贸易决策

对外贸易是对国外的商品交换。积极发展对外贸易,不仅有利于调剂国内市场余缺,协调产需平衡,而且有利于引进先进技术和进口关键设备,满足国内生产建设的需要,推动科学技术进步。

对外贸易是联结国内外经济的桥梁和纽带,是扩大社会再生产、繁荣国内市场所必需的物资和商品的一个调节器。对外贸易决策的任务是:根据国民经济发展的需要,正确掌握国际市场的变化,积极组织出口,合理安排进口,沟通内外,联结产需,调节供求,活跃经济,更好地适应国内生产建设和人民生活的需要,促进国内经济更好更快地发展。正确的对外贸易决策,对于促进外贸事业的发展,更好地发挥外贸在经济建设中的作用,具有重要的意义。

搞好对外贸易决策,要正确处理以下几个关系:

① 立足生产,正确处理货源与出口的关系

出口货源是对外贸易的基础,而生产是出口货源的基础。对外贸易的规模要由国内生产规模来决定,只有国内的生产发展了,生产出来的产品多了,才能为对外贸易提供充裕的出口货源。可供出口的货源品种多、数量足、质量好,符合国际市场需要,才能不断扩大出口。

对外贸易决策要把国内的经济建设同对外的经济技术交流合作紧密地结合起来,统筹运用国内和国外两种资金和两种资源,积极开拓国内和国外市场,取他人之长补己之短,以加快我国现代化建设的进程。

② 量出为入,正确处理出口与进口的关系

进口贸易的规模和速度,不仅取决于国民经济发展的需要,而且取决于出口所能获得的外汇收入的多少。出口规模越大,增长越快,所得外汇越多,进口贸易的规模就可能大些,增长速度就会快些;反之,进口规模就会小些,速度就会慢些。对外贸易决策的中心问题,就是要充分认识出口和进口这两方面互相制约、互相依赖的关系,量出为入,以进养出,出口安排要适应进口需要,进口安排要依据出口可能,使出口和进口两者紧密结合,相互促进,统筹兼顾,保持平衡。

在对外贸易决策中,一方面要努力扩大出口,增加外汇收入,千方百计满足国民经济发展对外汇的需求;另一方面要根据出口的规模和外汇收入状况来安排进口,做到外汇收支平衡,并略有结余。在出口水平不高、外汇收入有限的情况下,为了扩展对外贸易,决策的重点应放在引进先进技术和进口自己不能制造的关键设备上,以便更好地改造现有企业,提高生产技术水平,改进产品质量,扩大品种,降低消耗,节约能源,增强产品竞争能力和出口创汇能力。

③ 发挥优势,正确处理国内生产供应与国外市场需求的关系

对外贸易的一个重要作用,就是充分利用本国资源,更好发挥经济优势,从而提高本国经济发展水平。要做到这一点,关键是要安排

好出口商品结构：资源密集型产品出口要积极慎重，瞻前顾后；劳动密集型产品出口要积极发展，尽量增加；技术密集型产品出口，要积极扩大，提高比重。对某些蕴藏量丰富的资源，要努力开辟市场，多方增加出口；对某些稀有宝贵的一次性资源，要战略权衡，有计划地出口；对某些具有优势的资源，要尽量进行深度加工，变原料出口为成品出口；对传统名牌工艺技术产品，要有计划地恢复和发展，不断增加产量，努力开拓新产品，积极发展进料加工；对拳头产品、骨干产品，要大力扶植，提高质量，增加花色品种，改进包装装潢；对机械电子等产品，要努力提高生产技术水平，提高产品质量，提高竞争能力，逐步扩大出口；对一些有发展前途的产品，要尽快扶植，有步骤地增加出口；对一些尚未开发的产品，要积极试验，努力创新，不断适应国际市场的需要。

④ 统筹兼顾，正确处理外销与内销的关系

外销与内销是辩证的统一体。我们要利用国内国外两种资源，打开国内和国际两个市场，必然涉及生产货源的外销和内销问题。这就要求我们学会组织国内建设和发展对外经济两套本领，统筹兼顾，使出口货源和国内市场的需要都得到适当的保证。

⑤ 区分国别，正确处理贸易逆差与顺差的关系

对外贸易的一个重要原则，是进出口贸易在一定时期内必须基本平衡。国际上的政治经济形势、国际市场商品供求关系和价格涨落的变化，以及各国贸易限制和反限制的斗争，对我国进出口商品、买卖价格以及用汇、收汇都有较大影响，因此，必须经常进行调查研究，认真贯彻国别(地区)政策，既要搞好出口与进口计划的衔接平衡，为促进本国经济服务，又要机动灵活，把进出口商品安排同国别贸易平衡很好地结合起来，为配合外交活动服务。

⑥ 提高效益，正确处理进出口商品与财务盈亏的关系

对外贸易的经济效益，取决于出口及进口商品的国内价值与国际价值的比例关系。就出口商品来说，就是要用同样数量的出口商品获得更多的外汇收入，或为了获得同样数量的外汇收入而出口较少的商品；就进口商品来说，就是要用同样数量的外汇，进口更多更好的、适合国内生产建设需要的物资，或进口同样数量的物资而花费

较少的外汇。考察对外贸易经济效益,可从微观和宏观两个方面来进行。所谓微观经济效益,是指外贸企业的经营成果;所谓宏观经济效益,是指通过对外贸易活动所产生的国民经济的效能和收益,即在转换使用价值的同时,最大限度地发挥节约社会劳动力,实现增加价值的作用。提高对外贸易经济效益,不仅要考虑微观的经济效益,更重要的是要考虑宏观的经济效益。从计算国民经济盈(亏)率的综合角度来筹划发展对外贸易,是对外贸易决策中必须掌握的重要原则之一。

(2) 利用外资决策

利用外资,就是通过各种国际信用方式利用国外资金,解决本国资金不足的困难或进行资金调节,发展本国经济。利用外资是一项政策性很强的工作,在决策中要坚持统一领导,全面规划;积极稳妥,灵活机动;权衡利弊,周密安排。具体说,应当切实遵循以下一些基本原则:

① 效益原则。利用外资首先要讲求经济效益。这里所说的经济效益,不仅仅是微观经济效益,更重要的是宏观经济效益。就是说,利用外资要同整个国民经济发展的需要结合起来,能够有效地促进国民经济的发展。

② 适度原则。利用外资的规模多大,要根据本国(本地区)的具体条件,主要是偿还能力、配套能力、消化能力、创汇能力和使用外资的效益来综合确定。就是说,要有适当的数量限度。在适度的界限内如果不能大胆有效地利用外资,就会错过机会,影响经济建设的发展。但是如果心中无数,盲目使用,超过了限度,就会造成负担过重,无力偿还,甚至会使经济陷入恶性循环。

③ 灵活原则。国际上借用外资的花样繁多,条件各异,优劣不等,利弊互见。如何利用,利用多少,采用什么方式,用于什么方向,都应在充分调查研究的基础上反复进行比较,择优决策。例如,政府贷款一般期限长、利率低,但往往要求全部或部分购买债权国的物资、商品,这就应考虑优先用于能源、交通运输、港口设施等周期长的大型基建和开发性项目;发行债券,利率、费用高,手续烦琐,但借款期长、利率固定,可以广泛接触投资者,为继续利用外资创造条件;又

如,进行企业技术改造,采取合资经营、合作生产、补偿贸易等直接投资方式,可以使国外投资者关心项目发展,提高经济效益,可以更好地学习国外先进技术和经营管理经验。

④ 平衡原则。利用外资同国家财政、信贷、现金、物资有着密切的联系,必须统一综合平衡。一般地说,在保证经济效益的前提下,利用外资会促进生产,增加财政收入,增加外汇收入,增加进口,为扩大再生产创造物质条件,有利于国民经济的综合平衡。但是,也应该看到,利用外资是国内社会再生产向国外的延伸,会增加社会的总需求,需要国内相应的人力、物力、财力多方面的配合条件。项目建成投产后,既需要燃料、动力、原材料、交通运输和流动资金等,又要考虑产品的销售对象、经营渠道、市场范围以及收益、创汇、偿还等问题。这些问题有某一方面的环节不配套、不平衡,就会影响整个项目的效益。因此,利用外资,特别是利用外资建设的重大项目,必须反复进行可行性研究,经过综合平衡,对各方面的配合条件全面规划,统筹安排,才能保证项目顺利、有效、成功。

1.3 决策的地位

决策是在运转中的机关、组织、企业经常碰到的问题,每一个单位都必须经常对长远的和当前的大小问题作出决定,也就是必须经常进行各种各样的决策。特别是现代社会活动范围大,政府措施所牵涉的问题复杂,而且变量多,影响深远,因而决策问题越来越重要。一个国家,一个地区,一个企业要前进、要发展,就必须在多变的形势下随时作出抉择,而且决策的正确与否关系着事业的存亡。因此,目前我国不但国务院有决策机构、智囊团,而且各省、市都设立了相应的决策组织。某市市长明确提出:各级领导部门,尤其是区、县、局以上的领导部门,都要采取积极措施,从制度上建立合理的决策体制,对重大决策实行"三不政策",即:不认真调查研究不决策;不经过专家咨询论证不决策;不制定两个以上可行性方案不决策。这是一个良好的开端。

决策的重要性主要表现在以下几方面。

1.3.1 决策是各级领导的主要任务

毛泽东同志在《中国共产党在民族战争中的地位》一文说："领导者的责任,归纳起来,主要的是出主意、用干部两件事。一切计划、决议、命令、指示等等,都属于'出主意'一类。使这一切主意见之实行,必须团结干部,推动他们去做,属于'用干部'一类。"出主意是政治、经济、军事等方面的战略决策或对策,用干部是人事方面的决策。

从领导角度来说,决策是领导工作的重要职能,是领导者应当紧紧抓住并抓好的一件大事。对于领导者来说,抓决策就是抓方针政策的制定,抓重要的战略决策和人事决策。一项重大决策的失误,往往会极大地影响领导者的工作成就,甚至会左右整个国家、地区或部门的形势。因此,在一定意义上说,决策是领导工作的主要职能,是搞好领导工作的关键。

20 世纪 50 年代后期,由于缺乏建设社会主义的经验,对经济发展规律和中国经济基本情况认识不足,更由于中央和地方不少领导同志在胜利面前滋长了骄傲自满情绪,夸大了主观意志和主观努力的作用,中央做出了"大跃进"的错误决策。从此,"以钢为纲"、"大炼钢铁";"以粮为纲"、"大放高产卫星";以"人民公社化"为指导,大刮"共产风"、"浮夸风"的"左"倾错误严重地在全国范围内泛滥开来。"大跃进"劳民伤财,最终导致了三年困难时期的出现。一步不慎,满盘皆输,这个教训是深刻的。

1958 年 7 月 18 日,由于黄河中上游连降特大暴雨,郑州花园口上出现了每秒 2.23 万立方米的大洪水。来势凶猛的特大洪峰,冲垮了黄河铁路大桥,造成了南北铁路交通中断。更严重的是,洪水直接威逼黄河下游人民生命财产安全。当时,正在上海开会的周恩来,一接到汛情报告,马上停下会议,直飞黄河汛区,亲自察看汛情。

如果分洪,虽可保证黄河下游的安全,但也要淹掉近 100 万人口的广阔地域,造成价值近 4 亿元的财产损失。如果不分洪,一旦下游决堤,造成的损失更不敢想象。周恩来对洪水的来源,当时的气象预报,洪峰的流量、流速,黄河下游水位上涨情况以及防洪措施落实情况等资料和数据作了系统的分析和全面的权衡之后,果敢地做出了不分洪的决策。经过河南、山东两省近200万抗洪抢险大军的10天奋战,终于战胜了洪水,保全了100万人民的生命财产安全。

1.3.2 决策是管理工作的核心

决策就是管理者在管理活动中作出意义重大的决定,即"决定对策"。决策在管理中有十分重要的作用。管理的各种职能,如计划、组织、控制、指挥等等,它们的执行与发挥几乎都离不开决策。计划工作中无论是确定事物的发展方向和速度,还是规定活动的内容和程序,都要做出周密的决策。在组织方面建立何种组织机构,制定何种规章制度,是否要改进和完善它们,也都需要决策。在计划的执行和组织的运作中,一旦发现偏离原定目标时,必须采取合理的措施加以纠正,实施有效的控制,这也要求及时做出决策。至于日常指挥中人力、物力、财力的合理调配,进度的适当掌握等等,更需要灵活机动地随时做出决策。正因为决策在管理中具有突出的地位和作用,著名的管理学家H.西蒙说"管理就是决策",并且以他为首形成了管理理论中的一个新学派,即决策学派。

决策贯穿于管理的全过程。在管理活动中,决策是否正确及时,小则影响经济效益,大则关系到事业的成败。在管理实践中,我们的工作之所以失败,究其原因或者是决策失误无法达到预期目标,或是决策不及时,失去良机。因此,决策在管理活动中占有十分重要的地位,没有决策也就没有管理。

莲花味精集团位于豫东平原的河南省周口地区项城县,它的前身是周口味精厂。河南省周口地区农业资源比较丰富,决策者紧紧抓住这一优势,决定走以玉米为原料生产食用味精的发展道路,依托农业搞优势工业。1982年,由项城县酒厂和味精厂合并成立了周口地区味精厂。1992年,根据国际和国内市场的变化,又以周口味精厂为核心成立了河南省莲花味精集团。经过十几年的努力,一个在传统农业区发展起来的县办企业,迅速发展成为全国第一、世界单厂年产味精第一的特大型企业集团。1995年味精产量达到10.7万吨,年销售收入18亿元,利税1.6亿元。

面对企业的不断发展壮大,莲花味精集团董事长、总经理李怀清并没有安于现状,而是清醒地认识到,根治味精生产废水已成为企业生死存亡的头等大事。味精制作是一系列复杂的化学合成技术,世界上很多味精生产厂家都因一些关键性的工艺技术不过关、成本高、产出率低、污染严重等问题而纷纷破产。在国内外没有成功经验可以借鉴的情况下,李怀清果断决定在同行业中率先进行味精生产废水处理的研究,并于1992年与河南省科学院等单位联合进行科学实验。特别是1995年,李怀清在企业产品供不应求的情况下,冒着牺牲1亿多元利润的风险,毅然决然地做出停产40%的决策,投资7000多万元进行生产工艺改造和治理污染工程建设。最终使味精生产排放废水中的镉污染物CDO总去除率达到95%以上。为治理污染,莲花味精集团付出巨额成本。但是,企业却因此而克服了环境污染有可能带来的危机和风险,为企业今后的可持续发展奠定了坚实的基础。

在上述事例中,周口地区的领导做出了以玉米为原料生产食用味精,依托农业搞优势工业的决策,莲花集团的领导做出了投资7000万元进行生产工艺改造和治理污染的决策。这两个决策是正确的,也是适时的,这才造就了今日之莲花味精集团。

1.3.3 决策是顺利进行现代化建设的依据

社会主义现代化建设是一项前人未曾从事过的伟大事业,从国家和地区来说,社会主义现代化建设有许多新情况、新问题有待于各级领导调查研究,进行正确决策。诸如国家和地区战略发展方向怎样决定,一个大型工程项目是否应该上马,有限资金应该投到哪个地方,科研资金应怎样分配等,都需要做出正确的决策。在决策过程中,必须考虑到全局整体,又要考虑各个局部、各个环节、各个时期的情况和变化。即使一个局部问题,在决策时,也要考虑到四邻八舍的关系。否则,不是决策失败,就是小集体受益而大集体受到损失。可以说,一个企业的领导决策失误,会造成企业经营亏损,甚至危及企业的生存,而一个地区的领导决策失误,其后果就更加严重,损失就更大。因此,决策是现代化建设得以顺利进行的依据。

上海宝钢工程是1978年中央批准的建设项目。在动工之前,虽然做过一些专题性和综合性的课题论证,但是论证不充分,缺乏跨行业、跨部门、多学科的比较全面、系统的前期工程可行性论证,就仓促上马了。这样,这一特大型引进工程项目在兴建过程中,就暴露出很多问题。1980年前后,人们要求宝钢"下马"的呼声很大,是继续兴建,还是"下马",中央面临着重大的抉择。1981年1月中旬,国家计委、建委和中国社科院等19个部委的220多位专家和领导,召开了论证会,论证会上意见纷纭,有缓建、停建、分建和拆散等各种主张和方案。会后,成立了专家论证小组,对各种方案分析对比,提出了"缓中求治"的调整方案。该方案认为,若宝钢全部"下马",至少损失直接投资100多亿元(还不包括赔款在内)。缓建一年至少损失10亿元,推迟一天等于损失274万元。如果国家再拿出27亿元,按一定比例进行投资,避开国家投资高峰,推迟两三年建设工期,就可使宝钢形成生产规模,为国争光。同时,还提出"宝钢二期工程不宜停建"。因为宝钢是大型钢铁联合企业,一二期工程是配套设计的。如果只有一期工程的钢,而无二期工程的材,就将成为"半身不遂"的企业。如果企业不配套,引进的先进技术和管理经验都将学不到手,损失之大,不堪设想。况且,从经济效益上看,"一期工程"投产后,年盈利仅1~3亿元;如果二期工程投产,年盈利就可达20多亿元。二期工程投产后,"热轧板"和"冷轧板"等不仅可以替代每年进口的钢材约500万吨,从而节省外汇几十亿元,还可将钢材出口到东南亚国家换回外汇。否则,"热轧板"、"冷轧板"已签订国外贸易合同,如果退约,还必须重新谈判,赔偿损失。

1981年8月,国务院做出决策,批准宝钢续建,分两期建设,原定建设工期延长。宝钢于1985年9月投产,避免了至少100个亿的投资损失。一期工程投产,每年可为国家生产300万吨优质钢,宝钢在一期工程成套引进后,二期工程就自己设计、自己制作了,三期工程有80%是自己制造的。像高炉、焦炉都是我国国内自己设计、自己生产。根据国家批准,投资达624亿元的三期工程,资金全部由宝钢自筹。到2009年宝钢集团公司粗钢产量达到3 887万吨,位居全球钢铁企业第三。宝钢的建成和投产使我国的钢铁工业与国际钢铁工业水平相比,其差距至少缩小了20年。

今天,宝钢已经成为我国钢铁工业的旗舰,是当之无愧的社会主义现代化建设的榜样工程,如果没有1981年续建宝钢的正确决策,就不可能有宝钢今天的成就。

1.3.4 决策是改革成功的保证

当前我国正在进行前所未有的改革,正在建设有中国特色的社会主义。什么是有中国特色的社会主义,如何建设,没有现成的经验可以学习和借鉴,只能是摸着石头过河,边干、边学、边总结。所谓改革,实际上就是做出一系列不同于原有政策的新决策。为保证改革取得成功,需要进行正确的决策与论证。决策正确就会使改革顺利进行,决策失误就会使改革蒙受损失,走弯路。因此,在全面改革的新形势下,各级领导肩负着复杂而又艰巨的决策任务。就企业来说,经济体制改革,赋予了企业更多的自主权,也就是加重了企业领导的决策任务。企业领导只有审慎从事,正确地做出决策,才能使企业兴旺发达。而就全国或一个地区来说,经济体制改革更是一个巨大的社会系统工程,牵涉的方面、问题、关系更多更复杂。今后的经济体制改革中,凡涉及全局的决策,都需要认真研究调查,审时度势,通过试验取得经验,然后才能逐步推行。在经济领域微观放开搞活的同时,更需加强宏观控制,因此,协调和管理的任务更加艰巨,更需要进行正确的决策。

天津开发区位于天津滨海地区临港地段。开发前,这里是一片盐碱地荒滩,但有得天独厚的交通优势:公路网四通八达,距离天津港只有5公里,距离天津国际机场只有30公里,京哈铁路沿开发区而过。

天津开发区的决策者,从中国的国情出发,积极探索中国工业现代化的改革之路,坚持"因地制宜,实事求是"的科学态度,于1988年首次提出了"三为主"的发展战略。即:在开办项目方面以工业项目为主;在吸引资金方面以利用外资为主;在产品销路方面以出口创汇为主。这一战略一经提出,即被国务院特区办首肯,并在全国开发区中产生了巨大影响,成为指导全国开发区建设的宗旨之一。

随着改革开放不断深入,天津开发区"三为主"的发展战略也随之不断发展和完善。他们决定：在工业项目为主的方针中,赋予以发展高新技术项目为主的内涵;在以吸引外资为主的方针中,融入辐射和带动周边国有企业共同跨入世界先进经济行列的内涵;在以出口创汇为主的方针中,增加不断扩大国有企业高附加值产品出口能力的内涵。

目前天津开发区在以工业项目为主的方针指导下,逐渐形成了电子、生物工程、机械、食品四大产业群,并在工业规模、科技含量以及市场占有率方面都处于全国领先地位。1996年,天津开发区的工业产值突破430亿元。

在以吸引外资为主的方针指导下,决策者提出了"大胆利用外资,以抓大项目、大财团为重点,全方位融资开发"的新思路。在开发区,成立了韩国工业团区、泰丰工业区、海晶工业区等小区。他们还同天津西青区、汉沽区等周边地区签订了联合开发周边小区的协议,投资50亿元的汉沽联合化工开发小区已开始规划设计。截至1996年,开发区累计吸引外资超过75亿美元,年吸引外资18亿美元,位居全国之首。

在以出口创汇为主的方针指导下,由于其起点高、高附加值的高新技术企业和三资企业的崛起,使得开发区的出口创汇能力大大加强。到1996年为止,全区已批准三资企业总数近3 000家,其中,投资超过1 000万美元的大项目有144家,超过1亿美金的项目有近10家。全开发区累计出口创汇40亿美元,年出口创汇14亿美元。

天津开发区的经验表明,正确决策是改革开放成功的保证。

第 2 章 决 策 机 制

2.1 决策程序

2.1.1 决策各阶段的主要内容

决策程序,也叫决策过程,指决策由提出到定案所经过的各个阶段。各种大小决策都不是一经提出就定型的,而是要经过分析、研究、选择等过程。任何科学决策都是一个动态过程,一个完整的决策程序应该是一个科学的系统,其每一步骤都有特定的科学的含义,相互间又互相联系。为了使每一个步骤达到科学化,还必须有一整套科学的决策技术作保证。

科学的决策必须遵循科学的程序,按照一定的工作顺序和客观规律有计划、有步骤地进行。只有循序渐进,才能使决策收到预期的效果。决策程序如图 2-1 所示。

下面我们对每一个阶段内容作一些简单说明。

1. 发现问题

所谓发现问题,就是应有现象和实际现象之间出现的差距。所有决策工作的步骤都是从发现问题开始的,领导者要根据既定的目标积极地收集和整理情报并发现差距、确认问题。必须指出,发现和确认问题是这一阶段里领导者的重要职责,这不仅因为他们负有管理的责任,还因为他们站得高,看得远,可以统观全局,易于找出问题的关键所在。即使是下属群众或专家发现的问题,也必须最后由领导者确认才能构成决策的起点。应该看到,发现问题不容易,确认问题更是十分困难。这就要求领导者必须以马克思主义的理论作指导,一切从实际出发,深入细致地做调查研究工作。

不同层次的问题有不同的判断标准,但是下一层次的标准决不可与上一层次相抵触,这是发现和判断问题的一项原则。

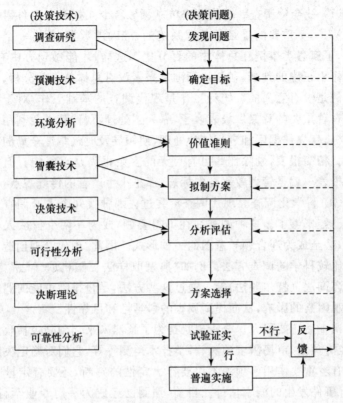

图 2-1 决策程序图

2. 确定目标

这是科学决策的重要一步。目标错了,一错百错。所谓目标,是指在一定的环境和条件下,决策者所要达到的结果,它有三个特点:① 可以计量成果的;② 可以规定其时间的;③ 可以确定其责任的。否则,目标至少是模糊的。在以上步骤中需要采用"调查研究"与"预测技术"这两种科学方法。在社会化大生产的条件下,调查研究的方法不应局限于开小型调查会、蹲点调查等办法,而应有所丰富和发展。因为大生产是千千万万人共同的社会活动,它所面对的是极其广泛多样的社会需求,从而带有更大的随机性。这点与自然科学有着十分显著的差别。因此,现代调查研究必须强调:

(1) 社会化调查。现代调查单靠领导者个人接触一两件事例已经不够了,更重要的是必须掌握系统的、准确的数据,要有一个量的分析,了解各类事例在总体中的百分比。这样,才能做到心中有数,才能作出正确的判断,科学地预测未来。没有总体的量的分析,个别的事例是没有意义的。统计工作是现代调查的基础工作,对于科学决策有着重要的意义。报表多了,靠人工处理不行,就需要利用电子计算机、建立数据库和进行统计处理,使领导及时地掌握全局的真实情况。精简报表,剔除那些可有可无的多余报表是重要的。但如果认为报表少就是管理效率高的标志,那是小生产者的传统观点。

(2) 科学化调查。现代调查沿袭过去那种找几个人开调查会的方式已经不够了。这种调查往往不得要领,或为一两个权威人士所左右,甚至成为迎合领导意图的一种形式。因此,现代管理创造了一系列比较科学的调查方法。例如"典型取样法""随机取样法""专家集体咨询法"(特尔斐法)等。通过这些方法,尽量排除可能的偶然性的主观因素的影响,从而提高调查的科学性和可靠性。

调查后还要研究。分析现状是为了预测未来。预测包括政治预测、经济预测、市场需求预测、科学技术预测等等,它们对确定决策目标都有着重要作用。预测不仅要作出定性的判断,还要有定量的分析,有事件发生的概率估计。目前,预测已经成为一门专业学科,专家们创造了许多有效的预测方法和技术,据不完全统计有120多种,其中最常用的有"特尔斐法""回归分析法""趋势外推法"等十多种。

3. 价值准则

价值准则就是落实目标,作为以后评价和选择方案的基本依据。它包括三个方面的内容:

(1) 把目标分解为若干层次的确定价值指标。这些指标实现的程度就是衡量达到决策目标的程度。价值指标一般有三类:学术价值、经济价值和社会价值,三者不可偏废。每类价值指标又分解成多少项,每项又可分成多少条等等,构成一个价值系统。

(2) 规定价值指标的主次、缓急以及在相互发生矛盾时的取舍原则。在大多数情况下,要同时达到整个价值系统的指标是困难的。因此,作为"满意决策",掌握这一条就十分重要了。没有主次、缓急和取舍原则,是绝不可能达到目标的;而原则失当,也会背离决策目标,同样是十分有害的。

(3) 指明实现这些指标的约束条件。任何决策都是在一定环境下的决策,不可能是随心所欲的。不成约束条件,即使目标和价值指标都正确,结果也会适得其反。约束条件主要有各类资源条件、决策权力的范围以及时间限制等。

对于决策者而言,确定价值准则是必须认真对待的重要一环。准则失当,决策就不可能达到最初确立的目标,甚至南辕北辙。

确定价值准则的科学方法是环境分析。这里不仅要掌握充分的各种背景资料,包括问题产生的来龙去脉,国内外同类问题的情况,国内外同类问题的现状等等,而且要有正确的指导思想。马克思主义应该是我们行动的指针。此外,各类专家的智囊作用也是十分重要的。

4. 拟制方案

至此可以寻找达到目标的有效途径了。途径有效与否,要经过比较才能鉴别,必须制定多种可供选择的方案。多种方案是指各个方案必须有原则的区别,不是只有细节的差异。例如在研究我国铁路牵引动力时,曾考虑了内燃牵引为主,电力牵引为主,电力、内燃牵引并举等方案。在内燃牵引中又有电传动、液力传动等等。

在拟制了多种方案中,要广泛地运用智囊技术。智囊技术很多,就国外目前常用的来说,有"头脑风暴法""对演法""哥顿法"等等。

"对演法"是一种重要的智囊技术,即不同方案由对立的不同小组去制定,然后各方开展辩论,互攻其短,以求充分暴露矛盾,或者预先演习一个方案,故意设置对立面去挑剔。通过这种方法得以尽量考虑可能发生的问题,从而使方案越来越完善,这种方法在进行竞争型决策时尤其重要。

在制定方案中,创造性的见解具有关键的意义。因此,开发创造性思维的方法,也包括在智囊技术之中。

5. 分析评估

分析评估就是建立各方案的物理模型或数学模型,并求得各模型的解,对其结果进行评估。在这一阶段中,依靠"可行性分析"和

"决策技术"(包括"树形决策""矩阵决策""模糊决策"等十几种)这两种武器,不仅使各种方案的利弊得以科学的表达,而且可以尽量地相互作比较。可行性分析示意图如图 2-2 所示。

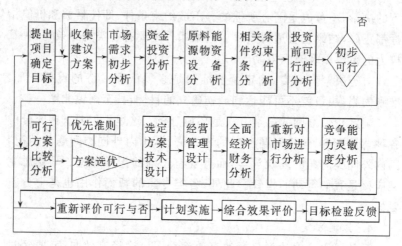

图 2-2　可行性分析示意图

6. 方案选优

方案选优就是进行决断,即从各种可供选择的方案中权衡利弊,然后选取其一,或综合成一,这是领导者的决策行动,是一项极其复杂的工作,因为作为最后选定的方案,并不一定对达到每一个特定的指标都是最佳的,往往仅对达到其中几个主要指标很有利,而又可兼顾到其他指标,这就要求决策者运用决断理论。

决断理论首先研究如何正确处理专家与领导者的关系。现代决策必须有专家参与决策工作,但他们是在领导者委托和指导下参与决策,决不能代替领导决策。领导者永远是决策的主人。不依靠专家的领导者不可能成为一个好的决策者,为专家所左右的领导者也不是一个好的决策者。

其次是研究当专家们把各种方案和背景材料提供到领导者面前时,领导者如何用科学的思维方法作出判断。领导者要有战略的系统的观点,要依靠当场确定的价值准则来审查方案,并且对不同类型的决策问题要有不同的考虑。

第三是研究决策者的素质对决策的影响。它实质上是"决策心理学"。国外有所谓效用理论,是指决策者对于利益和损失的独特看法、反应或兴趣,它代表了决策者对于风险的态度。效用理论认为,有这么三种类型的决策者:① 对利益的反应比较迟钝,而对损失比较敏感,这是一种不求大利、怕担风险的决策者;② 对损失的反应比较迟钝,而对利益比较敏感,这是一种谋求大利、敢于冒险的决策者;③ 完全按照损益值或期望值的高低来选择行动方案的决策者,这一类型的决策者处于前两类决策者之间。

决策者应该通过不断提高决策修养来避免可能的偏颇。此外,领导者的直觉能力对决策也有着重要的影响。同样的事物,有的领导者感觉迟钝,不知问题的所在;有的领导者一目了然,能立即抓住问题的症结,这就是直觉不同的表现。直觉在制定应急对策时尤为重要。

7. 试验实证

方案选定后,必须进行局部试验,以验证其可靠性,通常称之为"试点"。"试点"是一个科学步骤,但必须科学地进行才具有科学的意义。简单地随便找一个地方试试,固然不行;给试点创造特殊的条件,让它得天独厚,以证明领导者决策正确,更是错误的。试验必须选出在全局情况中具有某些典型性条件的点,并且严格按照所决策的方案实施。同时,还必须有相同条件下的一般"对照组",这样才可能从比较中得出科学的结论。在某些情况下,甚至需要"盲试",即在不公开的情况下进行试点,以避免各种人为的主观因素的干扰。如果试点成功,即可进入全面普遍实施阶段;如果不行,那就必须反馈回去,进行决策修正。由于决策过程是一个动态的依赖于时空变量的复杂随机函数,为了能客观地反映决策合理与否的效果,这里需要进行可靠性分析。

可靠性的含义是在规定条件下和预定条件下以及预定的时间内完成既定任务的可能性,一般用"概率"来表示,其中"失效率"是相当重要的标志。"失效"与"可靠"是作为一对矛盾出现的,要保证可靠就要控制失效。为此,必须了解失效的原因和规律,不同事物的失效原因可能千差万别,但其失效的规律却具有某种共性。根据可靠性理论分析,在决策实施的全过程中,其失效一般可分为三个阶段:早期失效、偶然失效和耗损失效。以一项新制定的政策为例,在执行过程中,一开始就感到早期失效,其原因为有传统习惯的阻力、人们对政策的了解不充分,以及政策本身可能存在某些缺陷,等等。这时,尽管失效率较高,却并不一定意味着政策不合理,因此切忌轻易地放弃新政策,否则将造成政策不稳定。任何重大新政策的推行一般都会有这个早期失效的过程,倘若因此就轻率改变,那就必然会在早期失效阶段来回振荡了。了解了这点,决策者应该对政策不断追踪检查,在作出必要的修正的同时,坚持执行下去,过一定时期以后,政策的执行就会转入正常,这个阶段称为偶然失效阶段。此时,政策充分发挥着它的有效功能,但在该项政策继续执行相当时间以后,失效率又会逐渐增大。这说明由于主客观条件的变化,政策开始老化了,它已进入了耗损失效阶段。这时必须及时制定新的政策,以取代之。这一失效规律具有普遍意义,如图 2-3 所示像一个浴盆,所以形象地称为"浴盆规律"。

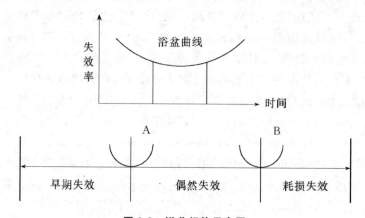

图 2-3　浴盆规律示意图

决策者掌握了这个规律,有利于对试点结果进行科学的分析。在早期失效阶段,决策者不应为失效数较大的现象所迷惑,而应着重对失效的原因进行分析,凡属传统习惯的阻力,必须坚决排除;凡属由于人们不了解而产生的消极影响,应通过宣传解释尽可能加以消除;除非分析结果证明确系政策本身错误,否则不要轻易作出改变。而在耗损失效阶段,失效的数量,反映政策老化的程度,就具有决定性的意义了。

当然,可靠性分析的内容不止浴盆规律,其他如运用"容错技术""冗余技术"等来提高决策可靠性,也是十分重要的。

8. 普遍实施

普遍实施是决策程序的最终阶段。由于通过上一阶段的试验证明,可靠程度一般是较高的。但是,在实施过程中仍会发生这样那样偏离目标的情况,因此,必须加强反馈工作。这时,可以制定一套追踪检查办法来保证决策的贯彻执行,这种办法包括三个方面的内容:① 制定规章制度;② 用规章制度来衡量执行情况;③ 随时纠正偏差。如果条件发生重大变化,以至必须重新确定目标时,那就必须进行"追踪决策"。

必须指出,这个科学决策程序中的各项工作,并非都由领导者亲自去做,大量的是交给智囊团的科学家去完成,尤其是"决策技术",原则上都是专家们的工作,领导者只要了解这些决策技术的意义和作用就可以了。领导者的责任是严格掌握决策程序和发挥相应专家的作用。在掌握程序时,确定目标、价值准则和方案择优是领导者必须亲自研究和处理的。

2.1.2 关于决策程序的简化和跳跃问题

上面提到的决策程序的八个阶段,是任何一项科学决策所必需的几个阶段。但也有人把这几个阶段简约为三大步骤,那就是:① 确定问题之所在,提出决策的目标;② 发现、探索和拟定各种可能的行动方案;③ 从各种可能方案中选出最合适的方案。

细心的读者也许会注意到:步骤①实际上是八个阶段中的发现问题、确定目标;步骤②则是八个阶段中的价值准则,拟制方案、分析评估;步骤③就是八个阶段中的方案选择。以此看来,两种提法的区别就在于前者细化、后者简约。

这种三大步骤的分法,最早可以追溯到美国实用主义哲学家 J. 杜威。他在《如何思考》一书中把解题过程分为三个步骤:① 问题是什么？②有哪些可能答案？③哪个答案最好？决策也是解题。因此，杜威的这种看法为多数管理学者、决策学者所接受。西蒙还把这三个步骤分别称为参谋活动、设计活动和选择活动。

这三个基本步骤是任何完整的决策过程所必不可少的，如果跳过某个步骤，这个决策就不能被认为是合理的。在实际的决策过程中，下列几种情况有人误以为是跳过了第二个步骤（拟定各种可能的方案），但实际上第二个步骤还是存在的。

第一种情况是指一些重复性决策，它们都已编有现成的程序，这个程序中已经指明在各种情况下的最佳可行方案。一旦遇到类似的决策问题，只要定下目标和条件，就可从现成的程序中找到应当采用的方案，而不必重新拟定各种可能的方案。因为这第二个步骤已经在过去做过了。

第二种情况是在采用数学模型寻找最优方案时，可以通过数学求解的办法直接找到最优答案，不必列出各种可能方案来。这种办法实际上仍然把所有全部可能方案都考虑在内，只不过不必把它们一一列出，而是用一个数学模型来概括它。

第三种情况是指从前没有解决过甚至不知道是否有可能解决的难题，对于这类问题只要找到一个解决方案即可，根本不存在择优的问题。但是，既然这是一类困难问题，答案就不容易找到，必须经过多次寻找、碰壁的曲折过程。如果把寻找解决方案当做决策目标，把寻找途径和碰壁当做探索各种可能方案，那么整个过程显然符合决策三大步骤的要求，仍然没有省略第二个步骤。

第四种情况是指一个人如果经验很丰富，对决策所针对的问题十分熟悉，往往能一下子就直接找到满意的解决方案，即"眉头一皱，计上心来"。能这么快直接作出决策，也不是因为这个人违背了决策的原则，随意跳过决策的某些基本步骤，而是因为他利用了过去已经做过的某些步骤。这一次的"跳过"，是因为过去已经"做过"。如果过去没有做过而这次又随意跳过，那就是不遵守决策的原则；如果过去已经做过而这次又死板地重复，那就会影响决策的效率。

上面所讲的三大基本步骤，仅仅是指某项决策从选择目标开始到作出决定为止的过程。也就是说，对于一项决策来讲，作出决定就算整个过程结束。但是,决策并非孤立的东西,一项决策往往属于"决策—执行—再决策—再执行"这一不断循环往复的管理过程中的一个环节。因为决策的目的在于执行,而执行中又常常会对原决策作出某些必要的修改,或由于出现新情况而需要做出新的决策。这在认识论中称为不断认识的"长河",在控制论中称为"反馈环",在决策理论中称为决策的动态过程,如图 2-4 所示。

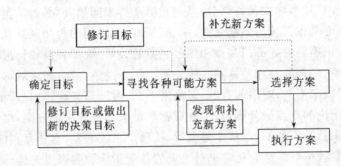

图 2-4 决策的动态过程

实际决策过程虽然可以大体上分为上述三大步骤,但每个步骤之间的顺序关系不一定是机械刻板的,很可能会逆向返回到上一步。比如,第一步确定了某个目标,可是第二步寻找各种可能方案时,发现每个方案都达不到这个目标,此时就不得不回到第一步,重新确定一个可能达到的目标。这就是图 2-4 中"修订目标"那条虚线所表示的反馈。又如,当我们在第二步设想了很多方案之后转向第三步,开始评价和选择方案,此时发现第二步设想的各种方案都不理想,于是又得回到第二步,重新探索和补充新的方案。这就是如图 2-4 中"补充新方案"那条虚线所表示的反馈。

2.2 决策原则

领导者制定的决策是否正确,是否具有科学性,归根结底是看它是否符合决策对象的实际,即是否符合决策自身运动的规律。从客观实际对决策的要求出发,科学的决策必须遵循以下基本原则。

2.2.1 系统原则

决策对象不论是政治问题、经济问题,还是军事问题、管理问题,它们都处在社会这个大系统之中,它们本身又构成了一个子系统。决策,其实是对系统的决策,所以,决策必须遵循系统性原则。系统原则客观上要求决策要达到整体化、综合化、最优化。整体化要求决策不能只从事物的某一部分、某一指标来考虑问题,而必须从整体出发,全面考虑系统与系统之间、系统与子系统之间的相互联系和相互作用,正确处理好部门利益和国家利益的关系、眼前利益和长远利益的关系、局部利益和整体利益的关系。一个决策方案,如果对部门有利,对国家不利;对眼前有利,对将来不利;对局部有利,对全局不利,用系统论的观点来分析,这个方案就不足取。有的决策方案,尽管从局部来看是不利的,但从全局来看,从整个系统来看,它是有利的,这个方案就可行。综合化要求对决策的各项指标和利害得失进行全面衡量,综合分析,不仅要分析决策对象,对决策对象和社会其他系统的相互作用和相互关系也要进行分析。有的决策方案尽管对决策对象、对经济效益有利,但它对社会环境造成很大污染,对人们的身体健康有害,这个方案是不足取的。最优化要求决策者在动态中去调整整体与部分的关系,使部分的功能和目标服从于系统的总体最佳目标,使系统达到总体最佳。对于多目标决策来讲,由于对某个目标的最优不一定对其他目标最优,所以,最优标准应改为"满意标准",即用整体与局部、眼前与长远利益相统一的价值标准来评价决策方案的优劣。

科学决策中贯彻系统原则,最重要的是处理好局部利益与整体利益的关系、眼前利益与长远利益的关系。中国共产党和平解决西安事变、西沃德斥资买下不毛之地阿拉斯加就是正确处理这两个关系的典型决策。

1936年12月12日,张学良与杨虎城将军,发动了震惊中外的西安事变。西安事变的爆发,立即引起了国内外各种政治势力的强烈反响:广大革命群众同声称快,纷纷要求严惩公敌,杀死蒋介石,以解国破家亡之恨;在国民党内部,以汪精卫、何应钦为首的亲日派,趁机大造声势,调兵遣将,积极策动"讨伐",准备轰炸西安,以图借刀杀死蒋介石,自己取而代之;亲英美派则主张营救蒋介石,反对"讨伐"。日本想趁机挑起中国更大规模的内战,以收亡我中华之利。面对如此激烈复杂的斗争形势,张、杨二人在对蒋介石如何处理、是杀是放等问题上看法不一,拿不定主意,电邀中共中央派代表来共商抗日救国大计。

12月13日,以毛泽东为首的党中央,马上召开了政治局会议。经过认真分析研究,大家认为当时中国的主要矛盾,已由国共两党的矛盾转化为中华民族与日本帝国主义的矛盾,中华民族的任务是抗日救国。如果杀掉蒋介石,将不可避免地引发更大规模的内战,削弱抗日力量,影响抗日救国的进程。只有释放蒋介石,逼其停止内战,共同抗日,才符合民族利益的大局。

基于上述分析,以毛泽东为核心的党中央,以民族利益为重,从抗战大局出发,及时果断地做出了反对内战、逼蒋联合抗日、和平解决西安事变的英明决策,并派周恩来、秦邦宪、叶剑英等组成代表团,立即赶赴西安。终于迫使蒋介石在12月24日同意了改组政府、停止"剿共"、联共抗战等六项协议,使西安事变得以和平解决。

和平解决西安事变的决策,其核心问题是以什么为原则,进行"杀蒋或放蒋"两个处理方案的选择。我党不考虑党派利益,坚持以民族利益为重,从抗日救国的长远大局出发,是这次决策成功的根本所在。

决策的目的,在于争取获得最大的效益。这种效益,有时是即时的、显现的,而有时则是潜在的、未来的。进行决策不能只看到眼前利益,而看不到未来的、长远的、潜在的利益。要做到这一点就需要有远见卓识。

自1856年起,俄国为缓解与土耳其交战而造成的财政困难,就想把位于白令海峡对面的阿拉斯加卖掉。为此,曾在1861年与美国开始谈判,但因种种原因,未达成协议。1867年双方重新开始谈判。3月29日俄国驻美大使斯捷克尔,迫不及待地夜访西沃德,决定低价卖出阿拉斯加。西沃德在未经总统和议会同意的情况下,极有远见地当机立断,以750万美元买下了一块相当于美国本土面积五分之一的领土,并于第二天一大早就签订了著名的阿拉斯加条约。从此使美国的边界线扩大到了北冰洋。

西沃德的这一决策行为,被一些不理解的人说成是干了件大傻事,认为这块像大冰箱一样的不毛之地,不会给美国带来什么利益。但是,当1880年以后,相继在阿拉斯加发现金矿、石油、锡矿、铜矿和煤等丰富资源的时候,当人们认识到它对美国在太平洋和北冰洋的军事战略意义的时候,就无人不为西沃德的远见卓识而惊叹了。

2.2.2 可行性原则

决策要获得成功,必须建立在科学的、可靠的基础上,必须具备可行性。所谓可行性,是指决策能够实施的程度及其效果。为了使决策具有可行性,决策者应对方案经过充分的、慎重的论证,即对决策的主客观条件如人力、物力、财力、技术能力、环境因素以及决策实施后的后果等进行系统的、科学的分析和细致的评估。凡是不具备决策实施条件的,或实施后可能产生许多恶果的方案,都是不可行的。可行性原则要求决策一定要考虑决策的后果,尽量减少决策方案的副作用。有的决策方案从主观条件分析似乎没什么问题,但实施后却造成环境污染等恶果,这就是没考虑决策实施后果所致。前些年,一些领导人受"左"的思想影响,决策只考虑当时的效益,很少考虑长远利益和决策的副作用,如滥伐林木造成水土流失、洪水泛滥,围湖造田、围海造田造成生态环境受到破坏,在草原上大片开荒种粮,破坏了草原的植被,使大片草原变成了沙漠,等等。这些教训是极其深刻的。由于客观条件是千变万化的,存在着许多预想不到的随机性因素,因此,可行性原则要求决策应留有充分的余地,应准备必要的应变方案。如果决策执行过程中出现了非人力所能排除的因素,使决策目标无法实现时,应及时修改、调整决策目标,启用后备方案,从而尽量减少损失。

科学决策的可行性原则要求人们着重考虑两个问题:一是决策能否顺利实施,一是决策实施以后是否会带来负面效应。

决策只有通过实施才能得以实现,不实施的决策,即使是十分正确的决策,也毫无意义。在决策实施过程中,需要各部门、各地区从全局出发,互相协调,紧密配合,局部利益服从全局利益,各个地区之间要携手并肩,共谋出路,决策才能顺利实施,否则,无论多么好的决策都只能是纸上谈兵、画饼充饥。

准格尔煤田是国家能源战略西移的重点开发建设项目。然而,在具备开采条件的露天矿边,从国外引进的先进采掘设备闲置了好几年,其原因就是地方政府不合作。准格尔项目自1990年7月17日开工到1995年底,国家已累计投入资金近72亿元。本拟于1993年底全面投产,但未能如愿。1994年初又计划在当年年底投产,仍未能按计划执行。准格尔项目未能如期投产的关键是铁路建设未能及时跟上。当初国家在立项时特地在大秦线上预留了1 500万吨煤炭的运力。1993年6月,准格尔至丰镇的216公里长的电气化铁路全线贯通,且具备了运输1 500万吨煤炭的能力。但京包线上的丰镇至大同这一段因运力紧张,无法接纳准格尔的运输任务,1993年底煤田全面投产的计划就因此搁浅了。1994年5月,准格尔煤炭工业公司开始修建丰镇至大同的52公里长的铁路线。但自开工以来,因沿线农民屡屡闹事,工程多次受阻,被迫停工。1995年,山西大同新荣区花园屯乡的三个自然村的村民,因为征地拆迁补偿问题多次阻拦铁路施工。大同市新荣区和南郊区还要求准格尔煤炭公司在两区各建一个装煤站。准格尔煤炭公司被迫同意在大同市的燕庄、黍地沟两处修建装煤站。仅仅因为修建这52公里长的铁路,不但使露天矿从1993年底开始不得不放慢建设速度,而且使准格尔煤田1994年底全面投产的决策计划又一次成为泡影。

领导者做出决策时,不但要考虑决策实施的约束条件,尤其要考虑决策实施后的效果,才能做出比较科学、合理的决策。

湖北省鄂州市北靠长江,南邻梁子湖,境内湖泊遍布,河港纵横,是个养鱼的好地方。但是,在"左"倾错误思想指导下,为了抓粮食生产,曾经在10年时间里一到冬春就出动10万大军围湖造田,共修筑河堤350多公里,造田20万亩。围湖造田后,调蓄面积减少了,雨季一到,湖水就迅速升高,再加上长江洪水顶托,堤坝全面受到洪水的威胁。于是不得不动用大量的机电设备和成千上万的劳动大军抗洪护堤,到1977年底,虽然粮食增产了2 500万公斤,但鲜鱼产量却减少了4万担,农业成本增加了两倍多。

党的十一届三中全会后,鄂州市的干部群众本着实事求是的精神,认识到围湖造田弊多利少,必须退耕还渔。过去人们从表面上看问题,认为田多粮也多。实际上那些易涝易淹的低洼湖田往往是广种薄收。由于人力、物力都投到防洪救灾抢险上,使适宜种粮食的高产田没能得到很好的管理,结果是既没能保住湖田,又荒了高产田。退耕还渔,从表面上看,种粮食的面积减少了,产量会下降,而实际是减少了那些不适宜种粮食的低洼湖田,提高了对高产田的投入和管理。退耕还渔以后,不但鲜鱼增产,粮食也增产了。

鄂州市"一围""一退"两种决策,得到了两种结果。这两种不同的决策效果充分说明:领导者只有尊重客观规律,严格按客观规律办事,才能制定出正确的决策,并取得良好的决策效果。

2.2.3 时效原则

由于客观世界在不断地发展变化,任何决策都是在一定时期针对某一特定问题做出的。因此,决策具有很强的时效性。决策的效能与时间紧密相联,任何最佳决策都是相对于某一特定时间而言,超过这一时间,它就会"失效"。因此,在决策时抓住时机是非常重要的,这就是所谓机不可失,时不再来。对于确定型决策,当决策者对未来状况有较大把握时,就要敢于拍板定案,大胆决策。否则,错过了时机,就会给事业带来损失。能否及时地抓住决策的时机是衡量领导者决策水平高低的重要标志。决策的时效性要求决策者在发现问题后,要及时收集信息,及时分析研究,及时确定决策方案。在决策时拖延时间,就会使决策的效能降低,也有可能使决策问题的性质发生根本变化,从而使决策失效。决策的时效性还要求领导者既要保持决策实施期间的相对稳定性,又要正确把握决策的时间性,即决策方案的周期性。如果决策方案已经过时,就要根据新的情况及时进行新的决策。

决策的时效原则在军事上和商业上显得尤其重要,可以说是稍纵即逝。

1941年6月22日,希特勒不宣而战,突然对苏联发动大规模的闪电式进攻,很快侵占了苏联大片领土,并直逼苏联首都莫斯科。同年7月底,德军中路集团军群在摩棱斯克地区受到苏联红军的强大阻击之后,准备挥戈南下,与其南路集团军群配合,在乌克兰的基辅包围苏军西南方面军。苏军总参谋长朱可夫将军根据整个苏德战场的态势,识破了希特勒的上述行动意图,立即向斯大林作了报告,并建议为了保存红军的力量,争取日后主动,应让西南方面军放弃基辅,全部撤到第聂伯河以东,以便在那里与中央方面军会合形成拳头,好伺机出击。斯大林听完报告,火冒三丈:"把基辅让给敌人,亏你想得出来!"而后不到半个小时,斯大林宣布解除了朱可夫将军的总参谋长职务。不久,朱可夫在前线证实了中路德军的坦克部队正向南翼进行大规模运动。于是,他再次向斯大林发电报,请求他采取果断行动,放弃基辅。但是,斯大林却命令西南方面军"采取一切可能的和不可能的措施保卫基辅"。结果,在这场战斗中,苏军受到了德军的沉重打击,数十万红军官兵被投入了希特勒的战俘营。后来,斯大林也认识到:无论怎么令人痛心,基辅必须放弃。但是,很可惜,他当时没有这样做。

由于斯大林的固执己见,断送了数以万计的苏联红军官兵的生命和自由。基辅保卫战以后,即便斯大林幡然醒悟,企望重新做出决策,也是时过境迁、于事无补了。

2.2.4 创新原则

决策,是决策者的一种创造性劳动。决策之可贵,贵在创新。墨守成规很难做出具有时代性和科学性的决策。一个好的决策绝不是旧事情的简单重复,而是充分吸收符合时代潮流的新鲜因素的产物。领导者的决策只有不断创新,锐意进取,才能开创工作的新格局。创新原则要求决策者在决策的内容、步骤和方法上,要敢于提出独到的见解,敢于采用新的科学方法,这是时代发展的要求。在决策中创新,就要创造良好的创新条件。在决策前,决策者应多设想一些决策方案,多吸收一些新科研成果,多征求他人对决策方案的改进意见。这样,才能使决策更多地包含一些新鲜血液。创新说说很容易,做起来却很难,因为它要承担很大风险。所以,创新原则还要求决策者要有一定的胆量。只要新的决策利国利民,决策者就不要怕冷嘲热讽,也不要怕失败和撤职,一切应以大局为重,以党和人民的利益为重,这是现代科学决策对决策者的客观要求。这里需要指出的是,创新绝不是胡思乱想,想怎么干就怎么干,创新是建立在求实基础上的,应以客观条件和科学根据、科学方法为前提。否则,就不是真正的创新。创新原则要求领导者在决策中要把握好新与旧、过去与未来的关系,在对决策问题全面考虑,统筹安排的基础上去创新。

第二次世界大战中,朱可夫巧用探照灯突破德军纵深配备、重兵把守的防线,最终攻克柏林,就是一个大胆运用创新原则,做出科学决策的成功范例。

1945年4月中旬至5月初的柏林战役,是第二次世界大战中苏军对德军进行的最后一次大规模战略性进攻战役。德军在1945年初退守奥得河—尼斯河西岸一线,采取兵力密集的纵深防御,妄图作困兽之斗,进行顽抗。为此,德军在柏林以东建成三道防御阵地,除此以外,还环绕柏林城设置了三道防御圈。德军防御集团是"维斯拉"和"中央"两个集团军群,连同纵深内的战役预备队,其兵力有85个师,共100万人。德军专门从退役军官中挑选了善于防御作战的哥德哈特·海恩里奇上将担任"维斯拉"集团军群司令。行军的企图是:首先在奥得河一线,阻挡苏军的进攻,如果失利,则死守柏林,直到最后一个人、最后一粒子弹。苏军关于柏林战役的总目标是:歼灭退缩在柏林及其附近地区的全部德军,攻占希特勒负隅顽抗的最后堡垒——柏林,迫使德国无条件投降,并前进到易北河一线。苏军侦察航空兵对柏林及其周围地区的德军各个防御地带,进行了六次空中拍照,并根据照片、缴获的文件和战俘所提供的情报,制作了详细的地图、图表和精确的模型。进行战役准备时,方面军司令员朱可夫元帅想出了一条妙计:黎明前发起进攻,在突破地段上用大功率对空探照灯,突然照射敌前沿阵地,既可威胁敌人,又可控制红军进攻队形,防止因天黑出现混乱。4月16日凌晨3点整,空中升起数千枚五彩缤纷的信号弹,这是苏军发起总攻的信号。霎时间,143部探照灯,加上所有坦克和卡车的车灯一齐打开,1 000多亿度的灯光射向德军阵地,照得敌人睁不开双眼,阵地上呈现一片慌乱现象。紧接着,4.1万门火炮、迫击炮开始了猛烈的炮击,德军整个防御阵地一片火海。在探照灯光和炮火的掩护下,苏军步兵和坦克协同一致地展开了冲击。到黎明时,苏军未遇顽强抵抗,顺利突破了德军第一道防线,接着,苏军依次攻击第二道、第三道防线,并最终攻占了柏林。

2.3 决策技巧

决策是一个过程。要想得到较好的决策效果,除了应当严格遵循循序渐进的决策程序和科学的决策原则以外,决策者掌握娴熟的决策技巧也是一个重要因素。所谓决策技巧,直白地说,就是决策每个阶段应当特别注意的重要事项。在这一节中我们将从五个方面对决策技巧加以简单介绍。

2.3.1 深入调查,发现问题

任何决策都是从问题开始的。没有问题,就没有针对问题制定的目标,就没有针对解决问题制定的多套方案,也就无所谓决策。问题是应有现象(或预期现象)和实际现象之间的差距。在实际决策活动中,问题有时是明显的,有时又是隐蔽的,更多的情况是本质问题与非本质问题、主流问题与非主流问题常常交混在一起。在这种情况下,作为决策活动的起始点,首先就是要了解什么是要解决的关键问题、关键问题的具体情况(包括历史、现状和发展前景)究竟怎么样? 这就要求决策者对决策对象作调查研究。

1961年4月1日至5月15日,国家主席刘少奇同志为弄清农村工作的真实情况和造成失误的原因,纠正"大跃进"、"浮夸风"、"共产风"的严重错误,亲自到湖南长沙、宁乡两县作了40多天的调查研究。

在这40多天的调查研究中,为了更便于接近群众,他晚上住在一个养猪场的饲料房里,白天走乡串户,与基层干部座谈,找农民老乡拉家常。他不仅问社员们"生活比1957年是好了还是差了呢? 不是好,是差了吧?""什么原因呢? 为什么生产降低了,生活差了?"还问社员们:"门前塘里的水是不是车干了?""你们食堂散没散?"他还采取"突然袭击"的办法,专门在老乡吃饭的时候,去察看他们吃些什么。

1962年1月27日,刘少奇同志在中共中央扩大工作会议(又称"七千人大会")上作的报告,就是在这次调查研究的基础上,综合全国各方面的情况和意见写成的,为彻底纠正"大跃进"、"共产风"、"浮夸风"的"左"倾错误,扭转经济困难起到了重要作用。

调查研究有听汇报、看材料、开座谈会、发放调查表、实地考察等方式。对于一些事关全局的重大问题的决策,领导者不能过分倚重听汇报、看材料的方式,而要"下马看花",做一些艰苦细致的调查研究工作,例如开一些不同对象、不同规模的座谈会,深入到科研、生产、建设、战斗的第一线考察,获取第一手资料。只有这样,决策者才能情况明、眼睛亮,从而真正发现问题、抓住关键。

1947年6月30日,刘、邓12万大军挺进大别山,从国民党数十万军队的围追堵截中冲杀出一条血路,越过宽达30多里、遍地积水淤泥的黄泛区,强渡沙河、抢渡汝河之后,来到了淮河边。河水猛涨,全军只有十几只小木船,为了使部队能在两天内渡过淮河,刘伯承同志亲自来到岸边察看询问情况:"河水真的不能徒涉吗?""河水到处都一样深吗?"当听到"到处都一样深,不能徒涉"的肯定回答之后,他自己走到河边,登上小船,亲自用竹竿测量水的深度。当他发现好多地方河水不太深,可以架桥时,马上下令:"河水不深,流速甚缓,速告李参谋长架桥。"

当李参谋长刚要指挥架桥时,刘伯承又转来命令,不要架桥了,叫部队迅速从河的上游徒涉过河。原来,刘伯承在下达了架桥过河的命令之后,还不满足,又到河的上游进行探察,终于找到了可以徒步涉水过河的地段。过去没有人知道淮河是能够徒涉的,那一次刚涨起来的河水又落下去了,刘伯承亲自去踩踏,恰好就是那个时候能徒涉。事后刘伯承同志语重心长地对当时负责此事的一位旅政委说:"粗枝大叶就要害死人!越是紧要关头,领导干部越是要亲自动手实地侦察。"

这件事表明,任何时候,深入现场,认真调查,发现问题,是正确决策、解决问题的关键性的一步。

2.3.2 认真研究,确定目标

目标是决策者希望达到的结果。在决策活动中,决策者制定的目标不能太低,也不能太高,而要恰如其分。目标太低,不能充分发挥人力、物力、财力的作用,不能充分调动群众的积极性和创造性,必然造成资源的浪费。目标太高,可能有两种结果:一是经过努力而达不到目标,会伤害群众的积极性;二是勉力为之,虽然达到了目标,但会破坏整体协调性,从而造成混乱局面。

1957年,赫鲁晓夫为了烘托他所推行的农业改革气氛,提出了一个要在三四年内,使苏联肉类产量超过美国的决策目标。从当时苏联肉类生产的实际能力来看,这个目标简直是异想天开。

1958年,苏联梁赞州党委第一书记拉里奥诺夫,抱着讨好赫鲁晓夫的目的,向赫鲁晓夫作出保证:要在1959年使梁赞州的肉类产量提高四五倍,出售给国家的肉类提高三倍。赫鲁晓夫为此大加赞扬,还迫使《真理报》为其宣传,促使全国掀起了盲目增产肉类的狂潮。

拉里奥诺夫根本无法实现这个目标,为了兑现自己的诺言,他下令所有的国有农场、集体农庄大开杀戒,甚至奶牛、种畜都被大量宰杀。还不够,就强行从农民手中和别的州里采购牲畜。而且规定,所有的税收必须用肉类代替。为此,拉里奥诺夫当上了苏联社会主义劳动英雄,但真相不久就败露了,他只好开枪自杀。

赫鲁晓夫不切实际的决策目标,拉里奥诺夫不加分析紧随其后,给梁赞州农业经济造成了巨大的无法弥补的损失。

制定决策目标,要根据决策问题的历史情况、现有状况,以及它的未来发展前景。上述三个方面,历史情况和现有状况基本上是确定的,唯有未来发展前景是不确定的、是一个变数。一般而言,事物的未来发展前景受到如下一些因素的影响和制约,这些因素包括国际形势的变化、国内经济发展的速度和规模、科学技术发展水平、地方政府或企业的投资能力、人员素质、市场容量、社会伦理道德标准,等等。在决策活动中,决策者必须对上述三个方面、尤其是第三方面的情况进行认真研究,才能作出准确判断,从而确立正确的决策目标。

在决策过程中,领导者要注意充分发挥智囊团的作用,让专家们利用自己丰富的经验和娴熟的预测技术,制定出符合实际的正确的决策目标。

沈阳机油泵厂原来生产农机配件——喷油泵和各种机油泵,1980年下半年以来生产任务严重不足。当时沈阳地区有一种短线产品——汽油机化油器,这种产品结构比较简单,为了扭亏为盈,厂里一部分人提议承揽加工这种产品。围绕要不要转产化油器,厂领导进行了认真研究,他们发现:化油器是汽车发动机节油的关键部件,体积虽小,技术要求却很高,需要有一套严格的测试手段,转产后自己产品的质量和节油效果很难与老厂竞争;化油器的主要部件是压铸件,沈阳机油泵厂多为通用机械加工设备,如果转产化油泵,必须投资购买压铸机;在国外,即使年产二三百万只化油器的国家,也只集中在少数几个专业厂生产,我国年产仅五六十万只,生产厂家却多达50多家,目前除四家老厂生产正常外,其余厂家皆因任务不足而转产其他产品。通过调研,确定了正确目标,沈阳机油泵厂避免了一次盲目转产和重复生产。

2.3.3 拟订方案,全面论证

方案是实现目标的保证,目标的达成完全依赖方案的落实。在拟订方案时要注意两个问题:一是考虑问题要细一点、深一点,在深入分析有利因素和约束条件的基础上,把达到目标的方法、措施和步骤详细罗列出来,使方案具有可操作性;二是看问题要站得高一点,望得远一点、全面一点,把可能出现的情况都估计到,把可以设想的办法都考虑到,同时拟定出几套不同的方案,尤其要拟定出应急方案,以便出现情况的时候,可以从容不迫地拿出应对措施。

在大多数情况下,拟订方案主要是专家的职责。领导者只需在政策上、原则上对专家加以指导,不要过多介入专家们的工作,以免干扰他们的工作,影响他们的判断。专家们要在充分掌握信息的基础上,利用自己的专业知识、经验和智慧,尽可能多地提出比较完善的方案。

1987年筹建深圳机场时，关于深圳机场的选址有两种方案。一是1982年，深圳总体规划中确定机场位置在市区北部的西乡至黄田地区，理由是机场的客运量主要是内陆地区，选择离市区较远的北部黄田地区，不会影响城市的近期和远期发展，更加便利飞机的运输。二是在深圳市区南部边缘靠近香港边界处填海修建白石洲机场。理由是机场与香港共用，以争取更多的国际客运量。

两个方案孰优孰劣，双方展开了激烈的争论。赞成"黄田机场方案"的人坚决反对"白石洲机场方案"，理由是机场离市区过近，既妨碍城市的发展，同时机场本身也无扩展余地。特别是城市噪音和净空限制问题很突出，"白石洲机场方案"中机场跑道距深圳大学东南的楼房仅900米左右，受噪音损害最大；白石洲机场对附近的红树林国家保护区和福田鸟类保护区有破坏性影响。赞成"白石洲机场方案"的人认为，与香港争客运、争繁荣是重要的，上述问题可以通过一些工程措施和安装双层玻璃窗隔离噪音及"驱鸟器"等来解决。后来虽然将"白石洲机场方案"作为首选方案向中央领导进行了汇报，但是，争论仍在继续。少数坚持"黄田机场方案"的同志拒绝在同意"白石洲机场方案"上签字。最后，国务院派工作组进行实地考察，多次听取各方面的意见，重新论证，否定了"白石洲机场方案"，批准了"黄田机场方案"。从近几年飞机运行的情况看，深圳机场选址黄田地区是正确的，既维护了城市长远利益又发挥了机场的综合效益。

1994年12月14日，当时世界上最大的水利枢纽工程——长江三峡工程正式开工了。这是一项可以追溯到半个世纪以前就开始筹划的巨型工程。

1949年，长江流域遭受一场特大洪水灾害，损失惨重。1953年2月，毛泽东乘"长江"舰从汉口到南京，就长江流域规划、三峡工程等问题同水利部长江水利委员会主任林一山谈了三天，毛泽东指着西陵峡的三斗坪一带说："为什么不在这个总口子上卡起来，毕其功于一役呢？"1954年，长江发生百年罕见的特大洪水灾害，荆江分洪工程发挥了重要作用，减轻了损失，但仍然付出了极其惨重的代价。这次大水后，毛泽东、周恩来加快了对长江治本工程的筹划，并请苏联专家来华援助长江流域规划设计等事宜。1958年1月,中共中央在南宁召开工作会议,毛泽东特地把林一山接到会上,当他听说燃料工业部水电总局局长李锐对三峡工程持反对意见时,便派人把李锐也接到会上。两派展开了充分的阐述和争辩。毛泽东根据正反两方面的意见,提出了三峡建设要"积极准备,充分可靠"的方针,并正式载入党中央成都会议的决定中。后来根据周恩来的指示,国家科委、中国科学院和水利电力部组织了三峡工程全国科研大协作,动员了200多个单位,近万名科技人员参加,对地质、地震、地理、水文、泥沙、生态环境、防洪、电力、移民等问题进行科学的调查研究。

1979年,水利部建议将三峡工程列为四个现代化的重大工程。国务院多次开会研究,党和国家领导人多次视察三峡和三峡坝址。但是,对要不要修建三峡工程还存在着争论。邓小平面对种种不同的意见总结说:"反正是两条,一条是万吨轮要能到重庆;第二条是能防洪。延长两三年可以嘛!"1986年6月,国务院在责成水电部重新组织三峡工程论证的通知中强调,"要注意吸收有不同观点的专家参加,发扬技术民主,充分展开讨论"。论证领导小组按专题需要,成立了14个专家组,聘请了40多个有关专业的专家和顾问412位。其中,水利电力系统以外的专家213位,占51.7%。在专家组的指导下,许多大专院校、科研单位、勘测设计单位联合进行了许多试验、勘测、调查研究和历时两年半的重新论证。

1990年江泽民等20多位党和国家领导人,在中南海接见了参加三峡工程论证汇报会的全体专家。1992年4月,七届人大五次会议通过了《关于兴建长江三峡工程的决议》。1994年12月14日,举世瞩目的三峡工程终于破土开工了。这座坝高185米、长2 500米、正常蓄水位175米、总装机容量1 768万千瓦、年发电量840亿度、总投资361.1亿元的特大型水利工程,是经过长期酝酿、反复论证的结果。

2.3.4 综合比较,择优选取

在拟订方案阶段,每个方案是不同专家或不同专家组提出来的,专家看问题的角度不一样,思路不同,因而方案也就不一样。这些方案各有短长,利弊互见。为了在众多方案中择优选取其中的一个,必须采取比较的方法,因为有比较才有鉴别,有鉴别才能判断优劣。

因为每个方案都利弊共存,不可能是尽善尽美的,所以选取方案时应当掌握一个原则:这个方案对达到决策目标的几个主要指标非常有利,而又能够尽可能多地兼顾其他指标。选取方案是领导者责无旁贷的任务。领导者要善于分析、认识和把握各个方案的利弊,在此基础上对各个方案进行比较、分析,趋利避害,择优弃劣。领导者的优势在于:对上级的精神吃得透一些、领会准确一些;对本地区、本单位的情况最熟悉、最了解;有以往的决策经验可以参照。因此,他们看问题往往站得高一些,看得远一些。

天津市是华北地区海陆交通枢纽,位于海河、滦河流域下游,历史上本不缺水。但自20世纪70年代以来,由于华北地区普遍少雨及海河水系上游水量减少,天津市的缺水问题日益突出。1981年5月,中央决定:密云水库今后不再为天津供水,它的任务是确保北京。天津市用水,要靠滦河下游的潘家口水库解决。

潘家口水库位于河北省迁西县境内,距天津市200多公里。通过什么路线把滦河水引入天津有两个方案:一是南线方案,即由潘家口、大黑汀水库一直南下,经迁安县、滦县,直奔唐山,再由唐山把水引入天津市。二是北线方案,即由潘家口、大黑汀水库向西,穿过燕山山脉到遵化县,经滦河、于桥水库、洲河之后,利用旧有的蓟运水道,再加新开的引水渠道,把水引入天津市。这两个方案各有利弊。实施南线方案可以同时解决天津、唐山以及河北省沿水道地区的用水问题。而且南线部分工程已于1975年上马,再追加一些力量,工程可望早日完工,国家还可以减少投资。但是南线方案不能确保天津用水。北线方案与南线方案相比工程浩大,光勘探、设计预计要花一年的时间,而要打通施工难度极大的引水隧道及各种配套工程,估计要四五年的时间。但是,北线方案的优势在于,可以利用旧有的河道;沿途占地少,拆迁少;沿线有公路、有电源、施工方便;对于处在最下游的天津来说,北线方案能够保障天津拥有自己专用的供水水源。

引滦入津究竟走南线还是北线,专家们各执一词,争论不休。天津市委、市政府分析这两个方案的利弊,认为引滦入津的根本目的是确保天津工业用水和生活用水,南线方案尽管有许多优势,却恰恰在这个最根本的问题上不能做到"确保"。最后,天津市领导班子统一了思想认识,选择了北线方案,并上报中央,获得批准。

引滦入津工程横跨滦河、海河两个流域,穿越燕山山脉,全长234公里,是新中国成立以来兴建的第一个规模最大最长的输水工程,由于决策正确,仅用一年零两个多月的时间就完成了。

2.3.5 抓住时机,果断拍板

决策方案是根据一定的条件、一定的情势制定的,方案再好也只有在一定的条件和情势下才能完成,离开了这种特定的情势和条件,再好的方案也无法取得预期的效果。情势和条件是一个变数,有时甚至是瞬息万变,所以执行决策方案要果断,这就是所谓时不可失、机不再来。条件具备了,优柔寡断,迟迟下不了决心,会贻误时机;条件不具备,或者原来具备、现在变化了,还拍板定案,就是盲目决策。两者都是决策工作中的大忌。这种情况在军事决策和营销决策中表现得尤为明显。

1944年夏季,英美盟军为了在欧洲开辟第二战场,确定由艾森豪威尔将军指挥盟军从英国渡过英吉利海峡,进攻法国西部,并把登陆时间选定在6月5～7日这三天之中。此战役称之为"霸王"计划。

6月3日夜晚,气象预报显示:6月5日的天气将阴有暴雨,云层0至500英尺,风力5级;密集的云层使可见度降低,飞机无法起飞,狂暴的海浪会给登陆部队带来巨大的麻烦,这种气候条件是不适宜渡海作战的。艾森豪威尔为此焦躁不安,但他决心已下,"除非天气确实严重恶化,我们必须开始"。因此,他命令运送布雷德利第一集团军的舰队开始起航。

6月4日上午,气象预报显示:海上情况将比预报的略有好转,但是因为阴天,空军不能出动,如果这时发动进攻,盟军将丧失空中优势的支援。艾森豪威尔决定"登陆至少推迟一天"。

6月4日晚上,气象预报显示:天气有可能出现转机,正在下着的倾盆大雨将在两三个小时内停止,而且有可能持续36小时,风力中等,虽然有云层但不影响飞机夜间起飞。听到这一好消息,艾森豪威尔在屋里来回踱步,权衡着各种选择方案:如果在目前这场风暴消失和下一个恶劣天气开始之间的短期气候里实施登陆,会成功地把先头几批部队送上岸,但接着会不会发生增援上不去的问题?孤立的首批部队会不会有被围歼的危险?如果再推迟,将有更大的危险!如果长时间拖延或变动,势必会引起德军注意,从而识破盟军进攻的真实意图!艾森豪威尔终于决定渡海作战。6月6日执行"霸王"战役的命令下达了!盟军百万部队利用涨潮时机和刚刚出现的短暂的好天气,出其不意地在诺曼底登陆,希特勒大肆吹嘘的"大西洋壁垒"被彻底突破了!

艾森豪威尔果断地抓住有效时机,巧妙地利用了短暂的好天气,从而使诺曼底登陆成功。

抓住机遇,当断则断,需要冒一定风险,有时可能会一着不慎,满盘皆输。但风险往往是与高回报并存的,世界上没有"常胜将军",只有"常胜将军",在战场上和商场上,有 80% 的胜率就相当不错了。要想抓住机遇而又较少失误,领导者就要有远见卓识,能够未雨绸缪,这样才能把危害和负面影响消灭在萌芽状态,将有利时机把握于电光火石、稍纵即逝的一瞬间。

健力宝集团 10 多年前只是一家年产值不过百万元的县办小厂,1994 年企业产值却已超过 13 亿元,10 年增长了 1 300 倍,成为我国饮料行业的排头兵。奇迹般的发展主要是因为企业家李经纬胆识非凡,在企业发展的关键几步棋上看得准、走得狠。1983 年身为一个小酒厂厂长的李经纬得知广东体育科学研究所研制出一种新饮料,效果极好,可惜口感不佳,难以下咽。此时,一些大饮料厂不敢冒险投资。而李经纬果断拍板,请来专家,全厂节衣缩食投资试验,历经10 个月,失败 120 多次,终于攻克难关,生产出了中国第一代运动饮料"健力宝",并作为参加洛杉矶奥运会的中国体育代表团的"首选饮料"。之后,他又以惊人的魄力,利用第六届全国运动会和北京亚运会的机会,出巨资提供赞助或购买专用饮料权,从此,"健力宝"名声大振,称雄世界。

第3章 科学决策与信息分析

3.1 信息分析在决策中的作用

3.1.1 决策活动中的信息利用

信息分析是对情报进行定向浓集和科学抽象的一种科学劳动。在这类劳动中,信息分析人员根据一定的课题,广泛系统地搜集文献、实物等情报,对内容进行去伪存真的鉴定,由表及里、由此及彼的推理,以及对数据进行统计和计算等工作,然后,按照实际需要和工作深度,编写出不同形式的文字材料。

信息分析遍及科学、技术、生产、军事、经济、文化、教育等领域。在 1941 年 12 月 7 日珍珠港一战中,日军以极小的代价赢得了辉煌的战果,正是得力于情报的准确和分析判断的正确。在珍珠港一战中,日军主要做了三件事:根据翔实的气象资料,确定合适的出发时间;根据技术和军事情报,为偷袭舰队拟定正确的航行路线;根据地面侦察情报,选择有利的出击时间。

信息是与决策共生共存的东西,在实际生活中,无论哪一类型的决策,都离不开信息的获取和分析。离开了信息,决策就成了无源之水、无本之木。下面我们分门别类地谈谈决策活动中的信息利用问题。

1. 信息在军事战略制定中

在军事上,战略是指关系到战争全局的发展和走势的重大行动,制定军事战略是军队最高领导层的事情。在战场上,战略变化往往牵一发而动全身。高级指挥员制定战略,必须透彻了解国际国内形势的格局和变化、敌我双方的态势,尤其是敌人下一步的行动计划。要做到这一点,指挥员必须掌握准确的、详细的信息,才敢于拍板定案。第二次世界大战中,斯大林敢于从东部抽调兵力,对德国进行反击,很大程度上得力于佐尔格提供的准确信息。

1941年苏联卫国战争期间,苏联国防委员会在制定战略反攻的决策时,对是否调用西伯利亚集团军举棋不定。当时的形势是,法西斯德国的军队已兵临莫斯科城下,西伯利亚集团军是苏联唯一能够调动执行战略反攻任务的机动力量。但是如果调动这支力量去西线,苏军东线将空虚,日本军队倘若乘机入侵,苏联将面临德日的两面夹击;若不将这支力量西调,又无力对德军实行战略反攻。

1941年秋的一天,斯大林拿着一份从中国延安发来的绝密情报:"1941年9月15日以后,可以认为苏联远东排除了来自日本方面的威胁。"这个情报是一个名叫理查德·佐尔格的德国共产党员提供的,1930年初佐尔格由共产国际情报局派来上海,不久他认识了美国女作家史沫特莱,并由她介绍结识了日本《朝日新闻》驻华记者尾奇秀实。尾奇是日本首相近卫文磨的私人秘书,参加过内阁最核心的机密会议,同时作为中国事务专家来往于中国、日本之间。佐尔格在30年代中期以忠于元首的德国纳粹党徒的面目和渊博的知识,深得德国驻日本大使和武官的尊重。第二次世界大战爆发以后,他发出过大量有价值的情报。

由于来自中国的可靠情报,斯大林和国防委员会立即做出一项重大决策,从苏联东部调出几十万军队投入与德军激战的西线,从而一举扭转了世界反法西斯战争形势。

2. 信息在制定地区经济发展规划中

规划和计划是发展国家和地方经济的依据,对国计民生的影响极大。为了制订或者修改规划和计划,必须对资源的种类和贮量、资源可供开发和利用的潜力、工农业生产的布局、现有产业的结构和比重等问题作深入细致的调查研究,才能提供科学根据,使规划和计划切实可行。信息分析工作应该走在制订规划和计划的前面,为决策提供可靠的数据和情况。

安徽蚌埠是我国山芋干的主要产地,若以蚌埠为圆心,以100公里为半径,这个范围内山芋干的年产量可达34亿斤。一千吨山芋干价值只有15.8万元,而将一千吨山芋干加工成维生素C,产值却可达400万元,经济效益猛增25倍。蚌埠市情报所为了发挥地区经济优势,历时半年,走访七省十市,摸清了国内外当前淀粉工业的水平、动态及市场情况,写出了一篇《山芋干开发综合利用》的调研报告,特别是对山芋干在有机酸、氨基酸、酶制剂、制药、酒精、化工、淀粉衍生物等领域的应用进行了较详细的介绍,提供了514个数据,为蚌埠市制订经济发展规划提供了依据。我国山芋干产区面积很大,全国一部分地区山芋干供过于求,农民手中的山芋干卖不掉,财富变成了包袱。蚌埠市情报所的调研报告为山芋干的综合利用开拓了新的前景,受到社会的一致好评,《人民日报》、《安徽日报》对这件事进行了报道,中国农业电影制片厂还拍摄了《甘薯综合利用》的科教片。

3. 信息在科学管理中

科学管理是各行各业共同存在的问题,只有进行科学的管理,才能提高科研活动、工业生产和经济建设的效率。为了学习和借鉴国内外先进的管理方法,为目前经济体制和科研体制的改革提供依据,必须研究国内外科研机构和工厂企业的布局特点、规模、体系制度、管理办法、人才结构、人员培训等情况。科学管理的内容很多,各国科学管理的理论、方法和水平也各不相同,只有抓住本单位的主要矛盾,有针对性地引进国内外先进的管理经验和方法,才能很好地进行改革,有效地提高科学管理的水平,从而提高科研活动和生产建设的效率。

我国铁道运输基本上是客、货两运,随着原煤量的不断增长,煤炭运输日益紧张,给铁路部门造成了越来越大的压力。为此,煤炭部情报所分析研究了世界上以产煤著称的德国鲁尔工业区的情况,发现该区的特点是以采煤为中心,发展煤、钢、电、化学等综合工业,将生产的煤大部分就地发电、炼焦、炼钢,并进行化工综合利用。煤炭部情报所将德国的经验编写成《鲁尔的兴起》、《鲁尔工业区的今昔》等研究报告,对我国煤炭工业的管理决策起了一定的参考作用。

4. 信息在制定部门或行业的技术政策中

为部门或行业制定合适的技术政策,不仅关系到本部门当前的发展,也关系到其他行业或产业未来的发展。因此,确定技术政策是一项重大的战略任务,对国民经济发展的影响极大。为了制定正确的技术政策,使技术政策适合国情,既为当前的工农业生产服务,又顾及长远发展的需要，在制定技术政策以前，必须广泛系统地搜集资料和数据，对历史的、现实的、国外的、国内的类似情况进行深入细致的比较，才能对该项技术的必要性、可行性和经济性作出论证，从而为决策提供依据。

我国南方大部分地区缺煤，为了解决能源问题，国家早在20世纪60年代初就考虑发展核电，但有些同志认为核电既贵又不安全，因而对发展核电缺乏信心。我国要不要建立核电站，在这个举国关心的问题上，核工业部情报所为制定能源技术政策做了大量的工作。1965年该所部分同志参加了为制定核电10年发展规划服务的调研工作，1976年他们写出了《快中子堆在核动力中的作用及其发展概况》和《国外原子能发电的技术路线》两篇专题报告。10年来该所编写的与核电有关的调研报告和翻译资料近百篇、约150多万字。1980年初，国家科委等单位组成了核能调研小组，核工业部情报所的同志参加了这个小组的工作，调研组同志走访了中央有关部委和上海、广州的近40家单位，搜集了大量资料和数据，写了《我国华东和广东地区建造核电站的必要性、经济性和起步方案》等论证分析报告。报告指出：由于我国华东和广东地区因缺电而造成的损失严重，难以用常规能源补充缺口，首先在这些地区建设核电站，不仅可以解决缺能缺电的燃眉之急，还可以减轻因运煤而对交通运输造成的压力。调查还表明：虽然核电站的基建投资比同等容量的煤电站高，但如果把燃料开采、加工和运输的投资包括进去，则核电站系统投资与煤电系统相近，核电的电价可略低于煤电，证明了发展核电站在经济上是合算的。调研小组还调查了我国的技术力量和物质条件，证明我国发展核电在技术上是可行的。这一分析报告受到党和国家有关领导人的注意，目前，东部缺能地区发展核电站已基本确定为国家在这一地区的能源政策。

5. 信息在对外贸易中

对外贸易是国家经济的重要组成部分，一方面可以调节有无，输出国内的拳头产品和消化国内生产的多余产品，同时输入国内生产建设中急需的高新技术和紧缺物资；另一方面通过出口商品，可以增加国家的外汇储备。在商品出口中，要解决的关键问题是何时、对何地(国家或地区),以什么价格、输出什么产品？在商品进口中,则要了解同类商品哪个国家(或地区)的质量最好、价格最低、性能价格比最优,以及国际形势变化会对这种商品产生什么样的影响等。这些情况的获得、分析和准确判断,无一不依赖于信息。

镇海炼油化工股份有限公司,是浙江省首家特大型国有企业。在镇海炼化的成功经验中,很重要的一条是领导决策层对信息的高度重视。他们不惜重金,投资建立了一间10余平方米的卫星信息监控室,通过信息监控室,镇海炼化把握着世界油品市场脉搏的每一次微小的颤动。从20世纪80年代中期开始,他们相继与中国石化总公司及各地信息系统中的22个商情网联通,1993年加入全球最大的石油信息服务机构普氏电讯网。1996年,公司又不惜重金加入了道琼斯实时网络。公司对纽约、伦敦、新加坡三大国际油品交易所实行24小时卫星联网追踪,数以万计的信息从全国各地、世界各地汇聚到镇海炼化商情中心,经过分析处理,迅速传送到公司决策层,为领导制定决策提供了依据。

1995年7月,市场上汽油销势疲软,镇海炼化的成品油亟待抛出。此时,公司得知英国一家大石油公司与韩国客户签订的供货合同由于种种原因难以履约,急需2万吨93号无铅汽油。他们立即抓住机会谈判,最后以每吨高于国际市场价格5美元成交,仅此一项就多赚了10万美元。1996年6月,镇海炼化决策层经过对国际形势和市场走向的分析,认为时逢美国大选,极有可能原油价格上涨。他们利用国际油市短暂下挫的时机,以19.3美元一桶的价格,一次购入中东原油500万桶,不久,国际油价一路飙升,最后升至每桶24美元左右。年底结账,全年国际较有代表性的布伦特原油平均价格涨幅达21.22%,镇海炼化同期进口原油成本仅上升11.77%。起落间,消化了当年减利因素约2亿元。

6. 信息在大型工程建设中

大型工程和建设项目有三个突出的特点:一是规模大、投资多、时间长;二是涉及的学科专业和技术门类多;三是对国民经济和生态环境的影响深远。因此,凡属这一类的项目,在破土动工以前,一定要对它的必要性和可行性进行充分的技术经济论证。在施工过程中,要广泛吸收国内外成功的经验和失败的教训,采用合理的设计和先进的技术,以避免人力、物力和时间上的浪费。信息分析对大型工程和建设项目的选址、选择施工方案和技术路线等决策有着重要的作用。

葛洲坝水利枢纽工程开创了我国大江截流的新纪元,其规模之大、难度之高,不仅居国内之首,而且世界上也不多见。在这项大型工程中,长江流域规划办公室下属的情报室做了大量的工作。1975年以来,长办情报室以葛洲坝工程的设计、施工和科学研究为中心,提供了总数为 304 万字的多种专题情报调研报告 72 个,完成了总数为 430 万字的译文资料。在截流工程方案比较阶段,情报室提供了资料比较齐全、论证比较充分、观点比较明确的《国内外大江截流》调研报告。在研究葛洲坝工程三江下游航道底宽的时候,主管部门和工程技术人员对 120 米和 150 米两个方案一时议决不下,信息分析人员调查研究了国外航道的技术资料,证明 120 米底宽完全可以满足要求。葛洲坝工程技术委员会根据三江航道和试验资料,参考调研资料,决定采用 120 米方案,结果比 150 米方案节省工程费用 2 700 万元。一位总工程师在肯定信息工作的作用时指出:"葛洲坝之所以能达到比较先进的水平,经受了 1981 年大洪水的考验,把我国水利水电工程设计推进到一个新的阶段,受到国内外专家的高度赞扬,是和收集了大量国内外情报资料分不开的。"

7. 信息在战役和战斗的军事行动中

战役和战斗是战争的有机组成部分,是战略计划的具体实施。在战争中,防御上如何部署兵力,采取什么样的纵深配备;进攻上选取哪里作为主攻方向,采取什么战斗序列。这些问题的解决,依靠指挥员出主意,然后由参谋人员制订出详细的计划。指挥员的决策和参谋人员的计划,则依靠及时的、准确的信息来制订。信息的来源可以是己方的空中侦察、潜入敌后的侦察小队、截获的敌方密电等。第二次世界大战中,德国将军、非洲军团总司令隆美尔,上任的头一年中,对英军作战屡战屡胜,出尽了风头,被人称为"沙漠之狐"。殊不知,隆美尔一夜成名,完全得力于英军驻北非部队总司令韦维尔将军的参谋部的美军上校费勒斯的"鼎力相助"。

1940年10月8日,英军驻北非部队总司令韦维尔将军的参谋部来了一名新任美国武官——费勒斯上校。费勒斯具有美国人特有的好奇心,他决心仔细研究一下英军的真实情况,包括其在沙漠和山坡地形条件下及面临复杂情况时所采取的战术。英军为费勒斯的行动大开绿灯,允许他到战场上任何一处地方巡视,收集各种绝密情报,甚至将过去攻占北非重要城市如埃及的西迪拜拉尼、利比亚的拜尔迪耶和图卜鲁格的作战计划都毫无保留地拿出来供他参考。英方认为这是以诚相见,希望美国因此加强对英军的武器弹药援助。

费勒斯认为,将所见所闻向华盛顿总部详细汇报是自己的责任,几乎每天晚上他的报务员都要将他写下的报告用密码电文发回美国。

费勒斯发回美国的几乎所有电文都被德国的无线电侦听连截获,并且轻而易举地被破译出来。这些宝贵材料被按时送到隆美尔的办公桌上。通过这些送上门来的情报,隆美尔在1941年3月初得知英国第7装甲军团前往埃及度假和休整,原有阵地由刚调来的、完全没有作战经验的第2装甲坦克师的部队接管。费勒斯还在电文中指出,英军第9步兵师长期以来一直驻守希腊,训练不足,在武器配备方面也存在问题,重型武器严重不足。

看过破译的电文后,隆美尔果断决定:向英军最薄弱部位发起突袭,并亲自圈定了地点。4月3日,班加西城沦陷……在撤退过程中,英军一个装甲坦克旅损失了几乎所有的坦克,4日,第2装甲坦克师又陷入了德军包围,不得不投降。

费勒斯还向华盛顿总部汇报,说英国方面将实施由伞兵别动队潜入德军后方进行破坏活动的计划。按计划,英军伞兵将借着夜色掩护在9座德军机场降落,破坏机场设施,使之陷于瘫痪。如果此计成功,那么德军在今后很长一段时间内将无法从空中获得补给,而以此为基地的德国空军也无法在地中海耀武扬威,袭击向英军运送物资装备的船队。隆美尔从费勒斯的电文中获知了这一计划,并在机场作好了部署,英国伞兵降落德军机场后遭到德军的疯狂扫射,不少人英勇牺牲,余下的人成为俘虏。而第二天一大早,德国空军的飞机从这些完好无损的机场起飞升空,对正在驶向马耳他的英国护航舰队进行轰炸。不少满载军用物资的船只和护卫驱逐舰被击沉。此后,英国的地中海通道几乎完全瘫痪。

8. 信息在科研项目确定中

在科学研究工作中,通过广泛的信息交流,人们利用已有的和别人的科研成果,进行新的研究探索,不断推陈出新,如此循环往复,以至无穷。而每一次循环都使科学技术发展到一个新的高度。科学研究工作要想取得新的突破和进展,首要的问题是要使研究工作立足于最新的起点上,即要以别人的终点作为自己的起点。为了达到这个目的,在确定科研课题以前,首先必须通过信息分析工作查明:关于这个课题,前人做过些什么,今人正在做什么。以便明确科研的主攻方向,少走或不走弯路。

上海某研究所曾经成立课题组,研究暖水瓶胆的新涂布材料。研究成功后,他们去市科委报喜,申请科技成果奖。市科委责成有关部门审查这项成果的新颖性。通过查阅专利资料,发现这种涂布材料国外早就发明了。复印有关的专利资料只需要几角钱,而该研究所却花了几万元科研经费,还白白浪费了一年多时间。相反,信息分析工作做得好,就能选准科研课题,填补国内空白。株洲电子研究所的科研活动,原来侧重于数控技术,曾经研制过数控机床和专用计算机。这些产品采用的元器件主要是分主元件和中小规模集成电路,这种硬布线逻辑电路造价高,可靠性差,使用维护不方便。为了选准科研课题,研制新产品,该所情报室做了大量调研工作。情报室同志多次到生产 TD 801 单板机的北京工业大学进行"侦察",看到北京工业大学门庭若市,掌握了微型计算机用户多而货源不足的情报。东北之行使他们认识到,东北这样一个发达的工业基地,是推广微型机的巨大潜在市场。通过对上海的调查,他们得出结论:上海生产的单板机在短期内无法冲击国内市场。情报室同志将从全国各地收集到的信息反映给所领导,为领导决策提供了依据,促成了该所"拳头"成果 CMC-80 微型电脑的诞生。

9. 信息在制订生产计划中

经济就像一部庞大的机器,产、供、销等如同这台机器上的各个零部件,相互联系,相互制约。任何企业和工厂,在制订生产计划时,除了考虑本身的技术力量、设备条件以外,还必须考虑原料来源、市场需求、产品投入市场以后的竞争力量,等等。党的十一届三中全会以后,我国实行新经济政策,过去那种以产定销、产销脱节的局面正在改变。因此,制订切实可行的生产计划成为企业成败的关键。在制订生产计划时,尤其是在生产转向时,应当通过信息分析工作为领导决策提供依据,以保证生产计划的合理性。

北京金星金笔厂在改革开放前,生产一直正常。改革开放后,竞争对手像雨后春笋般冒出来。金星金笔厂数十年一贯制的普通自来水笔,逐步失去竞争力,销路越来越窄,工厂难以为继。

后来,他们通过多种渠道和方式搜集有关国际墨水笔市场的信息,发现其中一种彩色墨水笔用途宽广,在国际市场上畅销。该厂认真分析了这一信息,判定它是准确无误的,于是着手自行研制和生产12色彩色墨水笔。

经过试制和技术设备的改造,该厂很快生产出了彩色墨水笔。这种笔具有书写流利,色泽鲜艳,笔芯可以更换等优点,适用于绘画、电化教学及办公等多层次的需求。投放市场后,迅速受到国内外用户的欢迎。1983年,该厂仅这个产品就获利110万元。由于订单不断涌来,该厂承担不了,还扩展到北京圆珠笔厂去生产。

经营决策需要大量的信息,不掌握信息,靠拍脑袋、拍胸脯、干了再说,那是不行的。现代决策者,如果没有树立起信息观念,在市场竞争中就会到处碰壁。

有家生产洗发液的企业研制出人参、当归、田七等药物洗发液,在国内曾一度较畅销。这家企业满以为这些产品在美国市场亦会受欢迎,于是向美国一家有关系的公司发运了一批货。岂料半年过去,卖出去的寥寥无几。原来美国人不习惯于接受陌生的药物。他们强调天然物质、自然感,认为海草、矿物对头发保养才有好处,而不喜欢添加剂,即便加入了人参、鹿茸等也不欣赏。这家企业在未掌握信息的情况下,贸然做出决策,导致好货也无人问津。

从上述一胜一败的实例可以看到信息对决策的作用。在现代经营决策的任何一个环节,都必须以可靠的信息为基础,决策方案的制订和选择,实际上是对信息的收集、整理和分析的结果。

10. 信息在技术和设备引进中

引进国外的先进技术和先进设备是改造老厂、建设新厂中一项不容忽视的工作。技术引进和设备引进必须贯彻洋为中用的方针,根据国内条件,引进适合我国国情的技术和设备。引进工作既要考虑先进性,又要考虑经济性和适用性。因此,在进行技术和设备引进以前,必须摸清国内外该项技术或设备的性能、特点、技术经济指标、适用范围等,并对各国同类技术或设备的各项指标进行比较,才能使引进工作建立在科学的基础上,而不致受骗上当。

湖北省电力试验所情报室为平武 500 千伏输变电工程编译了一系列专题情报资料,在工程建设和调试中发挥了重要作用。这套资料中收集有国际电工委员会(IEC)的标准,根据标准对从法国进口的双河变电站主变电器的绝缘油进行测试,发现法国的绝缘油不符合标准,法方被迫赔偿 225 桶油,价值 2 万美元。在平武线距离保护和行波保护动膜试验中,利用这套资料正确判定了瑞典的继电保护装置有缺陷,使瑞典厂方同意予以改进,并赔偿我方一部分零件,价值 3 万克朗。

11. 信息在提高产品质量、发展花色品种中

为了加强在国际市场和国内市场上的竞争能力,工厂企业必须不断提高产品质量,努力增加老产品的花色品种,积极开发新产品,使产品及时更新换代,以满足消费者日益增长的需要。这种情况在轻纺工业尤其明显。轻纺工业应当根据各个国家、地区的文化水平和民族特点,生产适销对路的优质产品,努力做到"人无我有、人有我好",以新取胜,以质取胜,以廉取胜,才能不断扩大市场,多创外汇。要做到这一点,必须对国内外同行业的产销情况、同类产品的水平,以及各国各地的人情风俗进行调查研究和信息分析。

北京大华天坛服装有限公司(原北京大华衬衫厂)是个有 50 多年历史的老厂。该厂生产的"天坛"牌和"白塔"牌中高级男式衬衫曾分别荣获金质奖和部、市优质产品的光荣称号,并相继开发了"三A"、"A"和"玄女"等牌号的产品。他们的经验之一就是在企业经营中坚持开展信息分析工作。20 世纪 80 年代,他们曾先后派人调查了全国 26 个省、市、自治区共 120 个同类产品厂的基本情况,并两次

派人到日本和香港进行考察。由于消息灵、信息准,他们先后对"天坛"牌衬衣的上领衬进行过 7 次改革,对造型设计进行过 3 次重大改变,使该牌号在国内外市场上保持良好声誉。后来,他们从调研中获悉,高支纱全棉细纺质地的衬衫在国际市场上走俏,就试制了全棉质地精纺单纱"三 A"牌衬衫,在香港 5 大国货公司销售,深受港、澳消费者欢迎。销售价格由原来的 97.3 元(港币),提高到 130 元(港币),比上海海螺牌衬衫售价高 1.5 倍以上,成本低 50%。

人类的实践活动为信息分析工作提供了极其丰富的课题,除了以上一些类型外,信息分析还可配合出国考察、贸易谈判、学术交流等活动开展工作,这里就不一一赘述。可以毫无夸张地说,哪里有决策,哪里就需要信息,信息的收集、整理和分析普遍存在于各类决策活动之中,贯穿于决策各阶段的始终。

3.1.2 不同决策阶段的信息服务

决策是分为不同阶段来完成的,每一阶段又表现出不同的信息需求特点。因此,信息为决策服务的具体方法在决策的各阶段也应有所不同。

1. 决策前的信息超前服务

超前服务有两层含义:一是信息提供的内容要超前,是该领域里处于领先地位的最新知识和成果;二是时间上的超前,信息工作要做在决策者提出需求的前头。这种超前的服务方式具有多方面的优点:

(1) 能促成决策及早完成。有些决策是在突发的情况下产生的,需要当机立断,如果信息工作没有一定的超前性,决策就难以及早完成。

(2) 有助于决策者掌握预测性信息。决策需要预测,决策者的远见卓识,很大程度上依赖于预测性信息的启迪。信息的职能就是为未来服务,而超前服务的方式正是为了更好地发挥信息的这种职能,使决策者在掌握预测信息的基础上做出有预见性的正确决策。

(3) 有助于决策者更新知识,开阔眼界,启发思路,增强判断能力。决策者只有在决策前充分了解有关领域中的已有成果、现状和发展前景,经常接受最新的信息,才能不断更新知识和认识,使自己的思想保持先进性,增强敏感性和判断能力。

2. 决策中的信息跟踪服务

决策中的信息应用是以跟踪服务的形式进行的。跟踪服务主要是三个阶段的信息跟踪:

(1) 确立目标阶段的信息跟踪。对诸多问题进行分析研究,归纳出它们的共同实质,找出要解决的关键问题,就构成了决策目标。能否为决策者提供全面、详细、真实的信息,关系到目标能否正确确立。信息工作应当紧紧围绕问题进行调查研究,全面收集有关问题的详细资料,查证核实后写出调查报告,为决策提供事实依据。为了使所选择目标的不确定性减少到最低限度,还需对与该目标有关的信息加以系统地收集、分析,为决策者提供预测信息,以供决策者选择目标时参考。

(2) 决策方案准备阶段的信息跟踪。在目标确定后,需对目标进行分析,拟定出各种达到目标的方案。在决策方案拟订前要经过一系列的分析(包括目标分析、功能分析、设计模型、最佳化分析等),这就需要有详细的项目背景资料,包括历史统计数据和现行的调查数据。同时,由于拟订方案是设计实际执行的方法,所以必须研究并明确全部可预测到的不确定因素,明确这些因素的影响程度(主要是不利影响)以及能否被排除。此外,还要研究实施结果对环境的影响。如果信息不灵,甚至有误,就必然拟定不出最佳方案。因此,信息工作不仅应根据决策项目的特点,对项目作出历史的、现实的、科学的调查,还应收集关于行动方案可能出现什么效果的信息。

(3) 选定决策方案阶段的信息跟踪。决策方案拟订后,需选取其一或综合处理实现优化。由于作为最终优化方案的每个特定指标不一定都是最佳的,为了避免失误,决策者要依据一定的程序对方案进行审校,然后才能发出决策实施指令。在选择过程中,任何一个层次上发现问题,都必须根据问题产生的原因与性质,及时地将信息反馈到相应层次中去,以便对决策修订补充。决策方案的选择是一件非常复杂的事情,需要聘请各方面有经验的人员以及决策方案实施者共同参加,广泛征求意见。信息工作则应及时提供以上各方面的反馈信息、决策对象及其所处环境条件变化的信息,并注意信息的完整、准确和专指性。

3. 决策后的信息反馈服务

决策一般都不会十全十美,都需要在实践中不断补充完善。因此,随时注意收集决策实施中出现的情况和问题,加强信息反馈工作,便成为信息为决策服务的一项重要功能。主要应做到以下几点:

(1) 跟踪反馈。把决策实施中的信息跟踪和信息反馈结合在一起,就构成了一个多层次、多渠道、脉络畅通的信息反馈服务系统,这是决策得以顺利实施和取得最佳效果的保证。

(2) 循环反馈。科学决策的过程就是正确信息不断传递和反馈的过程。决策的失误可能出现在任何环节和层次上。反馈服务就要对实践中反映出的新情况、新问题及产生的原因进行综合分析研究,确定问题的具体环节和层次,并由此决定信息反馈的方向。这样可在不同环节或层次形成反馈—修正—再反馈—再修正的多次往复循环,促使决策者认识不断深化,保证决策的最终正确性。

(3) 同步追踪反馈。当经过前一段的反馈检查后,如发现决策目标危险性大,或需根据变化情况对原定目标或方案进行根本性的修正时,就必须进行"追踪决策",重新分析研究,确定问题,制定目标,这种跟踪决策要求信息同步追踪。这时的信息服务应体现:① 为需而供,针对性要强;② 多向趋同,保证完整性;③ 做好信息的鉴别评估工作,使之具有高度的可靠性。

3.1.3 决策对信息的基本要求

决策活动与其他活动不同,它不是用不同的物体去构造另一个物质系统,而是用信息去制定决策。决策是依靠信息来制定的,信息是决策的基础,信息的质量决定着决策的质量。既然如此,在决策时,也就始终存在着如何判断信息、筛选信息、利用信息等一系列问题。在讨论决策信息的质量时,人们曾经提出多项衡量标准。我们认为,就决策活动而言,可以从可靠性、完整性、精确性三个方面判断信息的质量。上述三点也正是决策对信息的基本要求。

1. 可靠性

可靠性亦称可信度，是指信息的真实性和准确性。信息的可靠性包括两个方面：一是信息人员收集到的原始信息是真实的和准确的；二是信息人员为决策者所提供的经过加工的信息是真实的和准确的。为决策提供的信息，一定要实事求是地反映客观情况，只有真实、准确的信息才能使决策建立在科学的基础上。信息如果失真，就会导致判断错误和决策失误，酿成严重后果。因此，在决策信息的收集、加工上，应抱着对国家、对人民高度负责的精神，坚持实事求是的态度，尊重事物的客观性和反映事物的真实性。决不能为迎合个别领导人的好恶，而将情况任意夸大或缩小，人为地造成信息失真。

一项决策，必须在真实可靠的信息的基础上做出，这是众所周知的道理。但在现实中，人们所得到的信息却不一定是真实可靠的，有的信息可能是虚假的，有的信息可能是真假掺杂的，可能真的成分多一些，也可能假的成分多一些。之所以如此，既有客观方面的原因，也有主观方面的原因。这就要求我们提高识别能力，善于判断信息的真伪。

确定信息的可信度，最重要的是考察信息的来源。一般地说直接从原始信息源取得的信息可信度高。但这也应考虑到信息源的性质，也就是在识别信息时，首先要识别信息源的性质。比如，自然信息是从自然事物中获取的，通常比较真实可靠。如某地有山脉、森林、河流之类的信息，是比较真实的。社会信息识别比自然信息困难一些，因为社会信息具有较多的不确定性。比如，"某单位人员的素质好"这样的信息，和"某地有森林"的信息相比，就要不确定得多。所以，在识别社会信息时，就要定出相关指标，如"人员素质好"可以从党团员的比例、文化水平、平均年龄、工作效率等指标去识别。无论自然信息还是社会信息，即便都是直接从信息源得来的，还存在一个获取信息的方法问题，比如用直接观察方法获取的信息与通过科学技术手段获取的信息，其可靠性也有所不同。因此，在识别信息时，除了鉴别信息源的性质外，还需要鉴别获取信息的手段。此外，运用同样的手段从同一信息源获取信息，还受到获取信息时的条件的影响，这里的条件又包括客观条件和主观条件。比如，观察同一对象,不同的人在不同时间从不同角度观察,取得的结果也会不同。所以,识别信息时还应考虑到条件因素。

决策时利用的信息,应尽可能从原始信息源去直接获取,但实际上有许多信息却只能从间接渠道取得。这时,就应查清间接的程度,一般地说,转换次数越少,可信度越高;转换次数越多,信息失真的可能性越大,因而可信度也就越低。还有一种识别方法是看同一信息出现的频率。这就如同事件的见证人一样,见证人越多,信息的真实性也就越大。但在运用这种方法时,一定要注意可能出现的假象。比如对同一件事,具有同样说法的人很多,但实际上这些人是从同一个人那里听来的,这时,说的人多并不等于频率就高。也就是说,说的人多并不等于可信度就高。

2. 完整性

从一般要求来说,制定一项决策,要求收集到足够的真实的信息。信息不可靠决策不能制定,现有的信息虽然是可靠的但不完备,决策仍难于制定。尽管在现实中人们难于完全做到这两条,但作为科学要求来说,却应力求在信息准确和完备的条件下做出决策。

信息的完整性亦称完全度,是指包括决策对象全部的信息,这里说的全部信息有范围、种类、时间等多方面的含义。比如一个县的信息,从范围说,包括每一个乡镇,如果缺少了某乡镇,信息就是不完全的;从种类说,包括资源、经济、政治、文化等各个方面,缺少了某方面的信息,也是属于信息不完全。为了做出科学的决策,还必须对历史的、现实的,尤其是未来的信息(即科学的预测)进行全面收集。如对于重大工程的建造决策,就不能仅考虑它的现实环境,还应考虑它在施工建造过程中及工程建成以后的未来环境的状况。尽管未来是难以把握的,但经详尽的分析和推理,从工程酝酿、设计、规划到建造实施,直至投入使用的全过程,并针对这一全过程的各个不同发展阶段,制定出各种对策与应变措施、方案等是完全必要的。虽然我们不能"先知先觉",但可以运用各种行之有效的科学方法周密地考虑到全过程,以便在决策实施过程中及时修改以至制定新的方案。

决策信息的完整性,还要求我们兼顾反映正面问题的信息和反映反面问题的信息。领导者在决策过程中既需要反映正面问题(指正常发生的情况、成绩、经验等)的信息,又需要反映反面问题(指非正常的情况、缺点、问题、教训等)的信息,只有两个方面的信息都完整地提供,领导者才能正确把握事物的发展变化,进行科学的决策。二者若有偏废,只报喜不报忧,或者只报忧不报喜,都不可能制定出正确的决策。前者会使领导者只看到成绩,看不到缺点,过高地估计有利因素,做出盲目、冒进的决策;后者会使领导者沉沦于消极之中,贻误战机,做出更加被动的决策。

用于决策的信息之所以要求完整,是由于决策系统可以向多个不同的方向发展,不同的外界条件也可以引出决策系统的不同变化。考虑到现代环境的复杂性、多变性、多学科相互影响等因素,我们要广开思路,进行多源头、多通道的信息收集,直至获得较为完整的信息。这种多源头、多通道的信息是制定多种决策方案的必要条件,而多方案的制订,正是决策科学与否的重要基础。现实中常有这种情况,一项决策最后证明失误了,原因是决策时缺少某方面的信息,其实,决策时并非得不到这方面的信息,而是当时没有考虑到需要这方面的信息。这就提醒我们:信息的完整性是个至关重要的问题,在作某项决策时,首先必须明确需要哪些信息。

3. 精确性

精确性亦称精确度,是指信息所反映的事物特征的细微化程度。信息的完全度主要是从面上来说的,判断信息的完全度时,暂不涉及个别对象的具体情况。比如,在军事上,了解敌方的武器情况,完全度是指敌方拥有哪些武器,如飞机、坦克、大炮、枪支等,对有没有某种武器弄不清楚,属于信息不完全。至于某种武器的数量、性能等方面的信息,则不属于信息完全度的问题,而是属于信息的精确度问题了。

决策者之所以在决策工作中需要获取信息,是为了了解情况,消除自己知识上(或者认识上)的某种不确定性。至于消除哪方面的不确定性,是以决策目标为转移的。因此,时间、空间、数量、行为方式等,其中的某一项或某几项都可以作为衡量决策信息精确度的主要尺度。比如,在军事决策中,部队需要秘密转移,有几条道路可供选择,现得知某条道路驻有敌军,尽管不明了驻军的数量、装备、战斗力等情况,但这条信息有足够的精确度,因为已经可以做出"不能从那条道路通过"的决策了。但是,对于城市的防空部队来说,如果前方报告"有敌机飞来",这样的信息缺乏必要的精确度,只有"某地某时发现有多少架某型号飞机正朝某城市方向飞来"的信息,才有足够的精确度。这就说明,在哪项或哪几项指标上对信息的精确度提出要求,以及精确到什么程度,是根据决策的具体目标而定的。

每一项决策,对信息的精确度都是有一定要求的,如果判定错误,也会带来决策失误。有的决策,对信息精确度要求很高,如果提供信息时尺度过宽,那就完全可能导致"差之毫厘,谬以千里"。有的决策,本来对信息精确度的要求不那么高,如果信息收集尺度过严,就可能导致为取得不必要的精确度而浪费人力物力财力,或是因为得到规定要求的精确信息而延误决策时间,甚至本来可以做出决策而没有做出。

决策因其性质不同,对信息的精确度会有不同的要求。一般而言,战略性问题的决策,需要的信息内容就比较概要,精确度可以不太高;而一般性问题的决策,则需要详细的、具体的、精确度高的信息。

考虑到现实中达到信息精确度的实际困难,为了使决策能够做出,在确定精确度的尺度时,一般应划定一定的范围,即对上限下限规定一定的界限,也就是我们平常说的允许存在一定的误差。这是因为,人们获取精确信息受到种种条件的限制,如果将精确性绝对化反而不易达到,也就无精确性可言了。这就是说,我们既要求精确性而又允许模糊性,精确性是相对于一定的模糊性而言的。

3.1.4 决策活动中信息利用的注意事项

决策的质量很大程度上取决于所收集到的、反映客观情况的信息的质量。因此,我们总是希望作为决策依据的信息既全面丰富,又精确可靠。但是信息的全面性、精确性、可靠性是相对的,绝大多数决策是在信息不很全面、不够精确等条件下做出的,因此,利用信息时,我们应当注意如下几个问题。

1. 不同决策对不同信息有不同的精确度要求

各种决策对信息的质量要求不完全一样。如果决策的对象是确定某项产品的产量,那么对该产品的市场供求情况的信息就要求精确一些。如果决策的目标仅仅是为了确定今后的生产方向,那么只要了解市场变化总趋势即可。

在每项决策之中总存在少数几个关键因素,对反映这些因素的信息的质量要求自然要高些,而反映次要因素的信息的质量要求就可以低些。决策者如果非常清楚该项决策对信息质量的要求,就可以充分利用手头已有的资料,有区别地去收集各方面的信息,把注意力集中在反映关键因素的资料上,这样既可以节省收集信息的成本,又避免延误决策的时机。

2. 对决策中使用的信息资料的局限性要有清醒的估计

哪些资料可靠性大,因而可以作为决策的主要依据;哪些不十分可靠,仅供参考;哪些资料可以直接使用,哪些原始信息需要进行一番加工或整理;等等。决策者尽管不能对这些了如指掌,但应当大致清楚,只有这样才能准确判断有多大把握做出决策。

对信息资料的估计除了对资料本身进行严格的逻辑判断与计算检查之外,对信息来源、信息源的信誉也应有所了解。

3. 使决策保持一定的伸缩性和灵活性

由于作为决策依据的信息资料不是十分全面和可靠,因此,对决策结果的估计就不会绝对正确。如果选择一个丝毫没有回旋余地的计划方案去行动,将来一旦因预先估计不足而出现意料之外的情况,就将束手无策。所以,不如把方案制订得带有一定的弹性,可以更主动一些。目前,国外制定行动方案时,往往都包含着预防性措施和应变计划,这是值得我们借鉴的。

4. 敏感性分析

如果某项信息不足或不可靠,使我们制定和选择方案产生困难,这时,可以根据对已有信息的初步整理、判断,先做出初步决策,然后再反过来提出这样的问题:此信息如果发生改变,那么改变多大会影响我们改变决策? 这就称为敏感性分析。如果我们认为作为决策根据的信息虽然不够准确和全面,经过进一步调查计算之后,数字可能会发生变化,但估计这种变化不会影响决策选择,那就不值得再花更多的时间和精力去补充收集资料了。如果数字稍微变化就会改变我们的方案选择,那么就应当暂缓决策,等待进一步补充资料。

敏感性分析在决策中用处很大,不仅在信息资料质量不好而难于决策时要用它,而且在决策已经执行之后,由于条件和环境发生变化而导致结果与预期目标之间出现差异时,也要作敏感性分析。

3.2 各类型决策中的信息保障

本章第一节我们之所以讨论决策信息的质量,其目的是为了在科学决策过程中,能够准确、及时地将真实而又充分的信息提供给决策者使用。本节我们将讨论科学研究活动、技术开发、新产品研制、对外经济贸易、工程建设、制订经济发展规划等科学决策中的信息保障。

3.2.1 科学研究活动中的信息保障

科学技术是第一生产力,科学研究是技术开发的先导,西方发达国家在发展经济的同时,无一不注重科学研究上的投入。1998年美国研究与发展经费2 270亿美元,同年国内生产总值85 090亿美元,研究与发展经费约占当年国内生产总值的2.67%。1978年美国科研总经费312亿美元,1986年为1 220亿美元,1994年为1 607.5亿美元,16年间科学研究经费增长5倍多。在国家经济发展中,科学研究经费往哪里投、采取什么样的技术路线、科学技术成果是否能够及时推广等是事关全局的重大问题。早在20世纪60年代末美国就开始癌症研究,由于当时不具备这方面的研究条件,投入上亿美元资金而一无所获。50年代初期,中国与美国等国家同时开展激光研究,由于中国采取了错误的技术路线,从大功率激光器入手,致使耗费了上千万元资金和几年时间而收效甚微。由此可见,在科学研究活动中提供足够的信息保障,是一种节时省力、事半功倍的事情。

联合国教科文组织的《科学与技术统计资料》将科技研究分为基础研究(Fundamental Research)、应用研究(Applied Research)、实验发展(Experimental Development)三种类型。基础研究旨在增加科学技术知识和发现新的领域,其成果是普遍的原则、理论或定律。应用研究旨在解决科技知识的应用问题,其成果是阐明某一特定知识的应用途径和原理。实验发展,即发展研究、研制工作,旨在运用基础研究与应用研究的知识创造新材料、新设备、新方法、新流程、新工艺、新产品,或对现有生产技术与方式作出重大改进。

科学研究活动中的信息保障,主要体现在科研课题选择和科技成果推广两个方面。

1. 项目准备与立项阶段的信息保障

著名物理学家、诺贝尔奖获得者李政道曾经指出,中国大约40%的科研课题是重复劳动。大量资料表明,选准了课题等于研究成功了一半。项目准备与立项阶段的信息保障,主要是全面搜集本学科或专业领域内有关方面研究成果、状况和水平的信息,提供研究的线索和思路。在此基础上围绕项目论证,综合各方面的信息,提供制定研究方案的科学依据,供项目立项中的各类人员使用。

项目准备与立项信息保障应围绕项目论证工作进行,具体解决以下基本问题:

(1) 通过系统性调研,发现基础研究和应用研究中具有重要作用及应用前景的课题,并为项目论证提供各方面的信息支持。

(2) 围绕初步确立的研究课题,搜集国内外有关研究的成果及进展信息,列出文献信息来源目录,为项目论证者进行国内外现状的比较研究提供信息保障。

(3) 根据课题人员的要求,调查立项课题的前期工作基础,为项目研究目标的提出提供依据。

(4) 围绕课题人员的项目设计,广泛搜集该领域的最新文献,为项目研究内容的拟定提供信息服务。

(5) 围绕研究人员所提出的研究中的关键问题,进行信息检索,提供关于关键问题探讨的论著与成果目录。

(6) 为专业人员的项目创新的可行性研究搜集信息,必要时列出专业文献目录。

(7) 针对制定研究的技术路线和方法,搜集有关文献,为判断路线与方法的科学性和可行性提供参考资料。

（8）围绕实验方案的制订，搜集有关实验设备、仪器方面的信息，进行实验方案的先进性和科学性研究，供项目论证者决策使用。

（9）针对论证者提出的预期进展，研究其可能性，同时进行成功概率计算，提供决策参考。

（10）进行项目申请或承担者的科研基础、条件及环境研究，从中发现问题并提出改进意见或建议。

（11）提供项目费用估算所需的多方面信息，供项目论证使用。

这一阶段中，信息机构尤其要注意向用户提供国内外正在进行中的科研、研制活动的情况。其目的在于帮助决策者了解在有关的研究领域有谁、在什么地方、正在开展什么项目的研究、研究的目标是什么、进展如何、遇到了什么重大困难、是否找到了克服困难的办法、有什么成果可望在工业上应用等情况。上述这些信息既是领导者做出科学决策的依据，又是科研工作者开展科学研究、进行同行交流和控制以后研究方向的重要线索。

2. 科技成果推广中的信息保障

科技成果的"生产"目的在于应用，成果推广中的信息保障主要表现在两个方面：其一，向成果可能的应用单位或个人提供成果信息，供其"引进"成果时利用；其二，向成果"生产"者提供用户的成果需求信息，供研究者转移成果或今后研究时参考。

在科技成果推广中，成果接受方为了决定是否引进和利用该项成果，一般希望获得如下信息：

（1）成果拥有者的情况，包括研究者姓名、单位、职业、专业职称、主要研究方向和成就、通信地址、电话、联系方式，以及对成果转移的要求等。

（2）成果的完成时间、门类、性质、研究水平、可能的应用领域、预期的效果、消化成果的费用、对用户的技术要求等。

（3）科研成果的详情，包括：① 研究对象与内容，如物质、材料性能、现象效应、理论模型、工艺方法等；② 研究方式与条件，包括实验、生产条件、设备、检测手段等；③ 研究成果、结论，包括观测资料、实验测量的指标、分析研究结果等。

(4) 成果的鉴定材料、专利申请材料、获奖材料以及有关部门的推广使用意见等。在科技成果推广中,成果的研究者(或拥有者)则希望获得如下信息:① 成果用户的情况,即有可能利用该项成果的研究单位、生产部门的技术经济实力和生产经营规模,最好列出用户名录(包括单位、联系人、通信地址等)。② 提供成果转移重点对象的信息,必要时附上成果受让方接受成果转移的可行性报告。③ 成果价格信息,包括国内、外市场对同类成果的需求信息和成交价格等。④ 用户对研究工作的深层要求,以及寻求二次开发的用户情况,如用户数量,用户所提出的性能、指标等具体要求。

在科技成果推广工作中,成果查新是一个极重要的环节,这项工作一般由专门的信息机构来完成。在成果查新中,信息服务机构检索出与该课题有关的信息,对照用户所提供的信息进行比较分析,从而对科研课题或成果的新颖性、先进性和适用性作出综合客观评价。成果查新为成果研制者提供了同类成果的国内外发展水平,有助于他们了解自己的成果水平,确定今后的研究方向,同时也为主管部门鉴定成果和成果受让方决定是否引进该成果提供了依据。近年来,成果查新正成为我国信息部门一项重要的服务项目。

进行成果查新时,首先由科研单位向信息机构提交查新项目及其规范化的有关资料(包括项目论证材料、研究计划、成果材料等),然后由信息机构按下列程序工作:拟定计划,确定检索范围和路线;进行专题检索并整理结果;本项目成果与检索成果对比分析,得出结论;核实结论,编写报告,提供结论性意见;归档。

3.2.2 技术开发的信息保障

技术是科学研究与生产实践之间的中介,是理论通向应用的桥梁。对于大部分科学研究成果而言,如果不通过技术这个中间环节,使之在生产实践中得到广泛应用,它们只能是关在书斋中或实验室中的观赏品,对经济发展和社会进步毫无实际意义。技术开发主要有三种形式:一是国内技术的转移,二是国外高新技术的引进,三是技术创新。技术开发的信息保障主要围绕上述三个方面的工作展开。

1. 国内技术转移的信息保障

国内技术转移来源于技术革新、改造、挖潜以及新技术、新产品、新材料开发等工作,它包括国家推广项目的转移应用、军工技术成果的转移、科技成果交易(包括技术市场中的成果交易、专利技术转让和通过技术评估的成果转移)等多种形式。技术转移的目的是提高企业的生产、经营效率与效益,加强企业参与市场竞争的能力。因此,转移项目的选择必须从企业实际情况出发,从国内现有研究成果、实用技术和新产品开发工艺等成果中选择有利于企业应用的技术。根据这一基本要求,在技术转移中,应围绕以下问题提供信息保障:

(1) 全面考察企业生产、经营活动,分析企业技术状况和外部技术环境,掌握企业对转移技术的要求,为确定转移项目提供信息保障。

(2) 围绕企业技术开发的内容,进行系统的专题文献检索,从成果公报、专利公报、各类成果库中发现线索,搜集待转移的成果信息,进行水平比较、适用性分析,从中挑选出符合企业要求的成果,将详细情况提供给决策者。

(3) 围绕初定的若干项成果,搜集技术经济信息,进行项目的技术经济指标、成本和效益参数计算,将结果提交给决策者。

(4) 从成果的成熟性、发展水平、转移应用机制以及转移各方的条件等入手,预测转移成功的可能性,为风险性决策提供依据。

(5) 全面搜集与转移项目有关的社会信息、经济信息,为转移项目的社会可行性与经济可行性论证提供信息保证。

(6) 提供技术开发的验收与鉴定信息,包括鉴定方法、标准、同类技术的细节以及相关的管理信息。

(7) 搜集受让企业内的有关经营与技术资料,对照成果的应用条件,预测成果转移后的应用前景。

目前,国内技术转移已成为我国企业技术改造的一种主要方式,它不仅可以充分发挥我国技术潜力,而且有利于新技术的推广。因此,这方面的信息保障已经成为企业信息保障的一个重要内容。

2. 技术引进的信息保障

技术引进作为一项国际性技术转移活动,其引进技术包括两类。一类是拥有知识产权的技术(如专利),这类技术受知识产权方面的法律保护;另一类是无知识产权的技术,主要指未申请或不属于申请范围的技术开发成果、专门技术以及与技术一起引进的包括有关设备、仪器、生产线等在内的设施。

技术引进应符合国家的具体规定和要求,有利于企业在国家宏观调控下的发展。《中华人民共和国技术引进合同管理条例》对技术引进项目作出了明确的规定,其基本要求为:① 能发展和生产新产品;② 能提高产品质量和性能,降低生产成本,节约能源和材料;③ 有利于充分利用国内资源;④ 能扩大产品出口,增加外汇收入;⑤ 有利于环境保护;⑥ 有利于安全生产;⑦ 有利于改善经营管理;⑧ 有助于提高科学技术水平。按国家统一规划,当前我国技术引进的重点是:能源、交通、机电、电子、材料、化工等重点发展的工业技术;立足于企业技术创新所迫切需要的技术;现代高科技领域的重大项目;发展外向型经济所需要的技术;有助于完善我国技术体系和发展国内优势工业领域的项目。

企业的技术引进离不开国家的政策指导,引进项目的选择不仅要从企业的实际情况出发,而且应在国家统一规划下进行。在技术引进工作中,应当围绕以下几个方面为决策者提供信息:① 国家关于技术引进的各项政策和法规;② 国家技术经济发展对本企业所属行业的基本要求;③ 国内相关技术的发展水平、引进规划及引进情况;④ 有关引进技术领域的国际发展情况;⑤ 引进技术在国内技术经济发展中的地位、作用和可能的效益;⑥ 引进技术投入使用后的资源消耗和环境影响;⑦ 本企业对引进技术的利用、吸收、创新能力以及引进后可能产生的技术经济效益等;⑧ 搜集和整理关于引进技术和设备、材料等方面的原始调试报告与检测报告,分析调试与检测条件、方式、手段和仪器,评价调试与检测的可靠性。

在提供上述信息的同时,信息机构必须重点做好以下几个方面的信息分析和信息保障工作:

(1) 技术输出方情况分析

技术输出方是技术引进的合作对象,也是谈判对手。技术引进方在签署合同前,除要求对方按规定提供与技术引进有关的经营和信誉等方面的资料外,还应搜集输出技术的背景材料。着重分析输出方的经营与技术实力,引进技术在对方的使用情况,技术输出方的信誉,技术输出方的对外经济与技术合作关系等。这些分析研究结果将作为技术引进谈判与合同签署的重要依据。

(2) 技术输出方所在国的技术法律和技术贸易政策、法规分析

引进技术属于国际贸易的范畴,除受国际法规约束外,还直接受输出国法律与政策约束,因此在技术引进中应尽量收集这方面的信息。技术输出国情况分析的基本内容包括输出国的技术经济政策、技术贸易限制与技术保护法律、技术输出特许、有关的关税贸易规定和与技术贸易有关的合同法规等。

(3) 技术交易价格

技术引进合同签署中应确保价格的合理性,为此应从引进技术的价格构成机制和实际价格形成两方面着手进行信息搜集与分析工作,将结果提供给谈判与签约人员参考。在价格信息提供的同时,还应进行技术引进费用支付方式的研究,这就要求搜集国际技术贸易方面的综合信息,以便进行交易方式的可行性研究。

(4) 引进技术的技术可行性论证

技术可行性论证主要立足于以下问题的解决:引进技术的先进性及其对企业技术创新的作用;引进技术的成熟性和引进条件的适应性;引进技术的完整性及对配套技术的要求;引进技术的支撑环境;企业对引进技术吸收、利用的技术实力和条件。

(5) 引进技术的经济可行性论证

引进项目经济可行性论证立足于企业发展和经济效益的获取,其信息保障的主要内容是提供技术经济分析指标,以便作为决策依据。论证中应提供以下信息:引进项目预计总投资与总收益;项目投资的回收期;新技术产品的利润;企业扩大再生产的能力;流动资金周转率;引进项目对国民经济发展的作用等。

(6) 引进技术的社会可行性论证

引进项目对社会必须是可行的,其可行性论证应有如下信息作保障:有关的国家政策、法律、规划;引进技术对自然环境的影响;引进技术对社会文化的影响;引进技术所产生的社会效益等。

3. 技术创新的信息保障

在日趋激烈的市场竞争中,企业要想获得稳定、持续的发展,必须拥有一些经济、实用的高新技术和设备。因此,无论技术转移还是技术引进,都是为了技术创新,使企业形成自己的技术优势,以保持在国内或国际上的领先地位。技术创新中的信息保障,应当围绕下述工作展开。

(1) 对引进项目投入使用以后的企业管理、设备运行、产品生产和技术配套等进行调查。

(2) 根据企业的需要与可能,确定技术创新的大致内容、方向和形式,提出用于制订开发计划的客观依据。

(3) 跟踪同类技术的发展,进行国内外技术比较研究,掌握新技术的发展方向,搜集、整理用于技术创新的信息与资料,提交有关人员使用。

(4) 掌握有关技术的国内外发展情况、当前水平与未来趋势,衡量本企业的技术在同类技术中的地位,明确技术开发的可能方式,为技术创新项目的提出提供信息保障。

(5) 从已有成果的成熟性、发展水平、技术创新的条件与环境等信息分析入手,结合对企业技术创新实力的评价,预测项目成功的可能性,为风险性决策提供依据。

(6) 在成功可能性预测的基础上,分析创新项目计划中的各种因素,预测项目各阶段的完成时间以及项目完成时的同类技术进展与市场情况,为项目实施提供依据。

(7) 根据市场状况和企业技术创新后的经营情况,在分析成本与技术利用效益的基础上,作出成本-效益估算,为项目立项提供所需的经济预测信息。

(8) 分析技术创新项目对社会、环境的影响,从国家政策、法律、法规入手,研究项目实施的社会可行性,向决策者提供参考意见。

（9）围绕项目的实施，分析技术创新的技术要素，以此为依据进行技术信息的搜集、整理与提供。

（10）围绕项目实施中的技术攻关课题，进行文献检索，提供关键技术的信息保障。

技术创新获得成果以后，要对其进行技术经济分析，这是项目评估的重要内容。这里，我们按技术创新项目的目的，结合创新内容，分两种情况，讨论技术经济分析的基本方法及其应用。

（1）以改造现有技术为目的的技术创新项目的经济效益分析

以技术改造为目的的技术创新是我国目前技术创新工作的重点，它的实施在于充分利用现有设备、资源和条件，以技术进步的手段更新技术，提高企业劳动生产力，改造产品结构，发挥经济增长的潜力。这种技术创新的经济效益分析可以采用分指标计算的方法进行：

① 改造项目在发展产品品种、扩大产量和增加利润方面的效果。以技术改造为目的的技术创新项目，其技术经济分析以技术创新后增加的总产值为其评价结果，即：技术创新所增加的总产值表示为技术创新后由于产品产量增加、成本降低和生产效率提高所产生的生产产值（包括收入、利润）的增加。

② 改造项目在提高劳动生产率方面的效果。技术改造项目在提高劳动生产率方面的实际效益表现为劳动力的节省和产品生产工时的缩短。其基本计算为按百分比计算劳动生产率的增长比例及工时的节约量。

③ 改造项目在提高产品质量方面的效果。改造项目在提高产品质量方面的实际效益表现为产品合格率的上升、废品的减少以及产品性能的改进。其中，合格率的上升和废品减少可以通过技术改造前后产品生产中的"合格检测"数据，定量分析其改进情况；对于产品性能改进可以通过技术改进后新产品售价的上升额，计算所带来的盈利增加额度。

④ 改造项目对资源的节约效果。改造项目完成后的资源节约效益，可以按单位产品的原材料、能源和物质消耗来计算生产成本的降低额度，以此反映投入减少的情况。

⑤ 改造项目的综合利润分析。改造项目的综合利润分析在以上各项分析的基础上进行,其要点是分析技术创新能够增加总产值、降低实际成本、提高产品售价的原因,最后求其总盈利。

(2) 以开发生产线为目的的技术创新项目的经济效益分析

对利用技术创新成果新开发的生产线项目的经济效益,可从以下几个方面分析:

① 投资回收期分析。投资回收期分析是技术经济分析中最简单的方法。对于创新项目,投资回收愈快,其技术经济效益就越好。由此出发,可以将投资回收所需的时间(即投资回收期)作为分析指标。

② 净现值分析。技术创新投资要经若干年后才能收回,在这期间要支付一定的利息。因此对技术创新的技术经济效益分析,应考虑货币的时间价值,这就是净现值分析与年费用分析的出发点。净现值分析是把未来各年现金流入数,按复利贴现计算,转变为相当于现在的价值,然后与现在的投资费用相比较,得出净现值。如果净现值为正值,则技术创新有一定的技术经济效益;净现值愈高,技术经济效益就愈好。

③ 年费用分析。年费用分析与净现值分析原理相同。它将一次支出的投入费用按复利计算,换算为未来每年投资回收费用(按复利计算年折旧费),然后加入到年总费用中进行比较。年费用愈少,经济效益就愈好。

净现值分析法和年费用分析法从不同角度分析了技术创新成果应用的经济效益,在一定程度上反映了技术创新效果,其结果可供项目评估参考。

在技术创新项目的技术经济分析中,信息人员要收集、整理和提供有关产品数量和质量、原材料和能源消耗、劳动生产效率、银行利率变动等多方面的信息,为项目评估提供信息保障。

3.2.3 新产品研制的信息保障

产品是企业发展的生命线,企业要想在激烈的市场竞争中求得生存和发展,必须不断开发出适销对路的新产品。美国收音机已有近百年的历史,即使在电视已经相当普及的今天,收音机制造业也长盛不衰,一个非常重要的原因就是不断推出用户满意的新产品。外界对美国收音机制造业的评价是：只要有人(用户)想得出,他(厂家)就能造得出。日本获悉中国政府对小轿车进口采取限制的政策,立即组织人研制出客货两用的微型工具车,一举打开了中国的市场。日本还根据经济状况和道路设施,将轻便摩托车投放越南等国市场,也非常抢手。

新产品研制一般可划分为：创意产生与筛选、开发决策、设计、试制与鉴定、市场开发等五个阶段。每一个阶段都涉及研制工作的成败,都需要吸收、利用大量信息。在这里,我们主要讨论创意产生与筛选、开发决策、新产品设计等三个阶段的信息保障。

1. 创意产生与筛选中的信息保障

创意是指提出开发新产品的初步设想和构思,每一项新产品的开发都是从创意开始的。

创意产生于对信息的收集、吸收和理解。一般而言,用户意见、要求和建议,企业职工的工作经验和体会,同类产品的发展、竞争,专利文献,国内外技术、产品展览,大专院校、科研单位的研究成果,市场需求变化等信息,都可以成为新产品方案构思的来源。

创意孕育着新产品,要尽可能多地收集各种创意,使各种好的设想都能得到表达。但是新产品的开发是高费用、高风险的,不可能对每一个创意都做一番试验,必须进行筛选。筛选是从多个创意中选择出具有开发价值项目的过程。筛选时要注意搜集下列信息：① 该项创意在构思上是否有新意,是否有人正在实施、或已经实施了；② 该项创意是否符合国家政策,是否符合当地的实情；③ 该项创意企业是否有能力实施,是否有能力与其他单位联合实施；④ 该项创意实施后,是否有市场,企业能否盈利。

2. 开发决策中的信息保障

这一阶段的主要任务,是针对经过初步筛选出的几个创意中的每一个新产品开发设想,围绕以下几个方面收集信息：① 原材料供应的可能性和价格；② 产品开发所需的人力、经费及硬设备；③ 产品开发所涉及的知识产权问题；④ 最终产品的市场价格和按本方案生产所需的费用;⑤ 产品设计、投入生产所需的时间;⑥ 副产品是否有使用价值,是否要处理;⑦ 估计需要的人力和对人员文化素质的要求;⑧ 环境污染(三废和噪声)的全部数据及解决办法;⑨ 水、电、汽的耗量和供应保证;⑩ 投资,盈利及投资回收期;⑪ 现有技术的可靠性及新技术研究成功的可能性;⑫ 安全性,对可能出现的危险的估计。

收集上述信息的目的,是从若干个初步入选的新产品开发设想中挑选出一个,作为本企业的新产品研制项目。

3. 新产品设计中的信息保障

新产品设计包括方案设计、技术设计和施工设计三个方面。

方案设计的任务是正确选型,确定新产品的基本结构和基本参数。一般的方案设计内容包括:总体方案设计;外观造型设计;产品原理设计;产品结构总图;产品参数与技术性能确定;产品生产技术要求等。

新产品的技术设计要求确定产品的具体结构和形式,在保证新产品的先进性、合理性、工艺可行性和经济性的前提下,按方案设计的总范式,组织各方面设计人员进行产品各部分、各部件的设计和组装设计。在技术设计中,要求解决生产加工中的工艺及技术问题,提出加工、装配、检测、使用等方面的技术规范与要求。

施工设计的任务是绘制新产品试制所需的全套图纸,编制有关制造工艺的全部文件,如产品的制造、装配图、流程图、零件图、安装图。技术文件有工艺规范、产品标准、材料明细表、使用的加工件和装配说明文件及操作说明书等。

在新产品设计阶段,应当为产品开发设计人员提供以下一些方面的信息保障:① 同类产品样品、样本;② 产品生产标准,设计规范文件;③ 有关的专利文献;④ 与产品开发有关的技术发明;⑤ 用户对原产品的改进意见或建议;⑥ 有关原材料、能源利用信息等;⑦ 有关产品造型设计与加工的技术文献;⑧ 产品零部件及原材料的有关信息及技术资料;⑨ 产品的开发技术文献,特别是关键技术文献;⑩ 产品的生产工艺文献。

在新产品研制过程中,除了围绕以上三个阶段提供信息保障以外,还必须做好两个方面的工作:一是新产品的市场需求调查;二是拟开发产品的技术分析。

(1) 产品市场需求调查

产品市场需求调查是产品开发立项信息保障的一个重要方面,是产品开发决策的重要依据。市场调查的主要内容有:

① 用户需求调查。通过意向式的问卷调查,搜集用户对本企业和同类企业现销产品的意见和对拟开发的新产品的要求,预测待开发的新产品投放市场后的用户购买率、市场占有率。

② 市场营销调查。市场营销调查的内容包括同类产品的营销量、市场份额,营销中的反馈意见,市场竞争情况,市场分布以及市场营销管理等。调查的途径,一是从营销企业获取信息,二是作市场抽样分析,三是利用有关统计资料作分析。

③ 销售产品的发展趋势调研。对与拟开发产品同类的产品发展趋势进行调研,获取产品质量、性能、外观和用途的变化情况,对获取的数据进行定量分析,为拟订项目开发计划提供依据。

(2) 拟开发产品的技术分析

在市场调查的基础上,对拟开发产品作出全面的技术分析,进行技术可行性论证。技术分析的信息保障应围绕以下内容开展:

① 产品生产技术的创新性。围绕新产品采用的生产技术,搜集有关资料,通过对比分析,明确产品开发的创新之处和技术优势。

② 产品开发的成熟性。针对产品的设计原理和采用的工艺,搜集国内外技术信息,进行技术的成熟性考察。

③ 产品参数的先进性。搜集同类产品的样本资料、国内和国际标准,提供产品参数评估的信息保障,确认指标的先进性。

④ 开发和生产环境的适应性。全面搜集新产品开发环境信息,如生产过程对周边环境的影响,环境保护政策、法规等,分析产品开发与生产同外部环境的适应性。

⑤ 本企业的开发能力。对反映本企业技术、生产、管理和经济活动的信息进行系统分析,确认本企业是否有能力开发这种新产品。

3.2.4 对外经济贸易中的信息保障

对外贸易,是指一个国家(或地区)同其他国家(或地区)之间进行的商品买卖活动。各国对外贸易的总和构成国际贸易。现代国际贸易几乎包含了所有的国际经济活动,其商品内容无所不包,从有形商品到无形商品,从实物商品到劳务商品,从技术商品到知识商品,从生产要素的买卖到工业产权的转移。现代国际贸易的交换方式灵活多样,除了货物买卖外,还有加工贸易、易货贸易、租赁贸易、合作经营、合资经营、国际承包等。生产要素同流通要素、经济要素和科技要素相互渗透,紧密交织,使国际贸易成为国际经济贸易活动的基础和最主要的内容。

我国常用对外经济贸易一词来替代对外贸易。对外经济贸易活动涉及国际和国内两个市场,通过参与国际分工和利用世界市场,把国内的生产活动同国际社会再生产过程结成一个统一的整体。我国将对外经济贸易活动范围划分为三个方面:货物贸易、服务贸易和技术贸易。按具体内容分为六个部分:① 商品进出口贸易(即有形贸易),这是整个对外经济贸易活动的核心和基础;② 吸收外资,包括吸收境外直接投资、兴办各种形式的外商投资企业以及借用外国的各种贷款;③ 技术进出口(即技术贸易);④ 对外承包工程和劳务合作;⑤ 对外经济技术援助;⑥ 开展同联合国发展系统及其他有关国际贸易组织的多边经济贸易合作。要使对外经济贸易工作顺利进行,信息保障应紧紧围绕对外经贸工作实务和对外经贸发展决策两个核心,具体内容可分为以下几类:

1. 法律信息保障

在对外经济贸易活动中,掌握法律知识、了解国际惯例对于保护自身利益、预防和解决争端是十分必要的。由于国际上没有共同的国际经济贸易法律,各国进出口商所遵循的是各国商法、国际通行规则、公约和贸易惯例,所以信息保障工作所提供的法律信息应包括以下几方面:

(1) 各国有关商法。规定各国对外贸易的基本方针、政策和管理体制框架。《中华人民共和国对外贸易法》于1994年5月经第八届全国人大常委会第七次会议正式公布实施,规定我国将奉行统一、公平和自由的对外贸易原则。

(2) 国际贸易规则和公约。规定国际经济贸易的法律规范,用于协调或统一各国政府和贸易组织在国际贸易中的法律问题。具有较大影响的有:《关税与贸易总协定》、《保护工业产权的巴黎公约》、《统一提单的若干法律规定的国际公约》(简称《海牙规则》)和《联合国国际货物销售合同公约》等。

(3) 国际贸易惯例。是在国际贸易的长期实践中逐步形成的一些通用习惯做法和先例,由某些国际性组织或商业团体归纳成文或加以解释,为许多国家和地区所认可。只有当事人在有关合同或协议中明确规定采用或遵循何种国际贸易惯例时,相应的国际贸易惯例才能对当事人具有法律约束力。目前较具影响的国际贸易惯例有《1990年国际贸易术语解释通则》、《跟单信用证统一惯例》和《托收统一规则》等。

2. 产品贸易信息保障

在以产品开拓国际市场的过程中,除了需要贸易术语信息支持外,还需要有以下具体的相关信息:

(1) 货款收付信息。包括支付工具、支付方式和贸易单证等。

(2) 基本交易条件信息。包括标的确定、货物交付、价格与支付、争议与处理等。

(3) 交易程序信息。包括交易前的准备、磋商、签约和履约等。

(4) 贸易方式信息。包括包销与代理、寄售与拍卖、博览会与交易会、期货交易等。

3. 技术贸易信息保障

技术贸易的内容包括工业产权、专有技术和技术服务等,技术贸易必须包含软件成分。技术贸易方式基本上分为以下几种:单纯技术知识有偿转让,如许可贸易、特许经营、技术咨询与服务等;技术转让与设备贸易相结合;技术贸易与合作生产相结合;技术贸易与资金借贷相结合;技术贸易与直接投资相结合等。在技术贸易中的信息保障主要体现在以下几方面:

(1) 技术引进程序。包括引进前的准备工作、谈判和履约。

(2) 技术贸易合同内容。包括许可合同、技术咨询与服务合同、成套技术设备合同与合作生产合同等。

(3) 技术出口信息。包括技术出口管理和出口业务程序等。

(4) 价格、支付和税费条款等信息。

4. 国际劳务合作信息保障

国际劳务合作包括劳务人员的输入与输出,还包括国际工程承包。相关的信息内容则分布在以下方面:

(1) 国际劳务合同和所涉及地域的旅行、气候、地理、文化和生活等国际旅游信息。

(2) 国际工程承包信息。包括招投标信息、承包合同与承包管理信息等。

(3) 国际货物运输信息。包括海洋运输、铁路运输和其他运输方式的信息。

(4) 外贸保险信息。包括保险知识、货物运输保险和其他保险信息。

5. 对外投资与利用外资信息保障

对外投资可分为对外直接投资和对外证券投资两种形式,利用外资分为利用国外贷款、利用外商直接投资和利用外商间接投资三种形式。因此,相应的信息则分布如下:

(1) 对外直接投资实务信息。

(2) 对外证券投资信息。含证券市场信息和证券投资业务信息。

(3) 利用国外贷款信息。包括政府贷款信息、国际金融组织贷款信息、国际银行信贷、出口信贷和大型工程项目贷款信息等。

(4) 利用外商直接投资信息。包括合资经营、合作经营和合作勘探开发等信息。

(5) 利用外商间接投资信息。包括补偿贸易、国际租赁和对外加工装配业务等信息。

6. 国际金融信息保障

对外经济贸易的最终成果要通过国际结算反映出来,而国际金融业务对国际结算有直接的重要影响,所以相应的国际金融信息尤

为重要,它们是:

(1) 国际金融市场信息。包括国际黄金市场和债券市场信息。

(2) 国际金融实务信息。包括外汇和汇率、外汇市场和风险、外汇交易、金融期货交易和金融期权交易等。

7. 国际市场管理信息保障

从对外经济贸易角度看国际市场的管理,可以从国家外贸管理体制、海关管理、商品检验和外汇管理等方面入手,因此,相应的保障信息则是:

(1) 国家外贸管理体制信息。包括外贸企业管理信息和配额许可证管理信息。

(2) 海关管理信息。包括报关实务与不同贸易方式进出口货物监管等信息。

(3) 商品检验管理信息。包括进出口商品检验和动植物检疫等信息。

(4) 外汇管理信息。包括外汇管理体制、结汇、售汇及付汇管理等信息。

8. 对外经济贸易政策信息保障

在制定和选择对外经济贸易政策过程中,既要有理论准备,又要结合国际市场的实际情况,还要考虑到与经济贸易相关的政治、经济、军事和文化等多种因素,因此,有关的保障信息内容则分布如下:

(1) 对外经贸管理理论。如:重商主义的贸易政策、古典学派的自由贸易政策、近代保护主义贸易政策、现代保护主义贸易政策、发展经济学的贸易保护理论以及国防安全论、财政收入论、充分就业论、市场扭曲论、抵御不公平贸易论和高科技新重商主义等贸易保护政策的基础理论等。

(2) 国际市场与环境的分析。如经济发展状况、国际竞争环境、国际经济贸易的一体化趋势、国际市场格局与形态、国际市场内在运行机制与经营模式、国际市场预测分析、国际市场投资与经营分析等。

9. 企业国际化经营信息保障

如果说国家经贸政策的制定和选择考虑到国际经济贸易的宏观

因素,那么,企业的国际化经营决策则表现出国际经济贸易的微观特性。在企业国际化经营的微观层面上,信息保障体现在以下两个方面:

(1) 企业国际化经营决策信息。包括经营的组织结构和投资的方式选择。

(2) 跨国公司经营管理信息。包括跨国公司的营销战略与策略、财务管理、人力资源管理和经营控制等信息。

总体上说,对外经济贸易中的信息保障工作是立体的、全方位的系统工程,不能把这项工作当成是简单地提供某种信息服务的机械劳动,在从事对外经济贸易信息保障工作时,应当站在管理者的角度,把信息保障作为对外经济贸易工作的有机组成部分,主动融入对外经济贸易的工作实务,争取以信息组织体现管理意图、以信息使用促进提高管理水平。

3.2.5 工程建设中的信息保障

工程建设一般指基础设施(如石化、医疗设施、商用建筑、桥梁和其他大型设施)的建设,它为正常进行科研、生产、消费及其他经济和社会活动准备了基本环境或物质基础条件。如果没有成功的工程建设,那么,与之相关的其他工作将很难正常开展。新华社1999年3月9日报道,近年来工程质量不合格导致中国损失达1 000亿元,此外,20%的已完工工程没有达到规定的质量标准,这种情况导致的损失无疑将十分巨大。

中国工程建设质量要想达到国际标准,关键在于采用已经验证过的建筑和质量管理技术,促使业主对建设项目有更高的质量要求,并在中国建筑业内广泛传播能够达到那种质量要求的技术知识。目前,国际通行的对于工程建设尤其是大型工程项目管理的原则是全寿命管理,即对工程项目从立项设计到使用维护的寿命周期过程的各个阶段统筹兼顾、进行管理。按照全寿命管理的原则,工程建设中的信息保障主要体现在以下几个方面:工程立项与计划、工程招投标与合同管理、成本质量进度控制、工程验收和使用保障服务。

1. 工程立项与计划

一般说来,国内单位对工程建设初期立项和计划阶段给予的注意太少,而项目只有在一条认真制定的基准线控制下才能得以有效管理。因此,在论证项目阶段,必须围绕范围、进程、费用和质量等基本目标提供充分的信息。由于基本目标由商业或管理战略引导并需与之协同一致,所以在提供信息支持时,要考虑项目整个使用寿命期内的费用,而非仅仅是初期投资费用。也主要以此来平衡质量和费用的关系,使项目既达到所选定的质量目标,又与适当的费用目标相一致。

2. 工程招投标与合同管理

所谓招投标,是通过招标的办法来选择对技术、设备、质量、工期、价格等方面最理想的承包商。在此过程中,信息保障主要围绕招标文件进行,其具体内容如下:

(1) 投标指南。包括工程项目的简述(工程的性质、范围、资金来源、报价计算基础)、对投标者国籍的要求、投标书使用语言、投标文件费、场地勘察、证明文件、说明材料和规定等。

(2) 投标书及其附件。投标书一般应包括对图纸、技术规范、工地现场勘察、合同条款、履约保函、招标文件内容和附件等的确认。附件内容一般为:总工期、违约罚金额度、保险低限、履约保函、开工期限、工程维护、质量保证金、支付报价及期限、投标书格式等。

(3) 投标保证书。列举投标者对履行合同、承建工程的承诺。

(4) 合同条件。详细规定业主和承包商的权利、责任和义务、工程师的权限等。

(5) 规范和规定。作为工程质量的标准,详细描述施工对象、材料工艺、设备安装、施工顺序和方法、质量要求以及设施保障条件等。

(6) 图纸及设计资料附件。根据工程项目的具体情况,可以是一套完整的图纸;也可以是一张总平面图及工艺流程图,外加要求提供的图纸清单和提交资料的日期;还可以是规定生产规模、产品方案、生产工艺、设备材料和厂址概况的非图纸资料。

(7) 工程量表。这是计算投标报价的基础,直接关系到工程成本,因此应由有经验的预算工程师进行审定。

(8) 合同协议书。这是由工程承发包双方共同签署,确定双方在工程实施期间所应承担的责任、义务和权利的协定。

(9) 项目执行程序。主要指工程项目的阶段进度时间表,它既是检查工程进度的根据,也是支付工程款的主要依据。

如果说招投标是选定工程承包商的办法,那么合同管理则是工程项目管理的具体实施手段。在合同管理过程中应当有针对性地根据合同类型提供信息保障。目前,工程建设承包合同大体分为以下几种:

(1) 勘察设计合同。勘察设计通常包括可行性研究、编制设计任务书、进行实地勘察和设计等任务,其合同可以细分为可行性研究合同和勘察设计合同。可行性研究合同是建设单位与负责实施项目可行性研究的单位或个体之间签订的契约,通常具备技术服务性质,合同应明确规定可行性研究所要求的内容和深度、估计工作量、研究人员和费用以及研究报告应达到的标准。勘察设计合同则是工程建设单位与咨询或设计单位之间签订的契约,其制定依据除了委托方提供的资料、技术要求、计费标准和期限外,还要遵循政府的有关法规。

(2) 施工承包合同。由于承包内容和具体环境多样,因而这种合同种类十分复杂。例如,按承包范围或内容可以分为统包合同、阶段承包合同和专业承包合同;按承包商所处的地位可分为总包合同、分包合同、独立承包合同、联合承包合同和直接承包合同;按计价方式可分为总价合同、单价合同、成本加酬金合同、临时价合同和极限值合同;按法律性质可分为行政法合同和私法合同;按承发包方式可分为招标合同和议标合同等。

(3) 供货与安装合同。工程建设过程中的物资供应合同在国际上一般以《联合国国际货物销售合同公约》为指导原则,因此相关的信息保障可以据此开展。供货安装合同则是指供货范畴内的安装服务契约,应当包括以下内容:合同货物的安装、调试、考核验收的组织安排和程序、方法、标准及买卖双方的责任等。

(4) 劳务与技术服务合同。在此类合同中最主要的是强调费用不能漏项,通常包含以下费用内容:基本工资;公休、节假日及加班费;国际旅费;住宿费、交通费、医疗费、保险费、劳保费和税收等等。

(5) 咨询服务和项目管理合同。目前国际上通行的咨询服务合同多以国际咨询工程师联合会编写的"业主/咨询工程师标准服务协议书"为基础,包括标准条件和特殊应用条件。而工程项目管理作为咨询服务的延伸,其合同内容基本上以咨询服务协议为原则,只是根据其具体任务不同而增改某些条款。因此,有关的信息保障内容可以参照以上标准服务协议书的规范予以组织。

3. 成本质量进度控制

成本质量进度控制是通过"成本进度控制系统"实现的,所谓"成本进度控制系统",也称为"收益值管理系统",主要是通过收益价值分析理论把成本、进度和技术性能管理及风险管理综合在一起,确定合适的项目管理控制系统,从而有效地控制大型工程建设项目的超概算和拖进度。"成本进度控制系统"有两个主要目标:一是使承包商建立起有效的内部管理控制系统;二是要承包商利用该系统提供"有关合同工作进展的及时而可靠的信息"、"正确汇报成本、进度和技术完成情况"、"向项目管理人员提供适用的综合信息",为项目管理者和业主作决策提供充分的依据。

自1967年至今,"成本进度控制系统"已存在了三十多年。美国和其他国家曾进行多次修改,工业界在执行成本进度控制的过程中,切身感受到该系统对完成合同任务有积极的促进作用,具体表现在如下五方面:① 承包商必须对合同项目进行全系统、全寿命管理;② 通过编制预算能得到研究与发展合同目标的成本计算;③ 为得到所需数据必须事先做好履约的周密计划,使合同工作井然有序;④ 由于加强了信息交流和透明度,使工程技术人员的成本进度意识得到提高;⑤ 由于要向发包方上报和内部管理系统一致的信息,迫使承包商使用客观的履约考核信息来管理各层次的工作,从而使之将管理的注意力集中到问题的主要方面。

目前世界大多数国家的"成本进度控制系统"主要包括以下几个文件,即《成本进度控制系统准则》(C/SCSC——Cost/Schedule Control System Criteria)、《成本/进度控制系统实施指南》、《成本进度状况报告》(CSSR——Cost Schedule Status Report)、《装备项目的工作分解结构》(WBS——Work Breakdown Structure)等。因此,开展成本质量进度控制的信息保障既要参照有关指导文件,又要结合成本进度控制系统的管理实施过程,分阶段、有重点地提供必要的管理和决策信息。

4. 工程验收和使用保障

严格说来,在真正实施全系统、全寿命管理的工程建设过程中,如果前面所述各阶段工作能够达标完成的话,工程验收和使用保障将是顺理成章的事情,此阶段所需使用的数据、信息主要源于前面各阶段的工作。因此,如欲做好工程验收和使用保障阶段的信息保障工作,就必须注意做好两件事情:一是在前面所述各个工作阶段中按规范要求进行数据存档;二是保持工程项目的承包商与使用者之间信息流通渠道畅通。这样,就能使项目后期的信息用户(验收人和工程项目使用人)获得所需的信息支持。

3.2.6 制订经济发展规划和计划中的信息保障

计划是组织和管理现代社会经济的一种普遍适用的方法和工具,是建立在社会化大生产基础上的商品经济发展的客观要求。经济计划一般可分为指令性计划和指导性计划两种。

指令性计划是社会主义国家计划管理的原型,其基本特点是:① 把企业与国家的关系变成单纯的行政隶属关系;② 直接组织和调节企业的经济活动;③ 具有强制性和刚性;④ 计划的主要内容是实物指标;⑤ 以计划指标完成情况(而不是以效益)作为考核企业的根本标准。

指导性计划是社会主义国家经济体制改革的产物,也是西方国民经济"计划化"所采取的手段,其基本特征是:① 是计划调节社会经济的一种具体形式;② 虽有一定的约束性,但不强行下达和执行,对企业和部门只具有指导性和协商性;③ 无论国家还是企业在执行计划的过程中都具有灵活性,因而是一种动态计划;④ 国家和各级管理部门通过经济政策、经济杠杆、经济措施和发布经济信息等经济手段和间接措施来推行计划;⑤ 制订和执行指导性计划在很大程度上以商品货币关系和市场机制为基础,所以横向经济联系活跃。

　　经济理论与实践的发展已经证明，在不改变所有制的条件下，计划与市场是可以相互结合的，任何一种现代社会经济制度都可以在一定的范围内实行经济计划。目前我国实行的是指令性计划、指导性计划和市场调节相结合的计划体制，希望既能坚持计划的指导，又能发挥市场机制的积极作用。

　　为适应社会生产在时间上的连续性特点，国民经济计划分为长期计划、中期计划和短期计划。长、中、短期计划的根本区别在于"把主要注意力集中于不同类型的经济过程"。我国采用的是国民经济长、中、短期计划，计划单列与专项规划（行业规划、地区规划、国土规划等）相结合的计划体系，国民经济和社会发展计划以五年计划为主要形式，近年来也加强了被称为"长远规划"的长期计划筹订工作，同时亦采取滚动计划方法，即把计划分成若干阶段，以第一阶段的计划为"实施计划"（需严格执行），其后各阶段为"预定计划"（可以调整），第一阶段结束，则将调整、补充后的下一阶段计划作为"实施计划"。这样可以加强计划工作的连续性，保持经济政策的一贯性。

　　我国与计划有关的职能性机构分工及工作情况大致如下：

　　（1）计划决策。实行"统一计划、分级决策"的原则。国务院是国家计划总决策机构，下面又按条块分为部门和地方两个系统，分别对所管辖范围内的经济与社会发展计划做出决策。

　　（2）计划编制。国务院是编制国家计划的最高领导机构，国家发展和改革委员会是国务院编制计划的职能机构。地方各级发改委和各部门计划局是根据国家计划编制地方计划和部门计划的职能机构。根据"自下而上、自上而下、上下结合、相互衔接、综合平衡"的民主集中制原则，采取"二上二下"的编制程序：即先由基层计划单位逐级上报建议计划，由国家发改委汇总后结合预测、分析、初步平衡，经过调查研究下达计划控制指标，以指导各部门、地区和基层单位编制计划草案，此为"一上一下"；各基层单位根据控制指标编报计划草案并逐级进行综合平衡上报国家，是为"二上"，国家发改委经过全面安排和综合平衡，提出全国经济与社会发展计划的初步草案，召开全国计划会议反复平衡,编制出正式计划草案,报党中央、国务院审查同意后,提请全国人民代表大会讨论、批准,逐级正式下达,是为"二下"。

(3) 计划的审批。各级人民代表大会负责审批各级计划。

(4) 计划的执行和监督,具体由国家发改委及各级计划部门负责。各级人民代表大会具有评议和检查各级计划执行情况的权力。

(5) 计划的调节。由国务院及各级政府负责。

因为国民经济计划工作的本质是有意识地确定国民经济的未来与状态、把握经济发展进程、保证社会扩大再生产的比例协调,而国民经济计划本身又受国民经济现状、生产力发展水平、部门结构特点、进出口贸易等客观因素的制约,所以信息对国民经济计划制订工作的影响会从计划内容、形式和方法等多方面表现出来。从计划内容看,由于信息产业使得国家产业结构、劳动力结构、进出口贸易结构发生重大变化,因而信息产业成为国民经济计划的重要内容。从计划形式和方法看,国民经济计划工作是对经济等信息进行收集与加工处理、传递计划信息(所谓计划信息,是指计划部门发出的、经过整理加工处理的经济信息)的一整套过程。在此过程中,信息的功能是确保计划的可靠性。

可见,制订经济计划对信息保障工作的要求是,既能动态适时,又要广泛可靠。所谓动态适时,就是要求能为经济计划的制订者经常性地收集和研究影响经济结构变动的新因素,使其能够分析经济发展的新动向、制订新的经济计划与政策,以保证经济迅速、有效地发展。所谓广泛可靠,就是要求能为计划的制订者提供足够数量的准确信息。一般说来,信息越是广泛可靠,计划决策的失误就越小,成功的可能性就越大。信息的质量和数量因不同国家经济的规模、产出性质和构成而各有所异。信息的需求还与经济环境的变化有关,主要表现为两个方面:一是生产要素的集约程度在技术进步时经常发生变化;二是许多基本产业的规模同收益的比例并不固定。因此说处于变动状态的信息是影响计划制订的重要因素,是计划部门信息保障工作关注的重点对象。在制订经济发展规划和计划中,

信息保障工作需从以下两方面入手:

1. 改善决策环境,提高计划信息的经济效益

前面已经提到,计划信息是国家计划部门传递的政府决策,有两方面的功能:一是在宏观上,按照资源最优配置的要求,调节生产要素合理流动,协调社会再生产各环节的关系;二是在微观上,消除或减少市场的不确定性,正确引导企业的投资方向。这两方面的功能最终表现为劳动生产率的提高和社会总产品的增加。因此,计划信息的收入体现为国内生产总值(GDP)的增量。而计划信息的成本则表现为对开发信息资源的投资。一般说来,决策层次越高,投资份额越大,信息成本越高。所以,计划信息的经济效益实际就是计划信息收入与成本的对比关系。

为提高计划信息的经济效益,各国一般都是从改善决策环境入手,具体措施如下:

(1) 决策科学化。在各级管理部门配备计算机等信息处理装置,改变信息收集与处理的传统手工方法,加快信息传递速度,提高决策效率,实现国家经济管理系统的自动化。我国政府自1984年在国家计委成立经济信息管理办公室以来,一直关注国家经济信息系统的规划和协调工作。目前,国民经济和社会发展信息化成为政府的重要行为之一,国家信息中心已经成立,工业和信息化部设置了信息化推进司,与科技部和国家发展和改革委员会的有关部门共同致力于我国的信息化事业。

(2) 决策民主化。减少政府控制,给企业更大的决策权,是为了提高企业在国家计划工作中的作用,促使政府计划更好地适应社会经济发展的需要。在集中计划体制下,中央与企业之间以纵向信息流为主,缺乏横向信息流,削弱了企业之间的信息交流及市场信息的作用,影响了国家经济资源的合理配置,因此,弱化计划的指令特性、加强横向信息流、使企业接受市场信息的指导,成为我国经济体制改革的主要内容,这场改革已经取得举世瞩目的成就,并在继续深化进行。

2. 理顺传递渠道,发挥结构信息的总体功能

经济信息是以结构性的总体信息的方式存在的。信息结构由

个体(企业、消费者)信息、市场信息和计划信息三部分信息组成。信息结构的特点因计划管理形式而异。集中计划体制以指令性计划为主,突出计划信息。在这种情况下,市场信息是以蜕化的形式出现的。而指导性计划下信息结构的特点则相对表现为:第一,计划信息带有更多的预期性质,计划对经济发展具有比较长期的指导作用;第二,信息结构的总体功能,特别是市场信息的功能得到比较充分的发挥,社会生产能够更好地适应社会需求,满足多种多样的需要。

由于计划信息是在加工处理原始信息的基础上形成的,信息传递渠道一方面吸引(输入)原始信息,另一方面传播(输出)计划信息。因此,计划信息的作用机理既与信息结构有关,又与信息传递渠道密不可分。凡是实行经济计划化的国家,一般都是通过政府各级经济管理部门收集信息素材和传递计划信息,计划信息管理系统与政府行政性经济管理系统是一一对应的。政府经济管理系统表现为上、下级行政隶属关系,所以沿着政府经济管理系统传递的计划信息则形成纵向信息流。而个体信息与市场信息在协调同级经济关系的过程中则形成横向信息流。纵向信息流与横向信息流的作用差异表现在信息反馈系统上。所谓信息反馈,就是通过信息管理系统把决策效果反映给决策部门,检查计划偏离实际的程度,调整计划,修订政策和措施。计划的每一个环节都离不开信息反馈系统。要发挥计划的指导作用,就要使信息的反馈速度与现代科学技术的发展速度和社会经济生活的节奏相协调。

在以纵向信息流为主的国家里,政府经济管理系统层次越多,信息反馈的速度就越慢,信息失真的程度就越高。此外,由于决策权高度集中,而社会分工越来越细,经济联系越来越复杂,导致政府承受的信息处理压力越来越大,即使采用现代信息处理技术,也难以及时收集和处理信息,更不用说将其反映到计划中去。为了提高信息反馈速度、保证信息的准确性,有时政府采用精简机构的办法来减少管理层次,但是,这种做法只能部分克服高度集中的经济管理模式所造成的困难,还不能从根本上适应现代社会生产力发展的要求。

与集中计划不同,指导性计划不偏重于单一的信息功能,而是要求发挥信息结构的总体功能。纵向信息与横向信息流同时并存,给信息反馈系统带来了一系列的变化:如双闭环控制的信息反馈系统中存在中央计划和企业计划的双重决策,调动了企业生产经营的积极性;企业从计划信息和市场信息一起组成的信息市场中获得信息,确立自己的经营方向。如果把市场信息比喻为指导企业经营的战术信息,那么计划信息便是指导经济发展的战略信息。企业据此制定的决策质量,当然应当高于集中计划体制下的决策质量。

计划信息的多重规定性来自商品经济的要求,市场信息、横向信息流、双闭环控制信息反馈系统都是商品经济条件下出现的信息现象。我国实行的是社会主义市场经济,因此,按照指导性计划的要求改革传统的计划信息方法、充实和完善结构性经济信息、实行纵横交错的双轨道信息流、加强中期计划信息的功能,是我国经济发展规划和计划制订中信息保障工作的主要任务。

总的来说,开展制订经济发展规划和计划中的信息保障工作,既可以从技术角度入手,也可以从体制结构角度考虑,但是无论如何,完善相应体制下的信息结构、提高信息效率都是一条不可忽视的途径。

3.3 信息分析的工作流程

3.3.1 信息分析的基本工作流程

信息分析和其他科学研究一样,是人类认识世界和能动地改造世界的活动。对于一个具体研究课题,从选题开始到研究工作结束,是人们的认识不断深化和逐步提高的过程。一次典型的信息分析活动,一般由选择课题、制订调研计划、搜集素材、积累素材、分析研究、编写研究报告等几个环节组成。图 3-1 展示的是信息分析工作的基本流程。

第 3 章 科学决策与信息分析

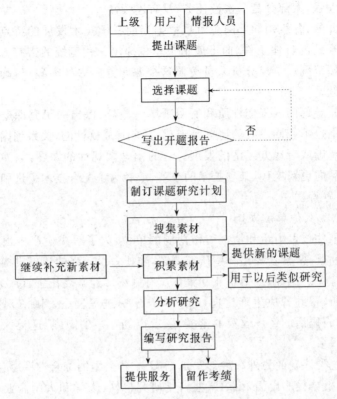

图 3-1 信息分析基本程序

下面仅就各个环节的主要内容加以简略介绍,具体内容留待以后各个章节再去讨论。

1. 提出课题

信息分析的范围极其广泛,研究的课题也是多方面的。从课题提出者的角度划分,信息分析课题一般来源于三个方面:上级领导部门下达,其他单位委托,信息分析人员自选。

(1) 上级领导部门下达

各级领导部门根据某一时期本地区或本部门经济发展、工程建设、科学研究和生产中需要解决的重点问题,直接向其下属情报单位下达调研课题。这类课题针对性很强,不仅任务要求明确具体,而且时间性强,大部分是一次性任务,没有连续性。

此外,各级领导部门有时也根据当前科学技术发展的特点以及当时当地的具体条件,向下属情报单位提出一些笼统的带有方向性的课题范围。信息分析人员按照这个课题方向去找突破口,确定具体课题。

领导部门因工作性质和所属领域的差异,提出的研究课题涉及的范围也不相同。有的课题是宏观的、带有战略性的,关系到国家政策的制定或者地方经济的发展。有的则是微观性的课题,只涉及某种产品的更新换代,某项技术的改革,或者为了配合技术引进和出国考察,等等。

(2) 其他单位委托

某些技术力量和情报工作薄弱的单位,为了解决生产中出现的重大问题,常常会提出一些研究课题,委托力量较强的情报机构代为调研解决。例如,乡镇企业和集体所有制小厂经常委托省、市、地、县情报所,帮助解决生产定向、转产和技术引进等问题。随着对外开放、对内搞活的经济政策的落实,随着市场竞争的激烈,这类课题将日益增多。

这类课题的另外一种形式是,对于一些大型的综合性课题,经常由省、市情报所出面,组织某些科学研究机构、大学和大型企业的情报单位,共同协作进行调研。

(3) 信息分析人员自选

在情报机构,除了上级领导部门下达课题和其他单位委托调研以外,信息分析人员通常还自己选择一些研究课题。这些课题一般是这样获得的:① 通过与科技人员的接触,了解到科学研究和生产中的困难和症结,配合科研生产中的问题来选题和定题;② 根据读者借阅资料的情况和咨询问题,分析当前国内科研生产的动向,选择课题;③ 通过参加学术研讨会、工作讨论会等活动,了解某一学科、某一专业的情况,选择课题;④ 根据国外对某一课题报道的频率、广度和深度进行选题;⑤ 根据国外刊物上报道的新苗头、新线索选题。

上级领导部门下达和其他单位委托调研的选题形式称为被动选题,信息分析人员自己选择和确定课题称为主动选题。各类选题并无固定的比例,在实际工作中,各类选题的比重常因单位性质和研究者身份的不同而有很大差异。部委或者省市专职情报机构,直接或间接来自领导部门的课题多些。即使同一类型的情报机构,各类选题的比重也不尽相同。领导重视情报工作的单位,经常自上而下地布置任务,提出调研课题,这时被动选题多一些;有的单位,上级机关或者本单位领导对情报工作不够重视、不很熟悉,在这种情况下,多由信息分析人员根据本单位情况主动选题。

某些经验丰富、情报意识很强的专职信息分析人员,他们根据以往情报资料的积累以及对情报需求的预测,自行选定课题,这些课题往往与后来领导机关或科研生产单位提出的课题不谋而合。这是一种自由选题与他人命题、主动选题与被动选题相结合的选题形式。

2. 选择课题

选择课题是信息分析工作中一个重要的环节,信息分析人员一定要针对科研生产、经济建设、军事国防等领域的重大问题选题,才能真正替决策者未雨绸缪、分忧解难。为了选准研究课题,信息分析人员必须了解科研、生产、国防等领域的实际情况。了解社会需求通常有以下一些途径:

(1) 与上级领导机关和科研、生产部门保持密切联系,及时了解领导意向和科研生产中的变化。

(2) 通过参加各种会议和活动了解情况,包括制订规划和计划会、生产会、贸易谈判、学术研讨会,等等。

(3) 经常翻阅生产计划、科研规划、学术交流计划等文字材料。

(4) 与科学研究人员和技术人员保持联系,了解科研和生产中的困难和问题。

(5) 参观、考察科研、生产和施工现场。

总之,信息分析人员要有主动精神,对事物要敏感,要善于观察和分析,随时从实践中捕捉课题。

凡是与科研生产、经济建设结合较紧密的、针对性强的课题,都有必要列入调研计划,这是问题的一个方面。但是,现实生活中有价值的课题很多,由于人力、物力和时间上的限制,事实上不可能把它们逐一列入调研计划,这就涉及一个"可能性"问题。所谓可能性,是

指完成某一调研任务时,已经具备的条件或者经过努力可以具备的条件。这些条件包括:

(1) 物质条件。物质条件包括经费的多寡,可供利用的检索工具和工具书,是否可以方便地获得必要的图书资料、数据、报表和实物,等等。

(2) 本单位的研究力量。包括可以组织多少人力参加这一项目,参加人员的专业分布和精深程度,参加人员的语种以及各语种的水平,研究人员的综合分析能力和文字表达能力,等等。

(3) 可借用的外援力量或组织协作的范围。

考虑上述三个因素以后,还需精确估算一下时间,研究报告的完成最迟不能晚于它所服务的项目结束以前,否则,只能是"马后炮",对工作毫无帮助。

选择情报研究课题要注意从本单位的性质、人员素质等具体情况出发,扬长避短,发挥优势。一般说来,基层情报机构,特别是偏远地区的情报机构,应该多选与实际结合紧密的战术性课题;部委一级的情报机构可以多选具有战略意义的专门性课题;省市一级情报机构则要多选综合性课题。总之,信息分析工作的选题一定要量力而行,扬长避短。

3. 写出开题报告

课题初步选定以后,对于某些耗资大、时间长的重大课题,还应当写出开题报告,论证这项研究的现实意义或者长远意义。开题报告主要包括以下一些内容:

(1) 研究意义,即为什么要进行这个课题的研究,这个课题是为什么人,为什么事服务的。

(2) 研究目标,即该课题研究所要达到的目的。

(3) 研究内容,研究目标的实现,是通过研究内容来达成的,从某个角度看,研究内容是研究目标的具体化和细化。

(4) 拟解决的关键问题,即该课题所解决的最主要的问题。

(5) 技术路线,即为了达到研究目标、完成研究内容,研究者所采用的研究方法和研究工具及其研究步骤。

(6) 国内外研究现状,即国内外其他人对这一课题所做的研究工作的积累,这种积累包括历史的和现实的。

(7) 研究基础,包括课题组成员以往在该课题及其相关领域所做的研究工作,课题组成员所属单位为该课题能够提供的资料、仪器、设备等条件。

4. 制订课题研究计划

计划是行动的指南,它可以把人们的思想和行动纳入一个共同的轨道,保证研究工作有条不紊地顺利进行。因此,研究课题确定以后,调研工作正式开展以前的一个重要任务,是制订课题研究计划。课题越大,时间越长,参加的单位和人员越多,就越需要有一个周密而详尽的计划。对于一个大型研究课题,其计划应该包括如下一些内容。

(1) 注明选题目的

选题目的亦即课题要解决的主要问题。在调研工作开始以前,要使每一个调研人员都能清楚了解:该课题是什么单位或者什么人提出来的;在什么背景下提出来的;主要回答什么问题;研究成果供谁使用。

在制订课题研究计划时,首先要反复讨论选题目的,必要时可请有关专家作一些背景材料的介绍,以便大家深入了解课题性质,使工作目的更加明确。

(2) 拟定调查大纲

调查大纲可以统一信息分析人员对调研目标的不同理解,决定素材搜集的范围和深度,使调研活动按部就班地正常进行。调查大纲的具体内容因题而异,一般包括这样一些内容:① 重点了解哪些国家的情况,历史的还是现实的;② 了解国外哪些机构、什么专业、哪些厂家的情况;③ 调研国内哪些城市、哪些单位,拜访哪些人,需要达到什么目的;④ 需要搜集哪些方面的事例和数据;⑤ 准备查找的资料类型、年代以及检索刊物的种类。

(3) 预计成果形成

根据调研目的和用户要求,初步设想一下研究成果的形式:是系统资料还是综合报告;是简单建议还是可行性论证;是一次性报告还是分阶段或主附件几次报告,等等。

调查开始时粗略地估计一下成果的形式,对于确定资料搜集的广度和深度,合理使用人力,科学安排时间等都是有好处的。

(4) 考虑人员分工

根据课题组成员特点和调研大纲要求,给每一个成员分配一些合适的、具体的工作任务,例如谁是课题组长,谁负责对外联络,某人负责查阅和摘抄某一文种的哪几种资料,某人着重研究哪些问题、撰写调研报告的哪一部分,等等。

应该指出,分工是为了发挥各人的特长和优势,做到扬长避短。分工绝不是分家,在调研过程中,各成员间应该保持密切联系,互相协作。只有树立全局观点,才能保证整体计划顺利完成。

(5) 规定完成时间与实施步骤

为了检查计划的执行情况,以便发现问题及时补救,通常把整个调研活动划分为几个阶段,并且提出各阶段的预计完成时间与具体执行步骤。例如,可以把调研活动划分为查阅文献阶段、阅读资料掌握情况阶段、提炼观点座谈讨论阶段、撰写初稿征求意见阶段,等等。

课题研究计划制订以后,有时还列出一张课题计划表,用简单明了的文字和醒目的表格,把选题目的、工作条件、分工和进度等表示出来。计划表实际上是一种规格化了的调研计划。

5. 搜集素材

研究课题确定以后,首要的一个任务是通过各种途径和方法,将素材收集起来,供研究阶段使用。这一部分我们主要讨论决策信息源的类型和素材搜集方法两个问题。本书将决策信息源划分为常见决策信息源和计算机情报检索数据库两大类。对于素材搜集,我们将介绍系统检索、参观考察、参加会议和发放调查表等六种方法。对于上述这些内容的介绍,我们将在本书的第 4 章和第 5 章中充分展开,这里就不详加讨论。

6. 积累素材

积累素材是与搜集素材同步进行的一项工作。换言之,在信息分析工作中,研究人员一边搜集素材,一边按照科学的方法将这些素材进行排序和整理。在这一工作环节,我们将着重讨论积累的载体和方法、素材的阅读与摘录、素材的鉴定等几个问题。研究工作完成以后,对于这一研究课题的素材要妥善保管,以后还可以不断补充新资料。这些素材既可以用于以后类似的研究工作之中,还可能为人们提供新的研究课题。

在专职情报机构的素材积累工作中,一直存在着一个如何使个人积累提供给大家使用的问题。在以往的积累工作中,个人积累的一般做法是个人做卡、个人摘录、个人保管、个人使用,积累工作既缺乏统一的规范和要求,又很少相互交流。尤其对于那些知识性、经验性的日常点滴积累,每个信息分析人员都有一个小本本,往往是人调离了情报所,小本本也带走了。如何使个人劳动成果转化为集体的财富,是素材积累工作中面临的一个重要问题。为了解决个人积累公用化的问题,可以考虑采取以下几项措施。

(1) 由研究室发放规格统一的白卡片,供研究人员制作资料卡,并且统一规定著录格式和著录内容。

(2) 进行分析研究和编写研究报告以前,同一课题组成员,把素材收集阶段各人所制作的资料卡和摘录(摘译)的素材集中于一处,将这些东西经过科学的整理以后,再按照每人的不同分工,分发给各个研究人员使用。

(3) 在此一课题的研究过程中,信息分析人员根据需要还会继续查找和补充一些新的素材,当课题结束以后,各个研究人员再将原来分发给他的素材和卡片,连同其后自己补充的素材和卡片一并交给研究室主任,由室主任指定专人整理和保管这些东西。

(4) 情报所统一发放编号的工作笔记本,当某人调离研究室时,笔记本上交室主任,由室主任指定专人接管。

7. 分析研究

分析与研究是信息分析工作中一个极其重要的工作环节,在此以前的选择课题、搜集素材和积累素材都是为这一环节工作所作的准备,在此以后的编写研究报告则是在这一环节工作的基础上才得以进行。但是,值得指出的是,信息分析工作并没有自己专用的研究方法,其研究方法大多都是从自然科学研究和社会科学研究中援引和借鉴来的。在分析与研究这一部分,我们将着重讨论研究工作中的思维路向和常用预测方法两个问题,这些内容将在本书第6章中充分展开。

8. 编写研究报告

编写研究报告是信息分析工作的最后一道工序,也是最重要的一个工作环节。任何研究成果,最终总是要用文字记录下来,一则便于得到社会的承认,二则可以使其进入科学交流系统,以便发挥更大的社会作用。这一部分主要介绍研究报告的一般结构,研究报告的撰写和修改,撰写中应当注意的问题,以及研究成果的特点等。这些问题将在本书第 7 章中展开讨论。

3.3.2 信息分析工作的特点

1. 信息分析与一般科学研究的区别

(1) 研究对象和研究目的不同。一般科学研究以物质世界、自然现象以及人类的社会活动为研究对象,其目的在于揭示这些研究对象自身的本质特征、内在联系和运动规律。信息分析以人类已经积累起来的知识和经验,以及科学技术成果为研究对象,其目的在于合理有效地应用和推广科学技术成果,或者充分吸取别人的经验和教训,使决策建立在科学的基础之上。

(2) 研究类型和研究成果不同。一般科学研究是一种深入的连贯的研究活动,某些课题甚至需要几代人的连续探索,最终表现为理论和方法的发现,或者技术上的发明创造。信息分析一般不需要连贯的长期的探索,它的研究成果既不是基础理论也不是技术发明,而是某种认识、建议或者方案。

(3) 社会作用不同。科学研究成果可以直接转化为技术产品,从而变成生产力,推动经济发展和社会进步,其社会作用是直接的。信息分析成果需要经由用户理解、接受并且使用以后,才能对科研生产发生影响,因而它对社会的作用是间接的。

2. 信息分析工作的特点

特点就是一个事物所具有的区别于其他事物的特性。当前,在科学技术的发展必须与社会经济发展协调一致的情况下,决策工作愈来愈复杂、愈来愈困难。作为决策工作的一个重要组成部分的信息分析,也反映了这种时代的特征,表现出如下一些特点。

(1) 研究课题的针对性

信息分析的主要目的,是为各级领导提供决策依据。因此,信息分析只有针对各级领导的决策目标来进行,并且走在决策行为的前面,才能发挥它的参谋作用,实现既定的社会功能。信息分析课题的这种针对性,又可理解为选题的依附性,即信息分析一定要结合本地区经济建设任务选题,结合本专业的重大问题选题,结合本部门急需攻克的技术难关选题。

信息分析是否具有生命力,能否发挥作用,首要问题就在于选题是否具有针对性。信息分析课题是否有针对性,主要取决于情报机构是否有畅通的信息渠道。这种信息渠道至少包括两个方面:① 研究人员能够直接接触各级主要决策者,及时了解他们正在决策什么和将要决策什么;② 研究机构通过多种方式,使自己与国内和国际的情报系统建立有效的联系。

信息分析人员只有及时了解各级决策者正在或者将要决策的目标,掌握国内外科学技术和经济发展的脉搏,才能使自己的工作具有较强的针对性。

(2) 研究内容的综合性

科学研究大体上可以分为两类:一类是自然科学研究,一类是社会科学研究。随着人们认识的深化,学科越分越细,学科门类越来越多,据不完全统计,目前科学门类有一千多个。无论是自然科学,还是社会科学的研究,每一门学科都各有其特定的比较单一的研究对象。它们所要回答的问题不外乎"是什么"和"为什么",它们的目的都在于揭示特定研究对象自身的本质特征和内在联系。从这个角度看,任何一门自然科学或社会科学的研究范围都是相对狭窄的。

信息分析工作探讨科学技术应用的条件、步骤和方法,研究科学技术成果在其运用后可能产生的政治、经济等社会效果,为决策提供科学依据。信息分析工作偏重回答"怎么办"的问题,着重解决"应用"两个字。虽然技术本身属于自然科学的范畴,但判断某项技术应用地点、条件所涉及的历史、地理、经济、政治等知识却属于社会科学的范畴。

信息分析工作必须从国家和地区的实际情况出发,把科学技术的先进性、经济的合理性和社会的适用性综合起来考虑,才能对问题得出全面正确的结论。因此,信息分析工作虽然同自然科学的关系极为密切,但同时又渗透和融合了大量社会科学的内容。相对于自然科学专门研究自然物质、自然现象,社会科学专门研究社会现象而言,信息分析工作的研究内容具有广泛性和综合性。

(3) 研究工作的预测性

一项重大的决策是否正确,不仅要从执行这项决策当时的经济和社会效果来衡量,而且要预见到对未来可能产生的影响。决策只有建立在预测的基础之上,才是科学的决策。当今世界面临着许多全球性问题,如人口急剧增长、能源危机、粮食短缺、水土流失、环境恶化等等,制定规划时不可不对这些问题作出预测和判断。早在1977年美国总统卡特就向国会提出,为了制订美国的发展规划,必须对当前世界的人口、自然资源和环境的长远发展进行预测。当时,美国政府责成国务院、环境资源委员会、国家科学基金会、能源部、农业部等十多个部门联合进行为期三年的调查研究,提出了一份公元2000年全球情况的调研报告。

信息分析是科学管理的一个重要组成部分,信息分析要为决策提供依据,就不能不对未来作出预测,大至重大经济建设项目上马,小至某种产品投放市场,没有预测便是失败的开始。立足当前,放眼未来,具有明显的预测性是信息分析工作的一个突出特点。1985年核工业部铀矿地质局情报研究室主动提出了一个"找金"的课题,汇集国内外有关金矿地质、探矿设备、采金装备等资料编成一本书,1986年向国家提交了有关这方面的研究报告。1987年1月全国召开金矿会议,他们向与会代表赠送了这本书,受到代表们的高度赞扬。这本书再版两次,共发行一万多册,创研究资料出版量的高纪录。

(4) 研究方法的特殊性

科学研究从方法上可以划分为实验研究和理论研究。

自然科学研究非常重视实验手段,观测数据和实验结果是研究工作的主要依据,对某一问题作出推论以后,往往还要进行实验验证才能确定为理论。社会科学研究则多采用理论研究的方法,非常重视对于文献的收集和利用。信息分析工作处于自然科学与社会科学的接口,它的研究对象虽然主要是自然科学,但它并不具体研究某一自然物质或者某种自然现象,而是研究科学技术的应用条件及其对于社会所带来的影响。

研究内容决定着研究方法,信息分析工作研究方法的特殊性表现在:① 基本上不采用实验和试验手段;② 收集的资料比一般科学研究要广泛而且系统,不仅要详细占有课题所涉及的科学技术的资料,还要掌握与课题有关的地理环境、自然资源、科学文化水平等方面的资料;③ 作为情报对象,收集的不仅仅是文献,还包括实物情报、口头情报等;④ 情报搜集方式多样化,不仅可以通过正规交流渠道获得文献和数据,还可以通过参观、访问、讨论会、发放调查表等非正规交流渠道来搜集情报。

第 4 章 决策信息源

4.1 决策信息的载体

4.1.1 情报与载体的不可分性

英文 Information 一词在中国通常有两种释义：一是信息，一是情报。严格来说，信息和情报是两个不同的概念。一般认为，信息包括自然信息、生物信息和社会信息。自然信息是指自然界原本就存在的、昭示自然界的物质的存在和运动规律的那一部分信息，如人们常说的"落叶知秋"中的落叶。生物信息是指生物所携带的表示自己的存在或者其他某种意义的信息，如狮子、老虎等在树干上留下的用以标定自己势力范围的体液。社会信息则是存在于人类社会中的、表述人的思想的那一部分信息，情报就是特指这一部分信息。

情报的内核是人的思想，也正是这一点，才使某一事物能区别于其他千千万万的事物而成为情报。情报是人类社会的产物，没有人的意识活动的介入，就绝无情报可言。情报的这种属性称为社会性，社会性是情报的一个基本属性，它使人们把动物的叫声、遥远星空传来的电波等信息——排除在情报的范畴以外，从而使情报学可以获得一个相对狭窄的与其他学科（例如动物学，气象学，电子学等）不相冲突的独立研究领域。

情报在本质上是思想性的，思想属于意识的范畴、精神的范畴，是一种看不见、摸不着的东西，思想本身不能被传递和交流。人们生产情报的目的又正是为了交流思想，因此，情报必须"附着"在某种物质上，它不能脱离自己的载体而独立存在。情报与物质不可分离，它们的关系犹如火与薪，利与刃，没有载体，就无情报可言。米哈依诺夫认为，科学情报类似于某种物体在镜子中的映像，只存在于有镜子的情况下，并且指出，马克思列宁主义的反映论是分析情报概念的方法论基础。

我们赞同米哈依诺夫的关于情报与载体不可分离的观点,并且依次介绍一些情报赖以存在的主要载体。情报是信息的下位类,这些东西既是情报的载体,当然也是决策信息的载体。

4.1.2 决策信息的载体

1. 人脑

情报的内核是思想,第一个帮助思想存在的载体是人的身体的一部分——脑。恩格斯指出:"终有一天我们可以用实验的方法把思维'归结'为脑子中的分子的和化学的运动",现代科学证明:意识过程是和大脑活动的生理过程密不可分的,后者是前者的物质基础。在谈论情报时,人们之所以甚少考虑载体,而主要着眼于情报的内容,乃是因为忽视了作为人体的一部分的脑的缘故。而正是人脑这种物质,才最先生产、记录和存储了情报。没有人脑这种物质,就没有情报。

当某人说"我在报告会上获得了一个重要情报"时,他所指的情报几乎是报告的某一内容的同义语,根本没有考虑到载体。而事实上,如果没有载体,他是根本得不到报告人的这一情报的,这载体就是声波,即语言。甚至还可以说,如果没有载体,他根本不可能拥有这一情报,在这里,载体是指他记忆报告内容的他自己的脑细胞。

人脑是情报的第一个载体,也是一个重要的情报源。1979年美国情报学家斯拉麦克来华讲学时透露,五年来情报人员一直想捕获人类头脑中的知识,而不是记录了的知识。目前,一些西方发达国家都非常重视人脑这个情报源的开发。在美国,企业家们为了获得与政界、军界有密切联系的智囊人物头脑中的重要情报,不惜花几千美元去听他们的一个报告。第二次世界大战中,美军为了俘获领导德国进行原子弹研制的著名物理学家海森堡,竟动用了一个伞兵师、两个装甲师,外加一个集团军,领导这次行动的格罗夫斯将军说:"海森堡是世界上著名的物理学家之一,对我们来说,得到他比俘获10个师的德军有价值得多。"人们之所以如此看重某些人,无非是他们头脑中装有重要的情报或者尖端的科学技术知识。

科学界最近发现,记忆是通过物质来实现的。科学家们设计了一个特殊的、黑暗的环境,把一群老鼠放入其中,经过多次反复,老鼠害怕了这种黑暗的环境。科学家从这些老鼠的脑中提取了一种物质(他们称它为"恐黑素"),然后把这种物质"移植"到另一群进行比照实验的老鼠的脑中,这些原本不害怕黑暗的老鼠也害怕黑暗了。依此看来,撩开记忆的神秘面纱的日子为期不远了。届时,人们只要提取和移植脑中的某种物质,就可获得该人头脑中的记忆,亦即获得了存储在该人头脑中的情报,这才是真正意义上的"猎头术"。

2. 语言

情报的第一载体人脑,只能用来记录和存储情报,倘若要把某个情报传递出去,就得借助其他的载体。语言是伴随思想交流而产生的又一种重要的信息载体。

情报的内核是人们的思想,所谓情报交流,本质上是人与人之间的思想交流。但是,思想属于意识的范畴,它本身不能传播和交流,而需要借助于物质,这物质就是声波,就是语言。马克思曾经指出:"'精神'从一开始就很倒霉,注定要受到物质的'纠缠',物质在这里表现为震动着的空气、声音,简言之,即语言。"思想交流或者情报传播过程中的说话,就是人们选择语言中的词,按照一定的语法规则,将这些词组合起来,形成连贯的句子,以记载和传达思维这个内心活动的结果(即思想)。

不仅思想交流离不开语言,思维这一内心活动也始终离不开语言,它只有在语言材料的基础上才能进行,才能实现。思维是人们反映客观事物的一种抽象概括的能力及其过程。换言之,思维是人们认识现实世界时动脑筋的过程,是指动脑筋时所进行的比较、分析、综合和概括等活动。思维是通过语言进行的,语言是思维的物质外壳。没有语言材料,就不可能有思维活动,思想也就不可能产生和形成。斯大林曾经告诉我们:"不论人的头脑中会产生什么样的思想,以及这些思想什么时候产生,它们只有在语言材料的基础上,在语言的词和句的基础上才能产生和存在。没有语言材料,没有语言的'自然物质'的赤裸裸的思想,是不存在的。"所以,如果一个人在进行思考,那么,他就是在使用语言,也就是在说话。如果把那种闻之有声、感之有气的说话称为有声语言,那么,人们在思维过程中的说话可以称为无声语言。

以语言作为载体的情报,在情报学中称为口头情报。口头情报是一种"出自你口,入之我耳"的零次情报,又称准情报。这种情报一般是通过参加报告会、座谈会、参观访问或者个别交谈等形式获得。在人类社会发展的早期,语言几乎是唯一的一种进行思想交流的工具,口头情报曾经起过重要的作用。近代,虽然情报记录和传播的手段发展了,但它们并没有削弱口头情报作为一种情报源的重要地位。1965年,W.M.卡尔森调查了美国国防部工程师的3 400人次的情报查询,发现其中31%的情报来自口头交流。口头情报有以下一些特点:

(1) 传递信息快。科学家和工程师从第一次获得部分成果到积累成系统成果并以文献形式发表出来,一般要经过一至三年。口头传递信息,既不要等待成果积累,又不受出版时间延误,因而可以使情报得到迅速传播。

(2) 内容新。据统计,人们交谈的80%都是刚发生和将要发生的内容,只有20%是过去的内容。因而,口头交谈可以使人们获得有关科研、生产、技术和管理工作的前沿情报。

(3) 可以获得从文献中难于获得的情报。在通过文献进行的正规交流中,作者对于一些零星的数据,一些不成熟的、非系统化的理论,一些可能伤害他人感情的意见往往不愿以公开形式发表;一些不利于宣传、鼓动的真实情况和意见有时被抑制不予发表;出于各种原因需要控制传播的消息和数据一般不在刊物上发表。口头交谈一般不受上述条件的制约。

(4) 可以获得不写进论文中的技巧情报。在科学研究和生产中积累起来的实验技巧、调试方法和生产经验等一般是不写进论文中去的,通过参观实验室,观摩技术表演时的交谈或询问可以获得这类技巧情报。

(5) 能够得到一些隐性情报。在签订贸易协议和外交谈判等场合,从发言者说话时的语气、手势、笑容和脸部表情(这些称为体态语),可以判断出对方发言的重点,有无诚意,是否隐瞒了真实情况,等等。这些隐性情报在谈判记录和签署的文字材料中是无法表现出来的。

口头情报虽然有上述优点，但也有一个严重缺陷：口头情报是一种瞬时情报，某一次交流过程结束，交流内容也就随之消失，不便于情报的保存和积累。瞬时情报一旦记录下来就获得了原本不具备的客观性与可及性，成为永久性情报。记录瞬时情报有两种方法：一是将原有的声音信息利用先进的设备如录音机随时录下来，这种记录方式保真性强；二是将声音信息即席转换成文字信息记录在纸上，这种记录方式保真性较差，但复制和使用方便。

3. 文献

为了有效地记录、传递和积累情报，人类先后发明了各种各样的物质材料来记录情报。如刻在甲骨上和青铜器上，焙烤在陶土上，写在竹木和纸莎草纸上，印在纸张上，摄在感光材料上，录在磁性材料上，等等。情报记录和存储技术的发展和进步，使文献的物质形式越来越多样化。

按照目前比较流行的观点，认为依文献的物质形式，可以把文献划分为印刷型、缩微型、机读型和声像型四大类型。

(1) 印刷型文献

这是以纸张为存储介质，以印刷为记录手段而生产出来的一种传统的文献形式。按印刷方式又可细分为油印、石印、铅印、胶印等几种形式。印刷型文献的最大优点是便于阅读和流传；其缺点是存储密度低，体积大而笨重，不能长期保存，难于实现自动化。

(2) 缩微型文献

这是以感光材料为存储介质，以缩微照相为记录手段而生产出来的一种文献形式。缩微文献有卷式文献和片式文献两种类型。随着激光和全息照相技术的应用，又出现了超级缩微胶片，其缩小倍率可达1/22 500，一张全息胶片可存储20万页文献。

缩微型文献的优点是：体积小，存储密度高，传递方便，可以大大节省储藏空间，便于长期保存。其主要缺点是不能直接阅读。国外有些情报专家认为，缩微技术的出现标志着情报传递新纪元的开始。缩微技术与计算机技术、电信技术结合在一起，将成为促进情报工作迅速发展的一股强大动力。

(3) 机读型文献

全称又叫计算机可读型文献。这是以磁性材料为存储介质,以打字、穿孔或光学字符识别装置为记录手段,并通过计算机处理而生产出来的一种文献形式。其物质形式是磁带、磁盘和磁鼓等。机读型文献的优点是存储密度高,存取速度快,原有记录可以改变,抹去或更新。其缺点是需要较先进的技术设备才能阅读,使用费用较高。

(4) 声像型文献

声像型文献是以磁性材料和感光材料为存储介质,借助特殊的机械装置,直接记录声音信息或图像信息而生产出来的一种情报资料,它包括唱片、录音带、录像带、电影拷贝、激光声频和视频唱片,等等。声像资料完全脱离了白纸黑字的传统的印刷形式,其记录对象主要不是文字和平面图形,而是声音,立体图像,自然景观,事物的运动状态,等等。

声像技术的发展和应用,为情报工作现代化提供了一个重要条件。传真技术正是一种利用现代通信设备,远距离传送文字图像的情报交流手段。传真技术的最大特点,就在于能迅速、真实地传递情报资料,既保留了报纸具有的记录性,又兼有电视所具有的及时性。情报部门一般只要装配一个由传真扫描机和传真接收机组成的终端设备,就可以通过电讯线路进行远距离的情报传递和接收。

4. 实物

实物是情报存在的另一种重要的物质形式,通常指机器、仪表、零部件、元器件、苗木、种子和试剂等等。

上述实物之所以可以作为情报工作的对象,对之进行收集与研究,是因为它们与文献一样,凝聚着人类的思想、知识和智慧,同是人类创造的体外知识贮存器。通过对它们的材质、造型、规格、传动原理等方面的研究,利用反求工程,人们可以找出研究设计者的构思,再现出这些实物。

按照控制论的观点,世界上的万事万物可分为技术事物和非技术事物两大类,其中每一类又包括有生命的和无生命的两小类:

技术事物——无生命的技术事物,包括任何建筑,船只,机器,武器,但不包括任何未经人加工但被用做武器的石头;有生命的技术事物,包括一个从有生命机体中分离出来的有生命的组织,比如在实验室里被人工地保持着生命的经外科手术切除大脑半球的动物。

非技术事物——无生命的非技术事物,比如任何未经人类加工改变的石头,但不包括经人加工改变的石头或任何工具;有生命的非技术事物,包括单个的植物、动物,比如未经人施予外科手术的狗、鸽子等。

两类事物中,技术事物是经过人类有目的地加工的产物,实物情报通常指这一类事物。

实物情报由于形象直观,易于模仿吸收,所以历来为各国政府所重视。第二次世界大战结束以后,作为战败国的德国,其科学技术被美、苏、英等国分而"食"之。美国抢走大批科学技术资料,在商业部下面设立技术服务局负责整理这些资料;苏联弄走了一些科学技术人员用以加强自己的科研队伍;英国则把德国鲁尔地区的设备拿走,大批仿制生产。

实物情报具有以下一些特点:

(1) 综合性。综合性是指一件实物可以同时承载有关材质、造型、包装、工艺等诸方面的信息。科研人员、技术人员以及工人,可以从同一实物中各取所需,获得自己需要的情报。

(2) 商品性。商品性是指负荷情报的载体,即实物,一般是以商品的形式出现,可以在公开场合收集到。

(3) 成熟性。成熟性是指实物上负载的情报成熟、可靠,基本上可以直接采用或借鉴。

(4) 隐蔽性。隐蔽性是指情报的潜在性,即难利用性。实物中包含的情报有一部分要经过反求开发才能将其揭示出来,设计者为了防止关键性情报,即所谓技术诀窍被别人获得,往往采取全封闭或不可拆卸结构等保护措施。

实物情报的前三个特点为人们征集和利用它提供了方便,第四个特点却给人们利用实物带来了困难,这是一个值得注意的问题。

5. 其他

除了前述的人脑、语言、文献、实物等四种情报载体外,一种更容易被人忽视的情报载体是事物所处的相对静止或者运动的状态。这类情报载体所负载的信息,在制订军事行动计划和市场营销等活动中显得尤其重要。在战争环境中,军队布防和调动是绝密的军事情报,军队每到一地,都要严密封锁消息。这是因为军队的布防和调动体现了指挥官的军事思想和战略意图,它是敌方指挥官迫切希望得到的情报。在珍珠港事件前,日本海军派吉川任日本驻夏威夷领事馆一秘,吉川将观察到的珍珠港内停泊的美军舰只数,每隔两天用密码向日本海军情报部报告一次,偷袭的头一天,每隔几个小时就报告一次。在这一事件中,吉川是将负载在滞留港内的舰只数这一美军指挥官的战略部署情报转换成密码发送出去的。

事物所处的相对位置和运动状态之所以成为情报,能够被人们收集和利用,是由于它们与实物一样,负载了某种信息,人们一旦解读了这些信息,就获得了相关情报。

4.1.3 决策信息的类型

信息是科学决策的原材料。如果把决策看做一种烹饪艺术,信息则是厨艺高超的大师们赖以做出各种色、香、味俱全的菜肴的主料和配料。决策的种类很多,有政治决策、军事决策、经济决策、科学和技术决策、工程决策,等等。每一类决策所涉及的面也极广,如做出经济决策时,不仅需要经济信息,还需要政治信息、科技信息、法规信息等。当人们准备做出决策时,一般需要如下方面的信息。

1. 国际政治格局及其走势

主要指国际上各种政治集团的结合、分裂及重组,国与国之间关系的变化,重大的政治或军事举措。国际政治格局及其走势方面的信息,与政治决策、军事决策和经济决策都有密切的关系。

"一超多强"几乎是整个 19 世纪的世界格局,当时的"超"是大英帝国。大英帝国不论其国力、军力、殖民地的数目及面积都远在其他诸强之上。到了 20 世纪之交时,以上的世界格局开始发生变化,最主要的是美国和德国的崛起。第二次世界大战以后,世界划分为两大营垒:一个是以美国为首的资本主义阵营,一个是以苏联为首的社会主义阵营。这个阶段,各国的政治、军事、经济方面的决策无一不受这种政治格局的影响。1989 年,苏联解体,随着德国和日本经济上的逐渐强大,随着中国改革开放政策的成功,世界形成了美、俄、英、德、法、日、中等国的多元政治。当两个阵营的军事对垒走向多国势均力敌的时候,各国都非常重视发展本国经济,对抗曾一度从战场转向商场,这期间美国和日本这对亲密无间的战略伙伴之间曾经爆发过汽车大战和胶卷大战。这一阶段,各国制定各项决策时,首先考虑的是多元政治和经济利益。

2. 国际经济形势

主要指世界各国的经济发展速度和此消彼长的经济发展态势。经济是政治的基础,政治是经济的体现,自古以来就有"弱国无外交"的说法。国际经济形势方面的信息,是各国制定政治、军事、经济决策不可或缺的依据。了解世界各国,尤其是准备与之交往的国家的经济状况,是国与国之间经济合作和双边贸易的基础。在对外经济交往中,必须了解对方国民生产总值、国民生产年增长率、外汇储备、经济发展中的强项和弱项等,才能卓有成效地开展对外经济活动。苏联为了与美国相抗衡,在航空、航天、微电子、核武器、重工业等领域投入了大量资金。苏联解体以后,俄罗斯、白俄罗斯、乌克兰等国虽然尖端科学技术仍有一定优势,但人民生活所必需的轻工业品匮乏,在双边贸易中,我们非常注意对这些国家出口服装、鞋帽、暖水瓶、搪瓷器皿等,收到了很好的效果。

中国香港、韩国、新加坡、中国台湾曾经被称为亚洲经济发展的四小龙。20 世纪 90 年代中后期,东南亚发生了经济危机,日本、韩国、新加坡、马来西亚、印尼等国家都未能幸免。朱镕基总理上台后,看到亚洲经济发展的严峻形势,审时度势,曾经六次降低存款利息,以此来拉动内需,刺激消费,并且多次声明人民币不会贬值。后来,中国虽然仍面临腐败和下岗两大难题,但中国货币是稳定的,人民币是坚挺的,这就吸引了很多外国商人纷纷来华投资。外国资金的注入,为中国经济发展注入了新鲜血液,中国 GDP 持续保持高速增长。

经济状况不仅决定一个国家的进出口贸易,而且影响一个国家在国际事务中的态度。20 世纪 60 年代后期,为了遏制美国的军事威胁,苏联曾远涉重洋,迢迢万里把导弹运往古巴。北约对贝尔格莱德发动大规模空中打击后,南联盟希望与俄、白结成联盟,1999年4月7日俄杜马通过决议,建议总统和政府向南提供军援。但俄政府仅停留于人道援助,已无往日那种大国风范。俄罗斯的立场是由其虚弱的经济地位所决定的。俄罗斯经济现状已落后于墨西哥和巴西等国而排在世界第20名。20世纪90年代俄内外债总额约为2 200亿美元,相当于GDP的44%。偿还国债支出占预算支出的30%。1992年至1998年非法外逃的本国资本高达760亿美元。仅1997年12月到1998年3月,约有2/3的西方投资抽回。1999年应偿还175亿美元的外债和200亿美元的国内债务,与此同时,至1998年8月底,俄央行的外汇储备仅为110亿美元。

3. 国家制定的政策、法令

主要指国家和各级地方政府为了给政治稳定和经济发展营造一个良好环境而制定的各种奖励性、强制性和惩罚性措施,如产业发展政策、人才流动政策、环境保护条例,以及专利法、商标法和各级标准等。这些信息是确定产业发展决策和技术开发决策的重要依据。

党和国家的正确方针、路线、政策是适应经济发展的要求,根据客观规律制定的,体现了社会的整体意志,符合广大人民群众的根本利益,是实现四个现代化的根本保证。各级领导必须严格执行党和国家制定的方针政策,根据党所提出的总任务确定自己的具体任务,以国家的计划和政策指导自己的工作。这一类因素,对经济活动具有强制性,对企业的生存和发展具有很大影响。一个领导者,如不贯彻党的路线、方针、政策,不执行国家的计划和法令,就无法制定正确的经营决策,甚至迷失方向,危及企业的生存。1998年,全国发生了特大洪灾,粗略估计全国直接经济损失2 551亿元。之所以出现特大洪灾,一方面是乱伐林木,使土壤失去了保水能力,大量泥沙流入江河,抬高了河床,也淤塞了下游的湖泊;另一方面是前几十年的大量围湖造田,降低了湖泊的分洪蓄水能力。特大洪灾以后,党中央决定在长江上游的重庆市关闭几个大型伐木场,封山育林。这一决定无疑给这些伐木场的领导带来了麻烦,他们必须顺应形势,改变经营方向才能带领企业走出困境。

虽然法律和法规带有强制性,各级领导都必须不折不扣地执行,但是,某一法规和法令的颁布,很可能既给企业发展造成障碍,也给企业带来商机。为了控制白色污染,政府决定禁止生产超薄塑料袋,这对生产这种商品的厂家无疑是致命的打击,但是,这个禁令对于生产藤条篮、柳条篮和麦秆编织提包的企业却提供了大展拳脚的机会。国家制定的政策和法令,对企业而言是难以控制的,也是难于预测的,要正确认识这种复杂环境,并且处理好,这不是一件容易的事。可是,应该看到,现在我国出现了空前安定团结的政治局面,领导者只要认真坚持四项基本原则,不断地研究新情况和新问题,就不难和党的路线保持一致,并求得企业的发展。

4. 国民经济发展方向

主要指国家经济结构的变化、投资方向的改变、中央和地方政府对于重点扶持产业或重点抑制产业所作的各种规定等,它包括国民经济远景发展目标、国民经济计划的投资、国民经济计划的劳动资源、国民经济计划的人才培养,以及保证这些计划实施的措施。上述信息是制订行业或部门发展规划的重要依据。

现代经营管理理论给管理工作带来了重大的变化,其中最主要的是各个行业、各个部门必须编制自身的长期、中期和当前的计划,在编制计划所需要的各种情报中,最重要的情报来源是国民经济计划。国民经济计划所规定的主要任务,如国民经济结构的变化,包含着对各个行业都十分重要的情报。如果在国民经济发展中发生重大的结构变化,会直接或间接地影响各个行业的计划,甚至危及某些企业的生存。专业部门的发展计划和地方的国民经济计划,与国家经济计划是协调一致的,它们是国民经济计划的组成部分。然而,各专业部门的发展计划却可以提供某一部门具体翔实的情报,如各种材料、劳动消耗和能源构成的情报,固定资产投资、出口产品需求、利润额的情报,行情发展趋势以及市场变化的情报等。这些都是制订行业和企业发展规划的极其重要的情报。

有一段时间各地纷纷兴建楼堂馆所,一些地方投资的工业项目也竞相上马,致使基本建设的摊子铺得过宽,战线拉得过长,影响了国家对于重点产业的投入和国民经济的发展速度。意识到这个问题以后,中央停建和缓建了一批基本建设项目,并且要求各级地方政府严格控制楼堂馆所的兴建。这个措施出台以后,钢材、水泥、玻璃和砖瓦等建材行业受到了很大冲击。

5. 科学技术发展动态和趋势

主要指世界各国在基础理论研究上的重大突破,最新科学技术成果的应用,各国在基础理论研究和技术开发上的经费投入及其重点关注的领域,科学技术发展的未来趋势等。上述信息是制订科学技术发展规划,确定产业发展方向的重要依据。

科学技术是第一生产力,科学技术与国家经济的发展和人民生活水平提高有极为密切的关系。据统计,20世纪初发达国家提高生产率,主要依靠资本和劳动力的增加,只有5%～20%依靠科学技术。50年代以后,劳动生产率的提高,60%～80%依靠科学技术的进步。目前,发明创造和实际应用之间所需的时间通常不会超过4～5年,在工业向我们提供的消费品中,90%在20世纪初还不存在,若干年以后,我们将习以为常地应用至今尚为世人所不知道的东西。

决策对科学技术发展情报的需求可以分为两类:一类是科学技术进步的总结性情报;另一类是科学技术发展方向的预测性情报。领导者在进行科学决策时,要尽可能完整地收集这两个方面的信息,才能使自己耳聪目明,立于不败之地。对于激光器的研究,中国和美国是同时起步的。但美国选择小功率激光器作为突破口,中国则从大功率激光器入手。1960年,美国制成了世界上第一台红宝石激光器,中国历经十多年,耗资1 000多万元却一事无成,只得效仿美国,再从小功率激光器入手来进行研究,可谓"一着不慎,满盘皆输"。

瑞士钟表工业痛失世界表业王位也是一个很好的例证。1969年,瑞士有个叫马克思·赫泰尔的工程师,建议瑞士钟表业发展电子石英表从而取代传统的、具有悠久历史的机械手表。那时,瑞士垄断着世界手表市场的70%,每天创造着近20亿美元的产值。处在这样黄金时代的瑞士钟表界,听不进这位工程师的意见,认为电子石英表前途不大。而对新技术十分敏感的日本,经过从技术到市场的充分调查,认为电子石英表大有可为。继而,他们充分利用自己雄厚的电子技术基础,生产了大批优质的电子石英表投放市场。到 1978 年,只几年的时间,日本就打垮了拥有 187 家钟表商的瑞士,钟表销售量首次超过了瑞士。瑞士失去世界钟表业的王冠以后,如梦初醒但为时已晚。

6. 资源情况

主要指资源的种类、贮量、分布、可供开采利用的前景等。人类的生活与自然界有着密切的联系,人们可以从自然界索取进行物质生产的各种要素。企业的生产经营活动,不仅受着经济规律的支配,而且受着自然规律的制约,社会的生产经营活动,必须建立在资源供应的可靠基础上,才能正常、顺利地进行。

长期以来,人们一直认为自然资源是取之不尽、用之不竭的。从总体看,宇宙是无限的,技术发展也是无止境的,资源确实不存在一种自然限度。可是资源的开发和利用却受着社会的技术、经济条件的约束,表现为相对的有限性。在现实生活中,大至一个国家的产业结构、科学技术发展的优势和重点,小至地方经济发展规划的制订,无不受到资源的影响和制约。

澳大利亚有着得天独厚的地理条件和气候,牧草丰富,因此,澳大利亚的畜牧业和与之相关的羊毛加工业非常发达。日本国土面积狭小,只有 37.47 平方公里,人口却有 1.28 亿,而且自然资源贫乏,与能源有关的主要地下资源的对外依存率分别为:煤炭 83%、天然气 93%、石油 99.8%,但日本四面环海,每年平均出现 27 次台风。在这种特有的资源条件和地理环境下,为了解决能源紧缺问题,日本非常重视对于海浪资源的开发和利用,因此,日本对于波力发电的研究在世界上处于领先地位,已经接近实际利用的程度。

广西凤山县经济比较落后,县领导看到吉林省不少地区饲养梅花鹿迅速致富的报道以后,准备在坡作公社办一个千头养鹿场。调查研究以后发现:坡作的草目结构不适合鹿群生长;该地的牲畜经常发生口蹄疫;一头鹿一天至少需一斤黄豆做精饲料,凤山县及其邻近地区都不产黄豆。但是,凤山县的土质、气候和光照条件适合油茶树生长,在个别地方试点取得经验以后,凤山县大面积推广种植油茶树,取得了很好的经济效益。

4.2 常见决策信息源简介

由于事物之间的相关联系和决策行为的复杂性,决策活动往往既需要国际和国内的政治、经济信息,又需要科学技术信息,还需要社会文化、风土人情等信息。信息需求的多样性决定了信息来源的多元化。在本节中,我们将从正式出版物、非正式出版物、业务管理和统计资料、其他等四个方面介绍常见决策信息源。

4.2.1 正式出版物

1. 政府出版物

政府出版物是各国政府部门及其所属机构发表或出版的文献资料,它的内容很广,概括起来可以分为行政性和科技性两大类:行政性的包括国会记录、政府法令、方针政策、决议、指示以及调查统计资料等,政府机关有关经济、科技、商业、贸易、环境保护等方面的政策、法令、规定是决策活动的准绳和依据;科技性的包括政府所属各部门的科技研究报告和技术政策等,后者约占各部门政府出版物的30%～40%。各国政府出版物的数量相当多,据统计,美、英、法、日等国的政府出版物每年多至几万种,并且还在逐年增加。

科技性政府出版物中,有许多在未列入政府出版物以前,往往已被所在单位出版过,因此,它与其他类型文献(如科技报告)有一定的重复。要了解一个国家的科学技术和科技政策及其演变情况,政府出版物有较大的参考价值。

2. 科技期刊

期刊是定期或不定期的连续出版物,有固定名称,用卷、期或年、月顺序编号出版,每期版式基本相同,有专业性和综合性之分。

科技期刊的最大特点是对新技术、新理论的报道比较及时,内容比较新颖。这种及时性是由三个因素决定的:一是由于期刊的出版周期比较短,从收稿、审稿、排字到印刷发行一般是3～6个月;二是由于期刊发行量大、影响面广,科学研究和工程技术人员有了新理论、新技术以后都愿意投稿到杂志编辑部,借以扩大自己的影响和名望；三是一些重要的学术团体和公司企业自己办有杂志，这些杂志经常刊登团体和本公司成员的文章，编辑部了解作者，无须经过繁复的审稿手续。

3. 科技报告

科技报告是报道（记录）研究工作和开发工作的成果或进展情况的一种文献类型，一般都编有号码，供识别报告本身及其发行机构。最早的科技报告是 1909 年英国出版的 *Current Paper*。科技报告出现之初，仅仅是研究或设计单位向提供经费的上级部门提出的关于某项研究或设计任务完成情况及财物消耗情况的总结报告。第二次世界大战期间，大量的研究成果以内部报告的形式发表，科技报告逐渐成为一种交流的手段。战后，各国政府进一步加紧军事科研活动，不断增加对科研的投资，致使科技报告的数量不断增加，终于发展成为科技文献的一大门类。

目前，美、英、法、德、日等国每年都发表大量的科技报告。例如：美国 AD 报告、PB 报告和 NASA 报告；英国航空委员会的 ARC 报告、英国原子能局的 UKAEA 报告；法国原子能委员会 CEA 报告；德国航空研究所的 DVR 报告，等等。我国研究成果的统一登记和报道工作，是从 1963 年正式开展的。国家规定凡是有科研成果的单位，都要及时整理，按程序上报、登记。科技部（原科委）根据调查情况发表科技成果公报和出版研究成果报告。截至 1965 年 7 月底，《科学技术研究报告》已出至 1616 号。1971 年 11 月起，这套研究成果报告继续由中国科技情报所出版，报告名称统一改为《科学技术研究成果报告》，分为"内部"、"秘密"、"绝密"三个保密级别，由内部控制使用。我国出版的这套研究成果报告内容十分广泛，是一种较为正规的代表我国科技发展水平的科技报告。

4. 专利资料

专利制度是国际上通行的一种利用法律的和经济的手段推动技术进步的管理制度。这个制度的基本内容是依据专利法，对申请专利的发明经过审查和批准，授予专利权，同时把申请专利的发明内容公之于世。专利说明书就是私人或企业研制成功一项新技术、新产品以后，为了获得专利权而向专利审查机构提出的有关该项发明的详细说明文件。平常所说的专利资料,主要是指专利说明书。

专利的类型有:发明专利、实用新型专利、外观设计专利、植物专利、再公告专利、防卫性专利、商标和技术诀窍专利等。受专利权保护的发明可以是一项技术、一件物品、一台机器或一种方法。专利品在未经专利人允许的情况下,是不准别人仿造、使用和销售的。要制造、使用和出售就必须先和专利权人商谈购买使用权许可证,否则就构成侵犯专利权,要承担法律责任和经济赔偿。到目前为止,全世界约有130多个国家和地区建立了专利制度(包括发明证书制度)。1980年1月14日,国务院正式批准在我国建立专利制度,并成立了中华人民共和国专利局。1985年4月1日中国实行专利法。

专利资料有三个特点:新颖性,任何申请专利的发明,均不会在提出申请前公开发表,一般在批准数年后才在报刊上摘要披露;先进性,只有比现有技术有所进步的发明创造才能取得专利权;实用性,对技术发明的内容揭示得比较具体,能够实际应用于工农业、采矿业、林业、渔业、水产业以及交通运输等各个行业。专利资料是工程技术人员和产品设计人员的重要信息源。但是,专利资料重复率高,这就给查找和利用带来了一定的困难。

5. 标准文献

标准文献,一般是指由技术标准及其他在特定活动领域内必须执行的规格、定额、规则、要求的技术文件所组成的一种特定形式的技术文献体系。技术标准是对工农业产品和工程建设的质量、规格及其检验方法等方面所作的技术规定,它是从事生产、建设的一种共同技术依据,有一定的约束力。按照使用范围,标准可分为五大类:国际标准、区域性标准、国家标准、专业标准、企业标准。按照内容,标准可分为三大类:基础标准,如术语、词汇、符号、绘图、定义、命名等方面的标准;制品标准,如制品的形状、尺寸、材料、质量、性能、要求、分类和公差等方面的标准;方法标准,如产品试验、检验、分析、测定方法以及技术条件之类的标准。按其成熟程度划分,标准又可分为:正式标准、试行标准、指导性技术文件、标准化规定。

标准文献的特点是:制定、审批有一定的程序;适用范围明确专一;编排格式、叙述方法严谨划一,措辞准确;具有较充分的可靠性和现实性；对有关各方有约束力，具有某种法律效力；有一定的有效时间，需要随着技术的发展而不断修订、补充和废除；技术标准只是以某阶段的技术发展水平为基础，以标准化对象当时的技术水平为上限，所以，标准文献甚至一出版，其技术内容就开始过时。上述特点中，时间性和技术内容的陈旧性，是利用标准文献时应当特别注意的两个问题。

6. 手册

手册是一种集中某一中心论题或专科领域有关各种资料的工具书。根据内容，手册可以分为：专业手册，如美国金属协会的《金属手册》，专门阐述各种金属材料的性能、结构、成型和加工处理等；学科手册，如德国的《拜尔斯坦因有机化学手册》；数据手册，如美国通用电气公司出版的《半导体数据手册》，载有数据表、电路图等；产品手册，如美国麦克劳希尔公司出版的《泵手册》，专门介绍各种泵的原理、结构、特性和用途。此外，还有操作手册、实验手册、安装手册和管理手册等。

手册是了解各种产品的原理、结构、性能和数据，掌握实验手段，熟悉操作规程等不可缺少的工具书。手册的内容比较成熟，数据可靠，但缺乏新颖性，只能代表过去的科技水平。随着科学技术的发展，任何手册都需要补充新的内容。

7. 名人录

名人录是一种记载知名人士的姓名、国别、服务单位、生卒年月、历史贡献和学术成就等生平简历的工具书。这类工具书有综合性的，有限于某一地区或某一国家的，也有限于特定学科、专业和职业的。每一种又可分为回溯性的（查找历史名人）和当代的（查找在世人物）两类。就文体而言，有的用文章体撰写，有的则是履历式资料型。

美国出版的《国际名人录》是一种综合性的人物传记工具书，它收录世界范围内的政治、经济、军事、文学艺术、科学技术等自然科学、社会科学、人文科学各界知名人士的生平简历。每两年出版一次的《美国名人录》则只收录美国当代各界的知名人士。《美国科学家》是一种专门性的名人录，专门收录科学界的名人，共收集美国 10 多万名数、理、化、生等学科的科学家的姓名、简历和地址。布拉克出版社出版的《科学家汇编》,介绍世界1 000多名著名科学家,除姓名、出生年月、国籍、生平外,还介绍他们的科学成就和著作目录。

名人录是了解杰出的政治活动家、科学家和实业家的生平事迹及其主要贡献的重要参考工具书。

8. 组织机构指南

组织机构指南是一种专门介绍国际组织、政府机构、学术团体、工厂企业和研究机构概况的工具书。

英国金属公司出版的《世界钢铁工厂》,收集了80多个国家约1 700多家钢铁公司的厂址、建厂年代、规模、产品和生产能力等方面的资料。美国鲍瓦尔公司出版的《美国工业研究室》介绍美国3 200多个机构属下的6 600个实验室的名称、地址、负责人、专业人数、专业科目和主要研究活动等。《世界学术机构指南》介绍了2 400多个教育、文化、科研机构的名称、地址、创办年份、组织情况、宗旨、规模、出版物、图书资料收藏量、学术活动及研究项目等。

组织机构指南是了解各类型组织机构的规模、生产能力(研究能力)和发展情况的重要参考工具书。

9. 统计资料

统计资料是一种定量化的精确信息源,它全面反映宏观的科学技术和经济信息。统计资料主要由国家统计部门提供。我国统计系统有一套严密的体系,从中央到省市、到地县、一直到基层,机构健全,而且配备了大、中型电子计算机等现代化设备,又受到国家的法律保证,因此,统计部门所提供的资料准确、全面,具有较高的可靠性和权威性。

统计资料主要有三种形式:书本式统计资料,如《中国统计年鉴》、《江苏省社会经济统计》等,这种形式的统计资料主要反映历史状况,但它反映的信息全面、系统,而且多用图表形式分门别类清楚地表示出来,使人一目了然。期刊式统计资料,如《中国统计月报》、《湖南统计》和《统计信息报》等,这种形式的统计资料具有连续性和及时性的特点,对于我们了解和掌握当前的社会经济现状很有帮助,而且这类信息一般比较具体,如反映产品的价格变动等。除了上述公开发表的统计资料外,目前某些部门也开展有偿服务,可以根据特定用户的需求,代其进行信息的搜集、整理和加工,提供针对性很强的统计数据。

4.2.2 非正式出版物

1. 产品资料

产品资料是各国厂商为了推销产品而印发的企业出版物或免费赠送的商业宣传品。根据其内容,产品资料大体上可分为三类:单项产品样本,介绍该厂商某种产品的性能规格、外形以及部分内部结构;企业产品一览,介绍该企业生产的各种产品的名称以及主要性能;企业介绍,介绍该企业的历史、组织、规模、生产过程、车间及实验室设置情况等。为了推销产品和盈利,各国书店、行会、商会、协会、期刊编辑部等也出版上述内容的出版物,如以书本形式出版的单项产品样本汇编,以年鉴、总览、手册等形式出版的全行业产品一览表等。

产品资料介绍的是厂商已生产的商品,说明该产品曾经占领过或目前仍占有销售市场,因此技术上比较成熟,这是产品资料的第一个特点。第二,它对产品的结构、使用方法、操作规程以及产品的演变、系列化情况都有较具体的介绍和说明,有时还附有较多的结构图片,因此,详尽直观是产品资料的第二个特点。产品资料是进行技术革新、试制新产品、设计工作、订货工作不可缺少的技术资料。各国厂商为了掌握竞争对手的情况,加速产品的更新换代,提高本企业产品的市场竞争能力,都很重视产品资料的搜集和利用。

2. 厂刊

厂刊是公司、企业出版的一种刊物,多为不定期出版物,通常起联络、宣传和推销的作用。厂刊分对外和对内两大类。

对外的厂刊一般刊载企业或公司的经营项目、计划和商业活动;介绍公司产品的结构、性能、使用和维修;报道公司的人事情况、职工福利等。有些公司为了开辟新市场,也在厂刊上刊登一些技术性较强的论文,反映其设备、工艺、技术和管理方面的先进水平,报道生产研制方面的新成果、新动态。厂刊在工程技术上有一定的参考价值,国外某些大型企业的厂刊质量颇高,有的已被许多文摘杂志收录,如《三菱电机技报》、《日立评论》、《西门子杂志》。还有少数厂刊,无论从外部特征或内容看都接近于学术期刊,如英国"帝国化学工业公司"出版的《科学进展》,其质量就相当高,该刊1977年起改由美国培加蒙公司出版,中国科学院图书馆、中国科技情报所重庆分所和北京大学图书馆等单位均已收藏。

至于对内的厂刊,则是在企业内部发行的刊物,相当于企业内部的新闻快报。除简单报道其产品外,主要刊登机构变动、干部任命、贸易消息、公司新闻、职工生活福利、奖励津贴、职工建议,等等。

厂刊是了解企业经营活动和产品开发研制情况的重要情报源。绝大部分厂刊是作为同行业之间交流的内部资料而出现的,大型图书馆和情报所都设有"内部资料室",专门负责这一类型文献的收集、整理和提供。已经公开发行的厂刊可以通过正规交流渠道获得。

3. *产品说明书*

产品说明书是指对产品的结构、性能和使用方法进行简要的介绍的资料。这种资料既不能从正规交流渠道获得,又不会随便散发,一般是随同商品一道提供给订货者和消费者。严格说来,产品说明书属于前面已经介绍的产品资料的范围,但由于它对企业产品开发有非常重要的作用,我们仍然对其单独加以介绍。

一般说来,企业对自己的产品特别是拳头产品的一些关键资料和数据是不随意向外界透露的,但产品说明书是配合该产品的销售和使用而提供给用户的,为了扩大销路,争取顾客,生产厂家往往在产品说明书上对产品的功能、信用、技术参数等作较详细的说明和介绍,特别是对该项产品与众不同的特点和优越性大加渲染,这就有利于从中获得必要的信息。

为了建立信誉,企业希望自己的产品方便实用、坚固耐久,这一愿望的实现很大程度上取决于用户对该产品的性能、原理和使用维修知识的掌握。因此,产品说明书中往往包括该产品的构造、装配、操作、试验、使用方法的详细介绍,这也有助于对该产品的分析和了解。

产品说明书中还包括使用注意事项,如某一化纤制品不可用高于摄氏90度的水洗涤,某一电器产品使用环境的温度、湿度限制等,透过这些数据我们可以看到该产品的缺点。产品说明书中所提到的常见故障排除方法,则反映该产品质量在哪些方面还未完全过关。正因为产品说明书是直接帮助用户使用该产品的,所以它具有内容具体、数据可靠、优缺点一目了然等特点。

4. 会议文献

会议文献是围绕会议的宗旨,在会前提供的发言预印本或发言摘要,会上发表或散发的论文,以及会后整理出来的会议资料的总称。学术会议的类型很多。概括起来有研究特定问题的专题讨论会;有交流学术观点、发表研究成果的学术讨论会;有一年一聚的讨论工作、规划来年活动的年会。就会议的范围来看,有世界性、国际性、地区性、全国性会议。随着学术交流活动的频繁,召开会议的次数也越来越多,其中属于科学技术领域的占3/4,社会科学和人文科学领域的占1/4。

会议文献一般有四个特征:探讨的专业领域集中,针对性强,内容专深;一些重要研制成果或新的发现首先通过会议文献向社会公布;能反映具有代表性的不同观点;有时能透露出一些内部情况或正在进行中的研究情况。

5. 学位论文

学位论文是为了取得学位进行公开答辩并获得学位委员会通过而撰写的科学论文,一般指硕士(或副博士)论文和博士论文。

学位论文可以分为两大类:一类是参考了大量资料,并且对其进行系统的概括,所列数据比较丰富、充分。这类学位论文可以看做是对某一特定问题的总结,系统性、资料性强,但其新意可能不足。另一类学位论文是有新的立论,有独创性或者一些独到的见解,但观点可能尚不成熟、不全面,有时甚至还不能作定论。学位论文是在导师的指导下,花了较长时间写成的研究论文,有的后来发展成为一本专著,其参考价值不亚于期刊文章和会议资料。

学位论文一般不在刊物上发表,只能通过学位授予单位、指定收藏单位和私人途径获得。我国于1979年恢复实行学位制度,国务院学位委员会指定北京图书馆、中国科学技术情报研究所和社会科学院情报所为学位论文收藏单位。

6. 手稿

手稿也称讨论文稿、研究文稿,一般以手抄本、复印件或打印件的形式存在。当作者向杂志或报纸编辑部投稿以后,由于某种原因,稿件未获发表,这是第一种类型的手稿;第二种类型的手稿散存于作者手中,当作者写好某篇文章以后,由于保密或其他原因不能公开交流或发表。随着科学技术的发展,滞留在编辑部或作者手中的手稿将越来越多。手稿来自各个行业、专业和学科,因而内容也涉及各个领域的技术和知识。与正式发表的文章相比,手稿有两个特点:一是内容完整,其中的数据、图表、参考文献等没有经过编辑部的删削;二是没有经过编辑的技术和文字加工,可能存在语句不通、逻辑性不强等毛病。对于手稿的传播,目前尚无正规的、畅通的渠道,一般只能从编辑部和作者那里获得。

应当指出,将文献划分为正式出版物和非正式出版物,并不是一种全科学的方法。例如产品资料中,随同商品一道送达用户手中的产品说明书是一种非正式出版物,但以手册形式出现的全行业产品一览却又是正式出版物;又如会议文献中,作者为了参加某个会议而向会议组织者递交的手抄件、打印件属非正式出版物,但是,当这篇文章一旦收入会议录公开发表时,又是正式出版物。这类情况在政府出版物中也时有存在。为了更好地认识各类文献的特点,方便获取,又不得不将它们划分为正式与非正式两大类,这里权当一种探索性尝试。

4.2.3 业务管理和统计资料

社会上的各行各业、各个单位在其日常工作的开展中,会产生大量文字和图形的记录材料,这些材料只是他们日常业务工作的一种记载,一般不会公开出版发行,也不会以"内部资料"的形式流散出去,但是,这些东西却是各行各业、各级领导进行科学决策时极其重要的信息源。在本节中,我们把这些东西统称为业务管理和统计资料,属于这类信息源的有下列内容。

1. 国民经济各部门的计划和统计资料

国家、省、市的各级发改委、经贸委、财税等经济综合管理和流通部门，掌握着国民经济计划、统计、物资、物价、财政收支、国内商业和对外贸易等方面大量的数据和资料，它们与银行在计划、政策和管理等方面有着密切联系，并且互通信息，它们是宏观金融信息的主要信息源。

2. 银行业务记录

银行执行信贷计划、现金计划。对其统计工作中反映出来的数字和情况，经过分析，可以看出全国或地区的经济发展情况，生产与流通情况，还可看出产业布局、积累和消费比例是否协调，以及财政、信贷、物资、外汇平衡情况。通过银行信贷部门贷款的发放与收回，不仅可以比较及时、详细地了解企业的产、供、销情况，而且将这些情况集中起来，还可以反映出全国产品、产业发展情况和趋势。通过城乡人民储蓄存款的增长变化，可以了解人民收入和购买力。

3. 管理资料

管理资料是指各单位在计划、组织、协调、指导、控制等活动中形成的材料，它是现代管理活动中不可缺少的文件。管理资料包括：长远发展规划、年度综合计划、生产作业计划等计划管理材料；完成主要指标的统计报表、生产调度记录、制品管理账单等生产管理材料；各种劳动管理的记录及表册、物资管理的标准及单据、设备与工具管理的统计报表等生产辅助过程材料；新产品开发组织措施纲要、课题公关计划及总结、产品技术经济分析、年度科研成果汇总表、专家建议记录及处理意见等技术管理材料；产品质量管理材料、工作质量管理材料等质量管理材料；财务管理材料、成本管理材料、经济核算材料等经济管理材料；向上级领导机关汇报的各种报表和材料；与其他单位交往的各种信函。

4. 会计资料

会计是为了监督某单位经济活动，加强经济管理而专设的专业技术人员。会计资料指由财务会计部门通过财务会计核算和分析提供的反映该单位经营管理活动情况的资料，它是领导部门进行科学决策的重要依据。以企业为例，会计信息可以反映企业在一定时期内从事生产经营活动所取得的利润或产生的亏损;可反映资金来源、资金周转、流动资金构成、固定资产利用等情况;还可反映原材料消耗、劳动生产率高低等情况。

5．原始记录

原始记录来自经济活动的所有方面,不同原始记录有不同的作用,填制内容、方法和要求也不同。按原始记录在管理中的效力,可以将它们分为原始凭证和其他业务记录两类。

(1) 原始凭证。它是在业务关系发生时填制或书写的,用以办理业务手续、实现财产转移、划分业务当事人经济责任的书面证明,如发票、商品托运单、商品入库验收单、收据等。它一般涉及商品、资金、物质技术设施在经营管理各环节的转移,或财产所有权的变更,是会计核算的原始资料和重要证据。许多原始凭证要定期或较长时期保存。原始凭证的填写内容一般包括：凭证的名称、填制日期和编号、接受凭证单位的名称、经济业务的内容、实物的数量和金额、填制人的签名或盖章。原始凭证有比较正规、比较固定完备的格式,有规范化填制要求,并有法规效力,是原始记录的主体部分。

(2) 其他业务记录。除原始凭证以外的其他原始记录都属于这一类,如合同签订情况统计、合同执行情况记录、考勤记录、商品盘点记录、服务质量记录、缺货记录、库存商品动态记录、商品验收记录等。这一类原始记录同样反映经营管理的进程、状态、结果或问题,也是实行专业管理或综合管理所不可缺少的。但这一类记录一般不涉及财产关系和经济责任划分,多半用于填制者自我工作分析,因此对填制要求不像原始凭证那样规范。

6．档案资料

档案是在科研、生产、产品开发、技术研制等环节所形成的文字、图纸等的总称。按照具体对象的不同,档案可以分为六类。

(1) 生产技术档案。是指在产品制造、加工、装配、检验等生产过程中形成的产品、工艺、化学配方等技术档案。其中包括图样、工艺流程、工艺装备、说明书、计算书等技术文件材料。

(2) 产品设计技术档案。指在设计产品、试验试制、定型活动中形成的材料,其中包括原始材料、原始记录、技术条件、产品图纸、试验报告、技术报告。

(3) 仪器设备档案。包括仪器设备安装使用规程、设备图纸、说明书、仪器设备使用运行记录、检修记录、开箱记录及与仪器设备有关的其他文件材料。

(4) 工程设计档案。指在工程设计活动中所形成的技术档案，其中包括设计原始依据、初步设计、技术设计、施工详图、设计修改文件及其他有关设计文件等。

(5) 科学研究档案。指在科学技术研究活动中所形成的档案材料。其中包括原始记录、实验记录、技术总结、研究成果、鉴定证书、学术论文、考察报告、专题研究报告等。

(6) 基本建设技术档案。指在建筑物、构筑物、地上地下管线等基本建设的施工、竣工、使用维修等活动中形成的技术材料。其中包括施工图纸、设备图纸、说明书、施工计划和措施、图表、照片、竣工图、工程总结及验收文件等。

4.2.4 其他

前面我们介绍了正式出版物、非正式出版物、业务管理和统计资料等三种类型的决策信息源，还有一些诸如党政领导人讲话、广播、电视、广告等也是决策信息的重要来源。本书将它们归入"其他"类。

1. 社会团体公布的材料

社会团体尤其是经济团体、科学协会、专业技术协会等经过归纳整理的有关材料，常常会报道经济活动和科学技术活动的最新情况，会公布一些统计数据，甚至对专业领域内的情况作一些鞭辟入里的分析和前瞻性的展望。社会团体公布的资料是决策的重要信息源。

2. 党政领导人讲话

每逢政府颁发了一个法令或者就某个问题作了一些新的政策性的规定，党政领导人通常要发表一些讲话，就这些政策和规定作一些解释和说明。中央和地方的报纸杂志报道这些政策法令的同时，有时还会由编辑部配发一些社论文章。传播这类信息的多是领导人的讲话打印稿、报纸、杂志等。

3. 广播和电视

广播和电视是现代社会两种使用最多、效果最好的传播媒介工具。企业利用它推销产品，用户利用它对产品实行社会监督，政府利用它引导消费和对厂家实施舆论监督。通过广播和电视，决策者可以获得原材料供应信息，技术转让信息，其他厂家新产品投入市场的信息，政府对经济、科技、教育等进行宏观调控的信息，用户反映等。

4. 会议

近年来，随着经济的发展和科学技术交流的频繁，我国各部门、各系统、各地区每年都要召开大量的学术会议和专业会议，如学术研讨会、专题讨论会、技术攻关会、成果鉴定会、展览会、展销会、交易会、看样订货会，等等。会议使平时分散在全国各地的同行聚集一堂，通过参加会议，可以在短时间内同时搜集到全国各地的信息。因此，会议是一种重要的信息源。

5. 广告

广告种类繁多，从形式上分有文字广告、图片广告和实物广告；从内容上分为：产品广告、技术转让广告、开业广告和招聘广告；从载体上分为：广播广告、电视广告和报刊广告。在广告这个大家族中，最常见的是刊物广告、电视广告、广播广告、报纸广告、路牌广告、年画广告、运输工具广告和建筑物上的广告。目前，广告行列中又出现了香味广告、模特广告、空中烟幕广告等。

广告是沟通供需两方的重要媒介，它既是宣传商品、促销产品、进行技术转让的窗口，又是工厂企业开发新产品、新技术的重要信息源。广告作为一种信息源，有两个主要特点：信息内容新颖是广告的第一个特点，绝大多数广告反映的是还没有被广大用户和同行业所认识的新技术或新产品。传播的内容广博是广告的第二个特点，广告涉及面很广，其报道内容既有科研或科技动态和成果，又有国内外的新技术、新产品、新材料和新设备，还有招聘、开业、技术转让、征求合资、求援等消息。

我们虽然极想对决策信息源加以尽可能详细的介绍，但它们太丰富、太庞大了，要想一一枚举几乎是不可能的。车世家主编的《情报搜集百路通》一书将弥补我们这方面的缺陷。

4.3 计算机情报检索数据库

本章前两节所讨论的决策信息,大部分是通过正规交流渠道获得的。然而,对于累亿及兆的决策信息,如果仅仅依靠人工查寻,那将是一件十分繁琐、费时的工作。而且,这样做既不能保证信息的全面性,还可能延误决策的制定。现代科学技术的发展,使泱泱七大洲变成了一个地球村。计算机技术的进步和通信工具的改进,使远距离快速获取信息成为可能。本节将简要介绍各种类型的计算机情报检索数据库,它们是决策信息的重要来源。

4.3.1 书目数据库

书目数据库只存储各类文献资料的书目信息,为用户获得有关文献提供必要的文献属性信息和来源指示。所以,人们通常把它归入参考数据库的范畴。

书目数据库中的数据来源于期刊论文、会议论文、研究报告、学位论文、图书、政府出版物、报纸等不同的一次文献,是经过加工、压缩的派生性数据。书目数据库通常都是文摘索引期刊和图书目录实现计算机化的产物,故每个数据库一般都有相应的书本式检索工具或卡片式目录。

书目数据库的数据结构比较简单,记录格式较为固定,生产费用较低。它的使用范围一般是开放性的。除非是涉及高技术情报或敏感性情报的书目数据库以外,其余绝大多数在使用上都没有任何限制。人们可以在公开市场上通过购买或租用来获得它,也可以通过某个合适的检索系统去检索它,并支付一定的费用。

数据量大,连续性累积性强,更新速度较慢是书目数据库的重要特性。

书目数据库主要有两种类型,即文摘索引数据库和图书馆目录数据库。

文摘索引数据库的内容性质与书本式文摘索引相同,主要是简要地通报有关领域某一时期发表的文章,供人们查阅与检索。它提供确定的文献来源信息。但一般不提供原始文献的馆藏信息(收藏地点)。它的生产者大多数是学术协会或专职的情报机构。这些专职机构通常根据服务对象的需要来决定数据库的收录范围,其收录范围或面向特定学科的用户,或面向特定的文献类型。所以,不同文摘索引数据库(特别是相邻领域)在内容上难免有一定的交叉重复。即使在同一领域中,也往往同时存在多种文摘索引数据库,各有自己的特点。

我国的文摘索引库建设起步较晚,目前联机检索的中文文摘索引库还较少,主要有:中国机械文摘数据库、中国化工文摘数据库、中国核科技文献数据库、中国药学文摘数据库、中国大学学报论文文摘数据库、中文科技目录数据库、中国学术论文联合数据库(JACPC)和中国专利题录数据库(PATEN)等。另外,中国科学院、一些专业情报所和一些大学也建立了一批专业文摘索引数据库,正陆续投入联机服务市场。

国外生产的可供联机检索的文摘索引库很多,不下数百种。其中,利用频率最高的有:MEDLINE、CA FILE、CA SEARCH、WPI BIOSIS、INSPEC、NTIS、CLIAMS/US、COMPENDEX、ERIC PSYCINFO、Social Science Citation、SOCIOLOGICAL、ABSTRACTS、GPO、MONTHLY 等。

图书馆目录数据库通常又称为"机读目录",即 MARC(Macine-Readable Cataloge)。机读目录主要报道和存储特定图书馆实际收藏的各种文献资料的书目信息和存储地址。它既是一般用户查找图书馆资料的工具,更重要的是作为图书馆业务部门的业务管理工具。它的数据内容详细,除描述文献本身外,还有许多附加信息,如业务加工信息、管理信息、收藏信息等。记录格式也比较统一。我国国家图书馆已于 1988 年开始发行中文机读目录。外国生产的较重要的机读目录有 LCMARC(美国国会图书馆机读目录)、UKMARC(英国机读目录)、JAPAN MARC 等。

4.3.2 全文数据库

全文数据库最早出现于法律领域。1959 年,匹兹堡法律全文检索系统问世后,引起了律师们的浓厚兴趣。1973年,米德数据公司(Mead Data Contral)开发的 LEXIS 法律全文库正式提供法律界使用。该数据库是世界上最大的法律全文库之一。紧接着,新闻、文学、医学、化学和专利等领域也先后推出了各种全文数据库。其中,比较著名的有美国西方出版公司的 WESTLAW(法律),米德数据公司的 NEXIS(新闻),纽约时报全文库 Information Bank,等等。我国经济界和法律界开发的经济条法库也已投入使用。

按出版方式划分,全文数据库可分为两类:一类是与印刷型文献平行出版的全文库,另一类是纯电子出版物,无相应的印刷型文本。

按存储内容划分,全文数据库有直接原文型和摘录型。前者直接存储文献的正文,有时甚至还包括正文以外的其他信息,如脚注、参考文献目录、文摘等。摘录型是原文经过压缩提炼后,改写成若干篇一定长度的摘录(不同于文摘)。

按应用领域划分,全文数据库目前有以下类型:

法律法规全文库或条法库,如 LEXIS,WESTLAW。

期刊文章全文库,如美国化学会原始期刊数据库(在 BRS 系统中),情报存取公司的通俗期刊全文库(Magazine ASAP,在 DIALOG 系统中)。

商情全文库,如英国 Datasolve 公司的市场新闻和研究报告全文库,美国《哈佛商业评论》全文库。

新闻消息全文库,如美国的 NEXIS,NEWSNET,Dow Jones 新闻/检索服务社的商业新闻库,DIALOG 系统提供的数十种报纸全文库。

医学文献全文库,如国际研究交流系统(IRCS)的医学杂志摘录库,BRS 系统的急救医学文库(Critical Care Medical Library)。

与其他数据库或信息媒体相比,全文数据库有许多特点和优点,主要表现在以下方面:

(1)直接性,能直接检出原始文献或解决问题所需要的文献资料,不必进行二次检索(即根据检出的书目信息查找原文)。

(2)详尽性,文献的正文部分或附属部分可以检索和显示,用户可以直接查看到文献正文中的每一段、每一句和每个词,还有可能看到某些边缘性情报。

(3) 快速,用户可以通过检索系统快速地浏览、检索和获得文献原文,不受地理位置的限制。

(4) 标引方法简单,绝大多数全文库都利用计算机进行全文自动抽词标记,生成倒排档。

(5) 用户接口多为菜单驱动型。或采用较简单的检索命令,易学易用。

(6) 检索语言多用自然语言,少数用受控语言。检索方法除使用布尔检索外,位置检索占有相当突出的地位。

全文数据库是一个发展中的领域,市场潜力很大。自 20 世纪 60 年代末期以来,已有越来越多的公司、政府机构、专业图书馆、信息中心、档案馆及其他研究机构利用它来管理科技报告、实验记录、专利申请案、预印本。

4.3.3 数值数据库

数值数据库是人们从文献资料中分析提取出来的,或是从实验、观测或统计工作中直接得到的。数据库生产者把这些数据收集起来,经过核实、检验和加工整理,按一定方式组织起来,利用计算机进行存储和检索,就成了数值数据库。如果数据库中还含有定义数值和说明这些数据项所必需的文字(文本数据),那它就是文本数值数据库。与文献数据库相比,数值数据库是人们对情报进行深度加工的产物。它可以直接提供解决问题时所需要的数据,是进行各种统计分析、定量研究、管理决策和预测的重要工具。

由于工程技术、经济分析、未来预测、规划决策等都离不开数值数据,因而,各国都十分重视数值数据库的建设和生产。现代信息技术和计算机科学的进步为它提供了物质和技术条件。据统计,目前世界上 200 余个联机情报检索系统所使用的数据库中,以数值数据库为主的源数据库占 91%。

数值数据库主要涉及科学技术和社会科学。科技领域的数值数据库有两个明显特征。一是学科特性,即每一个库都涉及某一科学技术领域的专门化语言，如化合物数据库的化学结构图就是一例；二是国际性，许多数据库的建设都要依赖于国际合作。目前，世界上生产科技数值数据库最多的是 CIS(NIA-EPA Chemical Information System)。这是一个国际性合作开发项目，参加者有美国国家卫生研究院、环境保护署以及美国和欧洲的其他一些组织。社会科学领域的数据库，主要分布于经济和商业领域，即有关经济统计与预测、财政金融及商务等方面的数据库。这类数据库的内容覆盖着广泛的主题和地理区域以及较长的历史时期，能回答有关物价、利率、金融、贸易、产值、就业、住房、人口、工资等许多方面的问题。目前世界上较有影响的经济数值数据库生产者有数据源公司(Data Resource Inc.)、预测公司(Predicasts)和邓白氏集团(Dun & Bradstreet)。

4.3.4 指南数据库

指南数据库是存储机构、人物等的一般指示性描述的参考数据库。有人又称之为"指示性数据库"或"事实数据库"(Fact Database)。它的主要用途是供用户查询有关某一事物的发生时间、地点、过程或简要情况。它主要包括各种名录数据库、传记数据库等。虽然指南数据库到 20 世纪 80 年代才出现在联机服务中心的数据库目录中，但供内部使用的指南数据库很早就出现了。

指南数据库的类型很多。使用范围可分为内部使用型、公用型或联机服务型。按信息内容划分，有以下几种类型：

（1）人物传记数据库：收录各种人物的传记信息，大多是传记词典的机读版。例如，《马奎斯传记词典》的机读版"MARQUIS WHO'S WHO"就是一种较有代表性的传记数据库。它存储有 75 000 名来自政界、商界、科学界、体育与艺术界及娱乐界的知名人士的传记信息，包括他们的职业、教育、成就、政见、宗教信仰、工作单位、家庭住址等，有 50 多个可检字段。

（2）公司名录数据库：收录各种公司的生产与经营活动信息。较重要的有"电子黄页"、"TRINET 机构数据库"、"Disclosure II"等。"电子黄页"(Electronic Yellow Pages)是美国市场数据检索公司根据全美 4 800 部电话簿中所夹印的"黄页"（广告页）中提供的公司信息而生产的一种名录数据库。它提供有各公司企业的内部组织机构、雇员数量、公司资产等信息。用户可以通过公司名称、地址、标准工业分类表(SIC)、邮政号码等途径进行检索。"TRINET 机构数据库"由 TRINET 公司生产。它提供美国各产业部门的拥有雇员 20 人以上的公私营机构 40 万个,包括机构的名称、地址、SIC 号、雇员数、销售额、市场份额、电话号码等数据。"Disclosure II"则收录有美国证券交易委员会提供的至少拥有百万美元资产和 500 个股东以上的公营公司 9 000 个,提供这些公司的非常详细的财政或管理方面的信息。每个记录含有 90 个可检字段。

(3) 基金指南库:存储各种基金信息。例如,美国的"基金指南数据库"(Foundation Directory)存储有 3 500 种基金的名录信息和细节描述,包括基金的用途、每年拨款数额、基金会的活动等信息。每种基金的总额在千万美元以上,年度拨款在 10 万美元以上。

(4) 技术标准指南库:存储各种技术标准或规程的有关信息。例如,美国的"标准与规程"(Standards and Specification)指南数据库收录美国颁布的各种军用标准、联邦标准以及私营工业部门的标准或规程。

(5) 软件数据库:存储各种计算机软件目录信息。例如,美国"菜单"(MENU)指南库存储有 55 000 多种软件包的信息,包括每种软件包适用的计算机类型、操作系统、应用的领域、经销商、生产者、需要的最低内存空间、售价、可获得的担保等。

(6) 产品指南库:存储各种产品或商品信息。例如,我国有关部门研制的"机电产品数据库"、"中国化工产品数据库"以及各种科技成果数据库。"中国化工产品数据库"收录有全国 8 000 多个企业,15 000 多种化工产品的生产方法、生产能力和产量等数据。"机械工业科技成果数据库"收录有我国机械行业中各科研机构、高校和企业提供的科研成果,包括科研项目、新产品、技术革新项目、技术转让项目、技术引进项目、标准化工作成果和情报工作成果。

此外,面向管理的指南数据库数量也相当多,可单独成类。例如,近年来北京市科技情报所与城市规划局共同研制的"城市建设和管理数据库"包含有 8 个子库:所在国家基本情况数据库,城市历史和自然地理数据库,市政设施与交通数据库,工农业、能源、财政、金融数据库,文教科技数据库,环境卫生数据库,旅游服务数据库及数据字典。

4.3.5 术语数据库

术语数据库(Terminological Bank)是一种计算机化的术语词典或词库,俗称电子词典或机读词典,英文又称为"Lexicon"。术语是指称概念的词或词组。

第一个术语库是为欧洲煤炭与钢铁共同体最高机构的译员而建的,始建于1963年,后因故中断。1973年又开始重建并定名为"EURODICAUTOM"(欧共体委员会术语库)。现已存入30余万条术语,含8种语言,可为译员提供各种术语信息服务。在20世纪60年代中期至70年代中期开始建设和投入使用的重要术语库有:加拿大魁北克术语库(BTQ),作为在该地区推广的法语为工作语言的工具;加拿大政府翻译局术语库(TERMION);法国标准化协会标准术语数据库(NORMATERM);西门子公司术语库(TERM),已存入200万条术语,含8种语言,是供翻译、编辑、语言学习和情报处理用的多功能百科性术语库;原西德语言管理局术语库(LEXIS),主要供译员用,已收入300万条术语,含20多种语言,其中70%为德-英对译性条目;全苏技术情报、分类与编码科学技术研究所术语库(VNIKI)。据国际术语情报中心(INFOTERM)1989年统计,世界各国已经和正在建立的术语库共有74个,分布在36个国家、地区或国际组织中。

我国的术语库建设也早已开始,并取得了可喜成绩。1986年,北京图书馆率先建成了《汉字属性字典》和相应的支持软件,为汉字的排序、字音转换、代码转换、异体字连接以及与汉字信息处理有关的作业提供了一种规范化工具。接着,我国其他一些机构也对汉语术语库或词库的建设技术进行探索,先后开发出几种试验性的词库,如"现代汉语标准词库""汉语语料库""信息处理用中文词库"等。国家机电部机械术语信息中心也建成一个大型的机电术语库。我国已经做好语言文字规范化和标准化工作,利用现代汉语数据库,为促进信息技术发展服务。

此外,还有一类术语库,可以联机方式提供查询服务,提供物质分子式、结构式和理化性质的科学数值,所起的作用是对事物或现象的名称和概念起规范作用,因此,在对术语库的研究和使用中不应遗漏这些数据库。

4.3.6 图像数据库

图像数据库(Graphics Database)是供人们存储和检索图像或图形信息及其文字说明资料的一种源数据库。

图像信息是人类不可缺少的一类信息资源。它的管理、处理和利用一直是情报检索中的重要课题。缩微照相技术出现后,图像的处理和保存问题得到了一定程度的解决,但检索起来仍不方便。

20世纪50年代,人们开始采用分层存储符号的数据结构,通过标准元件的简单重复来得到图形,从而奠定了图形处理技术的基础。60年代起,人们采用向量显示设备处理图形。它包括一个显示处理器,一个显示缓冲存储器,一台CRT以及相关的电子部件。缓冲存储器存放计算机产生的显示程序(包括绘图命令)。显示处理器翻译这些命令,把数字量转换为模拟电压、通过电子束写在CRT的荧光屏上。由于设备昂贵,这种技术难以广泛地应用于情报检索领域。70年代中期,基于电视技术的廉价光栅图形出现了。它把复杂的图形或图像分解成一个个的像素来存储。光栅就是覆盖全屏幕的像素矩阵。显示的图像则由光栅构成。后来,集成电路技术的飞速发展,输入技术的进步以及图形软件包的标准化,使图像处理技术进入实用阶段。

图像数据检索最初是作为文献数据库或数值数据库的辅助检索形式出现的。在文献数据库中,只能提供获取有关图像的线索。在数值库中,也只能存储和检索简单的图形。光盘的出现为图像存储与检索提供了广泛的发展前景。近年来,纯粹以图像或图形为记录和检索对象的数据库已经问世。

按不同的存储介质和检索方式划分,图像数据库可以分为以下类型:

(1) 计算机辅助检索的缩微图像数据库。目前,有些公司已推出按键式的带有先进的数据库管理系统的缩微图像检索系统,它允许用户利用广泛的检索参数去指示计算机自动找出缩微品的准确位置,然后到缩微品文档中检出所需的画面。

(2) 录像缩微检索系统(Videomicrographic System)。这是一种新型的检索系统。它可以同时自动检出缩微录像画面。输入时采用的是高速缩微照相机,以帧为存储单元,能自动检索出缩微胶卷中的任何一帧画面。检索时,采用电视摄像机为图像显示装置,图像信息被传送到用户的远程终端。输出方式有硬拷贝和软拷贝(即显示在高分辨率的显示终端上),也可以存储在终端上,供用户随时调出使用。这种系统的核心是一台高档计算机和先进的数据库管理系统。

(3) 基于光盘的图像数据库。随着光存储介质技术的普及和发展,越来越多的图像数据资料保存在光盘上,被直接用于信息服务中心的检索和数据传递、交换业务。这种数据库的一大优点就是维护起来快捷方便,可以通过特定盘片的更替达到更新数据库数据的目的,再加上光盘塔技术的应用,可以很方便地实现分散制作、集成使用的管理构想。

(4) 缩微技术与光盘相结合的系统。它可以将活动的图像扫描并存储在光盘上,并快速检索;然后又可以把图像套录成缩微胶卷,供长期保存。例如,日本佳能公司推出的按键式电子档案系统,德温特公司的自动缩微胶卷检索系统(可与联机专利数据库连接)。

(5) 实现图文一体化存储的数据库。例如,美国国家卫生研究院建造的大型数值数据库 NIH-EPA CIS,它的检索软件可以将物质分子结构表示为二维图形。用户也可以用图形方式表示欲查化合物的结构特征,然后请求系统检出包含特定结构的全部分子。还有,荷兰一家公司开发的"一体化医院系统",包括医院管理、病人管理和图像处理等模块,具有图像存取、放大缩小等功能。

(6) 纯图像数据库。1989 年美国信息处理服务公司推出的照片资料联机检索系统"Showroom Online"中的图像数据库就是一例。它存储有建筑、家具、室内装潢、灯具等方面的照片资料 40 余万件。用户可以从产品价格、功能、式样、材料、厂家等不同角度进行检索。系统将命中的照片显示在屏幕上,并附有产品特征、用法等说明性文字。

由于篇幅所限,本书没有对各种类型数据库的结构、特点和使用方法详加介绍,对此有兴趣的读者可以参阅赖茂生主编的《计算机情报检索》一书。

4.3.7 商业数据库

商业数据库在企业市场营销信息资源获取中发挥的作用将越来越大。数据库具有许多其他信息源所不可比拟的优点。首先,数据库可以提供更多的检索入口,情报人员可以用任何一个反映竞争对手特征的有检索意义的词语作为检索入口,或者通过把多个字段结合起来检索出一系列满足特定需要的信息。在联机数据库系统内,用户还可以让检索结果按照不同的特征排序,比如多个竞争对手的年产量、年销售额、利润等。其次,数据库更新速度快,联机数据库已经可以达到按小时更新的程度,而且更新量大,即使二次文献数据库的更新速度也比印刷型出版物要快。第三,数据库的存储容量大,检索效率高[①]。

世界上有许多重要的商业数据库可供企业选用,这些数据库几乎可以提供有关任何主题的信息。例如 LEXIS-NEXIS(www.lexis-nexis.com)能提供多种来源的法律、财务和政府方面的信息,如果付费,则可以提供对所要求信息的分析。DIALOG(www.dialog.com)覆盖了包括新闻、专利、商标、著作权类数据库,法规数据库,商业与产业数据库,商业统计数据库,国际公司名录与财务数据库等。DOWJONES.COM(www.dowjones.com)则提供了范围相当广泛的有关金融方面的信息。Thomas Register(www.thomasregister.com)是一个既免费提供大量信息同时也提供有偿服务的数据库服务商,它提供包括15万多家美国和加拿大制造商的索引,可以用来获取产品和供应商的信息。所有记录都提供了姓名、地址、电话号码

---

① 王延飞主编.经营战略信息管理.北京:北京大学出版社,2005:123—124.

以及公司的行业编号,还有品牌名称、商标和公司产品的描述。甚至许多记录还提供了诸如雇员数、经理姓名以及职位这样的信息。实际上,搜索引擎Yahoo(www.yahoo.com)中列出了1 000多家能给公司提供数据和数据服务的公司网站。

我国在国外数据库联机检索方面的发展很快,在全国50多个城市有140多个国际终端,可以检索国外600多个数据库,包括联机检索国外著名DIALOG系统中的众多数据库。汉字联机检索也开始向社会开放,可以联机查询300多个国内数据库并实现部分主机联网。数据库按内容可以分为:公司、厂商及产品数据库,市场商品信息数据库,行业信息库,金融信息库,市场贸易信息库,宏观经济数据库,科技成果及技术项目数据库,经济预测数据库,政策法规数据库,专利商标及标准数据库,与经济有关的新闻报刊数据库,统计调查数据库等。目前我国数据库中可供企业进行市场营销竞争分析的信息尚不太多,需要综合利用各类数据库,才能获取相关的信息。例如,从万方数据开发公司的CECDB(中国企业公司及产品数据库)、CBML(中国百万商务通信数据库)、CATAD(中国适用技术成果数据库)中,可以加工出有关竞争对手的发展趋势、产品特色、赢利水平、成本价格及其技术优势等信息。

充分利用商业数据库获取市场营销信息已经被越来越多的企业所重视,这不仅是因为这些数据库具有前面所列举的种种优点,更主要的是经济方面的原因。因为企业与其费力地搜集、分析数量庞大、分布零散的信息,还不如直接利用这些商业数据库成果来得更经济划算。

近年来随着信息技术与信息服务的推广和普及,人们可以通过各种传统信息服务机构方便地检查各种商业数据库。例如,在北京大学图书馆的网站页面中就有对有关数据库的介绍内容[①]:

1. BANKSCOPE——全球银行与金融机构分析库

BANKSCOPE是欧洲财务信息提供商Bureau van Dijk(简称BvD)公司与银行业权威机构FitchRatings(惠誉)合作开发的银行

---

① http://www.lib.pku.edu.cn/portal/,2009-05-06

业著名产品。它详细提供了全球12 000多家主要银行(1 673家北美银行、9 700家其他各国银行)及世界重要金融机构的经营与财务信息。

BANKSCOPE是当今全球银行业最具权威性的行业分析库,也是各国银行与金融研究机构、金融院校内的学者及分析人员在银行业学术文章中参考并引用频率最高的专业数据库。在每一家银行报告中包含最长达8年的财务分类数据(含Raw Data)、世界及本国排名、标普/穆迪/惠誉的长/短期、外汇、独立性、支持力、商业债券等各项银行评级及国家主权评级、2年内路透社的全部相关报道、详细股东结构及分支机构信息。

此外,BANKSCOPE还提供了EIU(《经济学人》信息部)针对全球104个国家定期发布的国家风险评级与国家风险报告(月报)、国家整体金融分析报告(年报),以及《资本竞争》(*Capital Intelligence*)定期发布的各国银行业分析报告等各类最新行业内部文献。

2. OSIRIS——全球上市公司分析库

OSIRIS是研究全球所有主要证券交易所内28 000多家上市公司、上市银行与保险公司的大型专业财务分析库,由欧洲著名电子商业数据库提供商BvD公司与全球十多家权威金融信息服务与信用评级机构合作开发。

OSIRIS向用户提供了深入分析全球上市公司所必需的各类商业数据(含已下市公司数据),具体包含:各上市公司历年资产负债表、损益表、现金流量表及各项财务分析比率、完整的公司信用评级数据、详细股价与股票分析指标、未来几年各股收益预测数据、审计公司名称及审计报告意见、相关路透新闻(并购与经营类报道)、详细股东信息及持股比例结构(配有独特的所有权结构树图表)、附属机构名称等信息,是及时、全面获取全球上市公司信息的重要来源。

3. ZEPHYR——全球并购交易分析库

ZEPHYR是提供全球并购(M&A)、首发(IPO)、计划首发、机构投资者收购、风险投资、合资、股票回购和私人资产交易等信息的国外著名专业分析型数据库。快速更新的全球数据来自欧洲著名并购信息专业提供商 Zephus 公司,并集成了 BvD 公司的增值软件。目前,ZEPHYR 含有超过 11 万笔全球并购交易记录,每年新增约 4 万笔。从 2003 年度开始收入更多美洲与亚洲的记录。数据库中欧洲范围的交易可追溯到 1997 年,美国的记录则从 2001 年开始。所有记录译成英文,目的在于帮助各国专业分析人员能够与全球最新交易信息保持快速同步。

ZEPHYR 的用户通过数据库中每一项交易记录的相关链接,可以直接进入 BvD 公司网上套件的全球各国公司信息库中,轻易获取交易各方的详细经营报告,包括同业组报告及公司组织结构表,从而为用户的并购分析提供庞大的全球商业信息资源。

在此基础上,ZEPHYR 更为每一笔交易中的投标者、卖主、目标公司之间建立了动态记录关联,使用户无需进一步检索即可立即获得以下信息:① 其他与目标公司有关的交易记录;② 目标公司所在行业的全球其他交易;③ 投标者的名称、活动、国别以及母公司;④ 投标者公司内所在行业的全球其他交易;⑤ 卖主的名称、活动、国别以及母公司;⑥ 卖主的其他交易;⑦ 交易评论及交易原理;⑧ 目标公司的财务概况和其他情况:如,TURNOVER、EBITDA、EBIT、税前利润、净收益、股东资金、总资产、资本总额;⑨ 投标人、目标以及卖主的顾问团及相关投资者资料。

BvD 公司网上套件提供全球各国 1 000 万家公司的经营信息,包含超过 11 000 家银行、5 900 多家保险公司的财务、股票、评级、新闻等经营信息。它集成了 BvD 公司因特网上所有著名的公司数据库产品,如 BANKSCOPE、OSIRIS、AMADEUS 等 500 万家欧洲企业信息库,以及 BvD 公司针对各主要西方国家开发的各国公司数据库。

4. EIU Country Data——全球宏观经济指标分析库

Country Data 中所有各类经济指标均明确标注数据来源与时间、指标定义及 EIU 分析员姓名,具有很高的及时性与权威性。Country Data 涵盖世界 117 个国家与 40 个地区,将每个国家的全部经济指标分为七大类,总计达到 270 多项变量系列,其中含年度、季度、月份指标。每类系列数值的时间跨度从1980年开始,提供未来5年预测值。如用户对某个国家某项指标的准确性产生疑义,可以通过BvD公司客户服务邮件热线与该指标的EIU分析员取得联系,进行核对或交换意见。

同时,Country Data将现有各国经济咨询与国家前景分析有机结合,基于对各国近期政治形势、经济动态及外部环境等因素的综合判断,每月由EIU专职经济学家向全球用户发布181个国家的展望报告,是真正的全球经济资讯。

经济指标大类介绍(七类):国民生产总值类、财务和货币指数类、人口统计和收入类、国际收支类、当前外债类、劳务外债类、对外贸易类。

5. ISIS——全球保险公司分析库

ISIS是一个完整并及时动态更新的全球保险公司信息分析库。数据资料来自全球保险业及信用评级权威机构FitchRatings(惠誉)。检索软件及分析功能由欧洲著名因特网电子信息库出版商Bureau van Dijk(BvD)公司开发。

目前,ISIS中包含5 956家主要保险公司的详细财务与经营信息,包含各公司的保险业务种类、业务描述、全球及国内排名、历年资产负债、损益、现金流量、信用评级、股价、新闻、管理层人员姓名、股东及附属机构、审计情况等信息。在线数据每2周更新。

库内数据统计:美/加1 986家,其他国家3 970家;寿险2 244家/非寿险4 493家,混合型490家,劳合社171家;总计7 227份合并/非合并报告。

6. QIN——中国30万家企业财务分析库(在线每月更新)

QIN("秦")收录了超过30万家中国内地上市与非上市公司、企业的财务分析数据,其中多数公司提供3年或以上的财务数据(资产负债表、损益表、多项财务分析比率)。

QIN提供中英文双语数据检索与显示平台。用户可开展精确、复杂的复合检索,包括利用各企业名称、业务描述、行业分类码、各财务指标历年数值及增长与下降比率、城市、雇员人数、企业性质条件检索。

同时，用户可以通过 QIN 开展数据的行业统计分析、企业同业对比分析、行业利润率与集中度分析、数据合并、线性回归分析等，并可快速将各项财务指标转换为分析图形或曲线。用户通过 QIN，可有效获取我国各行业内主要企业信息与地理分布、市场份额及行业平均利润率、高成长性企业与行业表现等重要分析数据。

4.3.8　国家经济信息系统

在我国，从中央到地方已经形成了一个巨大的传播经济信息的网络，这就是我国的国家经济信息系统[1]。国家经济信息系统是1986年经国务院批准建设的由国家、省、地、县四级政府部门信息中心构成的完整体系。国家经济信息系统是运用现代信息技术、数量经济学和管理科学，对经济和有关社会信息进行收集、加工、存储、分析和传递的人机结合系统。其目标是：辅助宏观经济决策，即及时而准确地为中央和地方各级政府及宏观经济管理部门提供各种信息服务和辅助决策手段；引导微观经济运行，即充分利用系统拥有的信息资源和现代化技术手段，及时提供、发布指导性经济信息，引导企业的经营方向和行为；提供信息咨询服务，即利用系统拥有的信息资源，为社会公众提供广泛的经济信息咨询和服务。国家经济信息系统是一个跨地区、跨部门的综合性经济信息系统，由国家信息中心同全国省级、副省级、地市级和县级信息中心构成。目前，在全国 30 个省(区、市)、16 个副省级省会城市、计划单列市、地级市和 1 200 多个县成立了信息中心。

信息中心一方面通过对大量的信息进行分解，把信息转化为简单、具体、明确的市场经济信息，从大量的市场行情资料中抽出有关某种商品的供求信息，另一方面，又对具体、零散的信息进行综合，形成总体信息，提供给经济指导部门使用。信息中心也利用各种预测分析的系统或模型，例如国民经济中长期发展预测模型、宏观经济预警系统等，把信息数据经过科学分析，整理成新的市场信息，帮助中

---

[1] 参见：王延飞主编．经营战略信息管理．北京：北京大学出版社，2005：124—126．

央和地方政府进行宏观经济决策。对于其所拥有的大量信息,各级信息中心也通过数据库查询、网络交流、专项咨询、出版信息刊物和信息发布等形式向社会提供信息服务。例如,国家信息中心已经建立了中国宏观经济数据库、国家/地方法规数据库、中国经济文献库、国际宏观经济数据库、日本数据库、中国台湾数据库、中国外商投资指南信息库、中国旅游信息库、企业产品数据库、工业生产资料价格行情数据库、国内重要商品价格日监测库、中国产品数据库等一大批数据库,并提供查询服务。另外,还出版有"经济与信息"、"经济预测与分析"、"专题研究报告"、"中国市场展望"、"中国产品信息年鉴"等多种信息产品。其他各地方信息中心也提供类似的信息服务,例如江苏经济信息中心为用户提供市场信息资料,为来本省进行技术推广、投资和选择合作项目的企业提供有关可行性、环境以及国家和地方相关经济法规等信息。

在国家经济信息系统中,除了各级信息中心外,还有统计、财税、金融、经贸、商业、交通、工商、农林、物价、能源、物资、原材料、环保、化工、冶金、机电等各专业几十个行业性的信息系统。这其中尤其值得一提的是新华社经济信息系统,利用遍布全球的信息集散网络和先进的电子化处理系统,生产出权威、准确、及时的系列信息产品,这些产品涵盖如下大类:

(1) 行业类和综合类信息:包括中外轻工信息、中外纺织服装信息、中外粮油食品信息、中外机械信息、中外化工信息、中外汽车信息、中外金属信息、中外能源信息中国市场动态与分析、中外金融信息、中外经济贸易信息、海外市场动态与分析、中外新技术新产品信息、中外投资合作信息、中国商品供求信息、中外金融行情、中外市场行情、中外新技术新产品信息等26类经济信息。

(2) 实时信息:主要是期货和股票行情信息。

(3) 决策类文本信息:包括中央和各省市有关经济发展的重要精神、重要决策,对经济热点、难点问题的分析和对策,世界经济问题分析研究和海外对华经济反映等。

(4) 特供、剪报信息:根据用户的特定需求,定品种、定时间、定数量为用户提供信息。

(5) 数据库信息：新华社综合数据库是以新闻和经济信息为主要特色、面向社会各界用户的综合性信息系统，数据库及时、全面地反映国内外各个领域的最新动态，不仅收录了大量的一次文献，还有许多经过精心组织和编写的二次文献，具有信息量大、权威、准确、品种丰富的特点。

国家经济信息系统以其强大的实力和庞大的信息资源为后盾，已经成为从业者获取经济信息的一个重要渠道。

第 5 章 决策研究素材

5.1 研究素材的收集

由上一章我们得知,在信息分析工作中,作为研究素材收集的可以是文献、实物以及口头交流的信息,等等。由于情报源的多样性,因此,收集研究素材的方法也是多种多样的。在这一节中,我们将介绍系统检索、参观考察和发放调查表等六种最常采用的方法。

5.1.1 系统检索

系统检索是根据文献的内容特征(学科或者主题)或者外部标识(如作者、篇名、出版机构),通过检索工具全面系统地获得文献的一种方法。在手工检索中,经常利用的检索工具有文摘、索引、题录、目录通报、目录卡片等。

1. 检索文献的途径

检索工具是人们用来报道、存储和查找文献的工具,它是按照一定特征组织而成的文献集合体。检索文献,就是根据一些既定的标志,从文献集合体中选取文献。文献的检索途径一般有如下几种:

(1) 分类。按图书内容的学科(知识)属性来系统揭示和组织图书资料的方法,称之为图书分类法。分类法反映事物之间的隶属、派生和平行等关系,体现了知识的系统性,能较好地满足族性检索的要求。当研究课题比较大,需要全面了解某一学科及其相关知识的时候,或者难于判定研究课题所属主题范围的时候,人们通常利用分类索引,从分类的途径来查找文献。

(2) 主题。按图书资料内容的主题名称来揭示和排检图书资料的方法,称之为主题法。主题法打破了传统的学科分类的框框,把分散于各个学科的有关文献集中于同一主题词之下,这种排检方法更接近于人们的生活和工作实际。主题法的最大特点是对事物的直指性，它能较好地满足特性检索的要求。当比较容易确定研究课题所属主题的时候，人们通常利用主题表，从主题的途径来查找文献。

(3) 著者。在知道文章作者姓名的时候，人们通常利用著者索引，从著者的途径来查找文献。著者索引按著者姓名排列，外国著者按著者姓名的字母顺序排列，中国著者按著者姓名的汉语拼音字母或者汉字的笔画笔顺排列。

(4) 书名。在知道书名、刊名和文章篇名的时候，人们通常利用书名(刊名、篇名)索引，从书刊名称和篇名的途径来查找文献。书名索引、刊名索引和篇名索引均按照字顺排列。

(5) 其他。检索文献除了以上四种主要途径以外，还有分子式、合同号、地名、植物名、动物名、药名等专用符号代码和专用名词术语途径。

在某一课题中究竟通过何种途径查找文献，要视课题给定的条件和使用的检索工具的编排方法以及有哪些辅助索引而定。

2. 检索文献的方法

检索文献采用什么方法，与课题性质和研究目的有关，也要根据可否顺利获得检索工具而定。归纳起来，检索文献一般有三种方法：

(1) 常规法

所谓常规法，是指以主题、分类、著者等作为检索标识，通过检索工具获得文献的一种方法。因为这种方法是目前人们最常使用的一种方法，故又称常用法。

在信息分析中，利用常规法进行文献检索一般要反复三次，这便是人们常说的广检、精检和补检。广检是指利用多种检索工具、从主要检索途径对课题进行系统检索，即所谓"拉大网"，以求全为目的，尔后再对检出文献进行筛选；精检是指根据需要，对调研课题中某一重要问题从各种途径进行检索，以达到某一预定目标；补检是指在广检和精检的基础上，再进行一次或几次补充检索，以获得那些在广检和精检中未能获得的，或者课题进行过程中才提出的、但对于撰写研究报告必不可少的资料。补检的范围往往缩得很小,有时需要反复进行几次才能获得比较满意的效果。

(2) 追溯法

追溯法是一种以文章后所附参考文献为线索,追踪查寻,不断扩大线索,直接从期刊等出版物中获得文献的检索方法。利用这种方法获得的文献系统性较强、内容比较集中。这种方法的缺点是越往前追踪,时间越久远,获得文献的内容越陈旧。在检索工具缺乏或不齐全的时候,利用追溯法虽然可以获得一批相关文献,但信息分析人员不应过分倚重这种方法,因为这种方法的检索范围偏窄,获得的文献不能反映研究课题的全貌,尤其当作为初始线索的第一批文献选择不准确时,更容易造成大量文献漏检。

(3) 纵横法

纵横法是一种经验方法,它是以研究课题中有代表性的作者为线索,通过检索工具,采用往纵向和横向扩大来获取文献的一种方法。所谓纵向扩大,是指通过检索刊物中的著者索引,以时间为纵轴,查找出这些代表性作者的一批文章,尤其是该课题处于高潮时撰写的文章;所谓横向扩大,是指在这些代表性作者文章所属的类别或主题词下,以内容为横轴,查找出一批其他作者的类似文章。纵横法是信息分析人员通过多年的工作实践逐渐摸索出来的一种检索方法,这种方法的优点是容易掌握、使用方便、检索效果也较好。运用纵横法时,准确判断某一领域的代表性作者对检索效果的影响极大,要做到这一点,一方面要求情报人员不断扩大和加深自己的学科专业知识,更主要的是应该主动争取有关专家的合作和支持。

常规法、追溯法和纵横法是系统检索文献的主要方法。但是,文献检索有很强的技巧性,单靠了解和掌握一般的检索原理和检索方法并不一定就能查全查准全部文献;而且,检索方法不断发展,不同图书情报机构又常有各自习惯的文献处理方法。因此,信息分析人员在从事大型课题、生疏课题,利用新型检索工具,或者在大型图书情报机构查找文献时,应该尽量争取专职情报检索人员的帮助,以便及时排除疑难,提高检索效率,而不致遗漏重要的文献。

3. 检索文献的步骤

(1) 明确课题概念与查找目的

当课题比较生疏时，应当先利用百科全书、图书等弄清课题概念，例如该课题属于哪一个学科或者知识门类、该课题包括哪些技术和内容，等等。

当课题概念明确以后，还必须明确查找文献的目的与要求，例如是要获得某几篇具体的文献，还是要获得某一问题在某一年限内的文献，或者获得某一问题从有文献记载以来的全部文献，等等。

(2) 确定检索方法

根据不同情况选用不同的检索方法。当缺乏检索工具时，可以采用"追溯法"，借助文章末尾所附的参考文献逐一追踪查找来获取文献。当检索工具齐全时，可用"常规法"，借助检索工具由远及近或者由近及远地查找文献。如果一时难于确定研究课题所属的学科类别或者主题词时，可采用"纵横法"，从有代表性的作者入手来查找文献。

(3) 选择检索工具

选择检索工具时，首先应当考虑的问题是，检索工具的收录内容必须与研究课题的内容相吻合，检索工具所使用的文种必须是自己掌握或者熟悉的。在收录内容相近的几种检索工具中，应当选择其中质量较高的一种。检索工具的质量主要从这样几个方面来考查，例如报道速度、分类表或者主题词表的详略、作为检索途径的辅助索引的多少，等等。

在一般情况下，应当先利用综合性的检索工具，再利用专业性的检索工具。例如，查找泡沫塑料方面的文献，可先利用化学文摘，然后再利用塑料文摘。

(4) 查找和获取文献

通过检索工具得知文献线索以后，在查找和获取文献时，要先近后远，首先利用本单位、本地区的收藏。如果本单位、本地区的图书情报部门没有收藏该书或者该刊，再通过全国的或者地区的联合目录，查出收藏单位，然后向该单位发函，请求他们邮寄原件或者复印件。如果国内缺收藏，则可委托有关图书情报单位，通过国际互借获得原件或者复印件。

系统检索文献一般按图 5-1 所示流程进行。

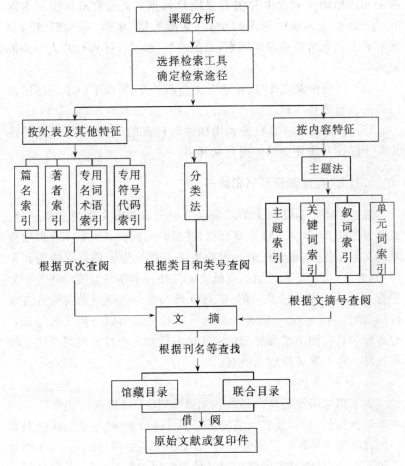

图 5-1　文献检索的途径及方法

4. 检索文献应当注意的问题

(1) 确定类目和主题时宽窄要适当,否则容易造成误检或漏检,浪费时间,达不到检索目的。

(2) 注意使用图书情报单位的卡片目录,卡片目录反映一个单位的实际收藏,而且通过目录系统的参见和注释等项目可以获得相关信息。

（3）在检索过程中，要把查过的资料用卡片记录下来，以便日后再去利用原始文献。卡片的著录项目包括：文献收藏单位和索取号，篇名（原文名和中译名），出处（文献类型、名称、年卷期以及页次），著者及其所在单位和国别，出版单位，必要时还可作些内容摘要或摘译。

（4）利用检索工具时，先查中文检索工具，借以了解本课题国内已经发表过哪些文章。

（5）收集文献时要充分利用国内外已有的研究成果，尤其要注意对于综述和述评资料的搜集和利用。

5.1.2　经常浏览新书和新刊

通过检索工具搜集文献是信息分析人员获得文献的主要途径，只要方法得当，往往可以事半功倍，在短时间内获得大量切合课题需要的文献。但是，由于任何一种检索工具都只能收录有限的期刊和图书，而且，检索工具与原始文献之间往往有半年左右的时间差。为了弥补系统检索的这些缺陷，信息分析人员还必须借助其他方法来搜集素材，其方法之一就是经常浏览原始文献和图书情报部门编印的各种书目。图书情报部门的一些服务措施则为这种浏览提供了便利条件。这些服务措施主要有：

1. 新书、新刊陈列

为了揭示馆藏提高书刊的利用效率，图书情报部门经常挑选一些新近到馆的书刊，放在阅览室特设的书架上陈列出来。这些书刊一般都是某一学科的重要著作，或者某一领域的核心期刊，陈列期间一般不外借，只能就室阅览。通过翻阅陈列的新书和新刊，信息分析人员可以及时获得最新信息。

2. 专题书刊展览

为了配合党和国家的中心任务、重大的政治事件，或者宣传国内外科学技术的新成就，图书情报部门经常围绕某一题目，选择有关的图书、期刊、资料、图表和照片等，举办专题书刊展览。这类展览主题明确，重点突出，图文并茂。

由于这类展览是多人花费较长时间筹备的,挑选书刊资料的工作也往往由专业人员与资料管理人员共同进行。与信息分析人员搜集同一题目的资料相比较,专题展览在时间、人力和专业上都占有明显的优势,因此,这类展览搜集的资料全,针对性强。信息分析人员应当注意通过参观专题书刊展览来搜集素材。

3. 新书通报

书目报道是宣传、揭示和通报馆藏书刊,为科学研究和生产建设服务的重要方法。图书情报部门经常将新到馆的中外文图书资料按照类别和文种编排起来,印成单页的或者成册的书目,分发给有关的单位和读者参考。通过这类通报性的新书目录,信息分析人员可以了解图书馆的新书入藏情况,有利于自己借阅和利用图书馆的藏书。

4. 新书评介

图书评论活动是宣传图书、辅导读者阅读的有效方式。图书情报部门为了报道、宣传和推荐图书,对于一些重要的或者优秀的图书,通常在壁报、板报或者油印小报上刊登一些评论文章供读者参考。评论文章的作者通常是具有一定水平的研究人员或者技术人员,文章内容客观公正。借助这种书评活动,信息分析人员可以了解图书的内容和价值,从而搜集到有用的研究素材。

5.1.3 参观考察

参观不仅能进行广泛的情报交流,而且还可以获得各种各样的文献型和非文献型情报,因此,参观是搜集研究素材的一种重要方法。参观时搜集情报的机会主要来自于:

1. 接受单位的综合情况介绍

参观前,接受参观的单位总要对本单位的情况进行一般综合性介绍,例如职工人数、机构设置、科研技术人员在总人数中所占的比例、科研方向、技术能力、生产能力、产品规格、品种和上缴利润等等。

2. 实地参观

实地参观可以进一步证实综合情况介绍的准确性,还可以搜集到一些没有介绍的信息,例如工艺流程、操作人员的熟练程度、广大员工的工作积极性、人际关系、三废的污染和控制程度等等。

3. 交谈与询问

在参观过程中，参观者可以与被参观单位的科研人员、技术人员和操作人员进行广泛的思想交流，提出的各种问题一般都能得到满意的回答。

4. 被参观单位发放的资料和样品

为了扩大影响或者宣传产品，被参观单位往往会向参观者发放一些如情况介绍、产品说明书等文字材料，有时还会免费赠送一些小型样品。

参观按内容可以分为行业性参观、专业性参观和综合性参观；按国籍可以分为国内参观和国外参观。不论哪一种类型的参观，尤其是涉及面广、花费大的出国参观，应当有周密的计划和组织，才能取得好的效果。

5.1.4 调查研究

调查研究是获取决策研究信息的一种重要方法。这种方法既对制定决策有着重要的作用，又能及时发现决策执行过程中出现的问题，纠正错误，修正原定的决策目标、政策和措施。事物的联系是错综复杂的，情况是不断变化的，事物的真相有时还能隐藏得相当深。因此，要想把握事物的本质，探究事物的发生、发展和变化的原因，对事物作出正确的判断，采取正确的应对措施，就必须"下马看花"，亲自到科研、生产和施工等现场，进行一番深入的调查研究，掌握第一手材料。

利用调查研究方法获得研究素材应当注意以下几个问题：

（1）要有明确的调查目的，确切知道需要解决什么问题，到什么地方、向什么人作调查。

（2）决策者（或者决策研究报告的提供者）要亲自出马，深入第一线，与各方面人员广泛接触，深入交谈，详细询问。

（3）调查者不能带着"条条""框框"，带着倾向性和感情色彩去了解情况。

（4）调查中要鼓励被调查者说实话。搞调查的目的就是要了解实际情况，而不是虚假的和不真实的情况。因此，调查者一定要做群众的贴心人,取得被调查者的信任,让他们敢说心里话。

(5) 要有强烈的使命感和责任感,调查工作中要不畏权势,坚持真理。

(6) 对已经获得的关键性信息,如果时间和条件允许,要进行再一次的核实。

5.1.5 参加会议

近年来,随着经济的发展和科学技术交流的频繁,我国各部门、各系统、各地区每年都要召开大量的学术会议和专业会议,如专题技术会、技术攻关会、成果鉴定会,等等。虽然不同类型的会议,内容不同,参加人员不同,但通过会议搜集情报却具有一些相同的特点,这些特点是:

(1) 参加同一会议的人,一般都是相同行业或者相同专业的人,讨论问题集中,发言比较深入。这是搜集行业情报和专业情报的有利时机。

(2) 会议使平时分散在全国各地的同行聚集一堂,通过参加会议,可以在短时间内同时搜集到全国各地的信息。

(3) 通过倾听入会者对别人发言的讨论和对别人产品的评价对情报的理解会更深刻、更全面。

(4) 会议期间,作为情报吸收者的信息分析人员与作为情报发生源的会议代表之间,是一种双向的直接的信息交流。在这种交流过程中,可以及时澄清疑问,有助于更加准确地理解和吸收情报。

通过会议搜集情报是一种节时省力的方法,信息分析人员应当重视这种搜集方法。下面对几种主要类型的会议作一些简要介绍。

1. 研讨会

召集有关的科学研究、教学和工程技术人员就某一课题或者技术项目进行研究讨论的会,称之为研讨会。参加研讨会的人一般具有较高的学术水平或者较丰富的实践经验,因此,研讨会上所发表的意见,大致能反映某一课题或者某一项目当前的研究状况和研究水平。

研讨会一般都要求入会者提交学术论文,会议多采用大会发言与小组讨论相结合的形式。在这一类型会议上，信息分析人员除了采用索取会议资料、录音、记录等方式搜集情报以外，还可采用会后访问、交谈等方式进一步详细调查和搜集自己感兴趣的情报。

2. 技术鉴定会

为了评价某项科研成果的技术水平和社会经济效益，往往由科技管理部门邀请有关人员召开专门的会议，对该项技术成果的新颖性、先进性和实用性作出审定和评价，并提出相应的处理意见，这种会议称之为技术鉴定会。

技术鉴定会以其特定的内容和形式，特别是以参加人员的专业性、权威性对信息分析人员具有很大的吸引力。技术鉴定会要审查和研究待鉴定项目的全套资料，例如计划任务书、设计图纸、性能试验报告、生产运行考核报告、使用说明书、用户使用报告，等等。这就为信息分析人员搜集某一技术的详尽完整的情报提供了便利条件。

3. 订货会

订货会是由工商企业或主管部门邀请有关厂商、销售单位或者用户代表参加的集中推销产品的形式。举办者的意图是，通过订货会积极销售或预定本企业、本部门的产品。订货会是保障产品销售的一条重要渠道，正在被越来越多的大中型企业和部分小型企业所采用。

信息分析人员在订货会上主要搜集两方面的情报。一是通过成交情况和订货数量，搜集影响本单位订货量的各种因素，包括产品的缺陷、价格、包装等。二是搜集竞争对手的详细情报，如产量、产品、技术能力、经营措施等，同时，对适宜本企业开发的新产品、新技术、新工艺以及先进的经营管理手段等情报也不可轻易放弃，要尽量搜集。

4. 展览会

展览会有各种不同的类型、规模和形式，有政治性的、艺术性的、经济性的和科技性的。不论什么内容、哪种类型的展览会，总是集中了某一行业、某一领域或者某一主题的精华。

展览会的内容丰富，有的还分成几个分馆。信息分析人员不可能也没有必要对其中的每一局部都详细地参观。在浏览全局的过程中,信息分析人员要发现并确定调查的重点。一般而言,信息分析人员搜集的重点应放在这些方面:同行业的水平、动态;本单位产品的原料市场、销售市场;可借鉴的管理经验;可引进的技术、工艺;可开发的项目等。

5. 交易会

物资、商业部门为了销售和购买商品,有时以交易会的形式集中招徕顾客,吸引买主或卖主。交易会有综合性与专业性两大类,大型综合性的如广州出口商品交易会,小型专业性的如城镇举办的家用电器交易会、农副产品交易会等。

交易会上的商品,一般品种多,花式新,质量好,技术工艺先进。信息分析人员应当通过观察、询问、调查等方法详尽搜集有关商品的技术情报,了解其材料、配方、工艺、规格、质量等多方面的情况。交易会往往集中了多个生产厂家的同类产品,这为信息分析人员搜集同行业情报提供了方便。

6. 产品展销会

产品展销会是工商企业或主管部门为了展示和宣传产品,扩大影响和销售而单独或联合举办的。展销会的规模大小不等,大规模的如全国汽车展销会、全国食品机械展销会等,小型产品展销会则可由一家企业单独举办。

展销会集中了展销部门的产品精粹,商品齐全、门类繁多、款式新颖,吸引了大批顾客,正是调查用户心理的极好场所。信息分析人员通过倾听顾客对于商品评头品足的议论,通过询问与交谈,通过各种商品的销售情况,可以了解顾客的爱好和需求,掌握不同性别、不同年龄、不同职业顾客的爱好差异,从而为设计和生产适销对路产品提供第一手资料。

7. 信息发布会

近年来,随着科学技术工作的重点向应用领域转移,各种形式的信息发布会像雨后春笋一样,呈现出无限生机。信息发布会一般是由行政领导部门、企业主管部门、科技管理部门或者科技情报机构单独举办。由多个部门联合举办的则是比较大型的、综合性的信息发布会。

信息发布会上,科技人员的技术成果,各种产品信息、市场信息、管理情报可以及时传递到用户手中,省略了许多中间环节,从而提高了信息的使用价值。几年来的实践证明,信息发布是科研部门转让科技成果,生产经营部门接受科技成果的一种好形式。它是加速科学技术的四个转移,即科研向生产转移、军事工业向民用工业转移、城市向乡村转移、先进地区向落后地区转移的一项有力措施。

除了以上几种会议以外,信息分析人员还可通过参加各种规模的经济发展规划会、科学规划讨论会、方案论证会,以及本单位召开的计划会、生产会等,搜集研究素材。

5.1.6 发放调查表

调查表是由某一单位向被调查的个人或者单位发放的,附有明确调查内容并有统一格式的一种表格。调查表是搜集情报的一种较好的方法,它的主要特点是:① 选择调查样本不受地理位置和其他因素的限制,因而可以根据调查需要来确定调查样本的个数及其分布空间,从而提高调查结果的代表性和准确性;② 调查对象有充分的时间考虑自己的意见,而且不影响其正常工作,因而可以提高调查对象的合作意愿;③ 可以节省召开会议、外出调查等直接征询意见所需要的大量经费。

根据调查对象的选取原则,调查可以分为重点调查和抽样调查。

1. 重点调查

重点调查就是在所要调查的全部单位中选择一部分重点单位进行调查,这些重点单位在全部单位中虽然只是一部分,但它们在所研究现象的标志总量中却占有绝大的比重,因而对这些单位进行调查就能够反映全部现象的基本情况。例如,要了解钢铁厂生产的基本情况,只要对全国几个重点钢铁厂的生产情况进行调查,就可以获得满足调查任务要求的必要资料,因为这些厂的生产量占全部钢铁厂总产量的比重很大。

一般地说,当调查任务只要求掌握基本情况,而部分单位又能比较集中地反映所研究项目和指标时,采用重点调查比较适宜。重点调查由于单位比较少,因此调查的项目就可以多一些,所了解的情况也就细一些。

2. 抽样调查

抽样调查也是一种非全面调查,它是按随机原则就总体中选取一部分调查单位进行观察,用以推算总体的一种调查。抽样调查的组织形式不仅关系到人力费用的节约程度,而且直接影响调查结果的准确性。抽样调查有纯随机抽样、机械抽样、类型抽样和整群抽样四种。

(1) 纯随机抽样

纯随机抽样,通常是用抽签的方式来选取所要调查的单位。它的工作过程,一般是就总体各单位先编出签号,然后随机抽取。抽取的方法多种多样,例如,制成签条或签卡,混合放置,用手工摸取;也可以使用机械摇出编号中的任意号码,确定随机中选的抽查单位;也可以应用事先编制的《随机数表》来进行抽样。

按纯随机原理组织抽样,使全及总体中的每一个单位,在抽取时都有同等机会(概率)被抽中,因此在数量上最符合随机的原则。但在实践上也有很大的局限性。例如采取纯随机抽样,一般必须事先对各单位加以编号,如果全及总体的单位总数很庞大,例如要对全国所有的职工进行收支的抽样调查时,对每个职工编出号码,事实上是办不到的,在这种情况下,就不可能运用纯随机抽样方式。

(2) 机械抽样

所谓机械抽样,就是事先将全及总体各单位按某一标志排列,然后依固定的顺序和间隔来抽选调查单位的组织方式。也就是说,根据研究的具体任务和被研究现象本身的特点,可以按时间上、地区上或其他人为的顺序排列,并按同等间隔,机械地抽选调查单位。而所选择用于排列的标志,一般是和研究目的无直接关系的标志或一些次要标志。之所以这样,是为了遵守随机原则,便于按固定顺序和间隔机械地选取抽查的单位。

用机械抽样方式抽选调查单位时,应注意抽样间隔(或称抽样距离)和现象本身的节奏性(或循环周期)相重合的问题。例如农产品抽样调查,垄作作物的抽样间隔就不宜和垄的长度相等,借以避免影响抽样总体的代表性，发生系统的偏误现象。

按照机械抽样方式来抽选调查单位，能够使抽出的单位更均匀地分布在全及总体中，因此机械抽样的误差通常较纯随机抽样为小。特别当被研究现象的标志变异程度大，而在实际工作中又不可能抽选更多的单位进行调查时，机械抽样较之纯随机抽样要有效。

(3) 类型抽样

类型抽样，又称分层抽样。它将总体各单位先按主要标志分组，然后在各组中，采用纯随机抽样或机械抽样方式，确定所要抽取的单位。

类型抽样实质上是科学分组和抽样原理的结合。前者，能划出性质比较接近的各组，以减小标志值之间的变异程度；后者，遵守随机原则，可以保证大数定律的正确运用。因此，类型抽样一般较纯随机抽样和机械抽样更为精确，能够通过对较少的抽样单位的调查研究，得到比较准确的推断结果。特别是，当总体各单位标志值大小悬殊，各组标志变动程度很大时，由于划分类型，保证各组都有中选的机会，故类型抽样较之纯随机抽样或机械抽样可以获得更为满意的结果。

(4) 整群抽样

组织抽样调查，如果不是按逐个的方式抽选单位，而是整群(组)的抽选，对被抽选的各群(组)中的全部单位，无一例外地予以全部调查，这样的抽样组织方式称之为整群抽样。整群抽样的可靠程度，取决于各群(组)间平均数的变异程度，各群(组)间的平均数的变异程度愈小，则抽样结果就愈趋精确。测定整群抽样中各群(组)平均数变异程度的指标，为群间方差或组间方差，即各组平均数对全及总体平均数的标准差平方。

整群抽样调查的优点，是组织工作比较方便，确定一组，就可以抽出许多单位进行观察。但是，正因为以群(组)为单位进行抽选，抽选单位比较集中，显著地影响了在全及总体各单位分布的均匀性，因此，整群抽样和其他抽样方法比较，在抽样单位数目相同的条件下，抽样误差较大，代表程度较低。在统计实践中，采用整群抽样时，一般都要比其他抽样方式选取更多的单位,借以降低抽样误差,提高抽样结果的准确程度。

5.2 研究素材的整理和阅读

5.2.1 研究素材的积累

素材积累是与素材收集同步进行的一项工作。只收集不积累,就失去了收集的意义。研究素材的积累,从完成时间上可以分为日常积累和突击积累,从保管形式上可以分为个人积累和公共积累。应该指出,上述划分只有理论上的意义。因为所谓日常积累和突击积累只是积累素材的一种方法,是一个工作过程。个人积累和公共积累才是看得见、摸得着的素材存在的一种形式。上述四种积累之间的相互关系是:个人积累和作为长期监视课题的那一部分公共积累,通常用日常积累的方式完成;结合当前某一课题任务的限时完成的公共积累,则多以突击积累的方式完成。

积累研究素材的载体通常有卡片、活页纸和笔记本,以上三种载体各有优缺点,使用时可以根据具体情况挑选一种比较合适的载体,不宜作一般的、硬性的规定。

1. 卡片

卡片是积累素材时最常用的一种载体,它的优点是规格统一、体积小、比较坚挺,因而便于分类排检;缺点是容量小,一般不适于记载内容具体、文字较多的素材。根据记载的内容,卡片可以分为题录卡、文摘卡、工具卡等若干类型。

(1) 题录卡。题录卡是记载内容最简单的一种卡片,它通常只能起索引的作用,用来查找和获取原始文献。题录卡一般记载如下内容:文章题目或者书名、作者、出处(例如期刊的刊名、年、卷、期、页)、出版单位、出版时间、文献收藏单位和索取号,等等。

(2) 文摘卡。文摘卡是记载内容比较详细的一种卡片,它能起到一般文摘刊物的作用。文摘卡用来摘录文章的主要内容,例如主要论点、重要事实和论证过程,新理论,新技术,理论或者技术的应用前景,技术或者产品的优缺点,实验方法,等等。

(3) 工具卡。工具卡是一种知识性卡片,这种卡片积累到一定数量的时候,通常可以出一本手册、字典之类的工具书。工具卡一般用来记载常用数据,重量、体积或者货币单位的换算,机构名称缩写,地名译音或者人名译音的中外文对照,新兴学科和新技术名词,等等。

除以上三种常见的卡片以外,在素材积累工作中,根据研究课题的需要,还可以建立人物卡、机构卡等。

2. 笔记本

笔记本是积累素材时常用的一种载体,它的优点是记载文字的数量多携带保存方便;缺点是记载的内容多了,笔记本本身又变成了原始文献,单项提取情报比较困难。为了克服这一缺陷,可以在笔记本前面预留几页作为目次页。用笔记本积累素材通常有以下几种形式:

(1) 提纲式笔记。所谓提纲式笔记,是将文章中所讨论的或者研究的主要问题,用提纲的形式记录在笔记本上。简单的提纲通常是论文大小标题的集合,详细的提纲则是在大小标题下面,用非常精练的文字写出这一部分的主要内容。

(2) 摘要式笔记。所谓摘要式笔记,是将文章的内容取其精要,记录在笔记本上。摘要式笔记记载的内容通常有:文章讨论的基本问题,论证问题的事实或者理论依据,技术经济指标,重要公式,实验办法和实验结果,等等。

(3) 引语式笔记。所谓引语式笔记,是将文章中某些重要的文句原封不动地抄录在笔记本上。引语式笔记抄录的内容通常有:重要论点,新颖的观点,论证问题所用的新资料,比较精当、深刻的议论,文章中转引的某名人的名言,等等。引语式笔记所记录的内容,有相当一部分可能用到信息分析人员将来撰写的研究报告中,因此,抄录原文时,必须语句完整,文字准确,并且一定要注明出处,以便日后查对。

(4) 心得式笔记。所谓心得式笔记,是一种读后感式的笔记,它是信息分析人员阅读某篇文章以后,将自己的收获、体会、得到的启示以及产生的联想等记载在笔记本上。

3. 活页纸

活页纸是专职信息分析人员积累素材的一种得心应手的工具，它具有卡片和笔记本的优点，但没有两者的缺点。具体说来，活页纸像卡片一样，规格统一，又是单张，因而便于分类归档和单项提取情报；活页纸又像笔记本那样，文字容量大而且便于携带。

在积累素材时，活页纸可以充当笔记本，而且，同一张活页纸上只记载一种形式的笔记，使性质相同的笔记（例如同是引语式笔记，或者同是心得式笔记）集中在一个笔记本上，更加便利信息分析人员使用这些笔记，这是活页纸的又一个优点。

在专职情报机构的素材积累工作中，一直存在着一个如何使个人积累提供给大家使用的问题。在以往的积累工作当中，个人积累一般的做法是个人做卡、个人摘录；个人保管、个人使用。积累工作既缺乏统一的规范和要求，又很少相互交流。尤其对于那些知识性、经验性的日常点滴积累，每个信息分析人员都有一个小本本，往往是人调离了情报所，小本本也带走了。如何使个人劳动成果转化为集体的财富，是素材积累工作中面临的一个重要问题。为了解决个人积累公用化的问题，可以考虑采取以下几项措施。

（1）由研究室发放规格统一的白卡片，供信息分析人员制作资料卡，并且统一规定著录格式和著录内容。

（2）进行分析研究和编写研究报告以前，同一课题组成员，把素材收集阶段各人所制作的资料卡和摘录（摘译）的素材集中于一处，将这些东西经过科学的整理以后，再按照每人的不同分工，分发给各个研究人员使用。

（3）在这一课题的研究过程中，研究人员根据需要还会继续查找和补充一些新的素材，当课题结束以后，各个研究人员再将原来分发给他的素材和卡片，连同其后自己补充的素材和卡片一并交给研究室主任，由室主任指定专人整理和保管这些东西。

（4）情报所统一发放编号的工作笔记本，当某人调离研究室时，笔记本上交室主任，由室主任指定专人接管。

5.2.2 研究素材的整理

通过不同途径、使用各种方法收集来的素材,数量庞大,内容广泛,体制零乱。由于是很多人从不同途径收集的,一定还有不少重复。为此,必须对素材进行整理,才能方便使用。整理阶段的主要任务是对素材进行分类和筛选,也就是说,将素材收集阶段所制作的资料卡、考察记录、调查表等按内容分成若干类,例如分成政策类、研究类和技术类等。

1. 政策类

凡与政策有关的素材都集中在这一类下面,政策类的素材包括:① 制定该项政策的原因和背景;② 国家或地方政府对该问题制定的政策和法令;③ 党政领导人对该问题的讲话;④ 报纸杂志对政策的解释和评论;⑤ 政策的实施情况,实施后的效果,以及贯彻执行中遇到的问题;⑥ 其他国家对于类似问题所制定的政策和法令,或者所作的一些限制性规定。

2. 研究类

凡是涉及课题研究情况的素材都集中在这一类下面,研究类素材包括:① 课题的概念和重要性;② 研究的对象、范围以及研究的目的;③ 课题的发展情况和当前的研究水平;④ 该研究课题与其他领域的关系;⑤ 研究成果的可能应用前景。

3. 技术类

凡是属于技术性质的素材都集中在这一类下面,技术类素材包括:① 技术的兴起背景和开发目的;② 技术的原理和技术的优缺点;③ 产品的结构、外形、包装和性能;④ 产品或技术的研制情况及其发展概况;⑤ 技术的推广应用情况,以及应用以后的社会和经济效果。

4. 人员、设备及经费类

凡是与研究和研制有关的,而非科学研究、技术研制和产品开发本身的一些素材都可以集中在这一类下面,它们包括:① 研究或者研制的方法、材料和设备;② 国外对于同类研究或研制项目的投资情况;③ 国内外研究该课题的其他科研机构的情况,例如科研人员数量、人员素质、试验条件,等等;④ 国内外开发同一技术或研制同一产品的其他单位的情况,例如技术人员的数量和素质、生产能力、产品的市场占有率,等等。

在整理工作中,素材究竟分多少类、分哪些类以及如何归类,应当根据课题性质和所收集的素材内容而定。一般说来,分类愈细,将来使用也就愈方便。

分类以后,将素材按类集中装入卡片盒内,为了将来查找方便,可在每一类的前面设置一张导片,并在导片上端的突出部位标明这一类的类名。

在图书馆的目录组织工作中。作为指引卡的导片有二分导片、三分导片和五分导片等几种规格(图 5-2)。整理素材时,各级类目前面所用的导片应当与该类目的级别一致,换言之,应当根据上位类、下位类和同位类等关系选用不同规格的导片。

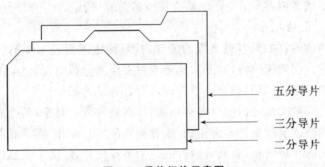

图 5-2　导片规格示意图

经过上述整理,一定会发现一些内容重复或者近似的文章,对于这些文章,可根据具体情况作出不同的处理。如果文章的标题、作者和内容完全相同,只是用于发表的文种或者登载的刊物不同,可以留下常用文种的或者比较权威刊物的文章。如果有两篇内容相似但不完全相同的文章,可以留下内容比较完整、丰富的一篇。单从篇名无法对其进行分类的卡片,要找到原始论文或者该文的文摘,掌握文章内容后再分类,以求分类准确。

5.2.3 研究素材的阅读

阅读素材贯穿于信息分析工作的全过程。在搜集选择文献阶段，在构思研究阶段，在撰写和修改研究报告阶段等，无一不在接触素材和阅读素材。但是，作为信息分析工作一个特定环节的阅读素材阶段，对于素材的阅读却有其一般的通用程式，即阅读由前后衔接的初读、通读和精读三个阶段组成。

1. 初读

由于很大一部分素材是通过查阅检索工具获得的，当初并没有见到原始文献，因此，初读的主要任务是确定素材的取舍，进一步剔除那些不合需要的素材。在初读阶段，除了较短的报道性文章全文阅读，对于成册的图书和长篇的文章，一般只读以下一些部分：① 书名、副书名，或者文章的标题和副标题；② 书或文章的章、节目录；③ 内容提要或者内容简介；④ 序跋文字或者前言、后记。

2. 通读

通读的目的是掌握文章的大概内容，确定需要进一步精读的重点文章。在通读阶段，对于大部分素材都应当全篇阅读，但某些文字浩繁的专著，可以只读重点章节以及引言和结论部分。

初读阶段筛选出的全部有用素材，都是通读的对象，某些素材在其后的精读阶段也许不再接触，或者接触甚少。因此，摘录或者摘译素材上的有用信息，是通读阶段的一个重要任务，做摘录或摘译的卡片和活页纸，放在该篇文章的资料卡的后面，与资料卡一道排入卡片盒内。

3. 精读

在初读和通读的基础上，对于一些需要重点参考的素材，采用逐句逐段反复阅读和默记的方式，这种阅读方式称之为精读。通过精读应当掌握如下一些内容：① 文章的主要论点、推理论证过程和结论；② 作者提出了哪些新颖的观点，其理论根据或者实验基础是什么；③ 论点和论证有无明显的疏漏；④ 实验或者试验的方法、材料和设备；⑤ 实验或者试验的过程、主要参数和结果；⑥ 技术或者产品的主要性能及其优缺点。

严格说来,精读并不是一个单纯的阅读过程,而是已经步入了研究阶段。在精读阶段信息分析人员要带着问题阅读,要把调研课题中需要解决的问题,与素材中提供的理论、事实、数据、实验和方法两两比较,从素材中寻求解决问题的答案。

在素材阅读阶段,先读哪一类型的资料,后读哪一类型的资料,应当根据课题性质来决定;对于新课题,特别是研究者不熟悉的课题,可采用先读图书后读杂志、先读综述后读原始论文的做法。如果调研课题只要求写一篇综合性的评述,则以先读若干篇有关此课题的原始论文,再读综述文章为宜,借以避免先入为主,影响研究人员的独立思考。

5.2.4 研究素材的摘录或摘译

人们对于已经记忆的东西,总会随着时间的推移而逐渐淡漠,甚至遗忘。因此,信息分析人员对于阅读阶段所接触过的素材,应当即时将其主要内容摘录或摘译下来。摘录(摘译)有报道式、节段式和提要式三种,某篇文章采用哪种摘录(摘译)方式,要视文章的性质和内容而定。

1. 报道式

报道式摘录(摘译)主要用来处理动态、综述和述评之类的文章。这种摘录(摘译)方式的特点是不逐字逐句地摘记或翻译,而是读过一篇文章以后,在理解的基础上,融会贯通,用简明扼要的文字将文章的内容复述出来。报道式方法复述的重点是:① 当前的发展水平和发展趋势;② 新理论、新技术、新工艺、新设备和新产品;③ 技术或者产品的用途及其经济效益;④ 已经解决的问题和尚待解决的问题。

2. 节段式

节段式摘录(摘译)一般用来处理研究论文和试验研究报告。这种摘录(摘译)方式的特点是把原始文献中的重点句子、重点节和重点段直接摘抄下来或者翻译过来,而不要求信息分析人员作文字上的润色,各个句子之间也不要求文意连贯。节段式方法主要摘录(摘译)如下内容:① 研究对象;② 主要论点以及论证根据;③ 研究或者试验的目的；④ 试验材料、试验方法、试验条件以及试验结果；⑤ 结论；⑥ 参考文献。

3. 提要式

提要式摘录（摘译）通常用来处理仅供一般参考的非重点文章。这种摘录（摘译）方式是以极少的文字，将文章中最重要的信息提纲挈领地抄录下来，而不涉及文章的详细内容。因为文字极少，用这种方法摘录（摘译）时，一般不需要另外添加卡片或者活页纸，可以将摘录内容抄写在收集素材时制作的资料卡的背面。

5.3 研究素材的鉴定

对于从各种渠道收集来的决策研究素材，尤其是文献资料，在其后的整理工作中，除了纠正摘录和摘译的错误、统一度量衡和币制单位、统一人名和地名的译名以外，最重要的工作是进行素材的鉴定。鉴定研究素材主要从三个方面进行，即判断情报的可靠性、先进性和适用性。

5.3.1 情报的可靠性的判断

所谓情报的可靠性，主要指情报的真实性，即素材能够客观、真实地反映科学研究和生产试验活动。进行情报的可靠性鉴定，对于国外文献资料尤其重要。在资本主义国家，金钱高于一切，个人利益高于一切。有的人为了金钱，什么商业道德、科学道德，全然可以不顾。日本广岛大学一名叫田口的医学教授，曾宣称他给一头牛犊装上人造心脏后，这头牛犊活了 523 天，超过了美国创造的纪录。但田口的助手说，这头牛犊实际上只活了两个月。田口承认捏造这一"成果"的目的，是为了取得有关部门的财政援助来发展他的人造心脏研究项目。美国医学研究系统最轰动的"伪造"丑闻之一，是威廉·萨默林博士 1974 年 4 月，把实验室里的老鼠染上颜色，伪称他已成功地给这些老鼠做了皮肤移植手术。美国科研诚实办公室（ORI）自 1993 年成立以来已经查证了科研领域中 100 多件欺骗行为。《美国科学家》杂志 1993 年进行的一次调查发现，6%～9% 的被调查者知道自己研究所的研究成果被剽窃,或者是编造的。1995年,对挪威近300名科研人员进行随机调查发现,22%的被调查者知道同事中有人"严重违反科研道德准则"。在社会主义国家,由于社会制度的优越性,科学研究和技术发明中弄虚作假的现象虽然是极少数,但是,由于研究水平和认识的局限性,文献中仍然可能存在科学性欠缺的问题。因此,利用素材以前,进行情报的可靠性的鉴定是必要的。情报的可靠性可以从以下几个方面来判断。

1. 从文章作者的身份判断

在资本主义国家,荣誉和地位本身就是一种资本。由于"马太效应"在科学界的作用,荣誉叠加是一种极为普遍的现象。有名望、有地位的作者,其科研经费一般是有保障的,更主要的是他们深知名誉对于地位的保障作用,因此,他们的研究态度比较严肃,其成果一般是可信的。属于这一类型的人有:① 诺贝尔奖获得者;② 著名大学的高级研究人员和教授;③ 著名科学研究机构的研究人员;④ 大型公司和企业的高级技术人员;⑤ 资深、望重的高级管理人员。

2. 从文献的出版单位判断

文献的出版单位不同,文章的可靠性也不一样,具体说来,有以下几种情况:

(1) 著名的出版社,为了维护本社的声誉或者自己在出版界的垄断地位,其出版物质量一般较高,有的甚至只接受名人名著的出版。

(2) 著名的学会、协会等学术团体创办的刊物,有一个由著名科学家组成的编委会,有基本的作者队伍,有严格的审稿制度,其文章的可信度较高。

(3) 知名度大的科学研究机构和著名的大学,它们的出版社编辑部和刊物编辑部的力量较强,因而出版的图书和期刊的质量较高。

(4) 国外某些私人和州立大学,因经费比较拮据,它们办刊的目的是为了交换,用以免费获取著名大学和研究机构出版的刊物,故这些大学的刊物质量甚差,可信度低。

(5) 对于同一情况的报道,文献出版单位不同,其可信度也不同。一般说来,人口统计方面的资料,官方机构的报道较私人机构可靠；对于失业人数的报道，则私人机构比官方机构可信。

3. 从文献的类型判断

不同类型的文献产生于科学研究和生产实践的不同阶段，不同类型的文献有不同的写作目的。因此，根据文献的类型，可以判断其所负载的情报的成熟程度。如何判断，可以参考以下标准：

（1）专业书刊比科学普及性读物的可信度高。

（2）科普性读物比新闻报道的可信度高。

（3）机密资料比公开资料可信度高。

（4）技术档案和技术图纸是科研技术人员日常工作的记录，是继续深入研究的依据，其可信程度很高。

（5）标准文献是由政府制定并且颁布的，在某种程度上具有法律的效力，其可信度高。

（6）百科全书、年鉴等大型工具书，有一个由著名专家组成的编纂委员会，词条都经过了严格的审核，因此，资料翔实，内容可靠。

（7）图书便于保存，影响比较久远，作者对于出书一般都持比较谨慎的态度，因图书成书时间长，作者有较充裕时间反复推敲和考证书中涉及的问题，故图书的内容比较可靠。

（8）学位论文和学术讨论会的文稿，多属探索性的课题，内容比较新颖，但其结论一般尚需实验或者实践来验证。

4. 从文章内容判断

文献上所负载的情报的可靠性，除了可以从以上三个方面判断以外，还可以从文章本身的内容来判断。文献所报道的内容失实，主要表现为以下几种情况：

（1）取样不当，结论失真。在报道经济发展速度时，有些国家故意取最低年份作为比较的基础，以粉饰太平，造成虚假的繁荣景象。

（2）有些文章为了吹捧某一国家、某一公司，或者出于不了解问题的全貌而盲目推崇某一技术，往往夸大其词，言过其实。

（3）有些人为了获得某项技术的优先发明权，当技术还不成熟时就抢先报道出来。因此，但凡论据不足、躲躲闪闪的文章，其结论大抵值得怀疑。

5. 从外界反映判断

实践是检验真理的唯一标准,时间是试金石。一切假的、丑的东西,在实践和时间的检验面前,都将原形毕露。因此,情报的可靠性,还可以从外界的反映来判断。如何判断,一般有以下几种情况:

(1) 从引文率判断,一般来说,被别人文章反复引用过的文章,其可信度高,换言之,文章的可信度与其被引率成正比。

(2) 已经用于指导实践的理论和已经用于生产实际的技术,其可信度较高。

(3) 从评论文章判断,某一新理论和新技术出现一段时间以后,社会上必然会对该理论和该技术发表一些评论,凡是被社会舆论肯定了的理论和技术,其可信度一般较高。

(4) 文章发表时编辑部所写的编者按语,文章发表以后,读者就此文章所写的评论或者给编辑部的信,也可以帮助判断情报的真实性。

5.3.2 情报的先进性的判断

情报的先进性很难用一句简单明了的话加以概括,这是因为情报的先进性有多方面的含义。认真考察,衡量情报的先进性,至少应当包括时间和空间两项指标。

情报的先进性表现在时间上,主要指情报内容的新颖性,即在此以前从来没有披露和报道过这一内容的情报。过去有人认为,只有新理论、新技术才称得上先进的情报,这种看法是片面的。以内容的新颖性来衡量,下述这些情报都是先进的,例如把众所周知的科学方法和技术经验应用于一个新的学科或者生产领域,为证实或者证伪某一理论找到了新的资料和事实根据,等等。

情报的先进性除了时间上的含义以外,还受到空间的约束。换言之,情报的先进性可以按地域范围分为许多级别,例如世界水平、国家水平、地区水平,等等。

情报的先进性可以从下述几个方面加以判断。

1. 从文献外部特征判断

文献的类型、文献的发表时间和同类文章发表的数量可以帮助判断情报的先进性。

(1) 不同类型的文献,是科学研究和技术开发不同阶段的产物,因而具有不同的新颖性。一般说来,正在进行项目的试验小结和技术档案,刚刚获得学位的学位论文,新近出版的会议录,专利文献等,其中所刊载的情报比较先进。图书的内容比较成熟,因某项研究成果整理成专著出版,至少是三五年以后的事情,故图书缺乏新颖性。

(2) 科学技术内容的文章,总是伴随科学技术的脉搏跳动,不断推陈出新。因此,内容相同或者相近的一些文章,一般说来,总是新近发表的文章具有较强的新颖性。

(3) 科学技术的产生、发展、成熟和衰亡,与这一课题发表的文献数量之间,有一种有机的联系。一般说来,某一理论或者技术产生之初,由于从事这项研究的人不多,研究工作还不深入,所以文献较少;当某一课题取得重大突破,研究工作走向成熟的时候,其文献量也急剧增长。因此,从文献的数量可以判断情报的新颖性。

2. 从文献内容判断

发现了新的定理和定律,研制出新技术,诸如此类的情报固然新颖,但是,在科学技术发展史上,这种重大的、全新的情报毕竟是少数。在判断情报的先进性时,我们要把注意力放在"在某一方面是新的"上面,才能发现更多有价值的情报。哪些属于"局部新颖"的情报,可以参考以下几种情况。

(1) 根据技术产品是否在原有基础上,提高了技术参数水平、改变了结构、缩小了体积、减轻了重量等判断情报的新颖性。

(2) 根据产品或者技术是否扩大了应用范围来判断。例如激光技术在测距、材料加工、农作物育种、医疗、通讯和军事上的应用,已是众所周知的事实,但应用于强场物理研究和量子光学研究的技术等则是一个新的发展,有关这方面的报道就是新颖的。

(3) 根据材料、设备是否改变了成分、结构,扩大了应用范围来判别其新颖性。例如陶瓷材料钠 β-氧化铝,原是用做盛放熔融玻璃液的大槽的槽衬,后来发现其电导率很高,在 350℃时,其电导率超过饱和食盐水,是用来发展钠硫电池、燃料电池等高能电池的好材料,有关这方面的报道就是新颖的情报。

(4) 根据某项科技成果是否在原有基础上,提出了新的假设、原理、结论和应用方法来判断其新颖性。例如过去一直认为生物学是与防病治病没有什么直接关系的理论学科,但由于其分支学科——分子生物学的发展,揭示了核酸酶和血红蛋白的结构和性质,为防治癌症和遗传病等疑难病症提出了理论基础和可能途径,有关这方面的报道就是新颖的情报。

3. 从科学技术发展的基础判断

世界上各个国家,不论其政治制度如何不同,经济实力如何悬殊,由于历史、地理、气候条件和自然资源等因素的影响,其科学技术的发展总是不平衡的,每个国家都有适合自己特点的专长经济、专长学科或者专长技术。不仅如此,在激烈的商业竞争和其他因素的影响下,国外许多大型企业和公司还形成了自己的专长技术和拳头产品。一般说来,如果某情报属于某一国家、某一企业的专长经济或者专长技术,那么,这个情报就是先进或者比较先进的。具体说来,下述几种情况中,情报是先进或者比较先进的。

(1) 结合自然资源优势开发的产业。澳大利亚属于亚热带气候,天然牧场占全国面积的 55%,雨量充沛,牧草丰富,因此,澳大利亚的畜牧业和毛纺业非常发达。畜牧业和毛纺业方面的情报,如果来自澳大利亚,一般是比较先进的。

(2) 受地理位置和气候条件影响的技术。日本是一个小国,面积只有 372 200 平方公里,资源非常贫乏,绝大部分工业原料依赖进口。例如,所用铁矿石的 98.5%,原油的 99.4%,棉花和橡胶的 100% 都依靠进口。为了解决运输问题,日本的造船业非常发达。日本是一个岛国,全境由本州、北海道、九州、四国四个大岛和几百个小岛组成,四面环水。因此,日本的海洋养殖业发达,波力发电研究在世界上也遥遥领先。

(3) 较长历史时间内形成的传统产品。在激烈的商业竞争和优胜劣汰的刺激下,为了生存和垄断,某些国家和公司,在长久的历史时期内,逐渐形成了自己在某一领域的技术优势和设备优势,例如德国的光学仪器制造,瑞士的手表生产,IBM 公司的大型通用计算机,福特和丰田的汽车,等等。凡属该国、该公司拥有技术优势的产业和产品,其情报一般是先进的。

4. 从其他角度判断

情报的先进性除了可以从文献的外部特征、文献内容和科学技术发展的基础判断以外,还可以从其他一些角度判断,例如从推广应用情况、从同类成果的对比、从技术经济效果等方面进行判断。

(1) 先进的技术和性能优越的产品,总是在较短的时间内,能被人们普遍接受和采用,比较迅速地推广开来。因此,从产品和技术的应用情况,可以判断情报的先进性。

(2) 判断某项成果是否先进,可以拿它与类似技术或者同类产品的各项指标进行对比。经常用做对比的指标是体积、自重、能源消耗、结构、平稳性、成本、外形、灵活性、是否带来污染,等等。

(3) 判断某个情报是否先进,可以把采用这个情报以前和以后的情况进行比较,看是否提高了产量,增加了品种,改进了质量,降低了成本,提高了劳动生产率和改善了劳动条件。如果达到或者基本达到上述六项技术经济指标,那么,这个情报就是先进或比较先进的。

(4) 所谓情报的先进性,有科学理论先进和技术应用先进之分。理论上的先进影响深远,技术上的先进则受到地理、气候等条件的制约,不易推广,也容易过时。这种情况在农业上表现得最为明显。我们应该着眼于情报的科学理论的先进性,对于技术上先进的情报,要注意它的产生背景和应用环境。

5.3.3　情报的适用性的判断

所谓情报的适用性,指情报对于情报接受者可以利用的程度。情报的可靠性是客观的,情报的先进性是相对稳定的,情报的适用性则在很大程度上是随机的,它受到情报接受方的地理环境、气候、自然资源、科技发展水平、经济能力等很多因素的制约。判断情报的适用性,要把情报提供方与情报接受方的各方面情况加以比较,看两者有哪些相同和不同。一般而言,双方条件基本相同或者类似的,则甲乙双方的情报,对彼此都有较大的适用性。情报的适用性主要从以下几个方面判断。

1. 从情报发生源判断

科学上的发现和发明,是一个国家一定历史阶段的产物,反映这一国家某一历史时期的科学研究水平;技术上的革新和创造,也总是为着解决现实生活中存在的各种问题。因此,科学和技术总是带有时间和地域的色彩。对比情报提供者和情报接受者双方的自然条件和科学技术发展水平,可以帮助判断情报的适用程度。

(1) 在科学技术发展上处于同一水平、同一发展阶段的国家和地区,其智力资源、教育水平和人员素质大体相同,它们往往可以互相借鉴和援引彼此的技术。相反,科学技术发展水平相差很远的两个国家,其经验和技术一般缺乏通用性。伊朗在世界性能源危机中靠石油资源发了"石油财"之后,企图用购买先进国家大型工业技术的办法跨入现代化工业强国的行列,一下子引进5座大钢铁厂、20座核电站;结果花掉近1 000亿美元;收效甚微。他们还耗费巨资请美国人建了一个西方模式的第一流现代化农场,但建成后伊朗人掌握不了有关的先进技术,只好请美国人帮助经营,美国技术人员撤走后,这个现代化大农场便几乎荒废。

(2) 地理环境、自然资源和气候条件等基本相似的两个国家和地区,其科学技术一般可以相互借鉴,这种情况在农业科学和农业技术上表现得最为明显。尼泊尔是个多山的内陆国家,只有首都加德满都等部分城市有电,在这个崇山峻岭的国家,架设输电线也是困难的。但尼泊尔水力资源比较丰富,南部年平均降水量为2 500毫米,向北逐渐减少。日本大阪精密电机公司研制出一种小巧而功率高的发电机,这种发电机体积约1立方米,功率5千瓦,装在水位落差2米的小溪上即能发电,还装有扬水泵,白天发电扬水灌溉农田,晚上发电照明。这种小型水力发电机,在水力资源丰富,但架设输电线困难的山地国家和地区颇受欢迎。

(3) 经济实力相等的国家或地区,其财力物力相近,对于科学研究、技术开发和生产建设的投资能力也相当,其情报往往可以互相借鉴。

2. 从情报吸收者判断

所谓从情报吸收者判断,主要指从情报接受方的科学技术发展的基础和条件来判断,这种判断一般考察两个问题:一是需要解决什么实际问题,二是适合吸收哪一类型的技术。

(1)需要解决什么实际问题?任何一种技术或者行业都是在一定的背景下,为着特定目的而兴起的。同一种技术,由于开发国不同,其研制方法和技术特点也会不同。因此,考察技术的兴起背景,可以帮助判断情报的适用性。例如,都是研究磁流体发电,美国是为了提高本国藏量丰富的高硫煤(一种劣质煤)的利用率;日本是为了解决能源短缺,提高电站能量转换功率;苏联拥有丰富的天然气、石油和煤炭资源,开展磁流体发电研究旨在提高发电效率、节约能源和降低成本。从上述三个国家技术兴起的背景来看,苏联的情况与我国相类似,都是为了提高天然气、石油和煤炭的发电效率问题。因此,苏联关于磁流体发电的情报对我们有更大的适用性。

(2)适合吸收哪一类型的技术?在生产建设中,有时解决一个问题有几种不同的方案或者技术,究竟采用哪一种技术或者方案比较合适,要根据本国的资源条件和其他情况而定。例如国外解决富矿不足问题采用了三种方法:一种是向其他国家直接买富铁矿,或者向铁矿石输出国投资,就地开发富铁矿运回本国使用;第二种是加强地质理论研究,采用各种航天遥感遥测技术,大力勘探本国新的富矿资源;第三种是开展贫矿富化的研究和应用,诸如开采埋藏较浅、运输方便、易采易选的贫矿区,以其节省投资和降低成本,或者大力加强选矿、烧结和球团等贫矿富化工艺的研究,国外已研究成功絮凝浮选法,可从含铁仅36%的贫矿中选出含铁65%的精矿。上述三种方法中,第二种与第三种,尤其是第三种方法最适合我国的资源情况和经济能力,因此,有关这些方面的情报对我们就是适用的。

3. 从社会实践效果和专家意见判断

(1)从社会实践效果判断。实践是检验真理的唯一标准。某项技术、某个品种是否适合本国、本地区采用,从与自己情况基本相同的其他国家和地区的实践活动可以得到印证。国际水稻研究所在菲律宾培育出了一种高产水稻品种,在菲律宾推广获得了丰产效果。印度北方高寒贫瘠山区引进这一品种以后,严重减产。这一事实表明,该品种只适用于在我国南方推广,而不能盲目引进到北方高寒地带。

(2) 从专家评论意见判断。一项新技术出现以后,专业杂志或者报纸往往会对其加以评论,评论意见将涉及技术的起因、优缺点、应用条件,等等。从这些评论文章中,可以间接了解到技术的适用范围。美国曾经在东南亚地区推广自己培育出的农作物优良品种,开展了一场所谓"绿色革命"。绿色革命的结果如何,美国的农作物良种可否在中国全面推广,这是一个众所瞩目的问题。后来,英国《每日评论》发表了一篇题为"绿色革命的种种矛盾"的文章,总结了绿色革命的起因和后果,指出美国的良种在目前条件下不宜在东南亚各国推广。其原因是:东南亚诸国的农业生产水平(包括灌溉、施肥、施药和机械化)较低,不能满足根据美国生产水平培育出来的品种的水肥要求;美国高产品种抗病力差,单一种植容易导致病虫害流行,造成减产;推广美国良种需要施用大量化肥农药,容易造成环境污染。这些评论很有说服力,对准备引进和推广美国良种的国家有较大的参考价值。

4. 从战略需要判断

如前所述,情报的适用性指情报对接受方可以利用的程度。毋庸置疑,这种"利用"主要考虑当前需要,为科学研究和经济建设做一些雪中送炭的工作。但是,如果一味强调当前需要,目光短浅,急功近利,那就走到了事物的反面。在判断情报的适用性时,信息分析人员还应当具有战略眼光,高瞻远瞩,看到未来。从战略需要判断情报的适用性,主要考虑两个问题。

(1) 从长远发展考虑。由于历史原因,世界各国的发展是不平衡的。但是,不论大国小国、穷国富国,总是要向前发展的。一些尖端科学技术,由于经济能力、人员素质等的限制,某些国家目前可能用不上,但是,一项尖端技术从报道、引进、学习到掌握使用,需要相当长的一段时间。因此,当我们判断情报的适用性时,不仅要考虑到当前的需要,还必须考虑到未来发展的需要,作一些必要的知识储备。只有这样,才能不失时机地跟上世界科学技术发展的步伐。

(2) 从综合利用考虑。科学技术的利用是多方面的,军用技术与民用技术之间也没有一条截然的分界线。一项先进技术,既可以应用于某一领域或某一部门，也可以应用于其他领域或其他部门。因此，判断情报的适用性，还应当从科学技术的综合利用来考察。例如，空间科学是美苏两国为了军事目的而发展起来的一门尖端科学。按照我国财力匮乏、科学技术基础比较薄弱的特点，不应当发展这门科学。但是，从空间活动中发展起来的很多新技术，如遥感遥控、卫星通信、自动化等可以应用于许多其他部门，有重大的经济价值。美国有人估计，仅地球资源卫星上遥感技术的 5 项应用（探测洪水、探测农作物病虫害和林火、估计农作物产量、改进油田勘探），每年就可得益 10 亿美元，而发射一颗资源卫星仅需 2 000 万美元。此外，空间科学还为科学技术提供了新的研究环境和实验手段，可以利用空间的特殊条件，研究在地面实验室因重力作用而无法研制的高、精、尖材料和特殊材料。从这个角度看，有关空间科学的情报，对于发展中国家也是适用的。

第6章 信息分析方法

6.1 研究方法概述

著名学者拉普拉斯说过,认识研究方法比发明、发现本身更重要。如果我们把发明和发现比喻为"黄金",那么研究方法就是"炼金术"。目前,对于研究方法分类尚无统一的标准,从不同的角度可以进行不同的分类。从方法性质来分,可以分为直觉型、探索型、目标型和反馈型四种。从信息加工方式来分,可以分为提炼加工型、融合加工型和推导加工型三种。但是,在信息分析工作中,最常用的分类方法是从信息加工的深度和精度来分,一般分为三种:创造性思维方法、逻辑思维方法和数学方法。

6.1.1 创造性思维方法

创造性思维,又称创造性想象,是一种半科学半想象的思维活动。它是一种以局部的事实为根据,经过粗糙的、模糊的推理,加上大胆的超逻辑想象的研究方法。著名数学家高斯有句名言:"没有放肆的猜想,便没有知识的进展。"创造性想象的特征是:部分事实＋大胆猜想。创造性想象类的方法有头脑风暴法、求异思维法、变换角度法、否定法和未来图景草拟法等。

贝弗里奇曾经非常形象地谈到想象,他说:"想象仅能使我们步入未知的黑暗世界,在那里凭借我们携带的知识的微光,可能瞥见某种似乎有趣的事。但是,当我们把它带回来细加端详的时候,往往发现它只不过是块废料,一时闪烁引起人们注意罢了。看不清楚的东西常常具有古怪的形状。想象既是一切希望和灵感的源泉,而且同时也是沮丧失望的缘由。忘记这一点就会招致悲观绝望。"一般来讲,通过创造性想象产生的新的科学观念或者困难与问题的解决办法，都是和以往的思想联系起来的。而这种联想作用，是由于过去的直接实践经验和从学习中得到的间接经验在我们头脑中造成的。为了促进创造性思维活动，有必要研究影响创造性想象的环境和条件。

1. 促成创造性思考的条件

（1）亟待解决的困难或问题激发创造性思考。自觉思维首先必须有某种困难或问题刺激头脑。当人们认识到这种困难或问题存在时，可能就是认识到了知识上令人不满意的现状，因而能够激励设想的产生。对于每一件事物问一个"为什么"，可以有效地激发人们对它的产生缘由或目的性的想象；如果再问一个"怎么样"，又可以引起对过程机理的思考。贝弗里奇写道："当某种困难刺激头脑时，想象的解决办法简直是自动地跃入意识。这些方法的多寡优劣，取决于过去对该问题的经验和训练对头脑的武装程度。"

（2）广博的知识与兴趣促成创造性思考。不可否认，在其他条件相同的情况下，研究工作者的经验和知识越丰富，产生重大设想的可能性就越大。尤其当具有有关学科或者边缘学科的广博知识时，那么，独创的见解就可能产生得更多或更有价值。对此，泰勒（E. L. Taylor）说过："具有丰富知识和经验的人，比只有一种知识和经验的人更容易产生新的联想和独到的见解。"因为许多重大的科学发现往往出现在两个或两个以上学科的衔接点处，或者出现在几种研究对象或设想之间的联系或相似点处，一般人又很少到达这种境地。所以，有重要的独创性贡献的科学家，往往是兴趣广泛的人，或者是熟悉自己所研究的专业以外的其他学科知识的人。

（3）好奇心和求知欲激发创造性思考。任何一个人，生来是有好奇心的，不过，随着年龄的增长，人们的好奇心会逐渐减退。然而，科学研究工作者应该培养自己的好奇心。因为好奇心往往促使人们致力于对未了解的现象寻求解释，亦即把新的现象或观念，与旧的事实或观念联系起来。而且，每一种新的发现，都会引起研究者思考许多的新问题，所以，科学家的好奇心是永远不会满足的。他们通常具有一种强烈的愿望，要去寻求某些并无明显联系的大量资料背后的那些原理。好奇心和求知欲往往是科学家多出智慧的强大推动力。

好奇心和求知欲促成创造性思考，进而作出重大科学发现的例子，在科学史上并不是罕见的。

(4) 具体化和形象化激发创造性思考。在我们思考问题时，如果把思想具体化，在脑海中构成形象，就能激发想象力。大家都有这样的经验，当我们演算一个较复杂的数学或物理学习题时，如果能够根据题设条件和所要解决的问题，首先画出一个草图，那么，根据这个图形进行分析，就比较容易激发头脑想出求解的具体方法。同样，在研究工作中，图画的形象比喻在科学思维中也能起到重要的作用。苏格兰物理学家麦克斯韦就养成了把每个问题都在头脑中构成形象的习惯。德国细菌学家埃利希(Paul Ehrlich)也极力主张把设想化为图形。

当然，在有些学科(比如物理学)中，由于现在研究水平的高度发展和抽象化，有些现象只能用数学语言表达。在这种情况下，再用机械的形象比拟来帮助想象就显得困难了。

(5) 开展讨论可以刺激创造性思考。许多人的经验都证明，在同事之间开展讨论，往往可以激发一个人的创造性思维活动。这是因为，参加讨论的人可以给你提出有益的建议，即使参加讨论的人是一个"门外汉"，不能给你指出摆脱困境的具体解决办法，但是，由于不同人有着不同的知识背景、思维方法和设想，或者从不同的角度观察问题，所以，人们很容易从参加讨论的同事那里得到有益的建议或启发。此外，相互讨论可以帮助研究工作者发现以错误的知识或可疑推理为基础的设想，使之得到及时纠正，避免因追踪错误的线索而浪费时间和精力。而且，当研究者的思想处于盲目的狂热状态时，通过讨论可以得到及时遏制；而当研究遇到困难，感到特别烦恼的时候，开展讨论和交流观点，又往往可以使人振作起来，给人以激励与鼓舞。

2. 影响创造性思考的因素

(1) 习惯性思维程序的束缚。心理学研究发现，一个民族、乃至每一个人都有他自己的一套习惯的思维方式，而且大抵都认为唯有自己的思维方式才是科学的。例如习惯于形象思维的人会觉得逻辑思维过于板隘；而爱好逻辑思维的人则感到形象思维不够严谨。大多数人都有这样的体会,当我们运算一大堆数字或求解一个习题时,一旦出了错误,后来往往一再重复这个错误,这是因为头脑中已经形成一个固定的思维锁链的缘故。这种习惯性思维程序一经形成,就好像条件反射一样,一考虑问题就马上涌现出来,把人们带回到原来的老路子上去。而且,这种思路会越来越牢固。因此,即使我们具备了足够的资料来解决问题,然而,一旦采用了一种不当的思维路线,问题考虑得越多,改换成正确思维的可能性就越小。

(2) 不加批判地向别人学习。虽然个人所能想象出来的设想取决于他的经验和学识的广博程度,但是,如果他的知识是向别人学习得来的,这种学习,不论是通过别人的口授还是自己阅读文献或科学著作,假若不经过自己头脑的批判性的消化吸收,而是一味照搬,那么,这样学到的知识,往往会限制一个人的思想,尤其是限制他的创造性思考。每逢考虑问题,就会归入别人的固定的思想轨道,因而对自己的研究工作是不利的。

3. 摆脱影响的方法

由于习惯性思维程序和别人思想的束缚,往往使研究者不能摆脱无益的思维途径,或者说,因为思想"不能自拔"而限制了创造性的思维。摆脱这些束缚,对于产生创造性思考是十分重要的。通常采用下列办法可以达到这个目的。

(1) 把所考虑的问题暂时放一放,可以摆脱习惯性思想程序。如果发现一个问题经过长时间的苦思冥想仍然顽固地回到原来的思路上去的话,则应该把问题搁置几天或几个星期以后再来考虑。这样,旧有的联想,或者被部分地遗忘掉,或者变得淡薄,就不容易回到原来的思路上去了。而且,以后重新考虑时,往往能够从新的角度来看这个问题,想出更新颖的办法来。说明这种做法的效果最有代表性的例子,就是修改文章。通常,一篇文章写好以后,总觉得什么都满意了,或者不知道需要怎样修改。然而,一旦把它放下一段时间再来看,就会发现一些以前没有注意到的缺点,或者找到了更加确切的表达方式,甚至还可能产生新的见解。

(2) 开展讨论、作学术报告和教课,也是摆脱习惯性思维程序和思想束缚的有效方法。在讨论过程中,别人提出各种各样的新颖的见解,有助于突破自己头脑中已经固定了的陈旧思路。向别人阐述自己的想法和观点时,尤其向不熟悉自己工作的人解释自己的思想时,可以激发自己从各种不同的角度来说明问题。因为在阐述过程中,为了让听众能够接受,有时必须打破自己原来的思路,以恰当的事实材料和更合理的逻辑论证去说明问题。这样,就无意中摆脱了那种已经证明无效的思想程序。

4. 运用创造性思维方法应当注意的几个问题

(1) 做好前期工作。科学的灵感常常出现在灵机一动的时候,但它绝非是灵机一动的产物。日常的资料积累、持之以恒的思考和艰苦深入的研究好似蓄水,灵感的到来则如同开闸。质的飞跃是建立在量的积累之上的,研究者要想得到"灵感"的光顾,此前要做大量的工作。

(2) 随时准备着,记下每一个设想。创造性想象是一种随机性很强的思维活动,灵感来不可遏去不可留,稍纵即逝。因此,利用这种方法研究问题要注意掌握时机。看到一件新鲜事产生了联想,读一篇文章受到了启发,与别人谈话得到了诱导,都可能产生新的思想或引出新的发现。遇有这种情况,要十分珍视这些偶然闪现的思想火花,继续循着已展开的思路探寻下去。要做到这一点,必须用笔记下灵感闪现时的每一个细节。

(3) 注意与其他方法的互补。创造性想象以创造性见长,但它毕竟不是全科学的方法,它缺少逻辑方法的严密性和数学方法的准确度。当创造过程中的直觉成果出现以后,随即而来的便是逻辑的加工和整理。如果没有这一步,呈现在人们面前的仍然是杂乱无章、无法说清楚的美丽的思想火花或者各种各样的片断,不能构成一个条理清晰的思维图像。信息分析是一项严肃的工作,当创造性想象方法给我们打开思路、勾出草图以后,还要注意用其他方法对所想象出来的观点或意见加以补充和论证,使之上升为科学的结论。

6.1.2 逻辑思维方法

逻辑思维是定性研究信息的传统方法。它是根据已知信息借助于分析与综合、相关与比较、归纳与演绎等逻辑学手段进行研究的方法。逻辑学分两大体系：形式逻辑和辩证逻辑。形式逻辑是研究初步的、简单的、比较稳定的思维形式；而辩证逻辑是从发展中同实践的联系上来考察的思维形式。形式逻辑的规律有同一律、矛盾律、排中律和充足理由律等；辩证逻辑的规律有对立统一律、量变质变规律、否定之否定律等。

　　思维是一种非常复杂的活动，但是，它可以分解成一些基本的形式，例如比较、分类、分析、综合、归纳、演绎，等等。一般成年人大脑发育成熟，共有细胞130亿个。人脑是一台极完美的"活的计算机"，不仅能存储大量信息，而且还存有许多逻辑思维的"软件程序"。在信息分析过程中，人们常常会自觉不自觉地运用逻辑学的规律来思考分析问题。钱学森同志把情报科学技术归属于思维科学，情报的加工同人的思维活动是密切相关的。逻辑思维的具体方法也是信息分析的常见方法，如判断推理法、分析综合法、归纳演绎法、科学抽象法、枚举法、对比类比法等。以归纳演绎为例，归纳和演绎都是在实践的基础上获取新知识的基本思维方法。归纳是从个别对象中概括出一般原理；演绎是从一般原理中推断出个别结论。在我们大脑的实际思维过程中，归纳和演绎总是交替使用，从而最终完成思维活动。例如，北京洗衣机厂与20多个乡镇企业合作，使产量骤增33倍，成本下降43.6%，利润增加49倍。从这个典型事例，归纳为城市工业扩散到农村的"白兰道路"，再由城市技术辐射原理演绎出在怀柔县、顺义县建立汽车制造厂分厂的个别结论。

　　运用逻辑方法研究问题，具有以下几个特点：

1. 定性分析

　　定性地分析事物是用逻辑方法研究问题的一个主要特征。逻辑方法可以分析出事物的前因后果（因果）、上归下属（层次）、内涵外延（范围）和好坏强弱（质量）等宏观特征，但不能给出微观的数量关系。

2. 直感性强

　　逻辑方法是研究各种事物间关系的一种方法，逻辑关系普遍存在于日常生活之中，人们未经专门训练也能掌握并且运用某些逻辑原理，符合这些原理的实际事例也常常会被人们遇到或者感受到，因此，逻辑方法是一种容易学习和掌握的研究事物的方法。

3. 推理严密

逻辑分析最讲究必要和充分，没有必要的条件，或者条件不充分，都不能进行推理，这就使得利用逻辑方法研究问题时，得出的结论可靠、论据充足。例如，物质燃烧时要发光发热，但发光发热的过程并不都是燃烧。除发光发热之外，再加上化学反应这一前提，才能得出物质燃烧的结论。

逻辑方法的这些特点使得它具有较好的适应性和较广的使用范围。逻辑方法既可以单独使用，也可以与其他方法配合使用。对于那些不易或不能用定量数据表达，而只需作出定性回答的事物，逻辑方法是一种必不可缺的方法。

逻辑方法的缺点是，它研究问题虽然明确但往往很不具体，虽然严密但往往不够精细，其结论仅仅是一种定性描述而无定量的说明，这就使得逻辑方法不能完全适应技术经济或工程建设项目等需要的定量化研究的课题。

应用逻辑方法研究问题应该注意：论据一定要与论题相符，不要在无意中偷换概念；论据要充分，推理要严谨，论据不足不作推理，论据充足不作片面推理；推理要注意有度，防止超过边界条件的限度。

6.1.3 数学方法

数学方法是数学统计以及其他用数学进行处理和运算的方法的总称，它主要用于信息分析中的定量分析。随着情报工作的深入开展、信息分析领域的拓宽，原有传统的逻辑思维方法已不能适应工作的需要，尤其当计算机技术推广和普及，很多复杂的统计和计算工作可以由计算机完成以后，信息分析工作中越来越多地使用了数学方法。据统计，现代信息分析和技术预测所使用的数学方法有数十种之多，例如列表法、图示法、专家调查会法、特尔菲法、主观概率法、投入产出法、回归分析法、指数平滑法、包络线法、线性规划法、目标规划法、马尔柯夫链法、决策树法、相关树法、网络技术、对策论、排队论、相关矩阵法、定量评估法、趋势外推法、内插法、数学模型法，等等。数学方法在情报工作中的应用，是信息分析向定量化方向发展的必然结果,它对于研究工作科学化起了很大的推动作用。

利用数学方法研究问题具有下述两个特点:

(1) 高度抽象。运用数学方法研究事物关系时,研究者接触的不是事物本身,而是公式或者模型等事物的同态系统,因此,这种方法不具备逻辑方法那样的直感性,而是一种高度抽象的方法。用数学方法研究问题要经过专门的学习和训练。

(2) 定量分析,结论具体。用逻辑方法研究问题,对事物只能作出定性的判断,只能给出事物的一般发展方向,而难于描述事物之间的量变关系。用数学方法研究问题,可以表现事物发展过程中的渐变差异,可以显示事物发展的具体程度,所得结论不是一种可能性和趋向性,而是一种具体的数量描述。

在信息分析工作中,运用数学方法经常进行如下一些数学统计和数学运算。

1. 平均数统计

平均数是信息分析中经常进行统计的综合指标之一。利用平均数,可以对研究对象的各个方面、各个部分、各个环节进行相互比较,特别是通过对数量随时间而变化的分析,可以揭示事物发展过程的趋势与特点,反映出一些带规律性的东西。

平均数统计的基本方法是计算算术平均数,即用总体单位数去除各单位标识值的总量。换言之,平均数即项数除各项标识值之和所得的商,其基本公式是:

$$算术平均数 = \frac{标识值的总量}{总体单位数}$$

2. 指数统计

指数是统计中反映各个时期某一现象变动情况的指标,它指某一现象的报告期数值对基期数值之比,一般以基期数值为一百,再求报告期数值对基期数值的百分比。指数统计方法能把复杂的数量比用简单的数字比较表示出来,清楚醒目。

3. 动态统计

所谓动态,就是现象在时间上的发展变化。信息分析中经常统计的有以下几种动态指标:发展水平、增长量、发展速度、增长速度。

(1) 发展水平。发展水平是指研究对象在各个时期的发展所达到的水平,发展水平一般统计三个数值:最初水平,它是统计中的最初时期或时点的指标数值;最末水平,它是统计中的最后时期或时点的指标数值;平均水平,它是根据数列中各项指标数值所计算的平均数。

(2) 增长量。增长量是指研究对象在一定时期内的增长数量,增长量又可分为逐期增长量和累积增长量。逐期增长量是报告期水平减去前一时期水平的差额,它说明逐期增长的绝对量;累积增长量是报告期水平和某一固定时期(通常是最初水平)的差额,它说明一段时间内总的增长量。

逐期增长量和累积增长量之间存在一定的计算关系,即累积增长量等于相应各时期逐期增长量的总和。

(3) 发展速度。发展速度是根据研究对象报告期水平和基期水平之比来计算的,它说明研究对象发展的相对变化程度。发展速度由于对比中所用基期的不同,可分为定基发展速度和环比发展速度。定基发展速度是研究对象报告期水平和某一固定时期水平(通常为最初水平)之比,说明研究对象在较长时期内总的发展速度;环比发展速度是报告期水平和前一时期水平(即把前一时期水平作为基期水平)之比,它说明研究对象逐期的发展速度。

定期发展速度和环比发展速度之间,也存在着一定的计算关系,即定基发展速度等于相应各个时期环比发展速度的连乘积。

(4) 增长速度。增长速度是根据绝对增长量和基期水平之比求得的,它说明研究对象增长的相对程度。增长速度由于所采用的基期不同而分为定基增长速度和环比增长速度。定基增长速度表明研究对象在较长时期内的增长速度,环比增长速度表明研究对象逐期的增长速度。定基增长速度用研究对象报告期水平减去某一固定时期水平(通常为最初水平)所得之差,再除以这一固定时期水平所得的商表示。环比增长速度用研究对象报告期水平减去前一时期水平(即把前一时期水平作为基期水平)所得之差,再除以前一时期水平所得的商表示。

增长速度和发展速度说明的问题是不同的,发展速度说明研究对象的报告期水平比基期水平发展到若干倍,增长速度则说明报告期水平比基期水平增加了若干倍,两者不能混淆。

4. 技术经济指标计算

(1) 劳动生产率。劳动生产率是指一个工人(或职工)在单位时间内所生产的产品数量,其计算公式为

$$P = \frac{Q}{T},$$

式中 P 是劳动生产率,Q 是产品产量,T 是完成产量 Q 所耗费的人时数。

(2) 单位产品原材料消耗量。它是原材料消耗总量与产品产量之比值,其计算公式为

$$m = \frac{M}{Q},$$

式中 m 是单位产品对某种原材料的消耗量,M 是某种原材料的消耗总量,Q 是消耗了 M 原材料以后生产出来的产品产量。

(3) 单位产品生产设备折旧。它是单位产品平均分摊到的生产设备的年折旧费,其计算公式为

$$a = \frac{A}{Q},$$

式中 a 是单位产品的生产设备折旧(元/件),A 是生产设备的年基本折旧额,Q 是产品年产量。

(4) 单位产品成本。它是指生产一个产品时所需要的全部物化劳动消耗和一部分活劳动消耗,其计算公式为

$$c = \frac{C}{Q},$$

式中 c 是产品单位成本,C 是产品总成本,Q 是用总成本 C 生产出来的产品产量。

(5) 成本利润率。成本利润率说明生产的收入水平,它是企业利润率和产品成本之比,其计算公式为

$$p = \frac{S-C}{C} \times 100\%,$$

式中 p 是成本利润率,S 是产品价格,C 是产品成本。

(6) 投资效益系数。它是产品年利润与投资之比,其计算公式为

$$f = \frac{P}{I},$$

式中 f 是投资效益系数,P 是产品年利润,I 是总投资。

(7) 单位投资的年产量。它是产品年产量与总投资之比,其计算公式为

$$q = \frac{Q}{I},$$

式中 q 是单位投资的年产量,Q 是产品年产量,I 是总投资。

(8) 流动资金周转次数。它是年产品销售额和流动资金平均占用额之比,

$$流动资金周转次数 = \frac{年产品销售额}{流动资金平均占用额}.$$

5. 偿还期(投资回收期)的计算

技术引进在经济上的合理性,通常是通过计算投资回收期来评定的。回收期计算出来以后,应与该部门制定的额定回收期相比较,如果小于额定回收期,则说明其经济效果较好,说明该项技术引进是合理的。偿还期的计算公式为

$$T_y = \frac{S_f}{P_y - C},$$

式中 T_y 是可偿还期(年),P_y 是年外汇收入,即创汇能力(美元),C 是年生产成本(折合美元),S_f 是外资总成本(美元)。

下面分别计算 S_f、P_y 和 C,然后计算出 T_y。

(1) S_f 的计算

S_f 是外资总成本,包括引进技术、进口设备的全部贷款,或者贷款及其延付期的利息。因偿还方式不同,S_f 有不同的计算方法。

① 在规定的期限内本息一次偿还

$$S_f = P_f(1+i)^n,$$

式中 i 是年利率(下同),P_f 是贷款金额(下同),n 是贷款年限(下同)。

② 在规定期限内逐年付息,本金最后一次还清

$$S_f = P_f(1+ni).$$

③ 分期偿还，每次偿还本息金额相等

$$S_f = R_i \cdot n,$$

$$R_i = P_f \frac{i(1+i)^n}{(1+i)^n - 1},$$

式中 R_i 是每年偿还本息和。

④ 分期偿还，每次本金相等，除此而外付清当年利息

$$S_f = P_f + \frac{P_f + B}{2} ni,$$

式中 B 是每年偿还的等额本金。

⑤ 分期偿还，每次本金相等，利息一次付清

$$S_f = P_f(1+i)^n - B\left[\frac{(1+i)^n - (1+i)}{i}\right] - B + P_f.$$

(2) P_y 的计算

P_y 是创汇能力，即引进技术设备投产后，每年产品外销能换回的外汇数，按下式计算

$$P_y = Q_z \cdot S_b,$$

式中 Q_z 是年出口量，S_b 是产品国际市场的年平均价格（美元）。

$$S_b = S_F \frac{(1+D_a)^{n+1} - (1+D_a)}{D_a} \cdot \frac{1}{n},$$

式中 S_F 是签订合同时的国际市场价格（美元），D_a 是偿还期间价格年平均增长率，n 是偿还年限。

(3) C 的计算

C 是折算成外汇后的生产总成本（美元），可根据兑换率加以计算

$$C = C_1 \frac{S_b}{S_c},$$

式中 C_1 是用人民币表示的生产总成本，S_b 是国际市场产品平均价格（美元），S_c 是国内市场产品平均价格（元）。

6.2 常用研究方法简介

信息分析既要研究情报的科学技术内容，又不同程度地涉及经

济、环境、心理等各种因素,还与决策科学、预测学、统计学等学科在许多方面相互交叉和联系。信息分析的这些特点,决定了它的研究方法的广泛性。换言之,信息分析采用的研究方法多是从自然科学、技术科学和社会科学的研究方法中直接援引或者间接借鉴而来的。在这一节中,我们将简单介绍几种信息分析工作中经常使用的方法。

6.2.1 比较

比较(Comparison)就是对照各个对象,以便揭示它们的共同点和相异点的一种思维方法。通过比较揭示对象之间的异同是人类认识客观事物最原始、最基本的方法。自18世纪以来,学术界开展了各个领域的比较研究,如比较生物学、比较地质学、比较军事学等。目前,比较研究已逐渐发展成为一门专门的学科,这充分说明了比较方法的重要性和活力。

根据不同的标准和角度,比较可以分为不同的类型。如同类比较和异类比较、定性比较和定量比较、静态比较和动态比较、纵向比较和横向比较、全面比较和局部比较、宏观比较和微观比较等。

比较的基本原则是可比性原则。可比性原则包括两方面的含义。世界上事物之间都具有同一性和差异性,无论空间上同时并存还是时间上先后相继的事物之间,都存在着这种同一性和差异性,因此,原则上都是可以比较的,这是可比性的无条件性和绝对性。但是两个事物的比较必须通过第三者来进行,正像商品价值的比较必须以货币为中介一样,而且每次比较只能有一个第三者做中介,这是可比性的条件性和相对性。可比性原则就是比较的无条件性和条件性、绝对性和相对性的辩证统一。

有比较才能鉴别,有鉴别才能选择,有选择才会发展。比较是研究事物的最为普遍的逻辑方法,也是分析、综合和推理的基础。利用比较方法,可以发现和提出问题,也可以选择技术或者产品,还可以确定方案以便作出决断,因此,比较法是信息分析中最基本和最常用的一种方法。例如,山东淄博是一个近百万人口的中等城市,位于胶济铁路线上,交通方便,煤藏量丰富,但多年来该市的工业产值与同等规模城市相比,始终处于中下水平。后来淄博市情报所围绕这个问题进行了信息分析,他们在全国范围内选择了一些与淄博市人口总数、交通运输等条件相仿的城市进行比较,发现问题出在工业结构上。然后,再把该市的工业与上述这些城市的工业相比较,发现淄博市缺少石油、化工、微生物、发酵等六个行业。后来,淄博市引进技术,建立新厂,使城市工业结构趋于完善,从而大幅度地提高了工业产值。

比较法是信息分析中用得很多的一种方法,下面我们从比较对象、比较的作用等三个方面稍详细地对这种方法作一些介绍。

1. 经常选用的比较对象

在信息分析中,经常用于比较的对象有：

(1) 科学研究水平的比较。决定一个国家或地区的科学研究水平和社会科研能力的三个要素是：科研队伍,包括科研人员的数量、水平以及年龄等；实验设备,包括实验室建设、仪器和材料等；图书情报系统。影响科研能力的潜在因素是教育和经济发展水平。

(2) 工业技术水平的比较。决定一个国家的工业技术水平的因素包括生产规模、设备能力、技术力量、劳动生产率、产品的数量和质量、原材料和能源的消耗、生产成本,等等。

(3) 学科或技术的发展历史和现状的比较。通过对不同国家发展某一学科或者技术的情况的比较,可以总结出他们成功的经验或者失败的教训,从中得到有益的借鉴。

(4) 科学技术发展条件的比较。一个国家开发和利用科学技术的条件包括人口的数量和受教育的程度、经济发展水平、社会需求、实验条件和技术装备、地理位置和自然状况、矿藏和其他自然资源的种类和贮量,等等。

(5) 市场销售情况的比较。影响商品销售情况的因素包括经济发展水平、人均收入状况、当地的风俗习惯、人民的文化程度、其他厂家同类商品在该地的占有率、本厂商品的信誉、商品的价格和质量,等等。通过对不同企业、不同产品在不同地点、不同时期销售情况进行的比较,可以使决策者采取有效的经营方针。

(6) 方案的比较。影响工程建设和技术方案优劣的因素包括工期长短、投产时间、投资、成本回收时间、原料和能源的消耗、劳动强度、对人和环境的影响,等等。

2. 比较法的作用

从事对比分析是我国信息分析工作的重要任务。所谓两个差距(国内外差距、省内外差距)、三个水平(国际水平、国内水平、本系统水平),都是以比较作为基础的,足见比较法在信息分析工作中的重要作用。具体表现为:

(1) 确定事物的水平差距。通过比较,可以分析国家、行业、厂商、技术、工艺等的当前水平和差距,以便对比发展水平,明确发展方向。

表 6-1 采用横向比较方法,给出了 20 世纪 80 年代中后期主要国家和地区电话机的已有和可能的拥有量。从表中可以看出,不论是电话机的绝对数量还是其发展速度,我国都不如韩国,相比之下,从一个侧面显示出当时我国大陆信息产业的落后和推进信息化的紧迫性。

表 6-1 主要国家和地区电话拥有量的比较

	1985 年	1990 年	年增长率
美国	11 780 万门	13 780 万门	3.2%
西德	2 530 万门	3 030 万门	3.7%
法国	2 280 万门	2 910 万门	5.0%
英国	2 200 万门	2 380 万门	5.2%
日本	4 620 万门	5 390 万门	3.1%
苏联	3 300 万门	5 400 万门	10.4%
韩国	660 万门	1 210 万门	13.0%
巴西	800 万门	1 630 万门	15.2%
中国大陆	550 万门	790 万门	7.4%
中国台湾	510 万门	1 070 万门	16.0%

(2) 揭示事物的发展过程。通过比较,可以追溯事物发展的历史渊源,确定事物发展的历史进程,揭示事物发展的变化规律,从而达到了解过去,预测未来的目的。

航空工业部情报所在一篇题为《对我国 2000 年战斗机的轮廓设想》的文章中,采用定性比较方法,对比了美国传统和未来的作战思想,从而可以探求美国战略与战术思想的演变(表 6-2)。

（3）分析事物的异同和优势。通过比较,对研究对象进行定性鉴别和定量分析,可以为识别、判断和选择提供充分的依据。

表 6-2 美国传统与 2000 年作战思想对比表

美国传统 作战思想	2000 年 空陆战设想	美国传统 作战思想	2000 年 空陆战设想
前线作战	进入敌后攻击其后续梯队	优势兵力作战	靠战场、战术上的兵力优势取胜
稳定的阵地作战	强调运动战无稳定阵地	兼顾防御与进攻	强调进攻
防守重要城市与地形	更强调消灭敌方有生力量	依靠核威胁	加强常规兵力
有严格的作战计划	明确共同目标,靠共同理解,由各部队灵活实施	拼火力,拼钢铁	靠精确制导,节省消耗
战略上的后发制人	战略上的速决战战役上的连续作战以对方来不及反应和决策的速度攻击后立即机动转移	良好环境作战为主	全环境作战能力
		集中兵力大部队作战	兵力进一步分散到不值得核攻击

机电部兵器情报所采用定性比较方法,对比了微波、毫米波和光-电技术（红外和激光）的特性,如表 6-3 所示。

表 6-3 毫米波同微波、光电技术的比较

特 性	频 率		
	微波	毫米波	光-电
在雨雾天气和烟雾环境下的作用距离	很远	较远	较近
部件	大、坚固	小、坚固	易损坏
天线孔径	大天线	小天线	非常小的孔径
工作模式	只有主动式（雷达）	主动或被动	大多数都采用被动
成像	不现实的	可行	很好
大气层传播	可穿透大气层	好的频谱响应	穿不透云和雾

由表 6-3 可见,毫米波有许多优于红外和激光的特性,这就是为什么现阶段的制导技术大都选择毫米波制导的原因。

(4) 发现问题和规律。通过比较,可以看到不易直接观察到的变异和特征,纠正流行看法中的偏激和错误,发现理论与实践中的矛盾和问题,从而透过事物的现象,把握事物的本质。

机电部兵器情报所在《微电子技术发展及其在军事上的应用》一文中,采用纵向式动态比较方法给出了美国 1980~1990 年国防开支中关于数据处理的费用,如图 6-1 所示。

由图 6-1 可见,从绝对数值和增长速度,编程费用都远高于设备费用,10 年间增长 10 倍左右。透过数据,说明实现编程自动化是关系到微电子技术在军事上普遍应用的重大问题。

3. 比较时应当注意的几个问题

(1) 注意对象的可比性。对象的可比性通常包括时间、空间和范畴的可比性。时间的可比性是指所比较的数字和情况必须是同一时期的,有时甚至要按周或者按日计算;空间的可比性是指比较时要充分考虑到国家和地域上的差别;范畴的可比性是指相比较的事物必须属于同一层次,具有相同的内涵和外延,例如对于全员劳动生产率,国内与国外的理解就不完全相同。

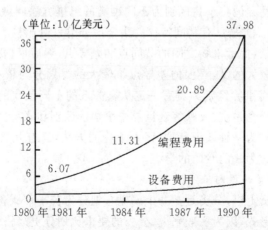

图 6-1　1980~1990 年美国国防开支中数据处理费用

(2) 决定事物的性质和事物发展方向的因素是多方面的,进行比较时必须考虑局部和整体、目前和长远的关系,抓住主要矛盾进行比较。

(3) 事物是由多种因素决定的,比较时除了抓住主要矛盾以外,还必须注意多项指标的比较,才能避免认识的局限性。例如要从国外引进一台隧道掘进机,不仅要对各国各种型号机器的功率和价格进行比较,还必须对它们在不同地质的掘进速度、移动灵活性、零部件更换频率、燃料消耗等项指标逐一比较。

(4) 比较是分析、判断和推理的基础。比较时通常是用数据进行比较,但是,同一个数据可能表征着两种截然相反的情况,不同的人对同一个数据可能作出完全不同的判断。因此,在信息分析中要注意分析数据,透过现象看本质,防止认识表面化。例如,甲乙两厂机床的数量一样多,在一段时间内,甲厂比乙厂生产的产品多就不一定是好事。也许甲厂忽视设备的维修和保养,片面追求机器运转率,长此下去,甲厂的机床会很快磨损,最终将导致机床寿命的缩短。

6.2.2 分类

世界上一切事物都可以按其属性区分开来,并归入一定的门类。这种按属性异同将事物区别为不同种类的思维方法叫做分类(Classification)。类是具有共同特征的集合。分类是以比较为基础的,人们通过比较,揭示事物之间的共同点和差异点,然后根据共同点将事物归并为较大的类,再根据差异点将较大的类划分为较小的类。分类的结果将事物区别为具有一定从属关系的不同层次的大小类别,形成各种概念系统,反映客观世界中事物的区别和联系。

分类作为一种认识事物、区别事物的方法,已有几千年的历史,并已发展成为一门专门的学科。

1. 分类的原则

从逻辑上讲,分类是把一个属概念划分为若干种概念,分类是划分的特殊形式,因为一般来说,分类的要求比划分更严格一些。但是正确的分类和划分所应遵循的规则基本上是一致的。

(1) 穷尽性原则。分类的穷尽性原则系指划分出来的子项的外延之和必须等于母项的外延,即属于母项外延中的每一分子都必须毫无遗漏地归入各子项的外延中。为此,就要选择好适当的分类标准,否则就会出现多出子项或分类遗漏的逻辑错误。

在实际工作中,人们经常采用一种二分法,即将一个母项划分为一个具有某种属性的子项和另一个恰好缺乏这种属性的子项,如核与非核、战时与平时、军用和民用等。由于二分法是把一个母项划分为具有矛盾关系的两个子项,正负分明,简捷易行。有时为了研究需要,人们也经常采用把事物划分为"a,b 及其他"这样形式的分类,这里的其他包括一切非{a,b}。如美国、苏联和其他国家,反坦克武器、防空武器和其他武器等。

(2) 排他性原则。分类的排他性原则系指母项划分后各子项的外延或范围应该是互不相容、互不交叉的。否则就会出现子项相容或分类重叠的逻辑错误。

为此必须做到:① 一次分类只能根据同一个标准,也就是根据事物的某种属性或关系进行,不应出现"划分标准不同一"的错误。② 分类必须按照一定的层次逐级进行,即子项要保持同一层次;母项和子项要处于相邻的两个层次,不应出"越级划分"的错误。

总之,不论是穷尽性原则还是排他性原则,都关系到选择标准和坚持标准的问题。因此,处置分类标准是分类的关键问题,也是信息分析人员在使用中容易出错和应当引起重视的地方。

2. 分类的作用

分类是科学认识和科学研究的起点和基础,同样也是信息分析的重要方法。分类在信息分析工作中的作用有:

(1) 信息整序的主要手段。思维的过程是一个信息加工过程。而对获得的大量信息的加工处理,则从整序着手。恩格斯说:"无数杂乱的认识资料得到清理,它们有了头绪,有了分类,彼此间有了因果联系;知识变成了科学……"[①]因此分类方法是整理和储存情况、事实、数据,使之条理化和系统化,并为分门别类深入研究创造条件的主要手段,否则就会千头万绪,如堕烟海。

---

① 马克思恩格斯全集.北京:人民出版社,1956年,第 1 卷,第 657 页.

(2) 认识事物的基本依据。俗话说："物以类聚,人以群分。"分类是认识事物和研究事物的依据和起点。千变万化的事物和成千上万的数据,不形成种或类的概念,不进行系统分类是不可想象的。正如恩格斯所说："没有种的概念,整个科学就没有了。科学的一切部门都必须以种的概念为基础……。"[①]大量纷繁庞杂的事实材料一经分类,往往会显露出某些规律性的线索和端倪,有助于概括和发现。

科学史上,元素周期律的发现就得益于比较和分类的方法。门捷列夫以元素的原子量为分类标准,按其递增顺序排列,发现元素的化学性质随着原子量递增存在着周期循环的现象,从而发现了周期律。化学元素周期表就是分类思想的杰作。

(3) 信息分析的重要基础。分类是各门学科研究的一种基本方法,因为科学要从堆积事实的经验阶段走向整理事实的理论阶段,就不能不借助分类方法来架设中间的桥梁。在信息分析过程中,课题内容的划分、问题的思考、考察结果的表述以及信息分析的许多方法,如归纳与演绎、分析和综合等的运用都是以分类和划分作为重要基础。例如层次分析法的核心就是把问题层次化,根据问题的性质和要达到的总目标,把同一层次的问题分解为不同的要素,形成一个多层次的分析结构模型。在这里不论层次的划分还是问题的分解,都是与分类密不可分的。

6.2.3 类比

所谓类比(Analogy),就是根据两个(类)事物之间在部分属性上的相似而推出它们在其他属性上也可能相似的一种思维方法和推理形式,借以获得对新事物的理解和认识。

类比具有跳跃性,能在不同质的两个(类)事物之间建立起特殊的推理关系,构造由此及彼的桥梁。类比具有直接性,适用于横向领域的知识转移,成为现代模拟法、模型法、移植法的逻辑基础。正因为这样,有的学者认为类比是一种极富创造性的非逻辑推理。康德说:"每当理智缺乏可靠论证的思路时,类比这个方法往往能指引我

---

① 恩格斯.自然辩证法.北京:人民出版社,1984年,第95页。

们前进。"

根据不同的角度,可以将类比分为不同的类型,通常有对称类比、协变类比、因果类比、综合类比(模拟类比)以及结构—功能类比、概念—机制类比等。

1. 类比的作用

由于类比法是把极不完全的归纳法和极不严格的演绎法缩合在一起的产物,因此,它既不像演绎法那样受现存原理的约束,又不像归纳法那样需要众多的同类的事实,而可以把看起来差别很大的两个(类)事物联系起来,触类旁通,启发思考,提出设想,这就大大有利于发挥思维的创造能力。类比法在科学研究中的作用主要表现在:

(1) 启发作用。启发是类比的主要作用,如受人脑头盖骨由8块小而薄的构件组成的启发,创造了薄壳结构,建造了由1620块小而薄的构件组成的罗马运动场的屋顶;受到海水搏打在海滩上的搏动与微血管循环系统衰端现象搏动类比的启发,修瑞娟提出了"修氏定理",从而提供了正确解释病因的新理论。

(2) 模拟作用。所谓模拟,就是按照一定的规则创造出一个研究对象的类似物,在这个类似物上再现对象的特征和过程。尤其对于遥远空间、远古年代、广袤范围、物理禁区、高昂代价的场合更需要模拟。如维纳从人类、生物、机器的调节功能的相似的类比中,提出了反馈概念,创立了控制论。

(3) 仿造作用。运用类比方法模仿自然界中存在的天然物,是设计和制造人工物的一条重要途径。模仿海豚体形建造了高速潜艇,模仿企鹅建造了极地汽车,模仿蝙蝠的回声机理设计出雷达等等。现代仿生学是与类比思维不可分离的。

(4) 助假说作用。科学研究中往往开始以类比法提出科学假说,然后经过论证和检验发展成为理论。如德布罗意根据光的波粒二象性,通过类比得出实物粒子也有波粒二象性的假说,建立了物质波理论。

(5) 移植作用。把一种成功的技术或者成熟的理论通过类比移植到另一个新的领域,如李四光把力学方法移植于地质学,创造出地质力学,揭示了不同形态地质构造的内在联系,从而提出了构造体系这个崭新的科学概念。

信息分析是一项综合性很强的研究工作,往往需要进行大范围、大行业、多学科、多因素、多层次的研究,而且往往是通过对国外的研究解决国内的问题,因此类比法具有重要的作用。例如,我们想进行彩电的市场预测,可以通过对黑白电视机在我国城乡历年销售情况的分析,类比出彩电在我国销售是否趋近饱和期,这是历史类比。此外,还可以地理类比,了解世界各国彩电销售情况,为我国彩电市场预测提供借鉴。20 世纪 50 年代的中期和晚期(1954～1958 年),苏联曾经大力开垦哈萨克、伏尔加和北高加索地区,垦荒 7～8 年以后,1963～1964 年垦区发生了三次黑风暴,头两次使垦区损失沃土分别达到 19.6 亿吨和 12.8 亿吨,第三次使 20 万公顷垦地变为一片荒野。英国和法国认为垦荒失败是管理不善造成的,美国则认为是决策者不懂农业,指手画脚瞎指挥导致的。中国情报人员把苏联这次垦荒与 20 世纪 30 年代初美国开发西部干旱地区而造成的举世闻名的黑风暴事件相类比,认为垦荒失败主要是由于滥用土地所致。垦区气候干燥,无霜期短,土质疏松,大面积砍伐森林改做农田以后,土壤失去保护层,再加上追求粮食增产而没有对土壤实行轮作和休耕,因而使土壤肥力和保水能力迅速下降,土质更加疏松,经不起旱风的袭击。

2. 应用类比方法的注意事项

类比思维常常不是按照严格的逻辑步进,所以更能活跃人的思路,提出一些有创见的看法。但是,另一方面,类比包含很多超逻辑思维,掺杂有揣测、假想等主观想象的因素,因此,类比推理是一种或然性的推理。鉴于类比方法的上述作用及其局限性,我们既要自觉地掌握它和运用它,又要尽量地设法提高它的可靠程度。为此,应当注意以下两个问题:

(1) 积累有关对象的丰富知识,是运用类比推理的必要条件。类比方法的运用是以已有的知识为基础的,因此,一般说来,所积累的知识越丰富、越广博,在选择恰当的类比对象时,就越能够左右逢源、运用自如。否则,在缺乏必备知识的情况下,勉强地运用类比,就容易作出牵强附会的推论。

(2) 运用正确哲学思想的理论指导,是提高类比结论可靠程度的有力保证。类比结论的可靠程度,取决于相似属性(或共有属性)和推出属性之间的相关程度。二者的相关程度越高,结论的可靠程度就越大,反之,就越小。以表面相似为根据的肤浅类比,是容易找到的,但实际上往往不能说明任何问题。只有抓住事物的本质联系作为推理的根据,才能得到较为可靠、较为深刻的类比推论。

6.2.4 分析与综合

1. 何谓分析

分析与综合是抽象思维的基本方法。分析(Analysis)是把整体分解为部分,把复杂的事物分解为简单要素分别加以研究的一种思维方法。在客观事物中,组成整体的各个部分本来是相互联结的,为了分析这些部分或方面,就必须把它们暂时割裂开来,把被考察的因素从整体中抽取出来,暂时孤立起来,以便让它单独地起作用。在研究工作中,所采用的单因素分析法或单因子实验法都是为了深入事物的内部,研究它们的细节,为从总体上把握事物积累材料。

分析的基本步骤是:① 分解事物具有多样性的各个方面;② 考察各个部分的特殊结构和本质;③ 研究多样性的各个方面的地位、作用和相互关系。

2. 何谓综合

综合(Synthesis)就是在思想中把对象的各个部分、各个方面和各种因素联结起来考虑的一种思维方法。综合不是主观地、任意地把对象的各部分捏合在一起,而是按照对象各部分间的有机联系从总体上把握事物的一种方法。综合的认识优于分析的地方,在于它恢复并把握了事物本来的联系和中介,克服了分析给人的眼光造成的局限,因而就能揭示出事物在其分割状态下不曾显现出来的特性。

综合的基本步骤是:① 把握事物被分析出来的各个方面;② 确定各个方面的有机联系和结构形式;③ 揭示事物总体的本质和规律,从多样性的统一上再现事物的整体。

3. 分析与综合的辩证统一

分析与综合并不是彼此割裂的,整个认识过程是分析和综合的统一。恩格斯说:"思维既把相互联系的要素联合为一个统一体,同样也把意识的对象分解为它们的要素。没有分析就没有综合。"[1]

分析和综合的辩证统一首先表现在分析和综合的相互依存、相互渗透中。综合必须以分析为基础,没有分析,认识不能深入,对总体的认识就只能是抽象的、空洞的。只有分析而没有综合,认识就可能囿于枝节之见,不能统观全局。事实上任何分析总要从某种整体性出发,总不能离开关于对象的整体性认识的指导,否则分析就会有很大的盲目性。

分析和综合的统一还表现在它们的相互转化上。人的认识是一个由现象到本质、由一级本质到二级本质不断深化的过程。在这个过程中,从现象到本质、从具体到抽象的飞跃是以分析为主的;一旦达到了对事物的本质的认识,就要用这个本质说明原有的现象,这就是提出假说、建立理论(或模型)的过程,这个过程就以综合为主。随着认识的推移,当新的事实与原有的理论发生矛盾时,认识又可能在新的层次上转入分析。人们的认识就是在这种分析—综合—再分析—再综合的过程中不断前进的。

4. 分析综合方法在研究工作中的作用

从创造工程学的角度看,创造发明活动常常是由于异质情报的杂交重组。印度学者斯·科森运用生物的遗传学原理来解释情报活动,在1981年提出情报基因理论。他认为,既然异质等位基因的结合产生强大的杂交优势,同样,将不同来源的情报基因综合杂交在一起,也会表现出明显的杂交优势。美国航天局负责人曾经说过这样一句话:"请看阿波罗宇宙飞船的技术,其中没有一项是新的突破,都是现行技术,关键在于能否把它们精确无误地组织好。"

在技术开发活动中,利用分析综合方法博采众长,从而赶超世界先进水平的事例屡见不鲜,其中很有代表性的是日本摩托车制造业的腾飞。1968年日本决定搞摩托车制造工业,当时有人提出求助于颇有名气的法国某工厂,买他们的全部专利,按他们的型号生产。法国答应四年内帮日本建成工厂,年产600万辆摩托车。但是,日本政

---

[1] 恩格斯.反杜林论.北京:人民出版社,1970年,第39页.

府没有走这条"捷径"。他们从全国摩托车修理业中选拔200名有丰富实践经验,又有一定研究能力的技术人员,分成12个小组,花一年时间走遍了世界各国重要的摩托车厂家。一年以后,考察小组获得了丰富的感性知识,搜集了很多资料,并且带回170多部样机。回国以后,考察小组将每种样机用一部作运转试验,一部解剖,对每一个零部件逐个进行研究,分析它们的优点和缺点,最后博采众长,设计出一种轻便耐用、性能优良、价格便宜的摩托车。日本的摩托车工业从出国考察到建厂投产也就花了4年多时间,产品投放国际市场后,很快销路大开,风靡世界。

在信息分析工作中也经常应用分析综合法,例如,产品情报调研总是先调查国内外同类产品材质、结构、性能,搜集并分析各项技术参数,然后博采百家之长,对各家的优点进行综合,把技术的先进性同本企业技术水平、能源、材料、设备能力、人员状况、市场销售潜力以及企业管理水平等现实可行性综合起来,最后,提出对发展新产品或改进产品质量的具体建议。

北京市科技情报所1978年进行的"北京2000年展望"课题,是大型综合性信息分析工作,参与课题的30多位情报人员,在其所学专业上并不是佼佼者,论专业知识也比不过专家教授。但是,他们在将各行业分析透彻的基础上,实现"大综合",涉及人口、劳动、产业、财贸、交通、文教卫生、旅游等社会各个领域,决非某个专家所能独立完成。这份调研报告既有基础数据的汇总,又有论点论据的分析,还有宏观战略性展望,为决策者勾画出2000年北京发展的远景。该研究获得国家级科学进步三等奖和北京市科委情报成果一等奖。

6.2.5 相关分析

1. 何谓相关分析

辩证唯物主义认为,物质世界是由无数相互联系、相互依赖、相互制约、相互作用的事物所形成的统一整体。相关分析是利用事物之间内在的或现象上的联系,从一种或几种已知事物判断未知事物的方法。相关法亦称天体测航法,它是从古老的观测天象以判断航船方位转引而来的一种研究方法。

按事物之间的联系方式,相关关系可以分为因果相关、伴随相关、并列相关、包容相关等。因果相关是利用已知事物和未知事物具有因果关系来研究事物的方法,如根据复合装甲出现的事实,推断穿甲弹将比破甲弹会有更大的发展;根据核威胁的理论,预计常规武器的地位和作用将显著增加等。伴随相关是利用已知事物和未知事物相伴出现的特点研究事物的方法,如根据乡镇企业的发展,注意对环境保护的研究;根据美苏缓和的局势,警惕周边战争的爆发;根据苏联解体,预计经济竞争将会加剧,等等。

2. 相关分析的作用

由于事物的联系是普遍存在着的,在信息分析中,常常利用相关分析,由已知信息来推出未知信息。20 世纪 60 年代初,有关大庆油田的情况是保密的,日本人根据油罐车上泥土的颜色和厚度、汽车司机的着装,根据报纸上有关王进喜事迹的报道以及其他资料,准确地判断出大庆油田在齐齐哈尔与哈尔滨之间的松辽平原上。

利用因果联系研究事物,既可以根据已知之因推测未知之果,也可以根据已知之果反推未知之因。英国威尔斯北部有个叫戴姆维斯的村庄,过去二三年中出生的婴儿都是女孩,村民们深以为虑。无独有偶,中国山西一个偏远的山村中,十多年来出生的婴儿都是女性,而且成年妇女个个患有头痛、骨痛的怪病。这些奇特的现象引起了医学界的注意,经过专家们的调查,原因在于这两个村庄的居民饮用了含镉量较高的污水,水源被遗弃的锌矿污染了。科学家们认为,当人体内含镉量高时,精子的成熟和活动能力受到损害;比较起来,含有 X 染色体的精子抵抗力强,生存率比含有 Y 染色体的精子要高。这样,含 X 染色体的精子与卵子结合的机会就多,所以容易生成女胎。在上述实例中,科学家探索"女儿村"奥秘所采用的思路就是相关分析。

由于事物之间的联系是错综复杂的,因果相关与伴随相关交互混杂,有时甚至与非相关事物偶合,造成某种假象,不易分辨。因此,使用相关分析法的关键在于研究人员具备足够的有关科技知识和进行深入的调查研究,才能进行由此及彼、由表及里和去伪存真的分析。某果汁厂进行果汁澄清问题的调研,开始由于情报人员缺乏技术知识，加上果汁加工工序较多，影响质量的因素也很多，一时难以抓住主要矛盾。后来情报人员与技术人员一起进行分析研究，根据混浊原因是出现酒石酸沉淀，最后才判断是巴氏杀菌工序温度控制不好所致。再如，某情报所对大城市蔬菜供应紧张进行调研，开始时曾错误地判断，是近郊工副业生产冲击了蔬菜生产。他们的推理过程是：近郊工副业发达，需要大批劳动力；工副业人均收入高，对劳动力有较大的吸引力；于是，大批青壮年流向工副业，从事蔬菜生产的劳动力减少；劳动力减少，菜田面积缩小，从而引起城市蔬菜供应紧张。根据这种推断，情报人员准备向有关部门建议，通过抑制工副业，来扶植蔬菜生产。以后，深入一步的调查，发现以工副业补农的办法可以在相当大的程度上缓和工农业之间的矛盾。再把这个问题放到社会系统的大视野中分析，进而发现城区蔬菜产销体系得过死和蔬菜收购价格不合理是影响菜农积极性的主要原因，最后，提出改革城市蔬菜产销体制，开放蔬菜农贸市场的建议。事实证明，这种相关分析是准确的。

3. 相关法的特点

(1) 研究方法间接、迂回。在利用相关法研究问题中，人们的研究目标、所要解释的问题是甲事物，但所直接面对的却是乙事物，然后通过甲乙事物之间的联系，从乙事物出发，采用迂回的间接的方式去接近甲事物，最后认识甲事物。

(2) 强烈依靠研究者的经验。彼此之间相互联系是事物的普遍特点之一，如何将恰好是相关关系的因素联想到一起，这在很大程度上要依靠研究者的经验。对于各种相关事物的细心观察、大量积累，并从中总结出规律性的东西，是能够成功地应用相关法研究问题的一个重要条件。

相关法的这些特点决定了这种方法特别适用于军事、专利等保密技术和其他难得技术的研究。1891年，俄国化学家门捷列夫到法国旅行，弄到了法国无烟火药的样品。但是，无论对样品进行怎样仔细的分析，也无法确定火药成分的准确配比。于是，门捷列夫根据法国铁路运输统计表，对通往法国武装部火药工厂的货运列车进行分析，将显然与火药生产无关的货物一一排除，终于弄清了法国无烟火药的准确配比。相关法既可用于定性研究,也可用于定量研究。定性研究所用的是逻辑相关推理,定量研究所用的是数量相关分析。

在信息分析中,经常见到的一些有相关联系的事物列于表6-4中。

表6-4 信息分析中常见的相关事件

已知事件	未知事件	相关关系
原料价格变动	产品价格变动	因果
厂房高度	设备形式(塔式或槽式、立或卧)	因果
废水成分	工艺方法	因果
设备外形	设备内部结构	因果
误差大小	仪器设备与方法	因果
老装备解密	新型号装备服役	伴随
现役军用装备性能	下代民用装备性能	伴随
某项技术专利文献大量发表	该项技术具有竞争意义并已开始走向工业应用	因果
文献稀少但保持多年	课题难度大但有战略意义	因果

6.2.6 变换角度

1. 何谓变换角度

变换角度又称相异思维,这是突出发散思维过程,鼓励从不同角度、不同侧面来思考问题的一种研究方法。在日常生活中,当人们遵循某一模式研究问题得不到满意结果,而改从其他角度研究这个问题时,往往会殊途同归,使研究工作获得很大进展,或者使问题得到满意解决。这种方法也常用于从某一角度研究事物得出结论之后,为防止片面性,有意变化到另一角度去分析论证从前一角度研究所得结论的准确性、适应条件,进而提出新的猜测和设想。

2. 在研究工作中的应用

变换角度法在研究工作和日常生活中的应用相当普遍。早在1912年威格纳就提出了"大陆漂移说",几十年来由于提不出过硬的证据,这个假说几乎被人遗忘了。20世纪50年代初,当时既没有射电望远镜,也没有激光测距仪,一批英国科学家索性跳出测量学的范畴,改从别的方面去寻求答案,结果依靠一架小小的探磁仪成功地证实了一年仅有几厘米的大陆漂移。又如麦克拉马纳一上台就遇到了使历届国防部长都头痛的问题:财政年度末临近,国防部经费将遭冻结。麦克拉马纳没有命令部属突击花钱,而是改用法律的手段顺利地解决了这个问题。

变换角度是一种广开思路的方法,它能够帮助人们多方思考,克服认识的片面性,也能够提供多种选择方案,使决策优化。在家用洗衣机的发明设计过程中,就使用了变换角度法,曾经设想采用搓洗、刷洗、捣洗、冲洗、漂洗等各种不同方法,最后经过分析对比,采用了适用范围最广的冲洗方法。在如何处理含苯废气的调研中,情报人员就采用了变换角度法。开始考虑采用深冷液化法,降低苯蒸气的温度,使其液化成溶剂,但这种方法耗能大,不可行。继而提出重油吸收法,但后续工序复杂,还需把苯与重油分馏出来。接着又提出用活性炭、分子筛吸附法,但这种方法需要制作受压容器——吸附罐,一次性投资大。后来考虑利用废气温度高的特点烧掉苯,首先考虑催化燃烧,但需贵重金属作催化剂,还有催化剂中毒问题。能不能直接将含苯废气通入锅炉燃烧掉呢?经过试验证明,只要控制燃烧条件,完全可以安全地把苯烧掉,既可以保护环境,又能利用其热量。于是,最后建议采用燃烧方法来处理含苯废气。

3. 方法的局限性

变换角度是一种广开思路的方法。它有助于人们多方思考,集思广益,克服片面性,有利于科学技术的创新和发展。但这种方法是一种从现象入手分析研究问题的方法,因而在通常情况下,它仅仅是一种用来展开问题的方法,而不是一种用来决断问题的方法。

一个完整的思维过程往往是一个从发散到收束的过程。发散思维用于展开问题,收束思维用于决断问题。变换角度法可以为研究者提供较多的见解和方案,给决策者带来更大的比较、鉴别、选择的余地,从而使决策建立在更为全面可靠的基础之上。但是,要对某个问题作出结论,不能单靠发散思维,而必须经过逻辑或数学方法的综合论证。从本质上看,变换角度法只是给人们提供了一个从多角度、多侧面来认识问题的方法,它不能用来论证问题和决断问题。

6.2.7 头脑风暴

头脑风暴法(Brain Storming)是一种比较典型的创造性思维方法。原来的意思是指精神病患者精神错乱时的胡言乱语,这里转用它的意思为无拘无束、自由奔放地思考问题。头脑风暴式的活动,往往用于对战略性问题的探索上。把科学家、技术专家、管理学家、经济学家、历史学家请来,相聚一堂,为某个战略性问题发表己见。他们在一起高谈阔论、坐而论道,相击发灵光,切磋成良玉。在科学家思路枯竭、停滞不前时,哲学家一句妙语,能使人顿开茅塞;或许在管理学家、经济学家束手无策时,历史学家一个典故,往往使人豁然开朗,出现"柳暗花明又一村"的局面。美国阿斯彭人文研究学院采用这种方法组织学员学习讨论,效果很好。

在施用过程中,这种方法又可以分为个人头脑风暴、集体头脑风暴和质疑式头脑风暴三种方式。

1. 个人头脑风暴

个人头脑风暴一般是在一个偶然的场合,某人由于受到外界某一事物的启发,而萌发出一种富有创见的想法,或者找到了解决某一问题的办法。日本有个叫山下楠太郎的人,在海里游泳时不小心把一红布条掉在海里,红布条随波漂荡,几条小金枪鱼游过来咬红布条的边缘。在这种情景的启发下,山下灵机一动突然想到,鱼爱咬漂动着的东西,那么,不用活诱饵不也可以钓鱼吗?于是他开始研究人工模拟诱饵,最终研究成带色的、发光的和各种小鱼形状的模拟诱饵2 000多种,向世界各国出口,山下为此获得了国家奖章。山下思考问题的方法就属于个人头脑风暴的范畴。

2. 集体头脑风暴

集体头脑风暴一般是以小组会的方式进行,人数以5至10人为宜。这种讨论会一般事前约法三章:第一,思想自由奔放,想到什么说什么,不要求全面系统;第二,讨论中各说各的,不评论别人的意见,不互相争论;第三,联系别人思路,结合或改善别人意见,多提方案或者建议。在这种融洽的气氛中,通过无拘束的漫谈,通过观点的交换,人们相互启发,往往可以诱导出有创见的思想火花和大胆的设想。美国兰德公司的一些科学家应用此法,为美国国防部提供了许多新颖、有益的建议,如建议设计远程飞机和空中加油机,延长飞机的续航能力,代替二次大战后遍布全球的空军基地。集体头脑风暴的一个突出特点,是可以使到会者得到相互启发和相互补充,因而比对同样数量的人单独征询意见得到的建议和方案要多些、深些,甚至怪些。而且避免了过去那种调查会往往受到一两个权威左右,或者会有意无意地去迎合领导意图的情况。

3. 质疑式头脑风暴

质疑式头脑风暴又称破坏式头脑风暴,这种方法也是以小组会的方式进行,主要用来对过去已经制订的方案和设想提出异议。在小组会上,入会者围绕以前业已形成的设想讨论各种问题,例如论证这种设想不能实现的理由,指出阻碍设想实现的因素,提出排除这些限制因素的方法等。经过这样一番吹毛求疵的质疑,人们将会站在一个新的高度来认识过去已经认识的问题,甚至会得到一个全新的设想和建议。美国国防部制订长远科技规划时,曾邀请50名专家开了两周会,任务是对事先提出的工作文件提出质疑,并通过讨论把文件变为协调一致的报告。讨论结果,原工作文件中的意见只有25%~30%得到保留。英国邮政部和美国IBM公司也曾利用这种方法开展预测工作。

应当指出,头脑风暴法是一种即兴研究方法,它虽有利于捕捉研究者的瞬间思路,诱导出有创见性的思想火花,但也有逻辑不严谨,意见不全面等不足之处,因此,应用这种方法所提出来的意见和方案一般尚需用逻辑方法和数学方法对其加以补充和修正。另外,利用这种方法,还要注意做好入会者的遴选工作和背景材料的准备工作,这与所获效果关系甚大。

6.2.8 文献计量

人类的计量意识可以追溯到遥远的古代,但文献计量学(Bibliometrics)作为一种科学研究方法,却是近百年的事情。1917年文献学家F. T.科尔(Cole)和N. B.伊尔斯(Eales)合作,在《科学进展》期刊上发表论文,他们对1543~1860年之间有关比较解剖学的出版物进行了分析,也就是对图书和期刊文章的有关题目进行计数,并按国别加以分组。结果不但系统地查明了比较解剖学在这一时期的研究重点及发展趋势,而且也掌握了这一时期文献在世界各国的分布。1923 年英国图书馆学家 E. W. 休姆(Hulme)在科尔等人的工作基础上提出"书目统计学"。继而在 1948 年英国专业图书馆和情报机构协会的会议上,著名的图书馆学家 S. R. 阮冈纳赞(Ranganathan)呼吁:"图书馆学家们必须仿效生物学计量、经济学计量和心理学计量来发展图书馆学的计量技术,"因为"图书馆工作与服务涉及大量的数字东西"。然而一直到 1969 年英国文献学家 A. 普里查德(Pritchard)才提出"文献计量学"这一术语。

1. 方法的优势

文献计量学作为情报学的一个分支,正力求寻找并实现其具体应用,信息分析定量化的进展,又势必要借重文献计量学为其方法,两者相得益彰。文献计量学用做研究方法时,有如下的种种优势。

(1) 发挥情报人员之所长。以文献计量学为研究方法时,必须以文献及其某些规律为依据。这些既是情报机构收藏与管理的对象,也是情报人员熟悉并能灵活运用的知识。文献计量学方法的采用,真正体现着情报人员在施其所长。1980 年初,日本化学工业社组织社会工业与科技界人士,展望 20 世纪 80 年代化学工业的前景。日本科学技术情报中心情报部的小森隆,采用与众不同的文献计量学方法,完成了这一调研任务。他以 JOIS-S 理工数据库中的 622 405 篇文献为来源资料,计数这些文献中出现的塑料、橡胶、纤维等关键词的频次。据此,小森隆断言 80 年代聚酯纤维仍将有压倒一切的优势,而醋酸纤维则会越来越受冷落。小森隆的研究结论,与其后世界各类合成纤维的实际产量不谋而合。由此可见,从文件计量学方法所取得的研究结果,完全可以准确地反映客观趋势。

(2) 能其他方法之所不能。在文献计量学中,有一个越来越为人们所瞩目的分析技术——引文分析。引文分析可以由表及里地探索事物(只要有文献发表)的结构和规律。引文分析就是利用著文所引及的文献,对著文所体现的内容进行分析与综合。有时著文所反映的内容,对其他研究者来说不是隐蔽的,就是难得要领的,当其他研究方法不能奏效时,引文分析有可能建立奇功。一篇著文的引文可能无关宏旨,一个学科一定样本容量的引文,就可以挖掘出许多深层信息。例如,考察并比较世界各国与地区的基础研究水平,如有可能的话最好还要排出顺序,显然是一个比较烦琐的研究课题。匈牙利情报科学和科学计量学研究所的 T. 布劳温(Braun)等人,就用文献计量学的引文分析法,使这个似乎无从下手的课题迎刃而解了。他们选择 SCI 为资料来源,统计了 1978~1980 年间 107 个国家和地区的 5 个指标(所有科技领域里的出版物总量,出版物年度增长百分比,每件出版物实际平均被引率,每一件出版物的期望被引率、相对被引率),将有关数据列表显示,并将每一指标进行排序,勾勒出了这 105 个国家或地区基础研究水平的状况。

(3) 计量元素好辨别易收集。实施文献计量学方法时,所选用的计量元素大多数是文献外在的某些特征,一望而知,一索即得,勿需更多的变换与分解作业。对文献计量学方法而言,有许多供应数据的资料库,例如 SCI、SSCI 等。即便手边没有这类检索工具,要亲自动手统计的话,所用的计量元素也是好查好找的。到目前为止,文献计量学方法约有 20 余个计量元素,可测项多达 50~60 个。致使采用文献计量学为研究方法时,有许多可资借鉴的计量入口。例如,激光技术是一个发展迅速的技术领域,那么 1983 年前后激光应用的重点是什么呢?有人以文摘杂志为依据,以文摘条目为计量元素,考察 1977~1983 年间文摘杂志摘录不同类目文摘条目数量,以此来判断激光应用的重点。从文献条目统计得知,1977~1980 年间激光应用的重点是光通信,但是激光干涉计量、激光测量、激光聚变、化学应用与激光热处理等,也日益为人们所重视,自 1981 年起便取代了光通信应用的首席地位。

(4) 研究者不需要深广的专业背景知识。信息分析是专业性很强的分析与综合工作,经验证明,进行某一专题技术信息分析时,如果研究人员缺乏专业知识,那是很难有效进行工作的。另外,专职信息分析人员研究的课题是多方面的,所熟悉的专业背景知识却是有限的。信息分析人员专业背景知识的局限性,可因采用文献计量学方法而得以缓和补救。在一般情况下,只要具备标引专业文献(指主题标引)的知识,就能较好地运用文献计量学方法。在进行某些新技术、高技术的信息分析时,碍于缺乏足够的专业知识,而难于采用其他研究方法时,文献计量学方法是一个很好的替代措施。例如当考察英国海流学科学研究采用的观察技术及其变化情况时,可请有关专家确定40种有关该学科的重点科技期刊,进而从中选出991篇海流学方面的文章,区分它们所采用的观测技术,按年度汇总。同时还可从1976年开始,对当年和回溯3年发表于上述40种期刊上的文章,进行引文分析,即利用SCI统计不同观测技术文章被引频次及平均每篇文章被引次数。通过上述统计分析发现,有关卫星观测的文章日益增多,从1973～1974年的6篇,增加到1979～1980年的10篇。然而在1981～1982年间发表的论文中,114篇观测性文章中有111篇使用了船测技术。尽管卫星遥感技术在海流观测中有增加的趋势,但也仅有7%左右,由此可见,船测是当时一种常用观测技术。

2. 方法的展开形式

(1) 描述统计。这是文献计量学方法最常用的一种工具化形式,它是对全面所述的"计量元素"进行"测量"并转换为数字信息后,施行加工概括、列表、图示、计算综合指标等作业,用以直接地反映研究对象的现象与本质。描述统计在于刻画一个具体事物现状、对比两个系统的差距等。描述统计能给人以简捷、明快的结论。但是,它对复杂而庞大的研究对象是无能为力的,它不可能、也无法完整准确地描述大型研究对象的主体。描述统计在引文分析中用得很多,但对大型研究对象必须启用推断统计才行。

(2) 推断统计。推断统计系借助于抽样调查,从局部来推断总体,从而对不肯定的事物做出决策的统计学技术。因为研究对象是大型的,其所含个体不胜枚举,这样便无法对该对象实行描述统计。行之有效的方法是,从总体抽取少数个体作为样本,对样本进行特性(数字化)研究,再从样本所得到结论溯及研究对象的总体。推断统计的核心是估计和检验。前者以一次性试验为依据,或者从某一总体上抽取出有限的样本为依据,对整个总体的某一特征数值作出估计。后者从实验或从样本所取得的数据,作出某种假设检验。根据其计算结果来推断所作出的假设是否可以接受,如在几种可供选择的方案中进行挑选,就可根据假设检验,决定何种方案为最优。现代社会及科学的发展,使得推断统计得到广泛的应用,在文献计量学中也有大量的应用。

(3)建立数学模型,刻画研究对象。当描述统计和推断统计不能满足研究需要时,可以建立相应的数学模型,利用各资料估计参数,以模型来刻画并解释研究对象的定量特征。

图 6-2 中实线表示联系,虚线表示反馈。建立模型大致分为以下四个阶段:理论分析;建立模型;估计参数;具体刻画与解释研究对象。

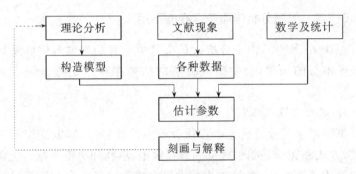

图 6-2　建立数学模型的一般模式

(4)依据文献计量学规律来分析研究。建立模型以对研究对象进行定量的刻画与解释,只要是对象的各种量存在着函数关系或相关关系就可以实施。依据文献计量学规律来分析研究,可以说是方法(3)的特例。目前,文献计量过程中已经出现了构成文献计量学核心的几个定律,例如文献增长定律、文献老化定律、论文作者分布定律、文献离散定律等,这些定律虽属经验性质的,但它们也能反映文献的某些运动规律。因此,可依据这些经验定律来分析研究被研究对象的某些定量特征。

以上主要介绍了八种研究方法,其实,原理法、公式推导法、系统分析法等,都是信息分析工作中经常使用的方法,只是限于篇幅,不可能一一介绍。尤其值得指出的是,实际工作过程中,上述方法并不是孤立使用的,在一个研究课题中,往往要同时使用或交叉使用多种方法,方能达到预期的效果。

6.3 完善信息分析的方法

信息分析是一个需要不断进行完善的过程,进行完善的理由是因为分析会存在不足,进行完善的方法则主要是盲点分析法。近年来,随着人们对情报工作实践的反思,逐渐总结出在情报研究领域受到肯定的矛盾假设分析法,为完善信息分析又提供了一个系统规范的工具。

6.3.1 信息分析中可能存在的不足

在决策研究中,由于分析人员头脑中固有的思维习惯和所用分析技术本身的局限,会使研究分析的结果存在一定的认识误区和不足。

1. 思维习惯的限制

思维习惯在分析研究中往往表现为惯性思维,即以固定不变的态度、方式和知识基础去对待和解释数据、事物和决策问题。强调或坚持使用固有智能、各种先决假设以及以往的经验和教训都是惯性思维的表现形式。在缺少认识框架的情况下,利用惯性思维去理解新事物和新现象,这种做法固然快捷,但对于管理决策和竞争情报分析而言,也存在着隐忧。因为惯性思维有可能迟滞对新的威胁或机会的认识。世界在变化之中,某些思维习惯也应作出改变,但是人们若不遇到重大事件或刺激,往往很难改变自己的思维习惯。

由思维习惯所造成的认识误区往往表现在过分自信上,自信是人们面对具有复杂性和不确定性问题时所作出的基本心理反应。出于自信,人们可以通过简化认识来应对复杂性和不确定性。在决策分析时,人们可能下意识地认为自己对事实的简述是准确的,由此,就可能陷入影响自己进行成功分析和决策的过分自信的误区之中。拉索等人总结了导致过分自信的几个原因,包括:思维定式、或然限制、取证偏倚、后见之明、控制错觉和信量崇拜等。[①]

(1) 思维定式。思维定式源于"估计"的影响。估计是一俗称,指初始的、通常也是非正式的臆测。分析人员在无意中将自己的臆测带入正式分析过程中,决策结果就会受到先入为主的影响。

(2) 或然限制。或然限制是指人们为了减少潜在决策的数量,而限制各种可能性和选项范围的倾向。人们经常只考虑那些被认为是可能的概率事件,这种过分自信在那些原先被认为不可能的事件或选项发生时,会导致盲点的产生。

(3) 取证偏倚。取证偏倚指对待例证的态度有失公允。那些支持决策分析人员的直觉或观点的例证,往往受到较高的重视。这样做,会使一些错误的直觉或观点很容易就被"论证"通过。

(4) 后见之明。后见之明原本是指对某一已经发生的事件所能列出的事件起因会比未知事件能否发生时所能列出的事件起因多。同理,某一事件当你假设它早已发生过时,你可能会找出比未作假设而分析出的更多的事件发生原因。此处则是指那些在过去的成功决策中所作的预测内容能够对当下的决策分析造成暗示和误导。因为先前的预测成果会给分析者更多的理由去相信某一预测,强化分析者对未来预测把握能力的信心,然而实际的竞争环境的复杂性却要大得多。因而,这种事后诸葛亮的做法会使决策分析人员疏于制订针对突发事件的应急计划。

兰德研究院的研究人员曾经做过一个实验,研究人员给 8 名专业赛马预测师提供必要的赛马信息,预测师根据这些信息来预测比赛并给出预测正确信心指数。结果发现,随着提供给预测师信息条数的增加,其判断的自信准确度在增加,而实际准确度并未增加,甚至反而有所下降,统计曲线如图 6-3 所示[②]。这个调查结果很能说明后见之明的信息机理。

[①] Russo J E, Schoemaker P J H. Managing overconfidence. *Sloan Management Review*, 1992, 33(2): 7—17.

[②] 乔迪. 兰德决策——机遇预测与商业决策. 成都:天地出版社,1998: 404—405.

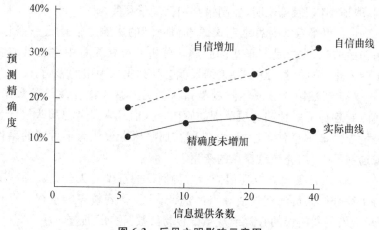

图 6-3 后见之明影响示意图

(5) 控制错觉。控制错觉是指企业管理人员过于相信自己的管理控制能力,这又与取证偏倚有直接关系。

(6) 信量崇拜。信量崇拜是指人们误以为信息数量对于决策质量是多多益善,而实际情况却如图 6-3 所示,信息数量并不是保证决策分析质量的充分条件。

2. 分析技术的限制

信息分析技术各有优劣,常用技术的局限性可以通过表 6-5 反映出来。

表 6-5 分析技术比较表

分析技术	用途	主要优点	主要不足
线性分析技术	与时间有关的分析	快捷、易行、经济	未来趋势不变的假设未必可信
预测技术	经济计量模型	量化、精确	常常忽略竞争反应成分和对未来可能事件的估计
头脑风暴	务虚小组	快捷、易行、有创造性	只是定性和判断
未来情景描述	情景分析	有创造性、前瞻、可量化	难以估量分析者主观倾向的影响作用和动态竞争结果

引自:Reibstein D J, Chussil M J. Putting the Lesson before the Test:Using Simulation to Analyze and Develop Competitive Strategies. // *Wharton on Dynamic Competitive Strategy*. New York:John Wiley & Sons, Inc, 1997.

信息分析人员在了解认识误区产生的原因后,应该在研究过程中加以注意和克服。针对分析方法的局限,则要考虑采取适当的方法来弥补不足。常用的完善分析方法便是盲点分析法。

6.3.2 盲点分析法

盲点分析(Blindspot Analysis)是在认知心理学和组织行为理论结合基础上发展起来的一种决策分析方法,盲点分析通过审视决策过程中可能造成错误的原因,来完善和提高企业战略决策的水平。

第二次世界大战结束后,经济管理研究领域迎来孔茨所称"丛林"式的发展时期,各种流派、各种分析工具层出不穷,在对这些工具进行应用和分析时人们发现,这些工具都有其各自的局限性。例如,建诸古典经济理论基础上的管理分析工具,着眼于企业竞争优势的建设,关注决策的结果,忽视决策过程中人的不定因素的影响;而行为学派虽然关注决策的过程,研究人的心理因素对企业管理的影响,但在竞争和行业分析方面又缺少必要的分析支持。因此,探索合适的分析方法成为企业竞争情报和战略决策研究者的迫切任务。

迈克尔·波特提出:企业决策过程中要对企业自身、企业所处行业以及企业的竞争对手进行某些假设,错误的假设便是偏见或盲点[1]。因此,在企业决策过程中要进行盲点分析。

盲点分析既考虑到企业竞争决策分析所受的有关个人和组织的心理因素的影响,又通过作出积极、合理的企业假设顾及到在竞争环境中进行战略决策的全过程。因而弥补了那些只注重个体或组织行为或者只注重"理性决策"[2]的思维偏差,使决策更具合理性和可行性。

---

[1] Fleisher C S, Bensoussan B E. *Strategic and Competitive Analysis: Methods and Techniques for Analyzing Business Competition*. New Jersey: Pearson Education, Inc, 2003: 123.

[2] 理性决策:指以利益为出发点,为了实现利益的最大化,必然要权衡各种可选择方案的代价与利益。

1. 盲点产生的原因

决策盲点源于认识上的误差，而认识上的误差是人们针对复杂决策对象进行逻辑思维时经常发生的事情。

扎拉（Zahra）等人在波特的行业分析和竞争对手反应模型理论基础上识别出六种盲点，总结造成盲点的原因是：公司错误或不完全地认识所处的行业和竞争、竞争分析系统的设计缺陷以及错误的管理认识或无效的组织流程。针对这些问题给出了克服盲点的改进措施，见表6-6。

表 6-6 竞争分析中的六大盲点和改进措施

盲　点	改进措施
错误地判断行业边界	● 通过关注对手的意图来改变对竞争对手的认识 ● 从进入者的角度来看待所处行业 ● 考察进入者失败的原因 ● 对失败的竞争对手进行剖析
错误地识别竞争对手	● 研究对手的反应模式和盲点 ● 调查客户和供应商 ● 关注竞争对手的能力
过于重视竞争对手的表面能力	● 研究对手的反应模式 ● 分析对手的不可见活动
过于重视对手的竞争领域，忽视竞争方式	● 研究对手的战略意图 ● 以对手的眼光看待所处行业
对竞争的错误假设	● 以生动的事实取代对竞争态势的呆板描述 ● 研究对手的行动和反应模式 ● 在竞争分析过程中保证不同分组的代表性 ● 教育员工了解竞争对手 ● 与供应商和客户讨论以证实假设
信息过载造成分析瘫痪	● 关心竞争分析部门的人员、组织和任务 ● 将竞争分析和管理决策过程整合起来 ● 发掘自身的潜能

引自：Zahra S A, Chaples S C. Blind spots in competitive analysis. Academy of Management Executive, 1993, 7(2).

吉拉德（Gilad）等人则从认知心理学和组织行为学的角度来研究和识别盲点，揭示盲点产生的深层次原因。发现企业竞争情报研究所面对的盲点大多源于以下七个方面[①]：

(1) 无谓假设

吉拉德将波特有关"盲点由错误假设引起"的观点，扩展为企业可能持有的三种对企业的竞争地位有严重影响的危险假设，即：

① 毋庸置疑的假设：对企业竞争环境中的各种要素所作的不正确的假设。这些假设在企业内部由于未受质疑而被决策者坚持着。例如，有的企业认为有威胁的竞争只能来自大的竞争对手，而实际上一些新兴的小企业能够迅速占据那些被忽视的细分市场，并构成对市场原有领导企业的巨大威胁。

② 公司神话：对企业竞争能力的错误假设。通常单纯考虑内部因素、而不考虑与外部环境因素的联系就会作出这类假设。例如，20世纪90年代初，康柏电脑公司不愿放弃其创业时的成功经验，坚持"技术远比价格重要"的公司神话，忽视了当时消费者对价格的敏感度变化，就曾遭遇过巨大的市场滑坡。

③ 公司禁忌：在企业文化中被奉为神明、不可触及的假设。它通常根植于企业高级管理层所持有的某些强烈信念。例如，有些企业主管不理会市场、企业与产品的特殊要求，笃信一种经营理念（如大广告＋高价格等），有时就会在变化的环境中受挫。

(2) 赢家诅咒/自大假想

赢家诅咒原本是指，在投标过程中赢得标的的买家给出了高于标底的价格，比标底多出的部分就是多付出的、变相的利益损失。企业决策者如果不能清醒地意识赢家诅咒现象存在的话，就会在购买专利、引进人才、企业并构以及在对生产能力、市场份额和新业务领域等战略目标的追求上，由于出价过高而蒙受损失。

(3) 放大责任

通常企业投资项目效果不佳的原因一般是：初始分析有误，外部环境有变，内部能力退化。相应的管理举措则是：撤资、调

[①] Fleisher C S, Bensoussan B E. *Strategic and Competitive Analysis: Methods and Techniques for Analyzing Business Competition*. New Jersey: Pearson Education, Inc, 2003: 124—129.

整、追加投资。企业管理者在遇到投资项目效果不理想的情况时,如果不加分析,一味追加投资,往往会给企业带来更大损失,这种做法被称做放大责任。放大责任也是引发分析盲点的一个重要原因。

(4) 受限视角/有限参考框架

根据心理学期望理论研究发现,人们通常更厌恶由于损失所造成的风险,而甘冒风险去争取收益。因而,对于同一个对象问题,由于解题思考的视角或思路不同,决策者会有不同的决策结果。例如,对于前期效果不理想的项目是否需要追加投资的问题,既可以将拟追加的款项看做可能赚取收益抵补亏空的新投资,也可以看做是具有风险的累计投资的一部分。如果没有意识到这一点,就意味着又多了一个分析盲点。

(5) 过分自信

决策研究人员有时对自己在决策过程中的知识和技能过分自信,过分自信意味着决策研究人员没有意识到自己尚有还不知道的东西,而这些未知因素可能对决策非常重要。对未知的意识被拉索(Russo)和舒梅克(Shoemaker)称为"元知识",元知识欠缺,也就是不能意识到自己在某些方面的无知,则会导致低估风险的分析盲点。

(6) 典型启发/类推

受典型事例启发,决策研究人员能在样本和信息不全的情况下贸然作出结论,这种过分简化复杂性和不确定性的做法,也会导致产生分析的盲点。因为这会过分依靠小样本条件下的类推,而忽视进行严格定量统计的要求,进而限制进行正确分析所需的样本数量和样本类型。

(7) 信息过滤

在企业组织结构中,高层决策所需的信息来自企业下级部门,因而信息过滤程度将影响到运行中的整个企业的盲点。企业盲点的多寡取决于四个条件:第一是企业的组织结构。分散性结构有助于克服盲点,但是可能拖延决策。第二是企业对待失败的方法。如果企业能够坦然吸取失败的教训,则会减少盲点产生的机会。第三是企业面对的环境情况。环境多变、复杂,则盲点产生机会就越大。第四是企业的消极懈怠。企业本身可能存在的消极懈怠作风会吞噬已有的业绩,使盲点逐步生长出来。

2. 盲点分析所用的办法

由于盲点的产生与人的认知心理有密切关系,因而盲点分析方法与其他信息分析方法不同,更像一种哲学意义上的认识论,与其他管理分析工具交织在一起,罕有自身系统、细致的步骤,只有一些可供参考的盲点发现、盲点测试、盲点排除和盲点预防的办法。

(1) 盲点发现办法

要在企业内部找到盲点的可能来源,可以采用正向调查的方法,也可以采用逆向分析的方法。

① 正向调查法。正向调查就是利用情报研究通用的方法如德尔菲法和头脑风暴法开展调查研究,去发现企业决策分析中的盲点。进行正向调查时,从收集的调查数据中可以观察到被调查者对某些事情不一致的看法,由于被调查者在企业中的地位不同,因而其观点对企业决策的影响力也不同。根据调查统计结果,可以判断出企业决策的支撑性观点,进而发现决策盲点的分布情况。

② 逆向分析法。逆向分析就是从企业决策盲点的表现入手,去分析和发现有关盲点的具体内容。企业决策中的盲点有三种表现形式:一是企业没有意识到某些重要的战略发展事件;二是企业未能准确理解某些重要的战略发展事件的意义;三是企业虽能正确认识某些重要的战略发展事件的意义,但是反应行动过于迟缓。根据盲点的表现形式,可以追根溯源,逆向反推出导致盲点产生的原因。

(2) 盲点测试办法

进行盲点测试的目的,是要发现盲点对企业的可能危害程度,以便决定对盲点的处理办法。测试的内容是盲点的敏感性测试,即测试企业对盲点的敏感程度。如果发现企业对某些盲点比较敏感,则要准备排除或克服盲点所带来的危害。

盲点的敏感性测试与头脑风暴法有些类似,分以下几步进行:第一,设立审视质疑小组。小组的作用是对企业战略进行审视和质疑,小组成员可以是企业外人士,也可以是企业内人士。第二,审视质疑小组对企业的各个方面进行审视,了解企业进行战略分析的所有内容。第三,审视质疑小组针对企业内部审核、竞争分析和决策制定的过程进行敏感性测试,即,从盲点设问发难,评测相应管理过程的反应情况,得出敏感性测试评估的结果。

(3) 盲点排除办法

排除盲点的基本办法是设计和建立一个完整有效的企业竞争情报系统,通过有针对性地提供充足的竞争情报,来达到消除企业决策盲点的目的。而这一切都首先取决于能否准确地确定盲点的位置。

盲点位置的确定可以通过以下途径:第一,通过对企业内外专业人士的调查,确定某类或某项决策的情报需求。第二,发现和确定相应决策的关键人物,包括主要决策者和主要执行者。第三,请关键人物根据重要程度和获取难易程度对与决策相关的要素进行评分排序,找出那些重要性强而获取不易的情报项目。对于找到的项目可以汇总制表,如表6-7。

表6-7 竞争情报重要性/可获取性矩阵

	关键人物1	关键人物2	关键人物3
情报项目1	重要性/可获取性1-1	重要性/可获取性2-1	重要性/可获取性3-1
情报项目2	重要性/可获取性1-2	重要性/可获取性2-2	重要性/可获取性3-2
情报项目3	重要性/可获取性1-3	重要性/可获取性2-3	重要性/可获取性3-3

引自:Fleisher C S, Bensoussan B E. *Strategic and Competitive Analysis: Methods and Techniques for Analyzing Business Competition*. New Jersey: Pearson Education, Inc, 2003:136.

通过该矩阵可以发现情报项目在决策意义和获取满足程度之间的反差分布情况。由于情报获取是通过企业内部管理系统和竞争情报机制实现的,因此,凡是出现较大反差的地方,就是决策盲点可能的容身之地。例如,为了设计和建立更有效的企业竞争情报系统,需要正确认识和评价企业竞争情报系统的工作状况。这项工作可以在已建的竞争情报重要性/可获取性矩阵的基础上进行。具体做法是:对关键人物依照其所属部门的职能分组,将重要情报项目按照信息类别分组,通过深入的访谈调查,得到各职能部门的被调查者对于不同类别之重要信息的获取满足率数据,汇总结果如表6-8所示。

表 6-8　竞争情报分类获取满足率对照表

被调查者职能	信息类别			被关注的重要情报项目总数（$N=14$）
	市场营销	技术	竞争对手战略	
一般管理	63%	76%	91%	73%
市场营销	48%	43%	42%	45%
技术	47%	54%	45%	49%
被调查总人数（$n=11$）	51%	57%	58%	

引自：Fleisher C S, Bensoussan B E. *Strategic and Competitive Analysis: Methods and Techniques for Analyzing Business Competition*. New Jersey: Pearson Education, Inc, 2003: 136.

表中一般管理部门的被调查者对有关市场营销方面的重要信息的获取满足率是 63%，对于所有重要信息的获取满足率是 73%，以此类推。根据该比较矩阵，可以发现企业竞争情报系统在情报提供方面的不足。通过采取针对性建设措施就可以提高企业内部重要信息共享水平，帮助消除企业在决策分析中的盲点。

（4）盲点预防办法

产生盲点的主要原因是心理认知问题，因此，预防盲点的办法也要由此入手。拉索和舒梅克就提出了以下五种办法来预防因过分自信而产生盲点[1]：

① 快速反馈。通过快速即时反馈，促使决策分析人员意识到自身知识的有限，减少过分自信的机会。

② 反证。通过质疑企业当前和未来战略的前提条件，有助于发现导致过分自信的错误假设。

③ 错树法。通过要求管理者完善和补充决策树，来提高其对企业滑向失败的敏感意识能力。

④ 远景法。利用情景分析，考察消极因素的综合作用。

⑤ 自省。通过了解过分自信盲点发生的频率，促使管理者改善

---

[1] Fleisher C S, Bensoussan B E. *Strategic and Competitive Analysis: Methods and Techniques for Analyzing Business Competition*. New Jersey: Pearson Education, Inc, 2003: 137.

内部控制和处理机制。

总的来看,盲点分析方法的主要内容不外乎是:内部审查、挑战自我;情报建设、完善结构;心理调整、注重预防。

3. 盲点分析的注意事项

从理论上阐述盲点分析是非常简洁的,不过是要在决策过程中发现认识盲区、克服和纠正其不良影响罢了。但是在管理实践中,由于企业战略决策是一个非常复杂的过程,包含了大量的不确定或不精确的因素,因而使得盲点分析很难进行。要想使盲点分析在决策管理中真正发挥作用,就要注意把握好以下几点:

(1) 将盲点分析上升至决策哲学高度,变成企业或组织文化的一部分,落实在企业或组织各部门各层次的管理决策制定过程中。有关专家发现[1],很多企业和决策者虽然能够意识到自己的认识盲区,但是企业组织的政治、历史、文化和体制等因素限制了决策者作出反应的意愿和能力,即使能够进行盲点分析,也缺乏系统性和协调性。因此,要在企业中系统、深入、持久地开展盲点分析,就要注意结合企业的组织化和制度化建设途径。

(2) 以对偶发事件的反应为重点关注对象,开展盲点分析。在决策研究中进行盲点分析的依据是,无论什么样的管理者,都有可能囿于对偶发事件失察,而做出错误的决策,而这些错误决策又会影响相关事态的发展。表面上符合"常规"、遵循理性的决策要经常接受偶发的、不定事件的考验,因此,能否考虑周全,做到"预则立"成为衡量决策研究效果的主要标准。通过查找决策盲点,发现和设想未来可能的偶发事件,正是盲点分析所擅长解决的问题。因为只有了解认识的盲区,才有可能预见到所谓不合常理的偶发事件。而就盲点分析本身而言,以偶发事件为分析契机,有助于确定盲点分析的范围和方向。

(3) 结合多种工具,共同完成研究分析任务。从方法功能上看,

---

[1] Fleisher C S, Bensoussan B E. *Strategic and Competitive Analysis: Methods and Techniques for Analyzing Business Competition*. New Jersey: Pearson Education, Inc, 2003: 134.

盲点分析是为了发现和消除决策分析盲点,盲点分析不能取代常规决策分析工具。因而,在进行决策研究中,要注意在使用其他研究分析工具的基础上,适时采用盲点分析,来保证研究分析结果的质量。

6.3.3 矛盾假设分析法

矛盾假设分析(Analysis of Competing Hypotheses)法的核心,是要求信息分析人员尽可能罗列出各种关于目标问题的假设命题,利用所掌握的信息资料逐一进行论证或反证,务求不要遗漏预见将来可能发生的事件。矛盾假设分析又可称做排查分析,这种方法综合运用心理学和科学手段,处理海量情报数据,尤其适合于意义重大的综合性决策问题研究。

1. 矛盾假设分析的意义

在情报研究领域,"大胆假设,小心求证"是被普遍认可的研究分析模式。情报研究人员在利用这种模式进行分析研究时,往往会不自觉地实施"满意"策略,即将分析研究止于所见的第一个令其满意的结论,如果某些信息资料不能证实其中意的假设判断,研究人员更有可能首先怀疑信息资料的准确性。因此,假设求证的结果常常只是若干个可能结果中的一个。

矛盾假设分析针对情报部门在提供完整全面的情报预测方面可能存在的问题,由信息分析的流程和内容入手,从制度上减轻主观设想与科学推论之间的矛盾给研究分析人员带来的心理不适,保证信息资料、推断假设以及不确定条件之间可能存在的关系能够全面系统地呈现在情报研究人员和决策者的面前。

2. 矛盾假设分析的步骤

进行矛盾假设分析可以遵循以下步骤[1]:

(1) 提出待求证的可能结论

情报研究人员围绕分析研究的主题领域,根据已有的情报素材

---

[1] Fleisher C S, Bensoussan B E. *Business and Competitive Analysis: Effective Application of New and Classic Methods*. New Jersey: Pearson Education, Inc, 2007: 455.

应尽量列举出所有可能的结论性意见。为了减少遗漏,在这个过程中应尽可能邀请具有不同知识背景、观点与研究方法相异的有关人士参加设想构筑。经验表明,在此阶段设想的数量能够控制在七个左右较为理想。

(2) 列举出证明设想结论所需的证据

研究人员对每一个假设结论都应提出类似"如果此论成立,那应看到(或看不到)什么?"的问题,列举出相应的证据材料。在此过程中可能会产生新的情报素材搜集需求。

(3) 建立假设结论与证据材料关系分析矩阵

研究人员根据证据材料将假设结论一一列举出来,判断证据材料与假设结论之间的关系(如契合、矛盾、无关或未知等),这种关系通过关系矩阵可以直观表示出来。

表 6-9 是一个矛盾假设分析矩阵样例。在样例矩阵中各证据材料与各假设结论之间的关系用"+"表示契合,用"-"表示矛盾,用"N/A"表示无关,用"?"表示未知。

表 6-9 矛盾假设分析矩阵

	假设结论 1	假设结论 2	假设结论 3	假设结论 4
证据材料 1	+	-	+	-
证据材料 2	+	+	+	+
证据材料 3	N/A	-	+	-
证据材料 4	-	-	+	-
证据材料 5	?	-	+	-
证据材料 6	+	?	+	?

可见,利用关系分析矩阵既可以表示证据材料与设想结论之间的关系,又可以对作为证据的研究素材进行判别筛选,因为如果某条证据材料同所有的或大多数设想结论都具有契合关系的话(如表 6-9 中的证据材料 2),那么该条材料在此项研究中的重要性程度反而可能不大。这就如同汽车仪表盘上的温度报警灯亮了一样,很多机械故障都会导致报警灯亮,因此,报警灯亮的现象在汽车故障排查中不能起决定性的作用。

(4) 优化假设结论与证据材料关系分析矩阵

假设结论的表述方式对于确定因果关系非常重要,因此推敲结论的表达、合并或拆分假设对于因果关系的发现和论证是必不可少的分析步骤。此外,将专指意义不大的证据材料移取出来,作为今后说明工作的参考备用,也会提高分析矩阵的指示功效。

(5) 依次尝试否定假设结论

在关系分析矩阵的建立过程中,是依照证据材料推断可能的结论,而在本轮尝试否定假设结论的过程中,则是要针对每一个假设结论去寻找能够否定它的证据材料,即关注分析矩阵中的矛盾关系。之所以要进行这种分析判断,是因为已有证据材料背后的真正结论可能正是那些难以被否定的假设(如表6-9中的假设结论3)。

(6) 利用关键证据审视导出结论

对于分析推导出来的结论进行审视,最好的办法就是提出以下的问题:① 在证据—结论关系分析推导过程中是否用到了有问题的设想? ② 是否还可以有其他的关系解释? ③ 用做分析的证据是否完备、可信?

(7) 撰写报告分析内容

矛盾假设分析往往存在很大的不确定性,对研究结果的报告应充分反映出这种特性,因此,在报告的撰写组织中应当把相互矛盾的假设进行对比说明,对于导出的结论应注明相关的概率判断依据,只有这样才能使决策者对于有关结论作出准确判断。

(8) 指明未来关键监控对象目标

假设结论是在已有证据材料基础上推导判断出来的,而未来情况会发生变化,因此从研究的完备性出发,在矛盾假设分析结束之前,分析研究者必须选出未来可能会影响假设结论的变量对象,指出需要予以重点关注的监控目标,说明因果变化的阈值范围。

3. 矛盾假设分析的注意事项

首先,研究人员在进行矛盾假设分析时,要注意认真领会该方法的目的和效用特点。矛盾假设分析最主要的应用领域是在情报与反情报的战场上,研究人员在进行矛盾假设分析时尤其需要重视警惕虚假信息的误导作用,只有认识到这一点,才能保证在研究实践的各个环节上自觉进行必要的排查。

　　其次,研究人员在进行矛盾假设分析时,要注意严格遵循有关的分析规范,在各个分析步骤中自觉克服分析思考的惰性。虽然对信息素材的鉴别是情报研究人员的正常工作,但是在分析过程中运用系统手段来发现和剔除虚假信息却是摆在矛盾假设分析人员面前的一道难题,因为他们所研究的对象环境中往往充斥着竞争对手有意布放的系统性的虚假信息,而要识别这样的信息,以个案处理的方法显然是不能满足要求的。分析步骤的设置目的就是要在过程上实现排查研究的系统化,就是要从制度上保证研究人员进行多角度、多层次的系统思考。

第7章 决策信息分析成果

7.1 研究报告的撰写

7.1.1 研究报告的构成

信息分析报告一般可以包括以下六个部分：题目、绪言、正文、结论或建议、附录、参考文献。

1. 题目

标题是研究报告内容的高度概括与提炼，是研究报告给予读者的第一个视觉印象。因此，文章题目应当简洁、新颖、醒目，能够体现全文的主旨和重点。但是，有时标题字数有限，很难起到这样的作用，于是，在文章标题下面，有时还加上副标题，用以揭示文章论述的范围或重点。对于某些内容复杂、层次繁多的研究报告，有时还采用诸如内容简介、目录、摘要等办法来揭示题目的含义。

（1）内容简介。内容简介是标题和副标题的补充说明，它以简短、洗练的文字进一步说明文章的主要内容、编写目的、读者对象等。

（2）目录。目录由研究报告各章节的大小标题组成，并且注明每一章节的所在页码。大型研究报告多数编有目录，其位置在内容简介之后。由设计较好的章节标题组成的目录，一般都能反映研究报告所探讨的基本内容和主要观点。

（3）前言或摘要。一般在两种情况下需要前言或者摘要。一是课题内容复杂、观点分歧，或者研究者提出了重要观点、见解，需要特别加以强调；二是对于该报告的特点以及使用范围需要着重说明。

2. 绪言

绪言主要阐明本课题的基本状况，例如课题目前的研究水平和发展概况，可能遇到的困难和各种限制条件，本课题与其他问题的关系等。绪言还应当交代选题目的，阐明对原始情报选择和搜集的原则,说明搜集的地理范围和起止时间。总之,凡是涉及课题的历史背景和"左邻右舍"的事情,都应当在绪言中交代清楚。

3. 正文

正文是研究报告的核心部分,是全文的重点。研究报告通常是比较大型的带有论证或预测性质的综合性报告,或者就某一问题所写的可行性研究报告。报告的正文主要是作为论证或预测依据的事实和数据,论证或预测方法和详细的推演、论证过程。如果是可行性研究报告,则正文部分主要是描述可行性研究的事实、数据、分析推理和论证过程等。

4. 结论或建议

这一部分是全篇研究报告的一个总结,它与正文的内容应当紧密衔接。切不要在正文没有论证或者论证尚不充分的情况下,提出毫无事实和理论根据的结论;也不要正文论述了一大通,而最后没有一个结论性的意见。根据文章类型不同,这部分的内容可以是对正文部分所分析的情况进行总结,也可以是提出利用现有科技成果的措施,还可以是解决某一问题的建议或方案。

5. 附录

为了减少正文篇幅,使正文部分对问题的论述和论证更加紧凑,在研究报告中,通常把一些经常引用的图、表、数据以及技术经济指数表等重要资料作为附录,统一集中放在结论或者建议部分的后面。

6. 参考文献

研究报告的最后,通常列出撰写这篇报告时所参考过的文献目录。列出参考文献的目的是为别人进行类似课题研究时提供线索,客观上也可以提高用户对于研究报告的信赖程度。

参考文献的排列有两种方式:一是按文献在研究报告中的引用顺序依次排列;二是按照文献对于报告撰写者所起参考作用的大小程度排列。一般说来,定量研究,特别是引用较多数据的研究报告,其参考文献以第一种排列方法为好。一般的定性研究报告,则以第二种排列方法为宜。

标注参考文献,应当严格按照论文写作中关于著录格式和著录内容的要求,标明文献作者、登载该篇文章的书刊名称、卷期号、页次、出版单位、出版时间等。

7.1.2 研究报告的撰写

1. 确定主题

（1）什么是主题

主题就是一篇文章所要体现的总的意图或基本观点。对于一般文章，主题也可叫做主题思想或中心思想；对于论述文章，主题常称为基本论点或论旨。主题是文章的灵魂，它是作者的思想、态度和观点的集中反映，是起主导作用和决定作用的东西。衡量一篇文章质量高低、价值大小、作用强弱，最重要的是看它的主题如何。主题不好，结构再精巧、语言再优美、材料再丰富，仍然不是好文章。

主题又是文章的统帅。一篇文章材料如何取舍，结构如何措置，语言如何遣用，乃至标题如何拟定，等等，全都要根据表现主题的需要来确定。主题像一根线贯串全篇的始终，从内部把文章的各组成部分紧密地联系起来，形成一个有机的整体。

正因为主题如此之重要，所以一切文章在动笔写作以前，都要先确定主题，也就是古人所说的"意在笔先"。许多作者为了写作时目标集中，重点突出，常常用一句话把主题表达出来，写在纸上，这就是主题句。

（2）主题的标准

一般说来，一篇好文章，其主题应当满足下述四个条件：深刻、独创、集中、鲜明。

① 深刻。就是要透过现象，抓住本质，揭示事物的内在联系和客观规律。写研究报告尤其需要这样。满足于材料的堆砌，停留在问题的表面，缺乏透辟的分析，就不能叫深刻。要做到深刻，就应当对关键问题在调查中挖掘深一点，在实验中观察细一点，在分析时道理讲得透一点，在写作时表达要清楚一点。要做到深刻，还要加强基础理论学习，基础理论越扎实，纵深就越有条件。

② 创新。就是要研究别人没有研究过的问题，解决别人没有解决的疑难，提出别人没有提出的见解，创立别人没有创立的理论，采用别人没有采用的方法。而不是步人后尘，拾人牙慧，人云亦云。要

做到创新,就要在选题的时候,认真查阅文献,全面了解国内外对于这一课题的研究已经取得了哪些成果,还有哪些问题没有解决,以保证自己主攻方向新;在研究过程中,要努力从新的角度去探索问题;在动笔之前要认真提炼主题,使其具有新的见解、新的观点。

③ 集中。就是一篇文章只能有一个中心、一个重点。都"重要"则都不重要,多"中心"则无中心。不管文章长短、材料多寡,主题只能有一个。集中又是深刻的保证。写文章只有主题集中,才能把道理讲深讲透。任何一个学科领域都有许多问题,某个决策问题也会涉及很多方面,一篇文章若想什么都写,面面俱到是不可能的,只能选择其中一个问题作为主攻目标。这个目标攻下了,文章就是好的。对于涉及很多方面的重大决策问题,可以分成几个分报告来写。

④ 鲜明。研究报告的主题,不同于文艺作品。文艺作品的主题常常很含蓄、隐蔽,让读者自己去体会、去领悟。研究报告的主题则是越鲜明越好,因此,研究报告要通过标题、摘要、前言、结尾等,在显著位置把主题明确地点出来,让读者一目了然地把握文章的主题。

(3) 主题的形成过程

文章主题的形成过程可以概括为如下三个步骤:闪现于触发灵感之时,凝聚于调查研究之中,升华于改造制作之后。

① 闪现于触发灵感之时

人的思想不是凭空产生的,它是客观事物在人的头脑里的反映。当某一客观事物触发了人的灵感,人的头脑里便会产生某种念头、某种想法、某种认识。这些虽然是偶然的、分散的、初步的,但是其中却可能包含有价值的东西。将这些有价值的"闪念"抓住不放,加以发展、深化,就可能使其成为文章的主题。

触发灵感的条件是多种多样的,如参加生产实践,进行科学研究,查阅文献,通信,交谈,讨论,以及生活和工作中碰到的其他一些事物,等等。其中有的是自觉的、有意识的,有的则是不自觉的、无意识的。如接受某一任务,或带着一定意图去查阅文献,进行调查研究或实验,这些就是有意识的、自觉的。但是,无意中触发灵感的情况也是很多的。

② 凝聚于调查研究之中

当研究者发现自己某一"闪念"的价值,有可能使其成为一篇文章的主题之后,便会将这个问题作为自己的研究课题,并且有选择地查阅文献,有目的地进行调查,有计划地开展实验,来验证、充实、发展当初的"闪念",使分散的想法凝结、集聚,成为比较集中、比较系统的认识。这样,一个主题的轮廓就会在头脑中粗略勾画出来。这个凝聚过程,不是等一切工作都进行完了之后才开始的,它贯穿于全部调查研究之中。随着调查研究的进行,每了解一种情况,每观察一个现象,每测得一组数据,都要动脑加以分析。这样,又会产生新的念头、新的想法、新的认识,从而丰富、发展了原来的"一闪念",形成比较系统的思想,即主题。

③ 升华于改造制作之后

调查研究过程中,虽然对主题常常考虑,并勾画出粗略的轮廓,但是这样还远远不够。在动笔写作之前,要对调查研究中所得到的全部材料,以及曾经产生过的各种想法,进行进一步改造制作,即通过逻辑思维、推理判断、分析综合,找出事物的内在联系和客观规律,使感性认识升华为理性认识,成为具有深刻、独创、集中、鲜明等条件的主题。如何完成这个升华过程?毛泽东同志在《实践论》中提出的"去粗取精、去伪存真、由此及彼、由表及里"科学地概括了由感性认识跃进到理性认识的基本规律和分析客观事物的具体途径。

"去粗取精、去伪存真",主要是从材料的外部联系上去分析。"去粗取精",就是要对材料进行精选。作者在调查研究中所得到的材料是丰富的,然而又是杂乱的。其中有能够反映事物本质的"精材",也有与事物本质关系不大的"粗材"。两者混在一起就难以突出重点,抓住本质,所以要"去粗取精"。其具体做法,可以把调查研究得来的各种材料,分门别类地排列起来,再从每一类材料里选出最有代表性的、最能反映事物本质的典型材料。

"去伪存真",就是要对材料的真伪进行鉴别,去掉虚假的,留下真实的。材料只有完全真实,合于实际,作者才能从分析中得出正确的结论。

"去粗取精、去伪存真",这只是对材料的初步处理,要揭示事物的本质,还必须从材料的内部联系上去分析,这就需要来一番"由此及彼、由表及里"的改造制作,综合研究。

"由此及彼",就是把经过"去粗"和"去伪"所得到的"真材"、"精材"连贯起来进行思考。因为任何事物都不是孤立的,只有由此及彼地全面考虑和分析综合,才能看出它们之间的内在联系。这种联系是错综复杂的,既有随时间而变化的纵的联系,也有随空间而变化的横的联系。抓住了主要线索才能纲举目张。

"由表及里",就是要透过现象抓住本质。"表"就是事物的现象,"里"就是事物的内部的矛盾运动规律。要做好"由表及里",就必须进行周密的逻辑思维、严谨的推理判断,这样才能使概念和理论形成系统,完成感性认识到理性认识的飞跃。

经过对材料"去粗取精、去伪存真、由此及彼、由表及里"的科学的改造制作,就会找出事物的内部联系和客观规律,使认识由感性升华到理性,就会提炼出一个较为合乎要求的主题。

2. 选择材料

(1) 材料的种类

主题必须通过一定的材料来表现。所以,在主题确定下来之后,就要考虑选用哪些材料的问题。

所谓材料,就是为了写作而收集到的用以表现主题的各种事例、各种数字、各种观点,等等。研究报告所用的材料主要有:查阅文献时摘录下来的实验数据、图、表、公式及论点;实际调查中所了解到的情况;自己做实验的方法、原材料、过程及结果;参加学术会议记的笔记;与研究课题有关的通信,等等。

材料按其来源可以分为三大类:一是直接材料,即是作者亲自参加调查或实验得来的材料;二是间接材料,是作者从文献得到或由他人提供的材料;三是发展材料,即在上述两种材料的基础上,经过作者思考、分析、研究得到的关于这一问题的思考。

(2) 选择材料的原则

作者为了写一篇文章,往往要收集很多资料,但是最后能够用上的仅仅是其中的一部分。这就需要对材料加以选择。选择材料应当遵循以下三条原则:

① 必要而充分

材料在文章中的任务是表现主题。它要完成这个任务就应当既必要又充分。所谓必要，就是必不可少，缺了它就无法表现主题。在写作时选择材料，只能选必要的。那些与主题无关或关系不密切的材料，不论它本身多么生动，无论得来是多么不易，都不应当选入。所谓充分，就是材料要有足够的量，才能更好地表现主题。有的材料虽然很好，但只有那么一点点，难以支持主题的成立，这也是不行的。因此，材料不但应必要，而且应充分。必要是指内容而言，充分是指数量而言。质是根本要求，量是质的保证，两者是相辅相成的。

② 真实而准确

所谓真实，就是材料没有一点虚假，完全客观存在，并反映着事物的本质；所谓准确，就是材料没有一点错误，如实地反映客观实际。真实而准确的材料才能有力地表现主题。一篇文章里只要有一个材料不真实，尽管其他材料都是真实的，也会引起人们的怀疑。因此，材料必须完全真实，既不能夸大，也不能缩小，更不能捏造。材料不真的原因，有的是作者学风不正，有意弄虚作假；有的是调查研究不深入细致，以假当真。材料有错是研究报告之大忌。特别是数字，差一个零，差一个小数点，差一个正负号，都可能导致错误的结论。

真实和准确是对材料的最基本要求，要做到真实而准确，就必须树立严肃认真的科学态度和实事求是的良好学风。具体地说，应该注意以下几点：要尽量用第一手材料，要亲自调查研究，了解真相，如实反映；在科学实验中，操作要正确，观察要仔细，记录要准确；引用别人的材料要注意鉴别，要注意核对原文，不能断章取义，更不能歪曲原意，凡引用别人的材料均应注明出处；不能用道听途说之类的材料，更不能以讹传讹。

③ 典型而新颖

所谓典型，就是材料能够揭示事物的本质，代表事物的特征。这样的材料能把道理具体化，把过程形象化，有最强的说服力。有人说："道理讲了几十句，不如举一个好事例。"可见典型材料多么重要。典型性和必要性是一致的。必要的材料都应该具有典型性。非典型性的材料,也大多是不必要的,再多也无益于表现主题,应当舍去。

材料不仅要有典型性,而且还应有新颖性。所谓新颖,就是这个材料别人没有见过、没有听过、没有用过。这样的材料才能使主题富有新意。有的材料虽然也较典型,但是比较陈旧,如果继续使用就会使读者感到厌腻。没有新颖的材料,就难有新颖的主题。材料应同时具有典型性和新颖性,有的材料虽然很新,但缺乏典型性,说明不了本质问题,这也不能用。

要使材料具有典型性,就要深入挖掘,认真比较,精心选择;要使材料具有新颖性,就要努力去做开拓性工作,不断创造新的成果。

3. 设计结构

(1) 什么是结构

结构是文章各组成部分的总体布局和全部材料的具体安排,包括层次、段落、过渡、呼应、开头和结尾等内容。

结构居于表现形式之首,是撰写研究报告首先要注意的问题。写文章好比盖楼房,盖楼房首先要设计蓝图,写文章也要先设计好结构,全篇分为几大部分,各部分写些什么内容,互相怎样衔接,怎么开头,如何结尾等,都要事先筹划好。

结构好坏直接关系到写作效果。在一篇文章中,主题只能解决"言之有理"的问题;材料只能解决"言之有物"的问题;而"言之有序"的问题,则要靠结构来解决。如果不通过一定的结构,把众多的材料按照表达主题的需要,加以适当的编织和穿插,那么材料再多,也不会成为一篇好文章。

(2) 结构原则

文章的结构主要应符合以下三条原则:

① 符合规律,严谨自然。文章是客观事物的反映。客观事物内部都有其紧密的内部联系和固有的运动规律。文章要反映这种联系,必须有个严谨的结构,各部分之间要紧密衔接,环环相扣,合乎逻辑,无懈可击。文章要反映这种规律,就要在结构上循其自然,顺理成章,行止自如。

② 表现主题,完整协调。结构的任务就是要有效地表现主题。

主题是一个完整的思想,因此它要求文章必须有一个完整的结构。所谓完整,就是各组成部分要齐全,没有残缺。要很好地表现主题,结构还应协调统一。各部分的次序谁前谁后,各占多少篇幅,都应根据表现主题的需要来确定。如研究报告,引言一般都比较简明扼要;结论都高度概括;而本论则要充实丰满,篇幅较长。所谓协调,就是让各部分该详便详,该略便略,该长便长,该短便短,而不是彼此字数多少一样。

③ 适应体裁,灵活多样。事物是千变万化的,作为反映事物的文章结构当然不应该墨守成规,千篇一律。不同内容的文章,应采用不同形式的体裁。文章结构要适应体裁的变化,灵活多样,因文而异。

4. 拟定提纲

(1) 提纲的作用

拟写提纲是写好文章的必备条件。文章论点之间的逻辑关系是复杂的,在写作之初,它们只是模糊地存在于人们头脑之中。拟写提纲的过程,就是对这种逻辑关系的再认识过程。尤其对于一些大型研究报告,只有把考虑好的文章结构写成提纲,才能看出各部分的安排是否合理,逻辑关系是否正确,材料配备是否恰当,层次是否清晰,全篇是否均衡等等。

提纲的作用可以归纳为以下几点:① 保证思路连贯,文脉畅通,防止相互脱节和前后矛盾;② 保证紧扣中心,突出重点,防止内容分散和离题;③ 保证条理清晰,防止杂乱无序;④ 有利于材料的选择与安排,防止漏掉重要内容和写进无关内容,并可避免重复;⑤ 便于瞻前顾后,统观全局,通盘考虑,协调各部分比重;⑥ 把文章分为几个部分,既可以由一个人按部就班、一部分一部分地写,也可以组织多人合作,分章撰写。

(2) 提纲的形式

所谓提纲,就是按照一定的逻辑关系逐级展开的、由序号和文字组成的许多大小标题。大量运用标题和序号,可以使提纲醒目。标题和序号可以分为若干层次,大标题套小标题,大序号套小序号,如图 7-1 所示。

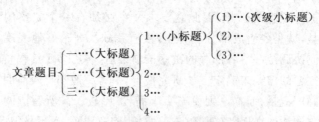

图 7-1 文章题目标题和序号示意图

图 7-1 中的"一、二、三"是一级标题,表示第一层次的论点。"1、2、3、4"是二级标题,表示每个一级标题层次下的从属论点。"(1)、(2)、(3)"是三级标题,表示每个二级标题下的从属论点。以此类推。在这个图表中,上位论点包含着下位论点,下位论点从属于上位论点。这些大小论点之间的关系,可以在图表和序码中得到表示。

(3) 提纲的编写方法

编写提纲一般可分以下三步进行:

① 根据主题的需要,勾画出文章结构的大块图样,即将全文划分为几个大的部分,并对各部分之间的逻辑关系作出安排。

② 大框架完成以后,将经过归纳、整理和选择的材料合理分配到各大部分,完成对该部分论点的论证。这一阶段需要重点检查三个问题:现有材料是否足以支持论点;每一材料是否都能用来证明这一部分的论点;本部分能否在确立论点的基础上充分利用这些材料。在论证问题时,拼凑材料和堆砌材料都是不可取的。

③ 各部分的小框架完成以后,再对各部分之间的逻辑关系重新审查一遍,对部分与部分之间的文字过程作出安排。一篇好文章,每一部分分开时可以独立成章,各部分结合时却又浑然一体。

提纲的粗细与思考问题的深入程度成正比,考虑问题愈深,提纲便愈细。有些人写文章不愿意花时间去考虑布局谋篇和草拟提纲,这种做法是不妥当的。如果文章提纲写到第四级、第五级类目,而且在每一级类目下,不仅有这一小节的标题,还有准备用在这一小节中的例证、数据、精辟的议论等等。依据这样的提纲写作,基本上是一个文字整理和加工的过程,耗费在拟定提纲上的大量时间,将会从写作阶段得到补偿。因此,努力使提纲细化是值得提倡的。

应当指出,上述详细的写作大纲并不是一次完成的。拟写提纲与收集、整理和研究材料几乎是同步进行的。这里说的"几乎同步",因为毕竟搜集阅读材料在前,而后作者才能由博而约,从感性上升到理性,进而得出自己的观点,写出粗糙的大纲。但是,这个粗糙大纲的进一步细化,却又是反复阅读和研究材料的结果。所以说,编写提纲的过程,是一个贯穿于整个写作准备阶段的连续动态过程。

5. 撰写初稿

提纲拟定以后,便可动手撰写初稿。初稿可以由一人单独完成,也可以由多人分头撰写,大型研究报告一般都是由多人执笔完成的。撰写初稿时对于材料要敢于取舍。报告的主要章节,重要观点的论证,应当旁征博引,资料翔实。次要章节的材料即使丰富,也要忍痛割爱,目的是突出主题,以免喧宾夺主。

初稿完成后,要逐章逐节讨论,检查是否遗漏了重要内容,关键问题是否阐述清楚,各部分之间有没有重复。对于重要问题和重要观点,尤其要反复推敲。对于一篇多人合作的大型研究报告,观点和提法上出现一些分歧和矛盾是难免的,讨论中要让每个人都充分发表意见,做到言无不尽。但作为集体研究成果的研究报告,则应当观点明确,决不能模棱两可。对于个别一时难以作出明确结论或回答的问题,可在报告中加以说明,留待以后继续研究。

7.1.3 撰写研究报告应当注意的几个问题

1. 拟定写作计划和提纲

撰写研究报告以前,必须根据课题内容列出写作计划和提纲。在未草拟出一篇研究报告的总轮廓之前,不要贸然动手去写文章的各个章节。对于大型研究报告,提纲愈细愈好。拟定提纲时,应当大体构思出准备分几个章节,章与章、节与节之间的逻辑关系,各章各节如何展开,甚至还应想好论述的方法、论证的思路等等。但是,计划和提纲只是全篇报告的骨架,在写作过程中,对拟定好的提纲作局部修改和补充是常有的事。

2. 注意用户对象

研究报告是为了满足社会需要,解决科研、生产和工程建设中出现的问题而撰写的。研究报告的内容和写作方法,必然因读者对象的不同而有所区别。根据不同的读者群,研究报告可以分为供领导机关参考和供科技人员参考两类。

(1) 供领导机关参考的研究报告。这类研究报告主要是为了帮助领导了解国内外的科学技术、经济建设、军事防务等的现状和发展,给他们提供科学决策的建议和方案。因此,这类报告专业和技术方面的叙述不必太多、太细;避免使用过专的术语;不宜过多罗列表格和公式;尽量将数据融合在文字中,同时采用绝对数和百分比,以加强表达效果;文字叙述要简练,观点要鲜明,条理要清晰,以增强说服力;关于新产品、新设备和新仪器等方面的研究报告,可以采用以图片为主、附加说明的办法,做到图文并茂,以期引起更大的重视。

(2) 供科技人员参考的研究报告。这类研究报告主要是为了帮助科技人员掌握国内外科学技术的发展水平和动向。科技人员熟悉专业,本身担负着某一方面的科研或生产课题,因此,这类报告除了要求有一定的科学技术深度以外,还要考虑它的广度,把有关相邻学科和技术的进展情况引入,把数据和图表详尽地列出,以便科技人员能从中受到启发,开拓新的研究课题,或者从新的角度去研究原有的问题。

(3) 如果研究报告既要供领导机关决策参考,又要给专家和科技人员使用,则可把全文分成主件与附件两部分。主件文字精练,列举基本观点和主要论据。大量的数据、图表、计算方法以及基础性资料则放在附件中。这样,工作繁忙的领导只看主件就能了解报告的主要内容,必要时,再去参考附件中的详细情况,而专家与科技人员也能满足各自的需要。

3. 讲究文风文体

研究内容的综合性及其为决策服务的特点,决定了研究报告有自己特有的文风文体。概括起来就是标题醒目、说理严谨、文风质朴、语言精练和行文规范。

(1) 标题醒目。主要指文章标题清新明朗,开门见山,使人看了标题,读了开头,就知道所要阐述的主要问题是什么。文章题目是揭示全文内容的一把钥匙,研究报告的题目应当一语中的,力戒平淡俗套。例如《风沙进逼北京城》就是一个比较好的标题。

(2) 说理严谨。主要指研究报告内容的科学性、数据的准确性和逻辑推理的严密性。撰写研究报告时，要注意引用资料和数据的代表性及其可靠性。不要在材料不充分或者对原始材料未作透彻研究的情况下，生拼硬凑。更不能先入为主，按照既定观点取舍材料，把研究报告变成论证领导者主观意图的工具。

(3) 文风质朴。研究报告不同于文艺作品，不能用夸张、虚构、渲染等艺术手法。写研究文章要注重客观叙述和说理，不要带有感情色彩。研究报告应当既具有科学技术论文的准确与质朴，又具有社会科学论文的精练与雄辩。

(4) 语言精练。主要指语言简洁有力，具有半文件性质。研究报告与纯科学技术论文不同，它不需要像专业论文那样，对科学技术本身逐层加以评述，而是用少量精练的语言对技术问题加以概括和介绍，落脚点是放在对于成果的判断和对下一步工作的建议上。

(5) 行文规范。主要指研究报告要按照论文的形式和出版的规格撰写。例如，在结构上一般按绪言、情况、分析、结论、建议等顺序逐层展开。一般不用倒装、伏笔、插叙之类的表现手法。在规格上要注意章节、段落、图表、引文、注释、标点以及外文符号的使用等均应符合出版要求。

4. 提倡再研究

一般说来，撰写研究报告是在调查和研究阶段之后进行的，但是，从研究活动的整体来看，应当把撰写报告看成是研究阶段的继续。撰写报告的过程，是一个不断消除疑点，不断使认识深化和完善的过程。因此，撰写报告过程中的研究，还具有最终完善研究结论、核实论据、纠正谬误的特殊作用。撰写报告过程中的再研究，一般采用两种办法。

(1) 运用逆向思维。对于已经得出结论的问题，可以采取变换角度、颠倒主次矛盾等方法，对其重新加以研究，看是否能够推翻原来的结论。

(2) 把研究报告的初稿交给没有参加此项工作的人，特别是那些与研究报告有关的管理人员和专家们看看，征求他们的意见，常常会使报告修改得更加完善。

撰写报告过程中的再研究,通常采用"冷处理"的办法。所谓冷处理,就是文章初稿写成以后,先将它搁置一段时间,作者可以做些其他工作,让文章内容在自己头脑中的印象逐渐淡薄和模糊,直至完全消失,然后再来修改文章。这样做的目的,是为了克服习惯性思维的束缚。间隔一段时间以后再去看自己的文章,会有一种陌生感、新鲜感,这时动笔修改,往往可以发现一些原来不曾意识到的问题。

7.2 研究报告的修改

7.2.1 论文写作的一般技巧

写作就是通过遣词造句的文字表达,使提纲具体化,使构思视觉化、明朗化。初写论文通常容易犯三种毛病。

毛病之一是"教科书式"的写法。有了一个题目,便按题目通常所包含的内容作一般化的知识性介绍,甚至从起码的概念写起,泛泛而谈,套话连篇,缺乏现实针对性。

毛病之二是"集纳式"的写法。脑子里装满了各种观点、事例和掌故,但是整理消化不够,还没有形成自己的观点,没有找到立论的角度。写文章时对材料不事剪裁,因此文章散乱、不集中,有时甚至不能保持同一概念首尾的一致性和思维逻辑的连贯性。

毛病之三是"简单化"。论文只有结论,不交代或者很少交代论据和论证的过程;只讲应当怎么样,不讲为什么要这样;只让人知其然,不让人知其所以然;有时甚至主观武断,说理很少,命令口气居多。

要想避免上述通病,不可不注意写文章的技法和章法,概言之,写论文要处理好以下几个问题。

1. 观点与材料

写论文经常碰到的一个困难是:脑子里装满了各种各样的材料,历史的、现实的、前人的、今人的,但形不成一个清晰的概念和轮廓,构不成一个确定的见解和看法。这就牵涉到对材料的整理和消化问题。对于材料,要能够"进得去、出得来",而且关键在于出得来。所谓进得去,就是能够排除杂念和外部干扰,潜心钻研和分析材料,这一点不难做到。所谓出得来,就是让感性材料在脑子里逐渐沉淀下去,让从感性材料中提炼出来的概念、观点和全文的轮廓逐渐清晰地浮现出来。在论文写作中,观点与材料有一种互为表里的辩证关系。首先,观点(论点)必须来源于材料(包括文献、实验数据、调查所得资料等),而不能先有观点再找根据。这是一个由博而约、从感性材料升华到理性认识的过程。而后,再用观点统帅材料,把说明同一问题的事实和数据集中于一处,用以佐证这一观点。

那么,文章的论点、作者的观点究竟是怎样从材料中提取的呢?这就涉及抽象和概括的问题。抽象和概括是形成概念的思维过程和方法。抽象的思维,一方面远离了客体的感性形象,但另一方面,却又更加接近了客体的本质和规律。马克思在《资本论》第一卷序言中就说过:政治经济学在分析经济关系上既不能依靠显微镜,也不能依靠化学试剂,而只能依靠思维的抽象力。

在写文章时,要进行概括,就不可避免地需要"舍象",即有条件地把研究对象从普遍联系中分离出来,暂时舍弃一些同集中探讨的主要问题没有本质联系的、或者可以暂时撇开不论的情况和关系。不懂得这个道理,写论文时总怕论述的方面不符合现实中的复杂联系,那就很难概括,而只能陷入各种情况、成分和因素交错杂揉的混乱境地。初学写论文时由于不懂得这种"舍象"的道理,往往不敢有意识地撇开一些情况,因此不敢也不能进行概括。

在论文写作中常常采用"夹叙夹议"的手法,或者"就实论虚",或者"以虚带实",把议论同生动的事例结合起来,并不一味地强调概括。这种情况同抽象与概括是否矛盾呢?

在论文中,个别的、特殊的事例并不是随意杂陈的,它们被选择而写入论文,是作为一般性议论的前提而放置在一定的逻辑联系之中。所以,对事实的叙述,也带有一定的选择性、概括性,并不是现象罗列。在"以虚带实"中,事实材料或者是作为帮助人们对观点的理解、联想而存在的;或者是为了发挥理论观点,使观点表达得更加生动形象而存在的。在这几种场合中,事实材料无一不接受理论观点的统帅,为突出理论观点服务。在这里,还是概括起着主导的作用。

概括需要有科学的态度。正确的概括离不开科学,也离不开实践经验。离开了这些,错误的概括、虚假的概括就可能发生。最常见的错误是轻率下结论,武断和绝对化。为了防止以孤证立论的武断和偏颇,防止以幻想的、偶然的联系代替真实的、必然的联系,在撰写学术论文时,我们必须搜集大量的材料,谨慎地检查证据的真假,认真地分析观点与材料之间是否有必然的、内在的联系。

2. 过渡

阅读文章有时会遇到这种现象:某些文章单独就一句话、一节文字看,还是颇有新意,也比较深刻,但整篇文章却显得支离破碎,读过以后留不下一个完整、清晰的印象。这就牵涉到一个过渡的问题。过渡,是为了使文章的文气贯通,前后衔接,从而逻辑顺畅。在论文写作中,一般在转换文章内容和变动表达方式时需要过渡。比如,在实验手段的表述和结论之间需要过渡,在表达方式由总体到部分或者由部分到总体时需要过渡,等等。文章的过渡一般有以下三种方法:

(1)用过渡词。即用一些语词进行过渡,常见的有"因此""总之""综上所述""由此可见"等表示顺接的关联词语;还有表示转折的关联词语,如"然而""但是""尽管如此",等等。这种方式多用于一段之内的过渡,有时也用于段落间的过渡。

(2)用过渡句。在层次或段落之间实现过渡,有时用一个过渡句,这个句子能够承上启下,使两部分文意衔接起来。

(3)用过渡段。写文章时,前面已经讨论了一些问题,下面要转入另一个层次的探讨,用过渡句往往无法精确地概括前面论及的所有问题,从而顺利地过渡到下一个层次。这时,就需要以整段文字来实现过渡。

3. 详写与略写

在论文写作中要区分详写和略写,切忌平均使用力量。一般说来,下面一些内容应当详写。

(1)和论点关系密切的内容。区分论文内容主次的标准是看其与论点的关系。论文的论点是建立在论据和论证的基础之上的,只有论据翔实丰富,推理严谨,论点才能确立,因此,论据和论证过程应当详写。

(2) 具有独到见解的观点和最新资料。科学研究是一种探索与开拓工作,衡量论文质量的一个重要标志是看其是否有新意。这个"新"包含两种意义:一是作者提出的观点新;一是用以作为论据的材料新。因此,对于不同于前人的新见解,对于别人未曾使用过的新材料、新的实验手段与方法等部分应当详写。

4. 强调

写论文常常使用强调手法,强调是为了突出,使文章有关内容变得具体醒目或更为深刻。使用强调手法首先必须明确强调的目的,即要想突出什么东西,为什么要突出它。一篇文章,如果基本观点是错误的,你越强调,这种错误观点愈显得突出。

论文的强调手法常用的有以下几种:

(1) 集中强调

集中强调的主要要求是:侧重一面,集中一点。所谓侧重和集中,是指在写作的时候,不要贪大求全,要从某一个侧面来选用材料,或者抓住某一个具体的观点做文章。抓的事情太多,提的问题太大,容易产生面面俱到、空洞抽象的毛病。写论文,最忌讳的是旁枝杂出、头绪繁多。

(2) 对比强调

对比强调,主要是通过反衬对比,突出一面。对照比较是人类认识事物本质特征的一种方法。也是写论文强调的一种手法。对比可以正反对比,运用反面材料衬托正面的观点,还可以用同一事物前后对比。

(3) 部位强调

部位强调指的是通过精心安排,运用结构的部位突出文章的中心。论文的结构通常分为绪论、正论和结论三个主要部分。作者可以根据不同需要,运用不同的部位达到强调的目的。部位强调又可以分为以下三种:

① 首部强调。通常的做法是将文章的结论提前,形成结论倒置。作者一开头就提出一个结论,对具体内容、性质、理由都暂时不

作交代,而在其后的文章中展开。有的是作者先提出一个问题,直接设疑,然后再一层层进行论述。这种方法的好处是一开头就突出论题,触及中心,开门见山,简练醒目。

② 中部强调。最常见的有两种方法：一是抓住中心论题从正面反面、前面后面反复论述,反复说明一个论点。还有一种方法是在中部提炼一些警语策言,将一般人用三言两语难于说清的道理用精辟的论断,一语道破。

③ 尾部强调。即在结尾部位进行强调,这种方法的好处是给人造成难以磨灭的印象,使尾部遒劲有力。

(4) 语词强调

语词强调是指直接用语词表示出强调,概括指明事物的本质。这种方法在议论文中用得最普遍。

语词强调中常见的方法,一种是提示语,即作者直接揭示读者注意的事实和问题。如"请注意"、"值得注意的一个问题"、"我再度声明"等。

第二种是用标记符号引起人们注意。例如重要的词语在排版时采用黑体字,或者在重要的语词下面加着重号。

第三种是总括语。在论文里,归纳和总结处大都用"总之"、"综上所述"、"由此可见"、"一言以蔽之"等。在文章中,这些词语一方面可以起总结上文、归纳观点的作用,同时也能起强调作用。

初学写文章的人,遇到一二个小时只写了百十来字的情况,往往心浮意躁、沉不住气。这是因为他们不懂得写作也是有张有弛、张弛更替的。写作是一件艰苦的工作,却又遵循着一定的规律,整个写作过程可以形象地比喻为水库的蓄水和开闸。当你收集和积累材料的时候,当你冥思苦想却又劳而无功的时候,正是蓄水阶段,是一种能量的积蓄。当你走笔如飞、进展神速的时候,好似水库的开闸,正是过去积蓄的能量充分发挥的结果。明白了这层道理,就不必为暂时写不出东西而心浮意躁了。

其次,选择写作时间也是重要的。有人习惯上午写,有人喜欢晚上写,最佳写作时间因人而异,并无定规。一个普遍性的规律是,利用头脑最清醒、注意力最集中的时间进行写作。而且,一旦进入"情况"、文思如潮的时候,如无特殊原因,最好不要中途停顿,因为暂时的中断很可能使你再也无法接续上刚才的思路。

7.2.2 研究报告中的常见毛病

撰写研究报告属于科技写作范畴,常见毛病可以归纳为10个方面的问题。

1. 题目不贴切,结构不合理

题目是映入读者眼帘的第一个信息。从某种意义上讲,它是读者是否阅读此文的关键。所以,标题是否醒目、贴切,将直接影响文章的传播效果。标题通常容易出现以下几种毛病:

(1) 不贴切。题目与文章内容不符,题目指的是一回事,内容讲的是另一回事。

(2) 笼统。题目太大、太笼统,没有鲜明而准确地概括出文章的内容。

(3) 过高。有人喜欢把题目命得高于实际内容,而内容却没有达到这种深度。

文章结构上容易出现以下几种毛病:

(1) 不完整。文章缺少某一重要部分,不能构成有机的整体。

(2) 不协调。内容上该详的不详,该略的未略,有的部分显得过分臃肿,有的部分又显得非常单薄。

(3) 无条理。在内容安排上缺乏条理,层次混乱,有的应安排在后,却放到了前面;有的应安排在前,却放到了后面;有的则前后重复。

2. 概念不清楚,论点不明确

有的文章基本概念就含混不清,所以据此作出的判断也就站不住脚。有的文章论点不明确,缺乏中心论点,作者既想说这个问题,又想说那个问题,结果哪个问题也没有说清楚,使人看了不得要领。有的文章论点与论据脱节,论据说明不了论点,论点统帅不了论据。与论点无关的内容罗列得不少,与论点有关的内容反而不多。

3. 数据不准确,运算有错误

数据是产生结论的基础,至关重要。数据处理一般容易出现以下几个问题：

（1）不全。数据取得不充分，满足不了计算与分析的需要，不足以支持结论成立。

（2）不准。没有按照要求正确地采取和准确地记录数据。有效数字的位数不统一，有的取小数点后四位，有的取小数点后一位，有的只取到整数位。

（3）运算错误。有的把公式就写错了，代入数字后，计算结果当然是错误的。有的抄写数字时不注意，或者多个"0"，或者少个"0"，或者小数点标串了位，或者写反了正、负号，等等。

4. 推理不严密，论证无逻辑

推理是由一个或几个已知的判断（前提）推出新判断（结论）的过程。推理可以分为直接推理和间接推理，不管是哪一种推理都要求十分严密，使人无懈可击。可是，有的文章常常缺乏严密的推理，或者没有充分的已知条件就作出了判断；或者虽然条件很充分，但判断含糊其辞，不够准确。

在问题论证上缺乏逻辑性。第一个问题没有论证完又讲第二个问题，第二个问题证不下去，回过头来再讲第一个问题。全文思路不清，越论越糊涂，使读者感到厌烦，难以卒读。

5. 分析不客观，考虑欠全面

有的文章分析问题主观武断，不是根据事实、文献和数据去分析，而是想当然。或者事先头脑里就形成了一个框框，硬往客观实际上去套，用唯心论的先验论去指导研究工作和撰写研究报告。还有的看问题片面，不能综合考虑各方面的情况。

6. 评价不恰当，机密不保守

有的人不愿做艰苦细致的搜集和研究工作，而是人云亦云，根据别人文章写综述，或者不做广泛的调查和深入的横向比较，因此，在判断科技成果的先进性时，常常出现评价不当的问题。

有人认为我国的科学技术不如外国先进，无密可保。还有人保密观念本来就淡薄，在文章中将国家花费巨额资金、苦心研究多年的成果和盘托出，使外国人不费吹灰之力就得到了梦寐以求的重要情报。

7. 修辞不讲究,语言不精练

(1) 用词不确切。例如,温度变化应当用"升高"或"降低",而不能用"加大"或"减小";速度变化应当用"加快"或"减慢",而不能用"增多"或"减少"。

(2) 语句不精练。有的句子长达两三百字,读起来很费劲,有的用文学描写语言来写研究报告。

(3) 句子成分残缺。科技文章虽常常可省略主语,采用无主语句,但有的文章句子中缺少谓语或宾语,这样就表达不了完整的意思。

8. 符号不统一,图表不美观

在一篇文章里,一种符号只能代表一个意义。可是有的文章中,一个符号代表好几种不同的含义,容易混淆。现在国际上在数学、物理、化学等许多学科方面都已形成了统一的符号,使用时应以此为标准。凡是已有通用的符号,就不要自己另设;凡是自己设的符号,均应注明含义,有的同时还要给出量纲单位。

在表格设置方面,有的不够明了,不容易看出规律;有的表头项目编排不合理;有的表格又窄又长一竖条,既难看又浪费版面。

在插图方面,有的纵横坐标画得不互相垂直;有的坐标分度不均匀;有的说明标注的位置与方向不合规定;有的取点太少,不能反映实际情况;有的线条画得粗细不匀,曲线不平滑。

9. 字迹不清晰,标点不正确

有的文章字迹潦草,龙飞凤舞,或生造简化字,使人难以辨认。或者错别字很多,容易引起误解。

在标点符号使用上有的也比较混乱,逗号、顿号不分,或者点错了位置。

横线长短不同,则表示不同的意义。二倍字长为破折号,表示注释,如北京——新中国的首都;一倍字长作为范围号,表示起止,如 $50\% \sim 60\%$;半个字长为连字符,表示复合,如 Ni-Cr 不锈钢。很多人不注意它们之间用法的区别,该长的画成短的,该短的却画成了长的。

10. 款式不规则,引文项不全

款式,就是文章书写行文的格式。对于行文款式,有的人不太注意,把写文章的格式等同于做笔记,标题一律都顶格,内容都缩回去两格;或者一篇文章前后的格式不一样。这些都是不合要求的。

列参考文献方面的毛病比较多,有的把所阅文献后面所附的参考文献,都列为自己文章的参考文献;有的把自己过去发表的与本篇文章毫无关系的文献也列入参考文献。在参考文献的标注中,有的著录项不全,或缺作者姓名,或缺出版年月,或缺页码等等。

7.2.3 修改文章的步骤与手段

修改文章一要看内容,二要看表现形式,也就是前面讲的 10 个方面的问题。这里,内容是重点,是文章的灵魂,决定文章的水平与价值,必须下大工夫修改。然而,形式也不能忽视,它直接影响内容的表达效果。修改文章一般采取两大步骤、七种手段。

1. 两大步骤

(1) 居高临下反复通读,谋篇审意。文章写完以后,要反复通读几遍,纵观全局,从大的方面去发现问题,看布局是否合理,观点是否鲜明,论据是否充分,论证是否严密,文题是否相符,评价是否恰当,有无泄密问题等等。

(2) 由浅入深逐段推敲,酌字斟文。要一段一段地找毛病,一段一段地修改。逐段推敲,既要考虑内容,也要考虑表现形式。一句话怎么说,一个词怎么选,一个标点怎么用,一幅图怎么画,一个表怎么设计都要精心琢磨。推敲时应该是由浅入深,先把那些较为明显的问题处理掉,使文章大体通顺、合理。然后深入挖掘那些不太容易发现,而又十分重要的问题,进一步提高文章的质量。

这两大步骤是相辅相成的,缺一不可,每一步骤都要下工夫做好。

2. 七种手段

(1) 提炼。文章的题目、论点、每段的中心思想等等,都要靠提炼得到。提炼就是要淘沙取金,萃取精华。

(2) 增补。凡是结构残缺、数据不全、论据单薄的,都要增补适当的内容，使其充实、完整。

（3）删减。凡是与主要论点不相干的材料，显得累赘、臃肿，以至与其他部分难以协调的内容，一些可有可无的词句，都要大刀阔斧地砍掉。

（4）校核。对于原始数据、运算过程和最后结果，都要认真校核，看其是否准确；对于推理、论证过程，要检查是否严密；对于参考文献，要一一核对有无错误。

（5）调整。对于材料用得不当、布局不合理、层次混乱等情况，都要进行调整。调整包括前后次序的调整，也包括篇幅长短的调整，从而使通篇各部分相互协调，形成有机整体。

（6）改正。写错的文字、符号和标点，推导、运算、分析、判断错误的地方，图、表绘制不当之处，著录项目不合要求的地方，一律要认真改正，决不放过一个差错。在修改文章和进行校对时，要正确使用校对符号。校对符号是作者、编者及印刷工人共同使用的统一语言。因此，每个作者都应当准确掌握使用校对符号。

（7）润色。文字要用心修饰，做到用词准确，语言通顺。

运用上述步骤和方法，对文章进行全面的审查、校核和修改，研究报告即算完成。

7.3 研究成果的特点

7.3.1 客观性

客观性亦即研究报告内容的科学性，是研究成果最本质的属性，也是信息分析工作取得社会信誉的基础。研究成果的客观性是由以下两个因素决定的。

（1）研究报告是以文献、实物和事实等作为原始素材，对它们进行分析、推理和判断后所编写出来的文字资料。一般说来，这些素材真实地反映了它们所表征的事物的本质属性和基本规律。而且，在利用这些素材以前，信息分析人员已经对它们进行了质量鉴定，这就进一步增加了这些素材的真实可靠性。

(2) 信息分析是一项严肃的工作，从职业道德和工作需要出发，要求研究人员以公正、客观的态度对待工作，既不要以自己的观点和个人好恶来取舍素材，也不要带着感情色彩和倾向性去研究问题。

恩格斯曾经指出，如果前提是真实的，并且我们又正确地应用思维规律于这些前提，那么，结论必然是符合现实的。在信息分析工作中，素材是真实的，态度是公正的，思维规律也是正确的，那么，研究成果应当是客观的。

研究成果内容的客观性，为我们跟踪和修正决策提供了科学依据。在实际工作中，当我们根据某份研究报告做出的决策出现失误时，可以从三个方面来检查失误的原因：

(1) 作为论据的事实和数据是否充分，研究报告的结论是否带有偶然性。

(2) 研究报告中作为例证出现的彼时彼地的情况，是否与当前现实生活中需要解决的此时此地的情况相一致。

(3) 决策执行过程中是否有偏差。

7.3.2 间接性

科学研究和技术活动导致科学上的发现和技术上的发明。技术发明和创新可以提高劳动效率，直接推动生产的发展；科学原理和规律的发现则为技术活动提供理论依据。因此，科学技术与一般劳动工具一样，也是一种生产力，能够为社会创造财富。从这个角度看，科学技术成果的经济效益或者社会效果是直接的、明显的。

与科学技术成果相比较，作为信息分析成果的研究报告的效果则是隐性的、间接的。之所以这样，是由于以下三个原因决定的：

(1) 信息分析并不具体探讨某一种科学理论或者研究某一项技术，它只对现有的科学技术成果进行分析、整理和复原，有时还把它们放到一个新的环境中去加以考察，判断其适用性和经济性。由于特定的研究内容所决定，信息分析成果虽然能够启迪思想，帮助人们发现和解决问题，但它并不直接参与技术上的发明和创造，只有通过用户把成果转化为生产力，研究报告才能产生经济和社会效益。

(2) 决策行为是领导者个人或者集体行使权力的一个过程。信息分析工作虽然能够通过研究报告对领导者做出决策和修正决策施加影响,但不能强迫领导者做出决策,更不能越俎代庖,自行作出某种决定。因此,即便一个非常完善的方案,如果领导者不采纳,这个方案还是进入不了社会实践过程。

(3) 即便成果中某些正确意见被领导采纳,并且指示下属单位贯彻执行,但如果直接从事实践活动的人,或者对领导意图贯彻不力,或者执行中出现偏差,那么,这些正确意见的实际效果还是体现不出来。

信息分析工作对于决策行为和科研生产实践活动的这种依附性,决定了它的效果的间接性。

7.3.3 独立性

研究成果的独立性表现在两个方面:一是有其自己基本的产品形式;二是有独特的社会功能。

(1) 基本的产品形式。社会实践活动中,每一种不同的社会分工都会有自己不同的劳动产品。信息分析的工作成果虽然有时是由情报人员、科技人员和管理人员共同来完成的,但其最终的劳动产品既不是发明创造,也不是科学理论的建立,而是建议、方案、研究报告之类的东西。换言之,信息分析人员的劳动有其独立的基本产品形式,信息分析工作一般也以向其服务对象提交这些成果作为完成任务的标志。研究成果的这一特点,使得上级主管部门可以像对待科研成果和工厂产品一样,对信息分析成果进行科学的管理。例如可以按照一定标准对成果进行鉴定和验收,并且据此评定信息分析人员的工作水平和工作能力。

(2) 独特的社会功能。社会分工的细分化是社会发展进步的结果。一般而言,社会的每一种劳动产品都能满足人们的某种特定需要。信息分析成果的作用是提供信息,启迪思想,帮助领导者做出或者修正决策,使决策科学化。此外,信息分析工作还能沟通科学研究、技术开发与生产建设之间的联系,这种沟通作用具体表现在三个方面:

(1) 向社会推荐优秀的科学技术成果,使其更快地进入生产系统,从而创造出财富。

(2) 发现和总结生产实践中遇到的困难,作为科学研究和技术攻关的课题。

(3) 归纳和总结新产品开发、新技术应用中出现的问题,反馈给科研和技术部门,以求改进和提高。

由此看来,信息分析成果虽然不一定都是情报人员独立完成的,某些类型的研究,如学科情报研究,甚至已经融入科学研究之中,成为该学科研究的一个组成部分,但是,信息分析成果的作用,却是其他类型劳动成果所取代不了的。

第8章 决策信息分析人才

8.1 信息分析人员的素质

信息分析活动普遍存在于人类社会生活的各个方面,信息分析人员分布于各行各业、各个领域。在各类型信息机构和企事业单位中,有专职信息分析人员;在科学家、工程师和管理人员中,有兼职信息分析人员。无论专职还是兼职,作为一个信息分析人员,应当具有以下一些素质。

8.1.1 热爱本职工作

信息分析是一种服务性质的工作,这项工作有些类似于教师的教学。小学、中学和大学教师像跑接力棒一样,把一个无知幼稚的儿童培养成学有专长的青年,自己却始终耕耘在那块相对狭小的天地里。有人把教师比喻成一支蜡烛,燃烧自己,去照亮别人。

信息分析人员中,绝大部分原来是学习理工医农专业或者外语专业的。由于工作性质所决定,他们在原来所学的专业领域中,不可能有什么发明、发现和创造。信息分析人员以自己的辛勤劳动,为科学发现、技术发明和科学决策铺就一条通向成功的道路,自己却难入名人、学者之流。信息分析人员只有具有很强的事业心,才能做到不为名、不为利,真正献身于科学情报事业。

在信息分析工作中,应当提倡安、钻、迷的精神。所谓"安",就是安心本职工作,不见异思迁。所谓"钻",就是刻苦钻研业务,不断提高业务水平。所谓"迷",就是时时处处惦记着工作,对工作产生了一种如醉如痴的眷恋感情。事业上有了这种执著的追求,就一定能够做出一番成绩来。

8.1.2 强烈的情报意识

信息分析是一种对信息进行收集、整理和再加工的工作,这项工作具有明显的积累性。"冰冻三尺,非一日之寒",在信息分析工作中,平时的收集信息、积累素材有如"蓄水",编写研究成果则好似"开闸"。没有日常的情报吸收和积累,就不会有最终的研究成果。即便是三五日之内完成的紧急任务,也并非真是即兴之作。

生活在社会系统中的人,每天耳闻、目睹、身感的信息千千万万。信息分析人员要在众多的信息中筛选出有用信息,从有用信息中分辨出核心信息,必须具备"于无声处听惊雷"的本领。换言之,必须有强烈的情报意识,对于本部门、本行业和本专业的情报要有超人的敏感。

信息分析人员情报意识的强弱决定于两个方面:

(1) 有专业知识。信息分析人员只有具备专业知识,才能正确判断什么是有用信息、什么是核心情报。一般说来,信息分析人员的专业知识越精深,他的判断就越准确,情报吸收能力就越强。信息分析人员的专业知识主要指对他经常工作的领域内的基本情况的了解,例如基本理论、重要科学家的姓名和事迹、主要学术流派及其观点、重要的定律和公式、最新研究成果、尚未解决的重大问题,等等。

(2) 有敬业精神。信息分析人员只有热爱本职工作,才会专注地关心自己工作的专业或技术领域的动向,方能捕捉到稍纵即逝的信息。

8.1.3 实事求是的态度

科学技术没有阶级性,科学上的发现、技术上的发明是知识积累的结果。信息分析人员在对待科学技术成果上,必须坚持实事求是的态度,尊重客观事实。对待国内外先进的科学技术成果、先进的管理经验和方法,不论其产生自哪一个国家,也不论发现(发明)者的政治倾向如何,都要如实报道和客观评价。

信息分析是科学决策的依据,它对决策行为有不可忽视的影响。信息分析工作要突出客观性和科学性,研究报告的结论只能产生于对文献和事实的分析与推理,而不能让研究报告去印证和迎合领导意图。当调研结论与领导意图、具体政策相违背的时候,能否坚持真理、修正错误,这是对研究人员的品格、才识和勇气的一次严峻考验。

信息分析工作中,提倡先有事实后有结论的唯物主义态度,反对先有结论再找根据的唯心主义做法。信息分析人员不能随潮流、赶浪头,要乐于当谏议大夫,及时提出自己的不同意见。尊重科学、坚持实事求是,是信息分析人员的职业道德,也是保证研究质量的关键之所在。

8.1.4 提倡多路思维

所谓多路思维,就是对原来思考问题的方法、得出的结论提出怀疑,然后变换思维路向,对同一问题进行再研究。

信息分析直接为决策服务,对于国家利益和国计民生关系极大,差之毫厘,往往会失之千里。第二次世界大战前,因为德国不能种植橡胶树,英、法等国的情报人员由此推断:希特勒没有制造汽车轮胎的原料,无法大量生产运输工具,因此,不可能发动战争。岂料战争前夕,德国科技人员很快研制成功了合成橡胶。于是,在英、法等国毫无戒备的情况下,继吞并奥地利以后,1939年3月德国吞并捷克斯洛伐克,9月入侵波兰,发动了第二次世界大战。

信息分析通常是探究问题发生的原因,或者探讨事物的发展方向。既然是探索未知,又不能借助实验手段,这种探索就带有很大的推测性质。为了使判断准确,不致在错误的思维中愈陷愈深,工作中提倡多路思维是完全必要的。

一般说来,可以通过三种途径对自己已经肯定了的看法提出怀疑:

(1)变换角度,从原来认为没有问题的地方去推敲。譬如,产品质量不好已经判明是材料问题,能否考虑用改变设计结构或改进加工工艺去弥补。

(2)颠倒矛盾的主次关系,把次要矛盾当做主要矛盾去考虑。譬如,农副产品不能及时运出去卖掉而影响了经济效益,本来是运输部门的责任,能否考虑采用减少外运数量、就地综合加工的办法来提高经济效益。

（3）从不同的关系重新研究，看能否解决问题。譬如，本来是人力与物力的关系，改为质量与经济的关系，或者时间与要求的关系来研究。

这样提出的"疑问"最后可能绝大部分仍然被否定了，但这种设问方式对于开阔思路、防止认识僵化无疑是有益的。

8.1.5 自信而不刚愎自用

信息分析是一种富于创造性的工作，在大量素材的基础上，经过分析推理，作者要对问题作出判断，提出自己的看法和意见。如果缺乏自信，研究人员就会长期游离于大量的原始素材之中。让资料牵着鼻子走，永远作不出判断和决定。

自信来源于广博的知识和丰富的实践经验。遇到问题时，如果有很多过去的类似经验和知识作为参照，将有助于人们对问题迅速作出决断；历练多，见闻广，以往的判断失误较少，就会大大增强人们分析和判断的自信心。知识、经验与自信总是相伴增长的，人们常说"艺高人胆大，胆大艺更高"便是基于这样一个科学原理。

自信也产生于高度的责任心。一个缺乏责任感的人，一事当前首先想到的是自己，怕负责任，怕犯错误，讨论问题时人云亦云、随声附和，他就永远提不出有新意、有见地的看法，也绝对成为不了出色的信息分析人员。

值得指出的是，自信的人往往容易自以为是，听不进别人的意见，甚至为自己的错误和缺点辩护，变得刚愎自用。

信息分析人员应当既敢于肯定自己正确的东西，又勇于否定自己片面和错误的东西。正确地说，信息分析人员的自信和自用已经超出了个人修养的范畴，而是一种职业道德。在信息分析工作中，情报人员坚持或者反对的不是单纯的学术观点和争论意见，而很可能关系到第三者对某一技术、某一意见或某一决策方案的弃取，极而言之，兴衰成败系于一身。信息分析人员应当意识到自己这种举足轻重的身份，不要意气用事，要虚怀若谷，并且不断充实自己的知识，逐渐做到自信而不刚愎自用。

8.2 信息分析人员的培养

8.2.1 信息分析人员的知识结构

在知识的掌握上,对于不同对象有不同的要求。

工程师、医师、大学教师和科学研究人员,除了要有宽厚而坚实的自然科学(或社会科学)基础知识以外,对于所从事的工作领域的专门知识应当有比较精深的了解,并且尽可能向纵深发展,成为某一方面的专家。这类人员的知识结构一般称为"V型结构"。

科研、教育和生产部门的管理人员,应当精通管理业务,能够正确运用自己的管理知识有效地行使管理职权。然而,管理工作中会遇到各种类型的问题,管理人员应当了解和熟悉这些问题。因此,管理人员的知识面比较广,但凡管理工作中可能涉及的学科专业和技术门类,他们都应当广泛涉猎,然而,每一方面都不必很精。管理人员的知识结构一般称为"一型结构"。

信息分析人员的工作任务之一是报道和评价科学技术的新成就,并使之应用于本国或者本地区;更为重要的任务是为各种决策提供背景资料、甚至参考性的意见。信息分析人员对于自己经常工作的那些领域,应当有比较坚实的专业基础知识和较多的了解,但不必像科技人员那样精深;对于相关知识的掌握,面可以适当宽一点,但不必像管理人员那样广而全。信息分析人员的知识结构一般称为"T型结构"。

对于信息分析人员的知识结构和技能,通常提出如下一些要求:

(1) 通晓某些专业,具有接受、理解、鉴别和评价这些专业的科学技术问题的能力。

(2) 掌握与经常从事的课题有关的一些学科(技术)领域的知识。

(3) 具有较强的逻辑思维能力和综合分析能力,能够发现问题并且用比较严谨的逻辑推理来论证问题。

(4) 熟练地掌握1~2门外语,能够准确地翻译外文资料,有一定的外语会话能力。

（5）有较强的文字能力，能够用洗练的文字，准确流畅地表达自己的思想。

（6）熟悉检索工具，掌握检索方法：① 准确知道某一领域有哪些检索工具和主要刊物；② 较熟练地使用一些重要的检索工具，能比较迅速、全面地找到所需资料；③ 掌握一些重要工具书的收录范围和主要作用，能够交替使用多种工具书解决比较复杂的问题。

知识是无限的，并且以几何级数在递增，而人脑的记忆能力却是有限的。只有具有合理的知识结构，才能胜任一些复杂的工作。高中毕业的江苏青年徐诵舜在创制新型太阳灶的过程中，有针对性、有选择地读书，在短短的三年内他就达到了完成此项课题的最佳知识结构：精深的光学、热学知识，运用自如的数学知识，偏于实用的结构力学和机械设计知识，以及可供应用的文学、哲学知识……终于写出了《抽气薄膜结构设想》这样高水平的论文，研制出可以像雨伞一样折叠的抛物形镜面的塑料薄膜制太阳灶。

外国学者从解决竞争情报问题的基本技巧出发，将信息分析人员应当具备的能力技能归纳为13种，如表8-1所示。这种总结对于我们认识和体会现代信息分析人员应当具有的知识结构很有参考价值。

表 8-1　竞争情报人员分析能力汇总表

分析技能	行为能力描述
竞争战略前瞻 Competitive Strategic Foresight	在分析竞争对手当前行为模式的基础上，估计其将来可能采取的行动
预测技能 Forecasting	运用适当方法进行全局或局部的精准预测
行事风格归纳 Fact Pattern Analysis	从竞争对手表面上不相干的行动中总结出其行事风格特点，并将之用于预测
文化分析 Cultural Analysis	在了解企业文化和有关人员风格特点的基础上，预测竞争对手未来的行动
营销资源分析 Promotional Resource Analysis	估测竞争对手采用的市场营销组合情况

续表

分析技能	行为能力描述
链路分析 Pipeline Analysis	研究竞争对手价值链和供应链情况，测算其未来时间、销售和资源状况
定标比超 Benchmarking	在行业内外树立对象，用以赶学比超
建模分析 Modeling	在拥有大量历史数据基础上，进行建模预测分析
许可证分析 Licensing Analysis	利用各种已有研究成果分析某种许可证所能带来的商业利益
企业合并战略分析 Strategic Merger Analysis	分析现实或潜在的竞争对手们的合并对本企业所带来的影响
数据质量评估 Data Quality Assessment	评估现有信息系统，制定改进措施以满足信息需求，提升决策支持水平
问题描述 Problem Definition	帮助企业内部工作人员更贴切地表述所遇到的经营方面的问题
影响能力 Influence	在涉及企业经营决策的问题上能有效地对上级、下级和企业高级管理人员施加影响

引自：The SCIP. Academics and Practitioners: Forging a Partnership. *Competitive Intelligence Review*, 2001, 12(2): 32—36.

8.2.2 信息分析人员的培养方式

信息分析是科学决策的一个有机组成部分。在瞬息万变的信息化社会中，无论是科学研究、技术开发，还是经济建设，都离不开信息分析工作，而且，随着决策科学化的深入人心，社会将对信息分析人才提出日益迫切的需求。为了迎接这种新形势的到来，在人才培养的数量和质量上有一个大的飞跃，有必要对现行的情报学教育作一些改革，改革主要体现在办学方式的多样化方面。对于信息分析人才的培养，可以采取以下几种办学形式。

1. 高等学校的正规教育

由高等学校的情报（或信息管理）学院、系或专业对学生进行系统教育，是培养信息分析人才的最主要的方式。高等学校的教学计划中应当加强两个方面的教育：一是数、理、化、天、地、生等基础学科知识的教育；一是与信息分析有关的知识、方法和技巧的教育与训练。

在高等学校中，采用双学位制、对有坚实专业基础的理、工、医、农科学生加以信息分析课程的教育，是培养合格信息分析人员的最理想的方法。当前最重要的问题是情报学（信息管理）系（专业）要设法开出有一定深度的一整套的信息分析课程，以吸引其他系科的学生来选修情报学学位。

2. 情报部门招收研究生

我国科技情报工作有近 60 年的历史，在长期的工作实践中，已经造就出一批学识渊博、经验丰富的信息分析专家，其中一部分人有了高级职称。应该充分发挥专家的作用，给他们招收一定数量的研究生。情报部门招收研究生以理工医农等学科的本科毕业生为主，对他们施以信息分析理论和方法的教育，让他们在专家的指导下边学习边工作，学习期限可以稍长一点，一般以三年为宜。目前，北京大学、武汉大学、中国科技信息研究所、中科院国家科学图书馆等高校和科研院所已经开始培养信息分析的博士研究生。

3. 进修

情报部门选拔有一定工作经验的中青年到高等学校进修，是加速人才培养的一种有效形式。

由于目前大部分情报学（信息管理）系（专业）尚未开出专门培养信息分析人才的系列课程，进修生所在的系应该与本校其他系（如哲学系、经济系、数学系等）联系，允许进修生选修或者旁听其他系的与信息分析有关的课程。

4. 短期培训

目前，各省、市、自治区都成立了情报学会，有的省市还在学会下面设立了专业委员会，应该充分发挥学会和专业委员会的作用，开展社会办学。社会办学的主要形式是举办各种内容的培训班。培训班所需的费用来源于学员所交的学费，培训班的师资可以从高等院校和情报部门聘请。

培训班由于时间短（一般以 20 天左右为宜），学习内容不能过于庞杂，而以专题培训为宜。一般说来，可以组织以下一些类型的培训班。

(1) 管理班

管理班的培训对象主要是情报所所长、情报研究室室主任和课题组长。管理班主要讲授信息分析工作中的一些政策性和原则性问题,例如怎样选择研究课题,如何培养和使用干部,信息分析工作的组织、计划与协调,研究成果的管理和评价,等等。

(2) 业务班

信息分析业务学习班是最常举办的一种培训班,这一类型的培训班根据其培训对象和培训内容,通常又分为普及班和专题班。

普及班的培训对象主要是刚参加工作的信息分析人员和科技人员中的兼职信息分析人员。普及班通常介绍信息分析工作的全过程,要求学员掌握信息分析的主要步骤和一般工作方法。

专题班通常着重讲授信息分析中的某一工作环节,例如怎样收集信息分析研究素材,怎样撰写调研报告,如何开展市场(或者技术)信息分析,如何评价研究成果,等等。

(3) 研讨班

研讨班通常是从事信息分析教学或者信息分析工作多年的同志,集中在一起研究和讨论共同关心的一些理论问题和方法问题。这种讨论一般比较深入,通常能产生一些有价值的结果,例如改进工作方法,充实教材中的某些章节内容,向管理部门提供建设性的意见,等等。

5. 函授

函授是一种投资少、办事多、受益面广的教育形式,它像酵母菌的扩散生发一样,可以使有限的学校、有限的教师发挥更大的作用,培育出更多的人才。

根据以往的经验,函授教育中必须抓好三个环节,才能保证质量,收到预期效果。

(1) 严格入学考试。在函授招生工作中,一定要按照规定的分数线录取学员,不能徇情迁就、降低录取标准,否则,将给以后的教学带来很大困难。

(2) 函授要与面授相结合。在函授工作中,印发讲义和辅导材料、批改作业等虽然是教学的主要形式,但不能过分依赖这种教学形式,函授一定要与面授相结合。在学员比较集中的函授点,要聘请理论与实践能力较强的同志担任辅导员,定期对全体学员进行辅导。开办函授教育的学校,还要派出主讲教师到各个函授点巡回辅导。

(3) 严格升级、降级和肄业制度。在函授教育中,要制定学员升级、降级和肄业的标准,并且严格把关,不能把不合格的学员按照毕业生待遇交付用人单位。否则,将会使函授教育失去信誉。

6. 电视和广播

电视和无线电广播是受益面广、影响最大的一种办学形式。随着信息化时代的到来,情报学将会受到人们愈来愈大的重视,情报学教育应当研究如何充分利用电视、广播等大众化的宣传媒介进行教学的问题。目前,北京大学等单位正在利用计算机网络开展远程教育,借助这种"虚拟学校",将使名牌大学和特色大学有限的师资力量发挥更大的作用,这是高科技对教育事业又一个新的贡献。

信息分析人员培训的模式与培训目标密切相关,由于对专业信息分析人员的培训要求较为系统,因而采用的模式往往是集中脱产学习和在职工作培训相结合;由于对单位内部普通员工的培训要求较为简明,因而采用的模式往往是单位内部培训。

对专业信息分析人员的在职培训由高级情报专家结合情报课题研究实践进行"传帮带"来完成。这种培训形式多样,既可以通过座谈总结的方式来进行,也可以通过讲座方式来进行,还可以通过其他非正式交流方式来进行。

对单位内部普通员工的培训,常常由专业情报人员通过在企业内部进行宣讲教育来完成。对于新参加工作的专业情报人员来说,接受这种宣讲教育也是十分必要的。宣讲情报工作的任务目标就是要让被培训的对象明白自己未来可能面临的工作任务,了解各种可能的工作任务之间的关联,以便在实际工作中树立起全局观念,适时适度地作出自己的贡献。

情报工作的任务目标教育可以通过向被培训人员灌输情报人员义务等内容来实现。表8-2按照情报工作的重点环节,列明了情报人员相应的工作义务,可以用做信息分析人员培训的情报任务目标教育参考。

表 8-2 情报任务列表

情报工作重点环节	个人工作义务
明确信息需求	确定所需理想数据类型;明确所需指标数据
确定信息源	列出原始和二手信息源、相应的数据类型和数据属性
数据收集	明确数据采集的时机;数据采集
信息筛选	确定相关数据和相关指示性信息; 开展关联性数据信息的搜集
信息整序、分析	确定分析处理工具和技术;进行各种分析
研究释义	由掌握的数据得出和确认各种推断结果; 对推论进行多角度逻辑验证; 找出推论对竞争对手和本企业的意义及启示
情报输出格式设计	设计制作各种形式的情报产品; 按情报用户要求制作情报产品
情报输出内容审查	审查情报逻辑;进行情报反证
情报产品投送	按企业制度要求向决策者提交情报产品; 向用得着产品的决策者报送情报产品
企业现行策略研究	评估竞争对手研究成果对本企业现行策略的影响; 修订企业现行策略
新决策建议	推导新的决策内容; 评估竞争对手研究成果对拟定策略的影响

修改自: Fahey, Liam. *Competitors: Outwitting, Outmaneuvering, and Outperforming*. John Wiley & Sons, Inc, 1999, 514.

8.2.3 培养信息分析人员的课程设置

实践证明,一个合格的信息分析人员必须具备两个方面的知识:一是理、工、农、医等任何一个学科的专业知识;二是关于情报学基础理论、情报工作的方法和技能等方面的知识。目前我国信息分析人才教育的缺陷也正是表现在这两个方面。具体说来,又可以细分为三种情况:一是原来学习理工农医等专业的学生,几乎完全没有受过情报学基础理论和情报工作方法的训练;二是理工科院校开办的情报专业的学生虽有比较雄厚的理工科某一专业的知识,但信息分析方面的知识不系统;三是某些学校情报专业的学生,既缺乏理工科知识,所受信息分析方面的训练也不全面。在上述三种情况中,关于学生的理工科知识的缺乏,可以采用双学位、研究生班等途径来解决,信息分析的理论和方法的缺乏,却只能从情报学教育本身来寻求解决办法。

中国的情报学教育起步比较晚,情报人才匮乏,为了使毕业生分配到工作单位以后能够适应多种工作的需要,我国比较强调通才教育。但是,由于课程数量太少,实际上很难达到通才培育的目标。一个系一个专业,只有同时开设出几套培养不同类型人才的系列课程,学生才有可能在专攻某一方向的基础上去学习其他课程。因此,通才教育是在专才教育的基础上实施的,没有专才教育,也就无所谓通才教育。

培养信息分析人才,可以考虑开设以下四个层次的几十门课程:

1. **基础课**

培养信息分析人才的基础课是"情报学概论"和"决策学概论"两门课。"情报学概论"主要讲授情报学的研究对象和学科性质,科学情报工作的产生及其发展,情报用户和社会情报活动,情报流的整序和情报服务,国家情报体制和情报系统,情报政策,等等。"决策学概论"主要讲授决策概念、决策类型、决策机制、决策原则、决策方法、决策技巧,等等。

2. **专业基础课**

培养信息分析人才的专业基础课是"信息分析与决策",这门课可以由三部分内容组成:第一部分讲述决策的一般概念、决策程序,以及决策的作用;第二部分讲述决策工作中的信息保障,包括信息分析的基本程序,决策信息的收集与整理,决策信息分析方法,决策信息分析成果,决策信息分析人才等;第三部分讲述决策科学化和决策者的选拔与培养。

3. **专业课**

专业课是为了培养合格信息分析人才而开设的一系列课程,它是四个层次课程中的核心课程。专业课应当包括:决策原理、决策方法与技巧、计算机决策支持系统、数据统计分析、预测技术与方法、科技写作、翻译技巧、市场学、企业管理原理、专利法与涉外经济法、企业情报工作、经济情报工作、专利与专利情报、标准情报、微型计算机的利用,等等。

4. 选修课

信息分析的选修课主要指思维方法和工作技巧一类的课程,这类课程可以包括:科学技术发展史、科学研究方法论、逻辑学、科技文献检索、计算机情报检索、西文参考工具书、社科中文参考工具书、统计学、文献计量学、情报政策,等等。

信息分析人员应当精通情报研究、信息分析和情报成果宣传推广方法和技能,这种对方法和技能的要求在国外的学历教育中也通过课程体系表现出来。例如,兰德研究院在必修课中就设置了以下主要课程:

宏观经济学,介绍现代宏观经济学理论的概况,包括消费、投资、雇佣、通货膨胀、货币需求、利率预算等传统题目,也包括一些现代有争议的理论。课程还介绍投资和资本理论,价格和收入的分配,以及福利经济学的其他方面。介绍美国的宏观经济机构和管理,对联邦预算、银行系统的运作,以及联邦储备在金融控制中所扮演的角色,对影响公共干预的外部现象以及其他市场的和非市场的现象给予特别的重视。

统计和数据分析,共分两大部分。第一部分介绍一些基本的统计方法,以满足考察数据分析、预测和统计推论的需要。内容包括用图表和数学进行的数据概括、概率理论、随机变数、实验设计、抽样、预测和假设性试验。第二部分介绍媒体统计技术,基本上是多样性的线性回归。具体包括抽样和多样性的线性回归、模式选择、回归假设的修改、回归诊断、实验设计和数理逻辑回归。

分析方法,介绍大量的分析方法,用于决策者在不确定的情况下处理复杂问题。通过研究事件、阅读材料和实例,学生学会去构想决策者的分析需要,去制定数学模式。

兰德研究院的必修课还有计量经济学、对决策分析的行为科学透视、社会科学研究方法、军事技术、技术和决策分析等。此外,还根据社会发展的实际情况,适时开设诸如教育决策分析、国内司法实习之类的选修或临时课程。① 这些都值得我们借鉴。

8.3 信息分析人员的使用

8.3.1 人才管理的意义

所谓人才的科学管理,就是采用最佳组合形式,充分发挥个人在群体中的作用,以求得最好的组织效应。在信息分析工作中,培养什么样的人才,如何组成合理的调研队伍,这是情报部门的领导者和研究课题组织者须臾不可忽视的问题。

人才的科学管理,首先必须研究组合力。所谓组合力,是在科学研究的过程中,注意培养人们的群体意识,人与人之间互相切磋、探讨而形成的一种自觉集合的力量。据统计,在诺贝尔奖金获得者中,有65%以上是通过合作研究而取得成果的。在科学研究中,组合问题之所以变得愈来愈重要,有两个原因:

(1) 当前,在科学研究领域里,从个体向群体、从封闭半封闭向开放和全方位开放发展,是一种不可逆转的趋势。随着新学科的不断发展,科学研究的分工越来越细,专业面愈来愈窄,学科知识愈来愈专深。如果在研究过程中,一个人长年累月单枪匹马地干,把自己囿于极为狭小的范围内,而不争取其他人、其他专业的合作,是很难取得成就的。

(2) 一个人拥有的知识是有限的。即便是研究同一学科,每个人的个性、气质、思路、技巧和方法也有差异。只有与他人协作,在协作过程中让知识互补,使学术对流,才能取得新的成就。

组合是一个非常复杂的问题,并非任何形式的组合都能产生预期的效果。同样大小的两个外力作用在同一个物体上,由于两力组合方式不同,其结果也大不相同:两力同向时合力最大,两力反向时则相互抵消。同样的碳原子,可以组合成莫氏硬度为10的最坚硬的

---

① 乔迪.兰德决策——机遇预测与商业决策.成都:天地出版社,1998;30—44。

物质——金刚石,也可以组合成莫氏硬度仅有 1~2 的石墨,其原因就在于碳原子与碳原子之间排列组合的方式不同。

人不但具有作为生物的生命运动,还具有其他事物所不具有的思维活动,尤其是抽象思维活动。因此,人与人之间的组合是一种更高级的组合现象,其组合效应既受各个体的立场、观点和方法的制约,也受性格、兴趣和爱好的影响。随着国民经济的发展,管理部门和生产建设必将对信息分析工作提出更高的要求,搞好人才的科学管理,合理组织调研力量,是情报队伍建设的一个重要问题。

8.3.2 人才群体的组合原则

科研劳动系统是一个人才群落。这个群落的知识、智力、能级和年龄等构成的科学化和合理化,是达到研究工作最佳效能的基础。但并不是说,结构合理就一定能达到最佳效能。这里,还有一个非常重要的问题,即人才群体的组合原则。

人才群体的组合,一般应遵循以下几个原则:

1. 和谐原则

一个科研劳动系统的人才群落的组合,首先应遵循和谐原则。所谓和谐,即人才群落在研究工作中,尽可能做到"心往一处想,劲往一处使",动作协调,配合默契,集体凝聚力大,内部摩擦少,使每个成员在集体中感到心情舒畅,能在和谐的人际关系中充分发挥自己的聪明才智。由于职业特点,科技人员往往具有较强的个性,有时还有古怪、执拗的脾气,要使一个科研劳动系统达到上述的和谐气氛,也并非易事。

这里,首先要求科研劳动系统的领导者,具体地说,就是研究室主任和课题组负责人,要善于团结不同意见和不同素质、不同性格的人一道工作。同时,又要善于协调人才群落的动作,起到"黏合剂"和"润滑剂"的作用。

社会是由许多个人集合而成的,人与人之间既有相互联系的一面,又有相互制约的一面。在一个研究集体中,总体组织效应的大小,取决于集体中的每一个人是否能够充分发挥作用。在人才组合中,要使集体中每一个人的能力和特长能够互济互补,有几个问题是必须注意的。

(1) 同一课题组中,各种学科专业、各种技术和各种语种的人必须配置得当,使人与人之间有互济互补的可能性。

(2) 组成课题组时,要适当考虑每一个成员的资历、年龄、性格等特点,以保证他们能够和睦相处。

(3) 尽量避免人与人之间相互抵牾的恶性组合,力戒把那些合作共事非常困难,甚至一碰就"撞车"的人放在一起工作。

一个科研劳动系统,如果经常需要花费相当多的时间和精力去处理人际关系,解决人事纠葛,那么,即使其他各方面的因素都不错,它的工作也绝不会获得最佳效能。有的单位试行课题小组自由组合,采取将点兵、兵投将的办法,这是贯彻和谐原则的一种尝试。

为了创造一个良好的研究环境,发扬民主作风是极为重要的。讨论问题时,不能人微言轻,更不能搞"一言堂";对于不同观点和不同意见,要让人家把话说完,允许人家保留意见。只有这样,才能增强结合力,提高反馈灵敏度,调动每一个人的积极性,从而增强集体力量。

2. 能级原则

科研劳动系统是由不同岗位、不同能级的科技人员组成的。在最佳人才群落结构中,每个岗位都应安排与其能级要求相对应的不同人才,而每个人才也应被安排在最能施展才能的岗位上。经验告诉我们,把低能级的人安排在高能级岗位上工作,或因其专业知识水平不高,或因其工作经验不足,或因其组织管理能力欠佳,会影响整个研究工作的进展。反过来,把高能级的人安排在低能级岗位上工作,不仅造成人才和智力的浪费,也会严重影响其积极性的发挥,有时甚至推迟课题任务的完成时间。

为了使各个能级的人既能充分地发挥自己的聪明才智,又不致因"小个挑重担"而力不从心,在同一课题组中,研究人员的分工可以参照以下标准进行。

(1) 课题组长一般由组织能力较强,专业水平较高的高、中级研究人员担任。

(2) 研究报告的主笔通常由文字能力和专业水平俱佳的高、中级研究人员担任。

（3）有较强社会交际能力和一定专业能力的中、初级研究人员可以担负对外联络工作。

（4）整理和分类资料、排卡片、誊写、校对等事务性工作交由初级研究人员和辅助人员完成。

目前,在某些情报机构,一方面是具有高级职称的研究人员数量不足；另一方面,由于初级研究人员和辅助人员不够,高级研究人员又不得不参与查资料、校对之类的工作。这种降级使用人才的情况,可以说是浪费人才资源的最严重的表现。如果人才组合中不贯彻能级原则,各级研究人员比例不当,或者研究人员的分工不清、职责不明,势必造成人才使用上的浪费,进一步加剧高级研究人员匮乏的矛盾。

3. *流动原则*

科研劳动系统的人才群落是为了一个特定的目标而组成的。就是说,是为了完成某一项科研任务而组织在一起的。那么,这个人才群落的组合应满足新任务的需要,有利于任务的完成。一项研究任务完成以后,在接受另一项新任务时,这个人才群落应满足新任务的需要,有利于新任务的完成。因此,在信息分析工作中,其科研劳动系统的人才群落并不是一成不变的,而是经常处于调整和流动之中。

信息分析人才在空间和时间范围内的合理流动,包括如下一些内容：

（1）专职信息分析人员可以接受科研机关、高等院校和企业单位聘约,担任客座研究员、客座教授和客座工程师。

（2）聘请科研技术人员和高校师资,与专职信息分析人员一道组成课题组,共同开展一些大型综合性课题的调查研究。

（3）在课题研究过程中,参加人员的数量随课题任务的多少而变动,一般是两头小、中间大。即选题、订计划时人少；开展实地调查和文献普查时人多；撰写研究报告时人少。

（4）在情报机构,根据人员的实际工作能力、健康状况和年龄,不断淘汰和更新信息分析人员。

当前,我国专职信息分析人员甚少,实行动态管理,在社会范围内物色调研人才,可以弥补专职情报人员数量的不足。另一方面,情报人员兼职承担教学、科研和技术任务,还可以提高本身的理论水平和专业能力。

人才管理中的流动原则,除了人员的流动以外,还包括专职信息分析人员的智力流动。所谓智力流动,就是研究人员不死守一隅,总抱着某一专业或者某一技术,而是不断拓宽自己的知识面,努力完善自己的知识结构。智力流动是人才结构对人才培养的一种反求。在情报部门,研究人员可以采用两种办法来拓展自己的知识。

(1) 研究人员暂时脱离调研工作,去文献检索室、资料室等部门工作,熟悉和掌握与信息分析研究工作有关的知识和技能。

(2) 研究人员有意识地参加一些自己所不熟悉的专业或者技术领域的调研课题。

智力流动可以使调研人员个体研究能力得到加强,从而使科研劳动系统的集体研究能力得以扩大,这也不失为解决专职信息分析人员人力紧缺的一个有效途径。研究人员如果满足已有的知识和经验,不在实践中努力扩大自己的知识面,就会思想僵化,大大降低自己的创造能力和研究水平。

4. 有序原则

所谓有序原则,是指调研活动按部就班、秩序井然地进行,它是最佳组合效应得以发挥的组织保障。调研活动的计划性、组织性和纪律性是有序原则的核心,为此,在调研工作中必须做好三件事:

(1) 利用计划评审技术,对一年中的所有调研课题进行排队审评,即对何时开哪一个课题、何时结束、课题与课题之间如何衔接等作出明确计划。利用这种排队的办法,很容易做到对计划的监督,使每一个课题在规定的时间内完成。

(2) 在一个大型调研活动开始以前,对这一活动的所有环节作出计划和安排,然后,抓住主要矛盾,按轻重缓急解决次要矛盾,在最短的时间内井然有序地完成全部工作。

(3) 当客观情况发生变化时,可以相应地更改计划,重新调整部署,这是对原计划的反馈调控。但是,对工作不努力,人为地拖延计划的执行,造成工作失调者,也应当追究责任,给予适当的行政和纪律处分。

8.3.3 信息分析人员的使用

研究人员个人具有良好的素质,是做好信息分析工作的基础;合理地使用人才,则是完成信息分析任务的组织保障。如何用人,不同单位有不同的做法,但是,作为共性的原则,应当包括以下几点。

1. 知人善任,扬长避短

金无足赤,人无完人。人的能力有差异,人的行为也有差异。用人的关键在于使其各随其志,各得其所。合理使用人才,一个突出的问题就是要注意研究人员的特点,择其所长而用之。科技人员的特点,大致可以从专业知识、智力结构、人才类型、人才能级、气质个性等方面进行分析。在科研、建设等各项活动中,人才的浪费是最大的浪费。作为一个情报机构或者研究室的领导者,其职责就是根据信息分析人员的特点,合理使用人才,使每一个人都能扬长避短,最大限度地发挥自己的才能。

2. 注意激励,赏罚分明

行为科学认为,竞争是万事万物存在和发展的原动力。人类社会也只有通过竞争,才能更好地生存和发展。有竞争,就有激励。搞"大锅饭"和"平均奖","干好干坏一个样",是小生产者平均主义思想的反映,不利于激励人们奋发向上。作为情报机构的领导者,对于每个信息分析人员都应该根据其工作成绩和贡献,敢于在精神和物质两方面奖勤罚懒,赏罚分明,使信息分析工作在竞争中得以蓬勃发展。

3. 保持队伍的相对稳定

队伍稳定主要指从事信息分析工作的业务人员要相对固定,不要随意调进调出,尤其不得以任何借口和理由将业务骨干调离信息分析工作。之所以要保持队伍的相对稳定,是基于以下几个原因。

(1) 信息分析工作需要比较宽的知识面,一般科技人员需要经过一段时间的工作锻炼,才能达到上述要求。

(2) 信息分析有比较强的实践性,在收集素材、实地调查和研究方法上,具有与一般科学研究不同的特点和规律。信息分析的方法和手段，只有通过较长时间的工作实践才能掌握。

（3）信息分析需要广泛的纵向和横向联系，队伍相对稳定有助于保持畅通的联系渠道。

队伍相对稳定并不排斥人员在一定范围内的流动。信息分析人员可以在本单位的文献资料、编译报道和情报交流等不同岗位上短期工作。信息分析人员熟悉文献管理、情报交流等工作环节，具有文献检索知识和编译报道能力，将有助于研究工作的开展。

高等院校毕业生分到情报单位以后，不要把他们马上固定在信息分析岗位上，应当让他们在文献资料、编译报道、情报交流和信息分析等几个主要业务环节分别工作一段时间，然后再根据他们的才能与特长，确定其是否适合做信息分析工作。

4. 明确的岗位责任

信息分析工作课题广泛、任务多变，而且，同一研究课题通常是由多人合作完成。为了提高工作效率，做到人尽其才、各司其职，每个研究人员都应当有自己明确的职责范围。一般说来，对于信息分析人员，需要明确划分两项责任：日常的、固定的岗位责任；某项课题中临时性的岗位责任。

日常岗位责任是指根据研究人员所学专业和个人特长所作的相对稳定的分工，日常岗位责任包括：① 主要承担哪些专业、学科或技术领域内的研究课题；② 负责处理哪种文字的哪几种期刊；③ 在长远性课题中，分工收集哪几方面的素材。

临时岗位责任是指在完成某一研究课题时，对每一位研究人员所作的具体分工，临时岗位责任包括：① 负责收集哪一语种的文献资料；② 负责查找哪几种检索工具；③ 负责走访或调查哪些单位或个人；④ 负责撰写研究报告的哪一部分，是否负责统改全稿；⑤ 是课题组的组长，还是一般成员。

在一般情况下，应当尽可能使研究人员的临时岗位责任与日常岗位责任相一致，以便使他们尽快地熟悉和精通某一专业、某一技术和某一文种，以利于提高工作质量。

5. 适当的工作压力

信息分析是一种"软"任务，工作质量和数量的伸缩性很大。而且,为了应付临时的紧急任务,年初制订工作计划时,大都在时间上留有余地。但是,在现实生活中,除了少数意志坚强的人,大部分人都有一种惰性。工作任务长期不饱满,会使人们闲散自流,不利于业务水平的提高。

信息分析人员自觉地从难从严要求自己,工作中有适当压力,可以增长才干,促进人才的迅速成长。

为了出成果、出人才,一般采用两种办法给信息分析人员添加适当的工作压力。

(1) 提出明确的业务要求,定期进行业务考核,例如对打字速度、翻译速度等作一些数量上的规定,以促进研究人员平时的业务学习。

(2) 研究室经常保留一些需要较长时间才能完成的研究项目,例如长期跟踪某一重要技术、人物、项目或事件,以便使研究人员在前面一个课题已经完成,后面一个课题还未开始的时候,以及暂时没有分配课题任务的同志,时时都有工作可做。

以上五项用人原则,前三点是针对各级领导提出来的,是一种指导思想或者领导艺术,是一个认识问题;后两点是针对信息分析人员提出的,是工作方法问题。在对信息分析人员的使用中,只有遵循上述原则,才能使每一个人各得其所,奋发向上,多出成果。

第9章 决策者与决策群体

9.1 决 策 者

9.1.1 决策者的素质

当我们讨论决策家族时,已经谈到从影响的范围看,可以将决策分为高层决策、中层决策和基层决策。很显然,无论哪一个层次的决策,都是各级领导者做出的。因此,这里所谓决策者的素质,实际上就是领导者的素质。

谈到领导者的素质时,美国著名历史学家、社会学家帕金森曾经举过两个决策实例,一个是投资建造原子反应堆问题,另一个是投资建造自行车棚问题。当讨论第一个问题的时候,主管人汇报了简况,11 位委员中,4 位根本不知道什么叫反应堆,3 位不知道它有什么用途,而其余 4 位知道反应堆作用的委员中,3 位不知道建造它需要很多钱。唯一有发言权的是 B 先生。B 先生听到汇报者主张将这项工程交给某公司承包时,忽然想起这家公司已经被人起诉,同时对一千万英镑的要价表示怀疑。但是 B 先生不知从何谈起,谈具体方案吧,委员们一窍不通,说什么叫反应堆吧,诸位先生绝对不会承认自己一无所知。B 先生认为还是保持沉默为好。于是,一笔巨额投资的决策,就这样做出了。当讨论第二个问题的时候情形就大不相同了。大家围绕着这笔小小的投资争论得十分热烈,最后以削减 50 英镑投资而做出决策。

帕金森先生是一位十分幽默同时又十分深刻的学者。他举的这两个事例给人的启发是:决策者的素质对决策水平的高低有着不可忽视的重大作用。在 11 位委员中,只有 4 位懂反应堆的作用,另外 7 位根本不懂,在没有任何争议的情况下,巨额投资的决策轻而易举地做出了,这种决策的结果是可想而知的。由此看来,决策者的素质直接影响着决策能力。决策能力和素质是密不可分的,素质是基础,它决定能力;能力是素质的发挥和运用,它体现素质。可以说,决策者的素质越好,决策能力越强。反之,就无法做出正确的决策。

各级领导者的个体素质,按其性质分类,一般不外乎德和才两项。德的标准因立场不同而不同,我们强调的是共产主义道德品质和高尚的社会主义精神文明,这与资本主义国家强调的当然不同;至于才,虽然阶级色彩不如德那么浓厚,但其本身的结构也是非常复杂的。通常所谓才,又可以进一步划分为文化知识、办事能力、工作经验和方法等。德与才乍看起来是互不相同、彼此相互独立的两种素质。然而,两者是密切相关、互相影响的,有时甚至结合成为一个难以区分的整体。作为一个合格的领导者,其素质至少应当包括品德、学识、能力和作风四个方面。

1. 领导者应当具备的品德

社会主义国家的领导者,首先应该是一个好的革命者。作为一个领导者,这是国家重任所托,是单位工作好坏之所系,尤其是各级行政首脑,他们的工作与千家万户的幸福密切相关,他们必须具有非常优良的品德。领导者如果无德无能或者有才缺德,小则擅作威福,大则祸国殃民,因此,对领导者的品德问题切不可等闲视之。要培养德,要做到革命化,首先应该确立辩证唯物主义和历史唯物主义的世界观,摆正自己和群众的位置,要有为祖国、为人类献身的精神。人生观不是一经树立就一劳永逸的,它像树木一样,有待于经常的培养和浇灌。只要能够不断向上,即使参加革命时人生观不完全正确,也可以逐步提高,由公私兼顾到先公后私到公而忘私,成为优秀的革命家。

领导者应该具备敢于对人民负责,能顶住歪风邪气,不屈服于任何压力和威胁的精神;还要有广阔的胸怀,能倾听不同的意见,甚至反对自己的意见,善于团结和使用反对过自己的人。还应该指出的是,领导者应本着为国为民的精神,求贤若渴,敢于使用德才超过自己的人,乐于让他们得到顺利的发展,走在自己的前面,绝对不应嫉贤妒能。

领导者绝对不能利欲熏心,利用职权假公济私,搞不正之风。否则,即使做出再好的决策也会失去凝聚力、感召力,也就不能在群众中贯彻落实。另一方面,一个人有什么样的道德素质就具有什么样的价值取向和价值观念,这种价值取向与价值观念必然反映到决策活动中来。因此,利欲熏心的人很难做出大公无私的决策;好大喜功、搞"假大空"的人则很难做出符合实际情况的决策。

领导者应当具有冒险、创新、挑战的精神。每一项决策都是一项挑战,其结果尚不可知,在实施过程中也许还有各种意外事件发生。因此,决策者应当具有一定程度的冒险精神。风险和失败是联系在一起的,也是和效益联系在一起的。决策的层次越高,承担的风险也就越大。冒险精神常与自信心、敢于负责、创造观念、才能、经验等因素有关。决策者不能人云亦云,在制定和实施决策时都要有坚强的意志和自信,因为不同意见的存在是司空见惯的,而一项决策也不大可能使每一个人都高兴。

德和才在一个人的身上,可能会出现不平衡。有些人德比较好,但才差一些。有一些人虽然有才,但德却略逊一筹。重德轻才,会影响革命和建设的进程;重才轻德,将导致事业的衰败。有才无德的人,其才能只会帮助他做出许多害国害民的坏事来,重用了他会有很大危险。有德无才的人,政治上固然可信,但是难当大任。德才相比,我们更应当注意德。德优才弱,通过努力可以提高自己的才干,从而达到德才统一。相反,坏人有了才,如虎添翼,将会干出更大的坏事。

2. 领导者应当具备的学识

科学文化知识对人们的决策活动有着重要的影响,有什么样的文化背景,就有什么样的决策方式,有什么样的知识结构,就有什么样的决策效果。科技文化知识直接影响着决策者的思维程序和方式,它是决策者的智力背景,是制定科学决策的基础。在关键时刻,决策者知识储备的数量和质量,甚至可以使群体绝处逢生或者事业前功尽弃。1791年深秋,拿破仑的一支大军在皮舍格柳的统帅下向荷兰进军。荷军自知不敌,便把运河的水放出来阻挡法军前进。法军面对茫茫大水,面临着是否撤退的抉择。这时,皮舍格柳看见树上的蜘蛛在大量吐丝结网,从中得到启发,迅速做出了决策。蜘蛛吐丝结网看来和是否撤军毫不沾边,风马牛不相及,但是,皮舍格柳对此却极为重视,并由此而做出了不撤军的决策。原来,皮舍格柳有丰富的昆虫学和气象学知识,他知道蜘蛛大量吐丝是干冷气候到来的前兆。气候干冷则河水就要结冰,河水结冰则军队可踏冰前进,继续进攻。后来的情况发展果然如皮舍格柳所料,法军取得了一次重大胜利。试想,如果皮舍格柳没有丰富的昆虫学和气象学的知识储备,事情的结局很可能就截然相反了。

当今世界的国家实力之争实际上是经济之争,归根结底是科学文化之争。目前,新技术、新工艺正在迅速地应用到生产和生活中,在经济发展中起着越来越重要的作用,成为生产力、竞争力的关键性因素。这种客观条件要求决策者必须具备一定的科学文化知识,才能适应科学技术飞速发展的时代要求。

世界各国对于不同级别的领导者,在学识水平上都有具体的规定,并且通过学历和考试等多种手段,对领导者的学识水平进行检验。领导干部所应具备的知识,随着工作部门的不同,彼此在内容方面相差很大,但也有共同的地方。具体说来,领导者应当具有以下几个方面的知识。

比较系统的社会科学知识,特别是政治学、社会学和管理学方面的知识。一个领导者如果真正学会了领导的本领,学会了领导、组织、决策、指挥、协调这一套本领,那他就是一个长于管理的专家,做起工作来与那种知识浅薄、只凭灵机一动就瞎指挥的人相比,肯定会具有明显的优势。经济学、法学、社会学、心理学等方面的知识是社会科学,而社会科学本身就是人类社会的管理知识的总汇。

相当水平的专业知识。当代的各种独立单位,专业性极强,即使是政府部门,也都是针对社会上的各种企事业和专门问题而设置的,领导者不能再像封建官僚制度下那样,可以凭空头政治或者以尸位素餐的方式去管理。以此看来,社会上的各种企事业单位,例如一个汽车制造厂、一所外语学院,其领导者必须具有相当的专业知识。说领导者应当具有专业知识,并不是说领导者一定要是有关专业的学者、专家或者高级工程师。领导者只要能够判断专家的水平,在进行综合研究时能够听懂专家的发言,能够做出决策并在执行过程中加以协调,就可以算得上是胜任了。而要做到这一点,就非有相当水平的专业知识不可。

比较丰富的文化知识。随着人民物质生活水平的提高,人民群众的文化教养也在相应提高。因此各级领导者必须具有相当水平的文化知识,否则,不容易在群众中树立威信,在对外友好交往中会显得知识贫乏,而且,在处理单位内外的事务中不能高瞻远瞩,这样,势必给工作带来不利的影响。

3. 领导者应当具备的能力

领导能力是一整套能力的综合表现。领导者要善于出主意,想办法,提出方案,作出决定,并推动下级去完成任务,实现既定目标。

领导能力主要表现在下列几个方面:① 分析问题的能力。能透过现象,发现问题,了解存在问题的症结所在,抓住关键,权衡利弊,提出中肯的意见。② 逻辑判断能力和直觉判断能力。要有逻辑思考力,能判断事物的因果关系,具有预见性;在出现某些紧急并无法从容协商的问题时,能当机立断,并勇于负责。③ 创新能力。对新事物敏感,思路开阔,善于提出新设想、"新套套",不因循守旧,墨守成规,工作中有主动性、进攻性。

上述领导能力又可以进一步表述为科学思维能力、快速决断能力、组织实施能力和预测应变能力。

科学思维能力指运用马克思主义哲学——辩证唯物主义的认识论和方法论来领导决策工作,具有较强的理论思维能力。科学思维能力要求领导者既要有直觉思维能力,又要有逻辑思维能力。逻辑思维至少要回答这样几个问题:问题的实质是什么?问题的症结在哪里?出现问题的概率是多少?问题的结果会怎样?

快速决断能力。决断魄力是决策领导人必不可少的最重要的素养。这种能力主要表现为反应敏捷,决策果断,不犹豫不决、模棱两可。否则,会使其他决策人员疑惑、无所适从,不利于做出好的决策。迅速明察问题的关键是快速决断的前提条件。

表达与组织实施能力。无论在决策前还是决策后,领导者都要以清晰的方式表达决策的内容,包括解释、说明和鼓动。组织实施能力包括:善于运用组织的力量,综合协调人力、物力、财力;善于把国家、单位和职工利益结合起来,进行目标连锁;胸有全局,能统筹兼顾,把当前迫切工作与长远需要结合起来;善于抓典型,树标兵,利用先进榜样由点及面地推动工作。

预测、适应、应变能力。决策通常是对将要出现的问题的一种筹划或者制定相应的对策。问题既然还没有发生,事件的发展进程和结局就是一个未知数,因此,领导者应当有预测能力,在问题还没有发生时,就能大概勾勒出事情的结果。世界上事物之间有着千丝万缕的联系,对于将要出现的问题,即便是筹划得再认真、计算得再精确,也很难要求它们完全按照设定的程式发展,因此,领导者要有见微知著的眼光,根据情况审时度势,适应环境,具有较强的应变能力。

4. 领导者应当具备的作风与修养

作风和修养也同才干一样是一种综合性的东西,而不是一个简单的技术性问题。

作为一个领导者,要有平等待人、平易近人的作风。社会主义国家的各级领导干部应该明确自己是为革命、为人民而担任各种大大小小的领导工作的,自己只不过是群众中的一员,与旧社会骑在人民头上当官做老爷有本质的不同,决不应有高人一等的思想,应当把群众看做是自己真正的朋友,永远甘当人民的公仆。

领导者要密切联系群众。一切为了群众、一切依靠群众,从群众中来、到群众中去的群众路线是我们党的根本路线。密切联系群众的根本途径是具有民主作风,善于聆听多种意见,还应当充分利用外脑和适当而大胆地放权。领导者应当有自知之明,所谓"自知之明",就是对自己有正确的认识与评价,达到主观上的"自我"与客观上的"自我"相符。一般说来,领导者对自己的思想和行为,有已察觉的与未察觉的两部分;别人对其思想和行为,也有已察觉的和未察觉的两部分。两者结合,表现为四种情况,见图9-1。

领导者应设法扩大 1 区，这部分越大，主观的"我"和别人认识的"我"就越能统一，1 区扩大，其他三区相对缩小。还应看到，对自己和领导工作影响最大的是 2 区，即别人已经察觉而自己尚未察觉的部分。缩小 2 区，要靠虚心倾听群众意见和提高自我意识水平。

	自己	
	已察觉	未察觉
别人 已察觉	1	2
别人 未察觉	3	4

图 9-1　已察觉与未察觉示意图

作为一个领导者，还应当保持情绪的稳定，提高自制能力。一般认为，情绪稳定的特征是：易与不同意见的人士接触，在与反对过自己和自己感到讨厌的人相处时也能冷静、客观。有宽厚的风度，不计个人恩怨，不算历史旧账。遇到阻碍、挫折时，不埋怨，不沮丧，不迁怒于人，能理智行事。办事胜利、成功时，不沾沾自喜、得意忘形，能看到问题，对未来航路上的暗礁保持警觉。确知无法达到预定目标时，会痛快地转移工作重点，不固执己见，不钻牛角尖。行为自然，诚恳坦率，不矫揉造作，不哗众取宠。

作风和修养的提高有待于一个人品德的培养、学识的增进与经验的积累，不能一蹴而就，但是多看一些古今中外有关政治家、科学家如何提高修养的书籍是十分有益的。因为这样既可以增长历史知识，可学到办事经验，当然也要防止误入歧途。各种历史人物都有其特定的个性修养和突出的优缺点，应当采取历史唯物主义和辩证唯物主义的态度，扬弃其糟粕，取其精华。只有这样，领导者才能不断完善自己的人格，提高自己的修养。

9.1.2 领导的功能

领导的功能即领导的职能,指的是领导者所从事的各种活动及其过程。领导的功能可归结为组织功能与激励功能两个方面:

(1) 组织功能。实现组织目标是领导的最终目的,为了实现这个目的,领导必须实行以下组织功能:① 根据单位内部、外部条件,需要与可能,制定出符合本单位实际的目标与重大决策;② 合理组织和运用人、财、物,以实现目标和决策;③ 建立科学的有效的管理系统。

(2) 激励功能。领导是否善于激励,对目标的完成关系极大。目标再好,如果领导者不善于发挥激励的功能,不能充分调动职工的积极性,目标也是难以实现的。

激励功能包括以下几个方面:① 提高被领导者接受目标、执行目标的自觉程度。领导者的责任在于把组织目标与职工目标联系起来,提高员工对组织目标的感受性,从而提高接受目标与执行目标的自觉性。② 激发被领导者实现组织目标的热情。在职工执行目标的过程中,领导者要善于针对他们的需要,满足其合理的物质与精神的需求。③ 提高被领导者的行为效率。行为效率主要体现为被领导者对单位所作出的贡献。为提高职工的行为效率,领导者要十分注意为他们创造良好的物质环境与心理气氛。

总之,发挥激励功能的关键一环,是要重视并且尽量满足被领导者的各种合理的需求。这种需求,往往因时而异,这就要求领导者深入细致地加以了解,并有针对性地进行工作。

一个优秀的领导者,总是善于把"组织指引"与"组织体谅"两者很好地结合起来,或者说,他总是善于同时发挥组织功能与激励功能两种作用,从而把职工的积极性和才能引导到完成组织任务(目标)的轨道上来。

9.1.3 领导者的地位权力与影响力

任何领导工作,都是在领导者与被领导者相互作用的过程中进行的。社会心理学的研究表明,一个领导者要实现领导功能,关键在于领导影响力。所谓影响力,就是一个人在与他人交往中影响和改变他人心理和行为的能力。从影响力的性质来看,可分为强制性影响力和自然性影响力。前者是随着领导者所担任的职务而来的,谁担任了某个职务,便具有这个职务法定的权力,它带有强制性质,下级不能随便不接受领导。对这种权力,我们不妨把它叫做位置权力或地位权力,它主要决定于个人在组织中的地位。后者,自然性影响力,我们不妨明确称它为影响力,实际上也就是人们常说的"威信",这是由于领导者具有良好的表现而受到被领导者的敬佩,靠领导者以身作则来影响别人接受自己的意见,从而起到领导的作用。这种影响力是建立在群众对领导者崇敬、信服的基础之上的,是非权力性的影响力。

我们平时所说的权威,可以概括地表示为:权力+威信。权力,是强加而必须服从的;威信,是使人信服而甘愿接受的。各级领导,不论是上级委派的还是群众选举的,都有一定的法定权力即地位权力。但是,要实行有效的领导,光靠这种地位权力是远远不够的,只有同时靠领导者处处以身作则,使群众信服,才能真正带领群众,推进工作。这就是说,领导者要想有效地实现领导,必须有威信。

心理学家弗兰奇和雷文等人提出,构成领导权力的基础按其权力来源不同,有五种:

(1) 强制权。这是建立在惧怕之上的权力,即惩罚的权力。强制权是建立在人们这种认识的基础上的;违背上司的行为、态度或指示的结果是惩罚。

(2) 奖励权。这是强制权的相对物。上司有奖赏下属的权力。下属认识到服从上司的意愿会带来积极的奖励(金钱奖励或非金钱奖励,如表扬、晋升等)。

(3) 法定权。这种权力来自领导者本人在组织机构里的地位。公司经理比副经理有更多的法定权力,部门经理比第一线的主任有更多的法定权力。

(4) 专长权。有这种权力的人,一般是具有某些专门知识、特殊技能或知识的人。具有更多样的这种能力的人,会赢得同事和下属的尊敬和服从。下属一般更愿意支持行家的领导。

(5) 个人影响权。这种权力建立在一位下属对一位领导者的认可上。领导者由于自己具有好品质和专长会受到下属敬佩。正是出于这种敬佩，下属能够接受其影响。

上面所说的强制的权力、奖励的权力、法定的权力，主要决定于个人在组织中的地位。一个领导者在组织中所处的地位越高，他所拥有的这三种权力也越大。个人影响权和专长权，则主要由领导者的性格、品质、专长等个人因素所决定。

行为科学认为：作为一个领导者，应尽可能运用影响力，而不要光凭地位权力去推进工作。无数事实证明，那些单凭手中的权力，发号施令、以权压人、命令主义的领导人，是无法获得群众的信赖和支持的。靠影响力来发挥领导作用是我们做好领导工作的重要条件。

领导的威信既不是自封的，也不是上级可以授予的。影响力的大小，靠领导者自身的表现，即由领导者个人的品德、知识、才能和感情所决定。

9.2　决策班子的遴选

9.2.1　领导人才的类型

在大型组织的群体中，如果按人员之间的行为的传递、接受和相互影响来分，大致可以将人分为三种类型：主导型、依附型、中间型。

(1) 主导型人才。他们注重本身的内在价值，对自己认识很深刻，在人的群体中常常是一位举足轻重的角色，他们富于独特创造性，并能在工作中证实自己的能力。这种人在人的群体中是角色的传递者，他们可以通过自己的行为影响其他许多人。

(2) 依附型人才。他们的行为较多地受到角色传递者的影响，属于角色的接受者。这种人所表现的行为是一种顺势行为，在群体中，他们能较好地完成组织指派的任务，但自己缺乏主见，更少创见。

(3) 中间型人才。介于上述两种类型人才之间的人才。

在高层、中层、低层三个领导层次中，低层领导可以使用依附型人才。这是因为大型组织的整个使命，只有依靠各个基层领导的不折不扣的共同努力才能达到。如果低层领导中有较多的人都希望实现自己的价值,并按照自己的意愿行动,而忽视整个目标的完成,那么整个组织的使命便有可能失败。

中层领导者则应较多地启用主导型和中间型人才,中层组织的规模越大,主导型成分越应增加。这是因为,中层领导者固然要执行高层的指令,但是,由于它所管辖的组织规模大,为了更好地完成高层的指令,也需要有较多的创见和对下属的影响力。

组织机构的高层领导者,应以主导型人才为主,而绝对不能用依附型人才。这是因为,大型组织中,中、低层解决不了的问题,必然集中到高层中来,因此,高层领导者中需要一批极富创造性的人来思考问题,以便作出规划、决策和决断,指导全局。如果高层领导人中多数人都是唯唯诺诺的顺势者,这个组织是绝对不会有生机和创新精神的。

为了履行高层领导者的职责和使命,高层领导群体必须由不同的人搭配起来才能胜任。就素质而论,高层领导应当由具有这样四种风格、而且彼此相差很大的人组成:① 全局观念很强,善于思考,能出主意,决策、决断能力很强的人;② 非常善于行动,沉着、坚毅、果敢,执行能力很强的人;③ 善于处理人事关系,协调矛盾,涵养很高,能默默无闻工作并创造良好气氛的人;④ 群众关系十分密切,能充当群众利益的代表的人。十分明显,这几种风格几乎不可能同时出现在一个人身上。因此,选拔高层领导时,风格和素质的搭配十分重要。

9.2.2 组成有效决策班子的基本条件

实践表明,大多数决策都是由群体做出的,这就促使我们去研究有关群体行为的理论。当一个群体试图解决某一问题时,熟悉群体的内部动力是大有好处的,它可以帮助人们建立起能有效地做出决策的群体。一般说来,群体行为受到以下一些因素的影响。

1. 群体成员的背景

每个群体都有自己的历史,包含群体自身的经验和群体成员的经验。这些经验发展形成了一套价值观念,转变成为该群体的决策能力。为了洞悉群体在一定的条件下会作出怎样的反映,及其在给定的决策情况下如何行动,查看一下群体成员的历史背景是重要的。

为了建立一个高效的决策群体,对其成员的选拔至少应当考虑年龄和知识两个因素。年纪大的人阅历丰富、见闻广博、老成持重;中年人年富力强、思维敏捷,正在走向成熟;年轻人思维活跃、热情高、干劲大,头脑中条条框框比较少。这些人组合在一起,在经验、方法和办事效率上可以互济互补。现代决策往往涉及经济、科技、资源、人文、生态、环境等很多方面,因此,决策群体中包括经济、法律、管理、科学技术等方面的人才,将有助于快速、正确地做出决策。

2. 内聚力

内聚力指群体对其成员所具有的吸引力。内聚力主要表现为群体成员对其他人的能力、其他人在决策过程中的贡献所表示的尊敬。内聚作用的好处是能够使群体的所有成员为了组织的利益,共同合作解决一个问题。如果群体成员感到他们能够为共同目标无拘无束地作出贡献,并能放弃个人分歧,他们就能像对待个人作出决策那样支持群体决策。

这里还要说明一下次群体的问题。次群体和派系在决策过程中可能有利也可能有害。派系或许是因友谊而产生,也可能是因为共同的兴趣和其他原因而产生。然而,派系形成的原因,远不如派系的目标那么重要,假如次群体能洞察在此之前还无人注意、无人涉足的问题,这实际上是一种贡献。不要简单地清除一个次群体,而要把它们的力量引导到解决问题上来。

3. 气氛与沟通

假如群体成员们感到能够自由地表达他们的见解,而不是退缩不前,他们就能很好地交换意见和看法。通过观察个人表达感情和群体作为一个整体支持其成员的程度,可以看出这种交流的和谐程度。如果进行决策的气氛使人惬意,则整个群体都会集中注意力,解决给定的问题,而不是在钩心斗角上浪费精力。为了营造和谐的气氛,群体成员间的沟通是非常重要的。沟通是否顺畅,主要看人们说些什么,如何说出来。但我们不应把沟通的方式严格限于语言沟通,因为沟通的许多其他形式同样能传达相当多的信息,有时更具有说服力,像面部表情、手势、漫不经心等等。

沟通是一个由四个部分组成的过程:信息发送者、信息接受者、信息和反馈。这四个部分中的任何一个不能完成其必要的功能,这个过程就会受到阻塞。沟通的有效性可以用这样一些事实来衡量,如成员们彼此的尊重,以及积极的非语言信号的存在。

4. 目标和程序

目标可以确定为短期目标和长期目标、可达到目标和不可达到的目标(就群体所拥有的资源来说),而且它们一定要为每个成员所明确和理解。没有共同目标的群体就好比是所有的参赛者沿不同方向出发的竞走比赛,或者像一半人向这一面拉,另一半人向那一面拉的拔河游戏。

群体的工作要富于成效,一定要按某一确定的方式进行工作,以期完成本身的任务。群体采取的程序应当足够灵活,以便于修正使之适合特定的问题及群体的规模和成员。程序包括:各种事情的议事日程,如何模拟和控制讨论等等。在着手解决这些问题前,让群体的所有成员都明白这些程序是极其重要的。

衡量一个领导班子是否能够,或者正在有效地开展工作,可以参照以下准则:① 群体中每个成员必须清楚地了解决策目的;② 群体必须在个人需要与群体效能之间获得平衡;③ 群体成员必须自由地相互交往,并且明白各自的作用;④ 群体必须充分利用其成员的各种技能;⑤ 每个成员必须分享群体的领导权,这样可以使全部备择方案得到同等考虑;⑥ 在考虑了所有人观点后做出的重大决策,必须由所有成员共同承担责任;⑦ 群体应当评估自己的工作进展,并在需要时采取纠正措施;⑧ 群体不能由任何一个成员支配。

9.2.3 对于候选人的考察方法

毛主席曾经指出:路线确定以后,干部就是关键的因素。这里的所谓干部,既指广大工作在第一线的国家公务员,更是指各级领导岗位上的领导干部。社会主义、共产主义事业是千百万人的事业,需要一大批品德好、素质高、能力强的干部带领广大人民群众不懈地奋斗。领导干部选拔的好与坏决定着事业的兴衰、改革的成败。目前,我国选拔科、处、乃至厅局级领导干部,一般采用本人自荐、群众评议、综合素质考试、组织部门考核相结合的方式。在以上几个环节中,组织部门考核是关键的一个环节。

如何判定一个干部是否适合担任领导职务,目前尚无一套通用的、科学的方法。从古今中外的实践来看,有以下一些方法可供参考:

(1) 从当面与背后察其品德。在现实生活中,有这么一些人,善于乔装打扮,惯于做表面文章。当着领导和众人的面,总是以"正人君子"的面孔出现,看上去似乎公道正派,心地纯良;可一旦背着领导和群众,就煽风点火,挑拨离间,拉山头,搞宗派,耍小动作。这种人是典型的"阴阳人"、"两面派"。在识别、考察这种人时,不能只看到他的当面"表演"、注重其"阳"的一面;而不看其背后"动作",忘掉其"阴"的一面。对这种人,唯有对其言行是否一致,表里是否如一作全面细致的考察,才能避免被假象所迷惑,才能识得"庐山真面目"。

(2) 从对上与待下的态度中观察其思想作风。考察一个人的思想作风是否朴实、纯正,看其对上与待下的态度便一目了然。有些人对上毕恭毕敬,点头哈腰;对下则昂头挺胸,冷若冰霜。这种敬官耻民的人一般都媚上压下,对这种人绝对不能委以重任。

(3) 从各种场所的表现中察其个性修养。考察一个人的个性品质及修养,是识人和用人的一个重要方面。实践表明,多数人的个性除了在工作岗位中得到某些局部反映以外,大量的则是通过公共场所的交际活动和家庭生活表现出来。比如,有的人在工作岗位上能很好地约束和控制自己,性情温和,举止端庄,注重礼节,可是到了公共场所或家里,就行为粗野、态度骄横。因此,考察一个人必须跳出工作岗位这个"巡视圈",将视野和触角延伸到他们的家庭,拓展到他们的"个人社交圈",看看他们在工作以外的"天地"里的个性表现。通过这种广泛的社会透视,才能对一个人的个性修养得出一种比较客观的认识。

(4) 从明与暗的多角度观察中察其廉洁拒腐品质。这方面通常有三种情况:第一种人在明处表现得很"正",看上去似乎很"廉明",一副道貌岸然的样子。但是,一到暗处,就伸出了污浊的手,贪财求利,接受贿赂,成为酒色之徒。第二种人则毫无遮盖,明目张胆,在金钱酒色的引诱下,可以置人格和尊严而不顾。第三种人则清正廉洁,有较强的抗腐拒变能力,这种人在明处,能坚持原则,公道正派,不贪不拿;在暗处,又能"慎独"、"自律"。对于上述这些人的认识和考察,上级组织部门要适当地让自己"隐蔽"起来,以便于暗中观察,辨明真伪。

(5) 从平时与关键时刻的表现察其能力的"伸展性"。考察一个人的能力是否有"张力"和"弹性"时,不但要看其平时的"能量",还要看其在关键时刻的表现;现实生活中,有些人在平时的工作中能力表现突出,处理事务井井有条。但是在关键时刻,遇到突发性的事件或棘手的问题时,往往显得束手无策、一筹莫展。而有些人在平时似乎能力平平,但在关键时刻,却能力挽狂澜,扭转乾坤,表现出惊人的驾驭局势的能力。还有的人无论平时还是关键时刻都身手不凡。因此,选拔人才时须作全面而又细致的观察,才能得出一个比较准确的结论,从而避免大材小用或庸才重用。

(6) 从顺境与逆境中察其意志品质。考察一个人的意志品质,最能说明问题的是看其在逆境中的表现。有的人只适应于在顺境中工作,在这样的环境里,他们往往情绪高涨,工作卓有成效;而一旦身处逆境,受到一点挫折,就垂头丧气,萎靡不振。有的人,既能在顺境中表现"自我",又能在逆境中驾驭"自我",不论环境怎样险恶,都能泰然处之。显然,前者属于意志薄弱型,经不起风浪的考验;后者属于意志坚强型,能应付一切艰苦险恶的环境,组织部门选拔干部时应舍前而择后。

9.2.4 选拔领导者时应当注意的事项

选拔和任命各级领导干部,主要是上级领导和上级组织部门的事情。为了把合适的人擢升到领导岗位上来,为四个现代化建设造就一大批德才兼备的干部,提拔和任命领导干部时应当注意以下几个问题。

1. 不求全责备

金无足赤,人无完人。按照唯物辩证法的观点,事物总是对立统一的,人才亦是如此,人的优点和缺点常常是并存的。才干越高的人,其缺点往往也越明显。一个进取心强,敢冒风险的人,难免有考虑问题不周全、不细致的毛病;一个有魄力、有才干,独立工作能力强的人,有时难免显得过于自信和骄傲;一个有毅力、有倔劲,不达目的誓不罢休的人,难免有时主观、武断。事实上,好人并不等于能人,能人也并非完人。如果在任用人才的时候,求全责备,百般挑剔,那么所选的人,只能是一些平庸之辈,这种人领导下的团体也只能是一个平庸的组织。

选拔和任用人才时,要真正做到不求全责备,上级领导和组织部门必须解决两个问题:一是看得准,二是顶得住。所谓看得准,是正确区分被选拔者的主流与支流、大节与小节,以及准备用这个人担当什么职务,他这方面的能力是否突出,要想看准某个人,最好对其进行深入的、较长时间的考察,尤其是将其放在特定环境中去考察。所谓顶得住,是正确对待群众的议论和反映。人非圣贤,孰能无过。有人对被选拔者说三道四是很正常的事情,关键是看谁在说、为什么说、说的是什么问题。

美国南北战争期间,林肯总统用过三四个将领,当初他的用人标准是必须没有大的缺点。但是,这些无大缺点的将军,在拥有较强人力、物力的优势条件下,反而一个个被南方的李将军手下的将领打败。林肯分析了对方的将领:从贾克森起,几乎没有一个不是满身都有大小缺点的,但同时又都有各自的长处。李将军善于用其长处,所以能够打败自己手下没有什么缺点,也没有什么特长的将领。从这种分析出发,林肯毅然决定起用格兰特将军为总司令。命令一出,舆论哗然。有人告诉林肯,格兰特好酒贪杯,难当大任。林肯笑笑说:"如果我知道他喜欢喝什么酒,我倒应该送他几桶,让大家共享。"事实证明林肯选对了。格兰特的受命,成为南北战争形势的一个转折点。

2. 不嫉贤妒能

无数历史事实证明,得人才者得天下,失人才者失天下。被誉为美国钢铁工业之父的美国钢铁大王卡内基说过:"你可以把我所有的工厂、设备、市场、资金全部夺去,但只要保留我的组织和人员,几年后,我将仍是钢铁大王。"卡内基的话反映了西方资产阶级企业家在管理思想上的一种反省,他认识到人的因素是最重要的。

遗憾的是,在现实生活中,某些单位在使用干部时自上而下奉行一种"能级递减原则",一流的找二流的当部属,二流的找三流的做下级。武大郎开店,容不得比自己个高的。据说这样做有一个大优点,那就是下属听话,你说一他不会说二。这样的选人标准和用人政策,其结果必然是把大量能力超群、卓尔不凡的人拒之于千里之外。

由于每个人所受的家庭影响和教育不同、经历不同、平时的阅读兴趣和关注热点也不同,在一个单位中,部属在某一方面比领导者强一些是司空见惯的事情。有的领导者不乐意用比自己强的人,除了怕这些"强人"难以驾驭,担心彼此之间容易发生意见分歧,工作会受到影响外,主要还是嫉贤妒能心理在作怪。他们总以为自己是单位或部门的领导,各方面都应该比别人高一等。因此,当他们遇到比自己能力强、本事大的人时,就萌生妒忌,采取种种办法压制他们。

嫉贤妒能,是抑制和扼杀人才的一种腐朽、落后的封建意识,对我们的事业妨碍极大。汉高祖刘邦"天下大定后",在雒阳(今河南省洛阳市)南宫庆功宴上说:"夫运筹帷幄之中,决胜千里之外,吾不如子房。镇国家,抚百姓,给馈饷,不绝粮道,吾不如萧何。连百万之军,战必胜,攻必取,吾不如韩信。此三者,皆大杰也,吾能用之,此所以取天下也。项羽有一范增而不能,此所以为我擒也。"

建设社会主义现代化强国,需要成千上万的人才。一千多年前的封建帝王尚且深谙兴邦治国之道,能够礼贤下士。代表千百万人民群众利益的共产党的领导干部切不可从狭隘的思想出发,为了维护自己的"威信",保住自己的"位子",而嫉贤妒能,去压制人才和埋没人才。

3. 不以貌取人

自古以来就有"肌肤毛发受之父母"的说法。人的容貌、体态、高矮是由遗传因素决定的,是不可变更的,基本上是先天的。人的学识、才干、能力是通过后天的学习和实践得来的。两者之间并无必然的联系。韩非子在《显学》篇中记载说:"澹台子羽,君子之容也,仲尼几而取之,与处久而行不称其貌。……故孔子曰:'以容取人乎,失之子羽'。"

容貌美,未必有才能;容貌丑,也未必没有才能。《三国演义》说庞统是一个难得的奇才,"上通天文,下晓地理;谋略不减于管乐;抠机不可不并孙、吴"。但因他长相丑陋,"浓眉掀鼻,黑面短髯,形容古怪"而先后被孙权、刘备拒用或屈用。

尽管一个人的美丑与才能没有多少关系,但人们观察和评价人物时,往往容易被人的俊美与丑陋所左右。历史前进到社会主义时代,一般不会把相貌作为人才识别的标准了。但是这种影响仍然存在,并且在一定程度上左右着某些领导者取人的天平。以貌来判断人、取舍人,从根本上说,违背了识人用人的辩证法,是一种典型的形而上学的"印象效应",这与我们党的任人路线和干部政策都是不相容的。

当然,对于某些肩负特殊任务的干部,如选拔主持外事工作的领导时,在同等条件下,可以适当考虑候选人的容貌和气质。

我个人认为,容貌虽然与才干、能力无关,但却与一个人的性格、品德、修为有一定联系,不过,这里的"容貌"两个字最好置换成"相貌"。在日常生活中,我们有时可以从一个人的"相貌"(或颜面表情)大致判断出这个人木讷还是机敏、坦诚还是虚伪、善良还是凶恶等,也是有一定科学根据的。选择和提拔干部时,适当阅读一些心理学、生理学和人体结构学方面的书,是值得提倡的。

4. 克服"马太效应"

"马太效应"一词是从《圣经》中"马太福音"的故事转借而来的。《圣经》中说:"凡有的,还要加给他,叫他有余;没有的,连他所有的也要夺过来。"在现实生活中,财富、荣誉和权力的叠加是一种司空见惯的现象。早在20世纪40年代斯大林就指出:在我们国家里有成百成千有才能的年轻人,他们竭尽全力要从下面冲上来,以求把自己的微末贡献投入到我们建设事业的总宝库。但是他们的努力往往是徒劳无益的,因为他们常常被文坛"名人"的自负,我们某些组织的官僚主义和冷酷无情以及同辈的嫉妒压抑下去。我们的任务之一就是要打穿这堵死墙,使不可胜数的年轻力量得到出路。清代著名诗人龚自珍也大声疾呼"我劝天公重抖擞,不拘一格降人才"。

选拔人才时之所以要克服"马太效应",是基于以下两个原因。

首先,人的时间和精力是有限的,一个人的能力再强,如果让他担任多种职务,必然会顾此失彼,力不从心。南京有位70多岁的学界泰斗,身兼20多个职务,他登报呼吁,恳请社会给他松松绑,让他有时间搞搞研究、带带研究生。这位老先生的兼职都是与研究方向有关,且多属名誉主席、顾问之类的虚衔。企、事业单位的领导,基本上是"一个萝卜一个坑",每个职位都有具体的工作,各管一摊,各负其责。这样性质的工作,如果一个人身兼数职,那么,他不是尸位素餐、形同虚设,就是被工作忙得焦头烂额、穷于应付。无论是前者还是后者,对工作只能是百害而无一利。

其次,人才是分类型、有区别的,此人才非彼人才。精通技术创新、产品开发的人不一定能搞文艺创作;科学研究卓有成就的人,不一定擅长管理。在卖糖果的服务岗位上,张秉贵对业务精益求精、对顾客胜似亲人的"一团火精神",可以影响一大片、带动一大批人,但如果把他放在总经理或党委书记的位置上,他就不一定称职。正因为这样,在第二次世界大战中,领导美国原子弹研究工作的不是大名鼎鼎的物理学家、原子弹研究发起者之一的爱因斯坦,而是名气远不如爱因斯坦大的奥本海默。选拔和任命干部时,一定要用人之所长,不要把人才放错了位置。要做到这一点,也必须克服用人上的"马太效应"。

9.3 决策群体的合作与共事

恩格斯曾经说过:"许多人协作,许多力量融合为一个总的力量,用马克思的话来说,就造成'新的力量',这种力量和它的一个个力量的总和有本质的差别。"恩格斯讲了一个法国骑兵与马木留克骑兵作战的例子:骑术不精但纪律性很强的法国骑兵,与善于单个格斗但纪律性很差的马木留克骑兵作战,如果分散作战,3个法国兵打不过2个马木留克兵;若相对集中兵力,100个对100个,就能势均力敌;而大规模作战,1 000个法国兵就能打败1 500个马木留克兵。

恩格斯举的这个例子说明,在一个群体中,群体的力量并不是各个个体力量简单相加之和,也就是说,1+1不是等于2。同样,领导班子的整体效能,并不是领导成员个体能量的机械相加,而是与领导班子整体结构是否合理、成员与成员之间能否融洽共事密切相关的。在本章前两节中,我们谈到了领导班子的结构和遴选问题,在这一节中,我们将着重讨论领导班子的协调与配合问题。

9.3.1 主要领导者的职责

领导班子组成后,必然会有一个主要负责人,这个人在这个班子中居于领导者的地位,带领一班人做出决策和实施决策。这个人应当指导群体决策,使全体成员明了他们所面临的任务,感到自己在协助解决问题上与其他成员属于同等地位。

据《新民晚报》1999年4月5日报道,上海永新彩色显像管公司总经理周家春就是一位相当不错的第一把手。上海永新彩管公司成立10年,重大决策百次以上,由于群体参与,群策群力,一拍一个准,企业至今创利税32亿元,为投资额的6倍,相当于10年赚回6个"永新",成为全国最佳效益企业。

决策围绕市场转,这是"永新"决策的"主旋律",然而市场纷繁复杂,一人难以明断,只有发挥群体效应,才能切中"要害"。一期工程上马46厘米彩管时,决策层已经发现市场54厘米彩电冒头,于是抓紧提出该尺寸的二期计划,然而决策层再次摸市场时,又发现64厘米彩电已在居民家庭成为新宠,这时,周家春集中董事会各成员智慧,果断作出决定:一期兼容46厘米、54厘米,二期上64厘米!事实证明,周家春等人的决定是正确的。

"永新"的群体决策,也不局限在董事会、党委会几位领导身上,涉及哪个层面,哪个层面就是决策层,这样的决策更"实事求是"。54厘米彩管生产线速度,引进时是20秒出1只,究竟能否提速?周永春等人下到制造部,请教普通职工,一位技术员亲手操作试验,证明完全可以提速,他对周总说,行!你们可以定。于是董事会决定19.5秒出1只。如今更达18秒1只,使该厂54厘米彩管生产由原来日产3 630只,到现今的5 000多只,极大地提高了企业生产效率。

在一个由多人组成的领导班子中,主要领导者必须履行自己的任务职能和维护职能。

1. 主要领导者的任务职能

(1) 发动。这项工作包括激发群体对某个问题的注意,并提出寻求解答的程序。

(2) 征求意见。这项工作要求从这样的一些成员那里寻求有关信息,这些成员除非被询问否则就不会自愿提供情况。

(3) 提出主张。主要领导者应当提出个人见解或任何可以帮助群体作出结论的信息,但是不应当充当独裁者的角色。

(4) 澄清问题。主要领导偶尔也要重申别人的观点,以保证大家对它有所了解。这一行动的主要目的是消除由于对所提供的资料的解释不同而产生的混乱。

(5) 概括。这项工作包括集中全部的意见,提出群体接受或拒绝的决定或结论。

(6) 检查意见的一致性。主要领导者要不断地通过对群体中一部分人进行核查,来确定群体意见是否得到贯彻,工作是否取得了进展。

(7) 把关。当讨论出现分歧的时候,主要领导者应当审时度势,使意见向正确的方向集中。当决策初步做出以后,主要领导者要利用自己的知识和经验,再一次审视决策的科学性。

2. 主要领导者的维护职能

(1) 鼓励。主要领导者应当对全体成员表示友善,关心每个人,使每个成员都有受重视的机会。

(2) 群体情感表达。主要领导者应当理解群体的情绪并公开分享这种情绪,只有这样,他和她作出的处置才能得到群体的认同。

(3) 和谐。主要领导者应当努力消除成员之间的不一致。在做这项工作时,领导者应当缓和紧张气氛,引导人们去探求他们的分歧所在。

(4) 妥协。领导者的地位或者意见受到威胁时,应当寻求妥协。主要领导者为了群体的团结,也许在某些地方不得不作出让步。

9.3.2 正、副职的协调和配合

在实际生活中,决策的效果乃至单位的成绩如何,关键取决于领导班子中正、副职之间各自作用的发挥和配合。凡是配合默契的领导班子,就具有吸引力、凝聚力、战斗力,否则领导班子就如同一盘散沙,无任何绩效可言。为了更好地做出决策和执行决策,领导集体中的正、副职正确地认识自己的地位、职责和作用是至关重要的。

1. 正职要发挥核心作用

正职要像磁铁一样,把领导班子一班人紧紧吸引在自己周围,形成一个稳定、协调、团结、一致、有坚强战斗力的领导集体,从而带动决策群体做出科学的决策,带领群体卓越地完成各项工作任务。具体来说,正职要注意以下几个问题:

(1) 善于决策。决策是领导者的首要职责。正职要想带领一班人搞好决策,首先要对本地区、本部门和本单位的性质、任务、目标和基本状况有比较清楚的认识,善于通过经常性的调查研究来发现问题和分析问题。对于自己领导下的工作,要有超前研究、战略思考和长远规划,从而领导一班人在方向对、情况明的基础上,把上级精神和本地情况结合起来,正确进行决策。作为正职,为了决策科学化,还必须善于把握全局,注意抓战略性、风险性和关键性的重大问题,不能陷入琐碎的日常事务。特别是在组织决策的过程中,正职既要充分发扬民主,集思广益,坚持集体决策,不搞个人说了算;又要遇事有主见,善集中,不能人云亦云,当断不断。这样才能依靠自己较高的决策能力和判断能力,使一班人心悦诚服地拥戴正职。

(2) 统一指挥。一个班子一般由三人以上组成,有的多达十几人,作为领导班子核心的正职,理所当然是指挥中心。这种指挥,包括一班人的分工和协作,也包括日常工作的安排,还包括目标计划的制订和集体决策、决议的贯彻落实,其目的是使一班人在正职的统一领导下,各得其所,各司其职、各负其责,从而紧张而又有秩序地工作。正职要在领导班子中发挥统一指挥的作用,一方面工作要讲究科学合理,处理问题要因事制宜,因人制宜,指挥得当,尽量减少失误;另一方面要通过自己的工作,使其他领导成员自觉地听从指挥、

服从安排,并按照整体目标的要求做好相应的工作。

(3) 组织协调。在决策活动中,领导成员的行为,由于其思想觉悟和道德品质上有差异,认识水平和工作能力的差异,性格、兴趣和气质的差异,再加上体制、结构等外部条件的制约,往往会产生某些分歧,甚至摩擦和冲突,这是正常现象。为了减少组织内部的摩擦和冲突,防止产生内耗,正职作为班子的核心,要充分发挥其协调作用。特别在当前新旧体制并存、各种人际关系较为复杂、人们之间的利益关系在不断调整的情况下,需要正职进行组织协调的内容更多、要求更高,难度也更大。正职只有依靠出色的组织协调艺术,才能增进一班人的团结,调动一班人的积极性,树立一班人的整体观念,从而增强领导班子的战斗力。

(4) 带头表率。在决策活动中,正职不能单纯依靠权力来维护自己的核心地位,要注意用威信去增强自己的凝聚力和吸引力。而要做到这一点,正职必须用自己高尚的品质和优良的作风影响一班人,用自己模范的行动和有效的工作带动一班人。凡是要求别人做到的,自己首先做到,在任何时候、任何情况下都起带头作用,作出表率。这样正职在班子中才会享有较高的威信,说话有人听,工作有人做,把一班人紧紧团结在自己周围。

由此可见,正职要总揽全局,而不应该事无巨细;要指挥统一,而不应该放任不管;要善于协调,而不应该内耗丛生;要大公无私,而不应该以权谋私。只有这样,正职才无愧于核心地位。

2. 副职要乐于为副,积极工作

副职在各级领导班子中占据多数,其地位和作用相当重要。副职若要演好角色,就要处理好"主"与"次"的关系,树立正确的位置观。副职自身既含有配角、居次要地位的一面,又含有主角、占主要地位的一面。在实际工作中,副职既要乐于为副,当好配角,又要积极主动,当好主角;既要做好分管工作,又要了解全面情况;既要沟通纵向渠道,又要注重横向协作。总之,副职要以饱满的热情,创造性地干好本职工作。具体讲,副职要注意以下几个问题。

(1) 在职务上是配角,在协调中是主角。在一个班子中,副职无疑是配角,处于从属和辅助地位,但是在对其所分工管辖的各部门的协调中,又要扮演主要角色。这是副职在班子中所处地位的客观要求,是其应有的作用。

(2) 在决策上是配角,在参谋上是主角。决策、拍板的主要责任在正职,无疑正职是主角,副职是配角。但是,正职正确的决策离不开副职的参谋和帮助。就某一方面工作来讲,分管的副职总比负责全面工作的正职了解的情况多,掌握的资料多,因而最有发言权。所以,副职提供的情况全面与否,客观与否,准确与否,见解、主张正确与否,都会直接影响正职决策的正确与否。从提供情况当参谋这个角度讲,副职又是主角。因此,一个称职的副职不能把决策只当做正职一个人的事一推了之,而应积极主动地向正职提供分管工作的各种情况、资料、成绩、问题、经验、教训、个人的意见、成熟的主张等等,供正职参考。

(3) 全面工作是配角,单项工作是主角。副职在领导班子中都有明确而具体的分工,就全面工作来说,副职只对其中的某一方面或某一项工作负责,是配角;而对他分管的某一方面或某一项工作来说,副职又是处于具体把关的主体地位,是主角。但是,这并不意味着副职就可以凌驾于正职之上自作主张,我行我素,恰恰相反,这里强调的是要在正职的统一领导下更好地发挥副职的主观能动性作用。

正职的核心作用和副职的配合作用恰如掌舵与划桨,该掌舵的掌好舵,该划桨的划好桨,二者不能颠倒。在我国,一般情况下,是正手掌舵,考虑战略问题,解决方向问题;副手划桨,埋头具体事务。当然,重大问题的决策还是要实行民主集中制。但是,抓全局的人,必须具有远大的眼光,过人的洞察力和魄力。做具体工作的人,固然也要关心战略问题,但主要考虑战术性问题,其主要职责是抓好组织落实和实施,把工作做细做好,使战略性问题的解决落到实处。

3. 领导班子的团结

在一个班子里,可能有各式各样的人,觉悟有高有低,性格有刚有柔,脾气有急有缓。既然大家组合在一起工作,彼此就要容得下你高我低,容得下言语差错,只要大家都具有宽大的胸怀,就能求大同存小异,相互理解,和睦共处。

生活中常常会看到这种情况,一个班子的个体素质可能并不高,但由于有凝聚力,班子也就坚强了。相反,有的班子个体成员素质并不差,但因彼此不和谐,力量在相互冲撞中消耗掉了,结果成了软班子。

领导班子的团结,依靠集体中每一个成员的共同努力,尤其是一把手的表率作用。领导班子要想搞好团结,必须注意以下几个问题。

(1) 不拉帮结派,不争功诿过

拉帮结派等宗派活动,是剥削阶级个人主义的表现,是封建思想的反映。在当今社会,有的是自觉、有意的拉帮结派,但更多的是不自觉的。有些人喜欢别人吹捧自己,容不得和自己意见相左的人,结果垒起山头,昏昏然成了某一山头的代表。当你在"山"头上的时候,簇拥者不绝于前,歌颂者尾随其后,在这笑脸和奉承之中,别人欣赏的是你手中的权力,一旦掉下"山"来,将是什么结局,这是不言而喻的。

争功诿过,是人心的冷冻剂,团结的涣散丸。作为一个领导者,在富有极大诱惑力和反作用力的功与过面前,不为一己之利而争个人之功,不推诿自己对过错应负的责任,这是搞好团结的一个重要条件,也是每个领导者必具的品德。

一个领导班子中只要不搞帮派,不拉山头,善于发挥各方面人的作用;同时,每个领导成员不把功劳拼命往自己身上揽,不把责任和过错往别人身上推,就能把各方面的力量团结起来,把工作做好,这是理论和实践都早已证明了的。

(2) 胸怀全局,及时消除误会

一个领导者只有胸怀全局,才能做到气量大,克己让人,才能知错即改,化怨恨为团结。法国著名作家雨果说过:"世界上最大的是海洋,比海洋大的是天空,比天空广阔的是人的胸怀。"这句话是很能给我们启发的。

德国的伟大诗人歌德曾说过:"误解与成见,往往会在世界上铸成比诡计与恶意更多的错误。"本来,误会的发生是不值得大惊小怪的,但是,对误会听之任之,将会使事态恶化,影响工作和事业。作为领导者,一旦发现被别人误会,一是不要急,二是不要怨,应该冷静地想一想产生误解的主观、客观原因。同时,要有宽阔的胸怀,是自己错了,承认错误;是别人曲解、领会错了,要耐心说明,这样,才能有助于误会的尽快消除,使团结不断增强。

(3) 尊重别人,不嫉贤妒能

尊重别人,是社会交往中一项十分重要的道德要求,更是领导者团结的必备前提。领导班子成员之间,如果不注意尊重别人,损害了对方的人格,就会使对方感到不快,产生不满、怨恨或者憎恨,甚至引起争吵以至产生更为严重的后果。不尊重别人,往往容易使对方受到激怒,失去理智控制,做出一些出格的事情。领导成员之间的相互尊重,表现在工作上就是互相关心、互相信任、互相支持。尊重别人的人一定会受到别人的尊重,这是一条真理。

"嫉妒是诸恶德里面最大的恶德",这是19世纪法国现实主义作家司汤达对妒忌的批评。嫉贤妒能者势必争功诿过,发展严重时,甚至干出一些造谣污蔑、告黑状的事情。

嫉贤妒能不但对团结有害,对事业有害,对自己也是有害的。日本有句谚语,叫"嫉妒是亡身的毒蛇",这句话是十分有道理的。领导者应当化嫉妒为良好的竞争,努力提高自己的科学文化素质。

第10章 决策科学化

10.1 决策行为与决策环境

10.1.1 决策行为是决策者主观条件与客观环境相结合的产物

人们过去往往把决策科学化看成仅仅是决策者的事,似乎只要决策者提高素质并采用科学的方法,就一定能做出正确的决策,就完全可以避免决策失误。这种看法是片面的。决策者生活在一定的社会环境中,他的决策行为必然要受到社会环境的制约。决策行为实际上是决策者个人的主观因素(动机、智慧、能力、性格、气质等)和社会环境(体制、制度、形势、舆论、气氛等)两方面因素的结合。应当看到,决策的科学化不仅仅取决于决策者(即使决策者的主观因素方面,也不是不受约束的),决策环境同样同决策科学化的关系极为密切。

从单项决策科学化的要求出发,对决策者的主观素质提出了很多要求,这些要求往往是很高的,它可以作为决策者努力的方向。决策者的心目中有没有这个方向,对决策行为有很大影响。但是,决策者在一段时间内往往不是只处理一项决策,而是要同时处理多项决策,甚至达到"日理万机"的程度。而决策者个人的智力、能力、信息和时间是有限的,同决策的要求相比往往有不少差距,这就是主观约束。当决策者处理某项决策时,还会受到当时的国际、国内政治、经济形势,各种法律法规、自然资源、人才结构等的制约,这就是客观环境约束。决策者既不能由于这些约束而不做决策,也不能超越这些约束去做决策(虽然可以通过学习不断改善主观约束条件,但他不能等到主观约束解除之后才做决策),他只能在既定的约束条件下尽力使决策行为达到总体的最大的合理性。因此,可以毫不夸张地说,决策行为是决策者的主观意愿在主、客观条件约束下的产物。

10.1.2 决策环境的几个层次

从决策者身边的少数人到整个社会,都是决策的环境。决策者一方面要认识到环境对决策行为的影响,要去适应环境;另一方面也要认识到决策者影响和改造环境的责任,因为只有这样,才能真正实现决策的科学化。决策环境可以分为微观环境、中观环境和宏观环境三个层次。

1. 决策的微观环境

决策的微观环境指决策者所在单位的组织结构与制度,其中同决策行为关系最为密切的,是决策权的分配,以及分配以后的监控与协调。

决策权分配中的集权与分权问题是个争论很多的老问题,现代世界上的大型组织中恐怕很难找到绝对集权或绝对分权的例子,基本上都是两者的结合。一般性的业务决策由个人来做更加快速而又责任明确,从而更加有效;但重大的决策还是集体决定为宜,这样更能发挥集体智慧从而减少失误。但是,要使集体决定能真正发挥其优点,需要有完善的决策机制,否则,不但发挥不了上述优点,可能反而突出了它的速率慢、易相互推诿责任等缺点。完善的集体决策机制应具备如下条件:第一,集体决策参与者有共同使命感,这是首要的条件。他们必须真正感到自己是这个集体中不可缺少的负有重大责任的决策者,在这个集体中受到尊重而且尊重他人,这样的决策集体才有生命力。反之,如果许多成员把自己看成不过是个"说说话、举举手、画画圈"完成例行公事的人,那就无法真正发挥集体决策的优越性。第二,主要决策者有诱发不同意见的能力,具有真正的而不是形式的民主作风。第三,合适的集体决定形式,可以从一致通过、多数通过、少数人有否决权等不同形式中选择一个适应于决策对象与成员权限的合理形式。第四,充分的准备与合理的程序。

决策权分配之后,第一个重要问题是,必须保证分到决策权的单位或个人真正有权做决策而又不至于滥用其权力,因此需要监控。监控的方式很多,有对事(决策)监控与对人(决策者)监控之别,有直接监控(如审批权)与间接监控(如靠法律、政策的约束)之别,还有纵向监控与横向牵制之别,等等。不同方式各有优缺点,没有一种完美无缺、可以取代其他方式的唯一最佳方式。监控不能没有,但也不能搞得太繁琐,否则就会使所分配的决策权成为有名无实的东西。因此,监控的程度及其方式的选择与运用,需要决策的组织者因地制宜地灵活掌握。

决策权分配后的第二个重要问题是协调。由于上下级之间以及各部门之间认识与利益的不完全一致等原因,有可能使彼此的决策目标与措施产生矛盾。如果不加以协调,即使各层次、各部门都能做出最好决策,但由于彼此力量的相互牵制与效果的相互抵消,全局决策的总效果却可能很不理想。协调的方法很多,思想教育、互通信息、相互让步与照顾等都是,往往要几个方法同时应用才能奏效。

2. 决策的中观环境

决策的中观环境是指决策体制,亦即决策中各方面职能的合理分工。在现实生活中,既多谋又善断的人毕竟不多,如果对于简单的决策问题还可以集谋断于一身的话,那么对于高度复杂的决策问题,光靠一个人去承担谋与断两者,就是几乎不可能的了。把谋略与决断分开由两部分人去做,既能吸收更多的人参与决策过程,又能发挥不同特点的人的长处。历史上出现的决断系统与参谋系统(或智囊系统、专家系统)的分工,无疑是决策体制发展上的一个重大进步。后来由于决策所需的信息量急剧增大,需要用电子计算机等现代技术手段去处理信息,因此,在参谋系统的外围又分出相对独立的信息系统,这是决策体制的又一个重大进步。随着历史的发展,参谋系统和信息系统越来越向独立性方向发展,而且所起的作用越来越大。如何完善并充分利用这两个系统,是当今决策者的一个重要任务。

有了完善的参谋系统与信息系统之后,作为决断系统的决策者,应在这两者提供的信息与对策方案的基础上,站在更高的角度,作为最熟悉本决策问题的意义及其条件的人,来对决策方案作出最后的判断与抉择。

3. 决策的宏观环境

决策的宏观环境指决策者所在单位以外的一切社会环境,包括政治、经济、科技、文化等等。大环境对决策行为的影响虽不如小环境和中环境那么直接,但也不可忽视,有时其影响还相当大,甚至是决定性的,因此,决策者首先要认识和适应大环境。适应环境仅是决策者对待环境的一个方面,另一方面决策者还得参与改造大环境。大环境不是完美无缺的,其不合理的部分,如旧体制中的一些官僚主义现象,经济工作中对效益问题的不正确态度,等等,对决策的科学化无疑都有不利影响。我国现行某些制度的改革,必将创造更加有利于科学决策的大环境,决策者应当积极参加到这一改造大环境的洪流中去。当然,不同地位不同层次的决策者改造大环境的能力是不同的,但改造客观环境使之更加适应科学决策的需要,却是我们责无旁贷的共同任务。

10.1.3 决策行为的合理性

为了使决策科学化,决策者除了正确认识决策行为与决策环境的关系,顺应并且改造环境,尽可能做出科学的决策以外,还必须正确认识如下几个问题。

1. 全面要求与区别对待

决策者虽然希望所做的全部决策都尽量科学化,但由于精力有限,他不能对所做的所有决策都平均用力和提出同等的科学性要求,只能按不同决策的重要性而安排不同的精力,提出不同的科学性要求。抓住几件最重要的决策,投入最大的精力,提出最高的科学性要求;对于其他次要的决策,按重要性的位次,相应降低其科学性的要求,投入较少的精力,甚至暂时不顾其科学性。这种对小决策科学性的牺牲,正是为了实现大决策科学化的需要,也是为了实现决策者全部决策行为最大的整体科学化。一个英明的决策者应当善于抓住重点,而绝不平均用力,因为他知道平均用力可能什么决策也科学化不了。

美国著名管理学者杜拉克说过,好的决策者决不做太多的决策,因为他认为真正能称之为决策的东西是那些需要为之付出巨大的精力与智慧的关系重大的问题,而那些简单处理了事的问题不能算是决策而只不过是"处置"而已。

2. 完整规划与探索前进

走一步看一步,摸着石头过河,这种探索前进的古老决策模式,称为探试模式。那是由于人们对所办的事情缺乏认识,没有太大把握,只能边干边看,摸索着前进。按此模式做决策,开头只能确定一个笼统的甚至模糊的大致目标,拟定出初步的方案,然后通过实施来不断明确目标,不断完善方案,直到达到满意效果为止。这种决策模式无疑带有一定的盲目性。随着对客观规律认识的逐步加深,人们越来越希望、也越有可能在行动之前做出有全套规划和严密论证的完整决策。如果经过努力本来可以事先做出周密规划的决策而不去做,却偏爱"摸着石头过河",坚持"不怕交学费",其结果将会降低决策效果,或是付出很大代价。近年来,许多地区的战略规划性决策,都是在作了大量周密的调查研究之后,拟定出一整套十分完整的详细规划,这无疑是一大进步。也使很多人明白了事先作出完整规划的必要性与可能性。

但是,也有些人有一种绝对化的观念,认为只有完整规划才是科学,笼统地把探试模式都斥为不科学,这是另一种片面性。须知,由于事物的不确定性和人类认识的历史局限性,人们总有认识不到的地方,尤其是重大复杂的决策问题,存在的"未知数"更多。过分强求完整规划,而且似乎越细越好,那是一种脱离实际的想法,其客观效果也不一定就好。

3. 理性分析与直观判断

人们吃过不少盲目"拍脑袋"做决策的亏,因而希望决策活动中少些直观判断而多作理性分析,这是对的。在条件允许时应当尽量多作严格的分析与论证,不要草率地下结论。正因为如此,所以广大干部应当在思想上重视理性分析,学习科学的分析方法。就我国当前情况来说,主要不是科学分析太多,而是太少,因此,要大力宣传科学的理性分析对决策的重要意义。

但是,我们不能一概排斥、反对一切直观判断。直观判断之所以不能排除,同人类思维活动的特点有关。在人类的思维中,推理、分析、综合、判断等这些逻辑思维是占有重要地位的,但它不是万能的,而且速度很慢。因此,不可能要求事事都作出理性的逻辑判断。

现代科学研究证明,人脑有直接把握整体的一定洞察力,有着似乎是模糊估量却又微妙之至的识别力,还有建立在习惯成自然的基础上发自潜意识的快速应变能力,这些都是直观判断力。人类之所以能在逻辑运算上比"电脑"慢得多的条件下具有比后者优异得多的智力,同上述直观判断力是有很大关系的。如果能正确地运用它,将会提高决策的效率。这种直观判断表面上看来也是"拍脑袋",但它是建立在谙熟决策对象的基础上,就像优秀棋手和运动员的应变自如一样,这和那种不懂装懂或不负责任的瞎拍脑袋是不同的。理性分析和直观判断的正确而巧妙的结合,正是决策的艺术性所在。

4. 提高个人素质与利用外脑

决策者为了做好决策,必须提高个人各方面的素质,包括知识、能力、道德与心理品质。但一个人的现有素质总是有局限性的,同重大决策问题的要求相比总是相差甚远,因此,为了提高决策的合理性,就得利用"外脑",即利用专家、参谋、智囊、顾问等他人的智慧和能力。这等于放大了决策者的智力,在控制论中称为智力放大。

当采用智力放大的模式时,原来对决策问题的直接判断与选择,就变为对用人的判断与选择。因此,对于决策者来说,他还得学会一种本领,那就是识别人才和使用人才的本领。有些技术干部或业务干部很熟悉他们的技术和业务,在他们的技术决策和业务决策中是很得力的,他们个人的才干基本上适应了决策的要求。后来,把他们提拔到更高的领导岗位上去,需要他们做出比原来熟悉领域的范围大得多的重大决策。这时,有些人能很快适应,另一些人就不能适应,重要的原因之一就在于他们会不会应用智力放大的办法,会不会识别人才和使用人才。

5. 减少不确定性与承担风险

决策面对的环境存在不确定性,使人们对决策的后果无法作出绝对可靠的判断。为了减少决策的盲目性,就要减少对环境认识的不确定性,这时,唯一办法就是增加信息量。但决策要把握时机,不可能等到信息百分之百可靠与充足之后才做,因此,决策就得承担风险。当然,决策也不允许盲目冒险,因此,人们就得在增加信息量与承担风险两者间作出权衡,信息量到什么水平就应当做决策而不能再耽误,这是一个很难把握分寸的问题,但又是决策者必然遇到的问题。这就得依靠决策艺术了。

信息量多少同决策风险大小不成严格的反比例,在信息量不足的情况下,人们可以想出一些付出其他代价以减少风险的补救办法,如给决策留有一定的回旋余地,按冗余系统的设计原理同时实施几个决策方案,以及准备应变方案等。这些补救办法都是得付出一定代价的。为了减少风险,付出多大的其他代价才合适,这又是一个难于把握分寸的问题,也只能靠决策艺术了。

从上面可以看出,决策既是一门科学,也是一门艺术,是两者的统一。

10.2 科学决策系统

科学的决策,如果用一句话来概括,无非就是力求达到系统的最优性。系统的最优性,也就是系统从目标的确定,到计划、设计、控制、管理和使用达到综合优化。

回顾人类历史,决策的方式和能力是不断发展和进步的,从简单的拍板定案到必须遵循法律决策程序,从封建家长式的个人决断到形成决策集团,从幕僚、食客到建立智囊团、思想库,从掐指心算到使用高度复杂的电子计算机,这个发展过程反映了社会、经济和科学的进步,也反映了人类实践能力的不断增强。

今天,大工业、大农业、大科学、大工程等大系统的出现加剧了决策问题的复杂性,要把握住事物发展的深度、广度、速度和复杂度,必须加快决策科学化的步伐。"三论"(系统论、控制论、信息论)的创立和发展,使决策在思维方式上有了重大创新,也使决策在科学方法上有了新的发展:突破了从分析到综合的传统思维方式,立足于整体,立足于发展,统筹全局;对信息变化采用了统计理论,从研究对象所有可能的状态把握住系统的变动趋势,撇开对象的具体形态从信息变换和控制这一运动的特点上认识和处理事物。这一切都为决策的科学化提供了有利条件。

研究决策系统,将决策确定为主客体统一的系统和耗散结构系统,这是决策系统论的总的观点。对决策系统论作进一步的研究,则要深入分析决策本身的分系统。决策的分系统可以从不同的角度去进行划分,比如,从主体构成上去划分,可以分为目标手段分系统、决策心理分系统及决策机构分系统等。在此,我们从决策方法学的角度去考察决策系统,主要论述决策中的信息系统、智囊系统、决断系统、执行和反馈系统、评价系统等五个分系统。

10.2.1 信息系统

信息就是用语言、文字、图片、手势、电码等发出的表示事物存在和运动的信号,信息能够脱离具体的事物而被摄取、传输、存储、处理、交换、掩盖和检测。信息这个概念,从理论上讲,是事物的运动状态以及关于事物运动状态的表述。运动状态本身,例如事实、现象等是直接的信息;而关于事物运动状态的表述,例如经过加工的数据、资料、理论、观念等,则是间接的信息。不论是直接信息还是间接信息,都向决策者提供了关于事物运动状态的知识,都是决策工作不可缺少的。

任何政治、经济、军事、科学、教育、卫生组织机构的决策过程,都是把信息转变为行动的过程。从认识论的角度来看,为了认识世界,人首先要用信息感受器官(即感觉器官),从外界获得关于事物运动状态的知识(即信息),然后经过信息传递器官(即神经系统),把信息传送到信息处理器官(即大脑),并在那里对信息进行分析和处理,最后在这样的基础上做出决策,形成指挥行动器官的命令——指令信息。当然,以后还要把行动器官执行的效果,作为补充的信息反馈给大脑,以决定是否需要对原来的决策和指令信息进行修正和调整。这样循环往复,逐渐达到改造外界事物也包括改造自身的目的。由此可见,决策过程,在技术上,就是一个不断地获得信息、处理信息和利用信息的过程。对决策来说,建立准确、可靠并能迅速收集、处理、传递与使用的信息系统,是重要的物质基础。在现代科学决策的体制中,首先必须建立起有效的信息系统与基本统计系统。即设立专门收集、统计、存储、检索、传播、显示有关情报的信息机构,充分利用电子计算机的高速运转功能,对来自各方面的信息进行综合处理与分析。信息准确灵通,传递时间缩短,工作效率就会大大提高,决策无疑地也就能建立在牢固可靠的基础上。

10.2.2 智囊系统

决策包括决策研究和决策行动。决策研究是指从优选目标到拟制可供选择的方案这一段过程,它主要由智囊机构担任。决策研究阶段的工作,是为决策目标进行一系列的调查研究,以解决实现目标的最佳行动方案问题。决策行动则是领导者的任务。

智囊系统是现代决策系统中不可缺少的一个组成部分。从客观方面来说,由于现代社会联系的广泛性,一项决策往往涉及广泛的专业领域和知识范围,而且各个方面都存在不确定因素,情况变化迅速,为了对决策信息作出判断,需要有专门的智囊班子来进行这项工作。从主观方面来说,现代决策最终要由领导层做出,领导层只能担负最后决断的任务,不可能去包办资料统计、目标分析、方案制订等全部工作,对于决策的一些具体事项,也应由智囊团来承担。

在决策中,智囊系统的主要任务有两项:一项是制定备选方案,另一项是提供咨询。领导层根据宏观战略思考提出决策问题,智囊团则根据决策问题进行调查研究,掌握情报,收集有关数据。在这个基础上提出多种目标决策和行动方案决策,供领导层备选之用。领导层在方案选择和实施过程中,遇到各类专门性的问题,也需要向智囊班子提出咨询。现代决策是离不开智囊系统的作用的,依靠智囊系统做决策,应成为现代决策的一项制度。

智囊班子之所以称为智囊系统,一方面是因为它是决策系统中的一个部分,从这个意义上,它是一个分系统。另一方面,智囊班子本身有其智能结构,是由具有不同智能的人才组成的一个系统。由于现代决策往往涉及多目标、多因素、多变量,即使是某些专门领域的决策,仅靠本行专家也难于提出合理的方案。比如,科技决策就和经济问题、社会问题密切相关,不能单纯考虑从科技本身解决问题。因此,智囊班子一般都要由多学科的人才按一定的结构组成。智囊班子本身就是一个结构系统,其结构是否合理,直接决定着该系统的功能。而且,在社会上也存在着种种不同形式的智囊团,有的直属于某部门,有的则是面向社会服务的公共机构,不同机构可以发挥不同的作用。从这方面来说,智囊本身也构成系统。

智囊机构是人类决策活动进入新的历史阶段的产物。智囊系统成为决策体制结构中不可少的组成部分。它们的研究应具有独立性,不受行政干预,不受现行政策的约束,也不受决策者主张的限制,完全按照客观规律和客观情况进行研究,以保证研究成果的客观性。这种软科学研究机构不生产具体的物质产品,而是运用专家的集体智力,提供社会、经济、军事、科学技术等多方面的科学规划和计划,制订达到预期目标的实施方案,或为决策者提供思想、方法、策略等,它的主要特点是为决策者出谋划策,充当"外脑"。

10.2.3 决断系统

决断系统,指的是在智囊系统提供决策方案的基础上做出决策的领导系统。以往,我们通常要求领导者要"多谋善断",现代领导决策的特点则在于"谋"与"断"相对分离,智囊系统的主要任务在"谋",领导者的主要任务在"断"。我们说依靠智囊团决策,并不是智囊团包办决策。决策不依靠智囊团,难于达到科学化的要求,决断不由领导者作出,决策难以完成,是领导失职的表现。

决策系统中之所以必须有决断系统,在于决断系统有其特定的功能。在智囊系统参与决策时,一条重要的原则是对领导提出的决策问题进行独立研究,提供多项备选方案。这时产生的结果,只是多方案,还不是决策的完成,只有从多方案中选取一种,才是决策的完成。在多方案中选取,这是决策中的决断工作。决断是领导系统的功能。决断系统的主要任务,是以大量可靠的情报信息为依据,充分运用决策者长期积累的丰富经验和所掌握的科学知识,对由智囊系统提出的各种备选方案,进行系统的验证与逻辑推理,采用辨别、比较、分析、平衡等手段,反复权衡和对比各种方案的利弊得失,从中选择最合理的方案。决断系统在不干涉自由研究气氛的前提下,应同智囊系统、信息系统建立密切的纵横联系,以利于迅速进行决策。

决断之所以要由领导系统作出,这不仅是领导的责任,而且是决策优化必不可少的一个环节。在智囊团决策的过程中,各方面专家的作用,主要表现在依据资料并按严格的科学方法力求达到决策的定量化和精确化。但是,决策是面向未来的,现有资料只能说明未来发展的趋势。在现实向未来发展过程中,会出现不确定因素和随机因素,因此,在决策中,除了严格要求事实根据之外,还需要有面向未来的战略眼光,需要经验判断和直觉判断。这些方面的作用,主要靠领导者的领导才能、领导艺术和决断魄力。所以,领导者的作用是保证决策合理化的一个关键环节。

决断之所以是一个系统,在于是由负有决断责任的领导者所组成的集体。这样的集体,同样是有其内在结构的系统。一般地说,决断系统中的结构,包括专业结构、年龄结构、知识结构、智能结构乃至性格结构等。只有具有合理结构的决断系统,才有可能作出合理的决断。一项决策最终是经过决断系统产生的,从这种意义上说,决断系统成了整个决策系统的核心。

10.2.4 执行系统和反馈系统

有了决策方案,下一步便进入了实践过程和方案实施阶段,也就是决策的执行。决策领导者通过规划、计划向执行系统输出指令,开展有成效的物化活动。把执行系统也包括在决策过程之内是合理的,因为决策不是一次完成的,而是一个不断决策、不断调整的动态过程。执行系统本身的管理工作也有一些决策问题,管理就是一系列决策,只不过是下一个层次的决策活动罢了。

完善的决策体制中还要有一个反馈系统。决策机构做决策,执行部门去贯彻。执行中遇到的情况及时反映给决策部门,决策部门审时度势,掌握方向,必要时对原决策作出调整,这就是决策的反馈与控制。特别是在复杂、多变的情况下,反馈对于决策更为必要。人们的认识不是一次完成的,正确的决策也不可能一次完成,领导部门经过慎重研究一旦决策后,除了督促执行外,还要十分重视来自执行部门的反馈信号。

反馈是决策中一个极重要的原理,决策者和决策研究人员应高度重视这个原理,根据在实际中出现的偏差对原决策方案进行部分的、有时甚至是全面的调整。在我国的管理系统中,反馈不良是个严重的问题。许多部门缺少反馈机构,即使有了灵敏和准确的反馈信息,也不能及时传递到决策层。制度不健全、言路阻塞、渠道不畅、形不成反馈回路,是产生上述弊病的重要原因。

10.2.5 评价系统

所谓决策的评价系统,就是对各项决策进行分析、比较、鉴别、评估、判断的系统。决策之所以必须评价,是因为决策产生时,目标和方案都还只是人们所预期的结果和过程,还不是实际的结果和过程。预期和实际之间是有矛盾的。科学决策的作用,就在于尽可能使实际的结果与预期的目的相符合。对二者之间的符合程度作出判断,就是决策评价系统的作用。

对于决策的评价,以往我们强调得较多的是由实践来检验,因为实践是检验真理的唯一标准。这个原则作为最终评价标准是必须肯定的,但这个原则本身并不能完全解决决策问题。这是因为,无论是目标还是行动计划,都必须在实践之前作出决断。这时实践结果并未产生,也就谈不上以实践结果来作为判断的标准。即使某一目标方案付诸实践并产生出了结果,也仍然不能完全解决策评价问题。因为这一方案产生了预想的结果,并不能推论出其他方案不能达到预想结果;这一方案未能产生预想结果,也不能推导出其他方案就能产生预想结果。原因很简单,因为其他方案并没有付诸实践去检验。

决策评价主要是指为了在多方案中进行选择而对各个方案作出的评价和比较,当然,也包括方案实施过程中直至产生出结果以后的评价。这种后阶段的评价,是为了及时修正方案和总结经验教训,以利提高决策水平。总之,决策评价是贯穿在决策全过程中的一项重要活动。决策评价可以采取多种方式进行。智囊系统对自身提出的各项决策方案要进行自我评价,决断系统在选择智囊系统提出的方案时,实际上也是对各个方案进行评价。但智囊系统的自我评价一般具有自我辩护的性质,决断系统的评价也难于对专门领域作出恰当的判断。因此,决策评价一般应由专门系统来进行。这种专门系统,原则上是指决策的审批系统,但审批机关通常又将评价工作委托专门成立的专家集体来进行。现实中举行的决策论证会,实际上就是发挥评价系统的作用。专门的评价系统,一般可以比较客观地对决策的科学性作出判断,这对保证决策的科学性来说是必不可少的。

在任何一种类型的决策中,如果在决策机构的设置上有了上述五个分系统,而且这些分系统能够很好地协同工作,无疑将大大促进决策工作的科学化。

10.3 计算机决策支持系统

10.3.1 计算机决策支持系统的产生和发展

决策实际上就是人们在工作和生活中作出的选择和决定。现代社会经济生活规模宏大,发展变化进展迅速,各种关系错综复杂,无论对个人、集体还是对地区、国家,决策的正确与否影响巨大,关系到事业的成败、组织的盛衰。因此,人们重视寻求有效的决策方法、总结科学决策的经验,于是,借鉴其他学科成果而逐步形成的决策科学,也随之建立和发展起来。科学的方法需要科学的工具来实现,计算机决策支持系统应运而生。

决策的关键是充分掌握信息和根据信息作出正确的判断,因此采集、整理和分析信息是决策过程中的首要任务,电子计算机则是数据处理的主要工具。20世纪50年代末,计算机的应用由单纯的科学计算转向数据处理,出现了电子数据处理系统(EDPS,Electronic Data Processing System)或叫做事务处理系统(TPS,Transaction Processing System),用于某项业务(财务、生产统计等)的数据处理。60年代初,出现了管理信息系统(MIS,Management Information System),这种系统建立在全面收集组织内部信息、合理组织信息处理的基础上,能够生成各种管理报表,显示了计算机信息处理的效率与水平。70年代初,在管理信息系统发展的基础上,面向决策问题(对信息进行分析,根据主客观情况作出判断和选择),以数据分析和建模定量分析为基础的决策支持系统(DSS,Decision Support System)开始产生。

迄今为止,决策支持系统还没有一个众所公认的确切定义,在不同的发展阶段,人们对它的理解不同。在它产生初期,人们认为它是以数据分析和建模定量分析为基础的辅助决策系统;20世纪70年代末,人们认为它是一种通过人机交互作用、使用数据库和模型来协助决策者处理一些难以用例行方法解决的问题的系统;80年代初,人们认为它是一种提高管理效能的计算机系统;80年代末,人们认为它是一种开发人的智力和计算机潜力来提高决策中的创造性的工具。可见,决策支持系统在决策中的作用、功能以及人们对它的要求是不断发展和变化的。

决策支持系统的发展有两方面的促进因素。一方面,人类决策活动经验的积累、各门基础学科(管理科学、运筹学、系统工程等)的进步,使得决策科学方法也不断发展,这些方法大都需要依靠计算机技术来实现;另一方面,计算机技术本身也在飞速发展,功能上升、价格下降及使用方便,使人们更易接受和使用计算机,很多在用的计算机是为辅助决策服务的。因而,决策支持系统应用愈加普及,其作用愈受重视。目前,在企业中有生产经营决策支持系统,在政府机关有区域发展决策支持系统,在军事部门有作战指挥决策支持系统、后勤保障决策支持系统等。不仅如此,在一些大型综合性系统中,如军事上的指挥控制通信侦查信息系统(C^4I)、计算机集成制造系统(CIMS)中,都有决策支持子系统作为组成部分,其地位常常处于较高层次的控制部分。

决策支持系统本身的理论与技术也在不断发展,其发展和决策分析方法与技术进步密不可分,同人工智能、认知科学以及信息技术的发展有密切关系。近年来出现的群决策支持系统(GDSS)、分布式决策支持系统(DDSS)、主管信息系统(EIS)或主管支持系统(ESS)、战略信息系统(SIS)、数据仓库(DW)和数据采掘(DM)等,都在不同场合对决策进行有力的支持。

10.3.2 决策分析中计算机特有的功能

1. 计算机在决策中的作用

计算机在决策分析中的作用主要表现在以下四个方面:

(1) 咨询作用。在决策分析过程中,数据资料与有关信息的收集、选择、整理、翻译和显示等咨询性质的职能,是通过计算机来实现的。数据检索系统与决策者相联系,不断接收新信息,并不断提供经过处理的新信息。

(2) 辅助决策作用。在决策过程中,计算机能够提出建议、进行效益评估和优选工作,使决策者能腾出大量精力投入到创新工作上来。决策问题是十分复杂的,因而有时用于辅助决策的是计算机网络系统。

(3) 评估作用。由于计算机能够评估备选方案的效益,使得分析人员能够根据计算机系统提供的综合信息,准备多种方案交由计算机评估,以彻底考查行动计划、仔细分析情况、弄清障碍所在和找出解决办法。

(4) 自动选择方案。在决策分析中,计算机应用的最终阶段就是自动选择方案。在完成数据准备、预案评估的基础上,计算机系统可以对决策方案进行选优,把决策者的创造才能最大限度地从技术工作中解放出来。

2. 计算机决策支持系统的特点

计算机决策支持系统具有如下特点:

(1) 它是人机交互式系统。计算机终端技术的应用使决策者具有联机数据查询和处理能力,在整个决策过程中保持人机对话,把模型或分析技术与传统的数据存储和检索功能结合起来。

(2) 它能有效地解决半结构化决策问题,逐步使非结构化决策问题向结构化问题转化。H. A. Simon 曾把决策问题划分为程序化和非程序化决策两类,即现在一般所说的结构化决策和非结构化决策。结构化问题是可重复的、具有唯一求解方法的问题,可以用程序来实现。非结构化问题不具备已知求解方法或存在多个求解方法使得解题答案不唯一,难以通过程序实现。非结构化问题的解决需要创造性或直观性,需要人的介入。决策支持系统除能支持结构化决策外,主要支持半结构化决策,并在一定程度上支持非结构化决策。

(3) 它能运用适当的数学和统计模型。模型是决策支持系统的基础。对于要解决的问题，系统往往采用一个或多个数学或统计模型来帮助决策者评价选择方案。对于智能系统，又在上述基础上增加人工智能技术，计算机根据计算结果去选择、修改，甚至建立新模型。

(4) 它能支持决策过程的各个阶段和决策组织的各个层次。决策支持系统应该支持决策的各个步骤，例如，情报（搜索满足决策条件的环境，获取、处理并检查实际问题所需要的原始数据）、设计（创造、发展和分析可能的活动过程）和选择（从多个活动过程中选择一个特定的活动过程，并实现之）。决策支持系统还应对所有管理层次上的用户（包括高、中、基层）提供决策支持，一般说来，高层领导是做决策的，中层和基层只是执行。实际上，中层、基层亦需做出决策，只是范围不同、影响不同而已。随着社会进步，中、基层所要作出的选择和决定也要经过周密的分析。

(5) 它有良好的灵活性和适应性。决策工作不是刻板的程序化工作，用户经常面临预料外的问题，决策分析所用的信息和方法也不是一成不变，因此，决策支持系统应能适应环境和用户要求的变化，随着时间的推移，决策者应可修改系统，使其符合环境的变化。系统亦应支持相互依赖和相互独立的决策。相互依赖的决策有两种，一是顺序依赖决策，即一个决策者只能做出一部分决策，然后将这部分决策结果传给其他决策人；二是联合依赖决策，即决策是若干决策者共同协商的结果。

(6) 它的作用是辅助决策和在决策支持过程中提高决策者的洞察力和决策水平。应用决策支持系统，不仅仅是为了获得一些正确、合理的决策结论，提高工作效率，而是要改进决策工作，提高人对问题的理解、认识能力和寻求解决办法的能力，进而提高工作效能。用户通过在系统上进行仿真实验，可以增长经验和才干。这种特性在社会经济领域的表现尤为突出。

为更好地理解计算机决策支持系统的特点，有必要弄清决策支持系统与管理信息系统的关系。应当说，DSS 是在 MIS 的基础上发展起来的，都是以数据库系统为基础进行数据处理，在不同程度上为

用户提供辅助决策信息。但是 DSS 与 MIS 还是有所不同,其主要不同点在于:

(1) MIS 主要服务于管理,DSS 主要服务于辅助决策。

(2) MIS 是综合多个事务处理(生产、销售、人事),DSS 则是组合计算多个模型的决策系统。

(3) MIS 是以数据驱动的数据库系统,DSS 则是以模型驱动的模型库系统。

(4) MIS 分析着眼于系统的总体信息需求,输出报表模式固定;DSS 分析则着眼于决策者的需求,输出数据的模式复杂。

(5) MIS 的目标是效率,即快速查询和产生报表;DSS 的目标则是有效性,即决策的正确性。

(6) MIS 支持结构化决策,而 DSS 则支持半结构化决策,这类决策既复杂又无法准确描述处理原则,还涉及大量计算,如要取得满意的决策结果,既要使用计算机又要用户干预。

10.3.3 决策支持系统的组成

决策支持系统是一个辅助决策者实现科学决策的综合集成系统,它利用数据库、人机交互进行多模型的有机组合。DSS 系统从组成要素上看,应有以下五个部分:硬件、软件、人、工作方式和信息;从系统结构上看,应有以下三个子系统:人机交互系统、模型库系统和数据库系统。R. H. Spraque 提出了 DSS 的结构如图 10-1 所示。

数据库 DB 存放的数据,可能来自管理信息系统,也可能来自其他组织或个人,不仅包含组织机构内部的数据,而且包含外部的数据。此外,DSS 中的数据多半是综合性、典型性的,不似 MIS 那样详尽、细致、面面俱到。

模型库 MB 存放的模型,泛指所有对决策运行机制和机理的描述,描述既可以是定量的,也可以是定性的,可以用来进行仿真和优化。

随着仿真、优化及统计分析等工具的日益通用化,同一种工具软件可以用于不同的模型,因此就有了把工具和其所处理的对象模型分离的做法，就有了单独的方法库 EB 和相应的管理系统 EBMS。

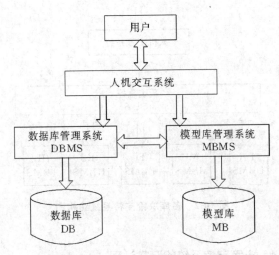

图 10-1　R. H. Spraque 的 DSS 结构图

　　随着知识工程应用的逐渐扩大以及定性分析的进入，DSS 中又增加了以事实和规则形式存入的知识库 KB 和相应的 KBMS。

　　近年来，一些政务决策支持系统需要频繁查阅文件、法规和条令等，而这类文本数量大、内容多、涉及面广，难以一一加工成事实或规则形式的知识，因而在系统中又出现了专门存放文本的文本库 TB 和相应的 TBMS。

　　于是，就有了如图 10-2 所示的多库结构的 DSS。其中，SCS 是系统的总控调度环节，依次调动各个环节来按照用户提出的要求形成问题、确立目标、生成方案并进行评价选择。

　　从技术层次看，DSS 可分成三个层次：专用决策支持系统、决策支持系统生成系统和决策支持系统工具。专用决策支持系统能在某一领域内实际完成具体任务。决策支持系统生成系统（生成器）能够在某种限度内按照要求生成具有特定功能的决策支持系统。而决策支持系统工具则是最基础的工具单元，可以用来直接开发专用系统，也可用于生成系统中。

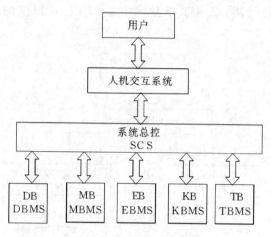

图 10-2　多库决策支持系统结构图

10.3.4　决策支持系统的开发过程

决策支持系统的开发,围绕着 DSS 的特点和组成而进行,其主要步骤为:

1. 可行性分析

可行性分析实际上是论证在组织的一个或多个功能领域实现一个决策支持系统的必要性及经济、技术和组织实施的可行性。可行性研究所涉及的人员应包括受到该系统影响的所有各级决策者和熟悉现行系统的各类人员。

2. 系统分析

DSS 的系统分析就是定义系统目标及实现目标的方法。所谓目标,是指在条件约束和预测基础上所要追求达到的效果。目标有四个特点:① 可计量性,能表示一定水平;② 有时间限制;③ 责任明确;④ 有清楚的发展方向。在系统分析中还需对整个问题的现状进行深入了解,提出建立新系统的总设想、途径和措施。在系统分析的基础上提出系统分析报告。在实际工作中,一般也将可行性分析纳入系统分析报告。

3. 系统设计

系统设计是在系统分析所确定的目标基础上，提出在计算机上实现的方法。系统设计分初步设计和详细设计两个阶段。

DSS 初步设计阶段要完成系统总体设计，进行问题分解和问题综合，即：将复杂的决策问题分解成多个子问题并进行功能分析，在问题分解的同时，对各子问题之间的关系及处理顺序进行问题综合设计。对子问题的设计包括模型设计和数据设计。在模型设计时，要考虑是否建立新模型；对于选用的模型，要考虑是采用单模型还是采用多模型的组合，是采用定量的数学模型还是采用知识推理的定性模型。在数据设计时，要考虑辅助决策所需的说明性数据和模型运行所需的计算性数据。

DSS 详细设计包括对数据进行的详细设计、对模型进行的详细设计以及对 DSS 总体流程进行的详细设计。数据详细设计包括数据文件设计和数据库设计，模型详细设计包括模型算法设计和模型库的设计。在设计阶段还要考虑内部控制和设备因素等。

4. 系统实施与集成

在完成详细设计的基础上，为 DSS 的三大部件：数据部件、模型部件和综合部件编制程序。选择适用的硬件和软件，解决三大部件的接口问题，将三个部件有机地结合起来，按照系统总体要求进行运行，完成系统集成，在形成 DSS 系统后，要进行联合调试与运行，最终形成完整的决策支持系统。

5. 系统维护

在系统运行过程中，应持续、定期进行评审，发现新情况，及时进行改正，以尽可能保证系统以合理有效的方式进行决策支持。

10.4 现代决策支持系统的结构与功能

现代决策支持系统种类繁多，结构与功能各有所长，要想恰当使用这些系统必须对它们有正确的认识，认识的途径可以有两条：一条是从系统的结构组成入手，另一条是从系统的功能入手。

10.4.1 现代决策支持系统的集成结构

现代管理决策涉及的信息类型繁多，例如，企业供应链中信息的种类、结构、流向都非常复杂，既有企业内部的管理信息，又有跨企业的信息流，既有格式化信息，又有非格式化信息。对这些信息不能用一个简单的系统来处理，需要进行系统集成。图10-3从体系结构上反映了现代企业决策支持系统的状况。

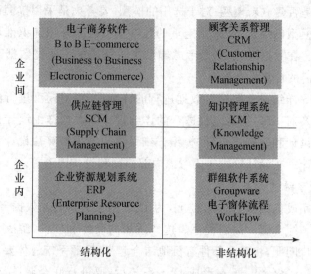

图 10-3 现代企业决策支持体系结构

在现代企业决策支持体系需要着重提出的是客户关系管理系统（CRM）、企业资源规划系统（ERP）和供应链管理系统（SCM）。

但目前常见的客户关系管理系统中，绝大多数功能是相同的，SYBASE公司将其总结为七个模块，即所谓CRM中的"7P"[①]：

（1）客户状况（Profiling），包括客户的结构、风险、偏好和习惯等。

---

① 张林龙.电子商务环境下CRM的发展.现代情报,2003(9): 209—211.

（2）客户忠诚度（Persistency），指客户对企业或其产品的重视程度、关系的持久性和变动情况等。

（3）客户利润（Profitability），包括客户所消费的产品的边际利润、总利润和净利润等。

（4）客户表现（Performance），将客户所消费的产品按种类、渠道和销售地点等分类统计相应的销售额。

（5）客户前瞻（Prospecting），涉及客户数量、类别等情况的发展趋势以及维持和建立客户关系的手段等。

（6）产品分析（Product），包括产品设计、产品关联和供应链等。

（7）促销手段（Promotion），包括对广告和宣传等促销手段的管理。

客户关系管理系统的各个模块相互配合使用，能够用于在市场营销中了解和提取出客户真正的需求，提高客户的忠诚度，寻找有价值的关系客户，挖掘客户的潜在价值，帮助企业逐步提升与客户之间的关系层次，充分利用企业要素资源，以求为客户提供个性化服务。

企业资源规划是将企业的所有资源进行集成管理，也就是将企业的物流、资金流和信息流进行一体化管理。企业资源规划系统的功能模块不同于以往的 MRP 或 MRP Ⅱ，这些模块不仅可以用于生产企业的管理，而且还可用于非生产型企业或公益型企事业单位的管理。

供应链管理是针对供应商、企业和客户贯穿起来所形成的链条上各个环节进行管理，力求通过各种新方法、新技术的运用，达到降低成本、提高效率、增加顾客的满意度，最终提高企业竞争力的目的。以供应链管理系统为核心的决策支持体系要兼顾企业的生产控制、物流管理和财务管理这三大系统，三大系统互相之间要有适当的接口，要能够很好地整合在一起实现对企业的高效管理。图 10-4 展示了具有决策支持功能的综合性供应链管理系统的功能模块配置情况。

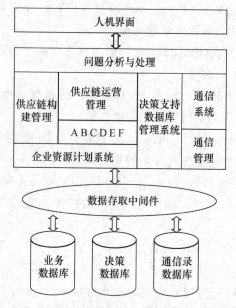

图 10-4　供应链管理系统的决策支持功能示意图

(引自：梁浩.供应链管理决策支持系统及其在伙伴企业选择中的应用.计算机集成制造系统，2001(4)：26—29.)

10.4.2　现代决策支持系统的情报功能

决策支持系统的核心目标是解决决策过程中的情报需求问题，现代决策支持系统的情报功能进展状况可以通过竞争情报应用软件反映出来。目前国外较有影响的竞争情报软件系统有 WebQL、KnowledgeWorks、ClearResearchSuite、Textanalyst 和 STRATEGY! 等，国内的竞争情报软件系统则有"百度"和"天下互连"等竞争情报系统。

WebQL 提供一种类似于 SQL 的语言来定义查询条件，进行 Web 信息的查询，用于从网络资源和非结构化数据源中抽取信息并对信息进行结构化处理。

KnowledgeWorks 分别与 Microsoft Outlook 及 Lotus Notes 集成使用，提供竞争情报活动支持功能。

ClearResearchSuite 的"信息提取引擎"可以从大量的非结构化的文本(包括新闻、网页、内部报告等)中动态地分析出不同的人物、企业和事件间存在的关系。对于提取出的关系，ClearResearchSuite 可以用各种不同的视图进行表示，使竞争情报分析人员发现原本可能忽略的东西。ClearResearchSuite 还为研究人员编写情报抽取规则提供了开发环境。

Textanalyst 是文本挖掘软件，能自动生成文摘，可用于竞争情报信息素材的收集。

STRATEGY! 是一个基于关系数据库的竞争情报软件，利用迈克尔·波特的五力模型进行信息组织，允许用户根据需要修改界面和自定义报告模板。

天下互连企业情报门户系统实现了对监测目标的动态跟踪，将处理后的监测信息实时推送至客户情报中心，是一个情报采集、整理、分发和管理的平台。

百度企业竞争情报系统通过即时监控和实时跟踪市场动态，为企业搭建起竞争情报的信息平台，将不同来源的信息通过一系列的综合处理，变成为企业决策的情报基础。

对于竞争情报软件的评估测试一直是业界和研究人员关注的热点问题，美国 Fuld & Co. 公司每年都会公布一个对常用竞争情报软件的评测报告，一些有关竞争情报软件评测的研究报告也时有发布。综观这些测试，有其相通之处，基本都是以竞争情报的循环工作流程作为测试切入点，基本都针对竞争情报工作环节设计出了成套的测试评价标准。随着软件技术和信息资源环境的不断发展，相关的软件开发和测试也在持续进行当中。

第 11 章 现代管理决策中的指标分析

人类社会与经济的飞速发展,使得现代管理的决策者们面对纷繁复杂指标数据作出正确决断的过程,成为一件需要进行认真对待的系统性工作。

11.1 指标的含义、类型与来源

11.1.1 指标的含义

指标(Indicator)是指决策分析中所使用的、具有表征作用的信息,这类信息反映着特定事物和特定现象。例如,企业的财务报表数据就是反映企业经营状况的指标。在决策过程中进行指标分析,实际上就是要发现事物发展变化的预兆,为有关领导的决策提供必要的情报支持。

从决策信息流程看,指标分析是一个情报产品的加工过程。如图 11-1 所示,在进行指标分析的信息处理过程中,信息历经环境数据、指标、预兆等状态,融入情报研究人员的搜集、筛选、感知、推断和评估等分析工作内容,发生了信息形式和信息承载内容的双重变化。在此过程中,实现了情报研究工作由信息搜集加工到信息分析使用的重心转换。

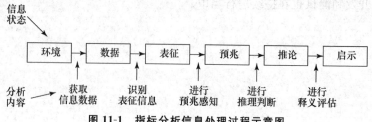

图 11-1 指标分析信息处理过程示意图

(引自:Fahey L. *Competitors: outwitting, outmaneuvering, and outperforming*. New York: John Wiley & Sons, Inc. 1999:79)

在指标分析中要想发现有用的预兆信息,必须具备三个基本条件:一是要有具有分析价值的数据或信息;二是要有能够进行分析识别的人;三是要有特定的信息应用场合。这三条也是通常进行情报研究的要件。由于预兆的发现蕴涵着研究分析人员在一定条件下根据决策对象的现实和历史数据所作的推断,因此说作为决策分析依据的指标具有主客观的双重属性。

对于决策研究者而言,指标分析具有三重功效:

(1) 帮助确定分析研究重点。在决策研究工作中,研究课题的确定经常是起因于情报人员对某些信息的关注。这些信息之所以引人关注,在于它们与决策对象或决策环境有关,在于它们能够揭示情报工作对象的状况。指标分析就是对这些揭示性信息进行发现和感知的过程。

(2) 为决策分析提供依据。在实际工作中,决策研究人员对于战略的预测往往建立在由某些预兆所引申出的推论基础上,任何预兆都是由数据或表征信息以及情报研究人员附在其上的推理逻辑所构成。例如,通过某企业扩大企业生产规模、与关键原料供应商签订长期供货合同以及企业领导关于在若干年内成为业界领军企业的宣示等信息,分析人员可以得到该企业在一定时期范围内的市场份额目标等推论,进而在此推论基础上制定本企业的应对策略建议。

(3) 启动新思路。在决策研究工作中,分析人员的知识基础和思维模式决定着分析研究的结果。预兆反映着决策对象的变化情况,改变了分析人员对有关问题的知识结构,迫使其重新审视原有的思维模式,尝试用新的逻辑去解释所掌握的信息和数据,回答出诸如某研究对象在做什么、可能要做什么以及为什么要这样做的问题。

11.1.2 指标的类型

指标之称谓,在不同人的眼里有着不同的意义。从决策研究的角度看,指标可以分为两大类,即评价指标和分析指标。

1. 评价指标

评价指标用于评判研究对象的管理或运行状况,是相对于管理的监督者而言的。对于管理的组织实施者而言,评价指标则可看做是管理的任务目标。自从管理学家彼得·F·德鲁克在《管理实践》中提出"目标管理（Management by Objectives，MBO）"的思想，目标管理已成为绝大多数领域或项目所选用的管理模式。明确目标、参与决策、规定期限和反馈绩效成为例行的管理手段，"管理良好的组织很少在非常详细的、定量化的计划上花费时间，而是开发面向未来的多种方案。"[①]在现代管理实践中，评价指标的使用非常普遍。合理的评价指标能够帮助管理者定期检查管理工作业绩，判断管理工作质量，适时调整管理工作的重心。由于评价指标为管理工作指出目标，为决策指明方向，为计划确定基础，因而现代管理评价的依据往往是一个完整的指标体系，这个体系的一个重要特征应当是，科学性、可操作性和先进性在评价指标体系的配置上得到充分体现。

评价指标体系的科学性就是指标设置合理及指标体系完整，即评价指标能够如实反映管理水平，评价指标体系能够涵盖决定管理水平的主要要素。

评价指标体系的可操作性也有两重含义：一是指标可以定量表示，即使不能定量表示，也应具有定性判断方便易行的可能性；二是追求评价指标所对应的目标实现过程应具有可操作性，这种目标过程应该能够被逐级分解到管理组织机构的各个单位，甚至个人。

评价指标体系的先进性则是指其能反映出先进的管理思想，使得各级各类管理组织在落实指标时能够自觉实践有关的管理理念。此外，评价指标应为适应今后管理水平的提高留有余地。例如，假设在可预见的将来，为了能够评价某一发展了的管理组织，指标调整的手段主要依赖于对指标本身标量值的调整，而不是依赖于设立新指标。如果必须设立新的评价指标，则新指标会尽可能出现在评价体系的较低层次上。这样的评价指标体系即可判定为具有较好的先进性。

2. 分析指标

分析指标用于描述研究对象的发展变化状况，是决策的策划和

[①] 〔美〕斯蒂芬·P·罗宾斯著，黄卫伟等译.管理学（第四版）.北京：中国人民大学出版社，1997：157.

研究者所使用的数据工具。分析指标按照所反映变化的时间特点，有前瞻、回溯、实时和预测之分，而按照对变化情况的判断认识，则有警示、肯定性提示和否定性提示之别。

前瞻性指标提示的是分析对象未来的变化。这种变化对于分析对象来讲尚未发生，但是决策研究人员根据所掌握的情报素材可以推断出将要发生的变化。例如，生产企业的订单总量指标表明了未来经济的繁荣趋势。再比如，竞争情报人员根据某一企业在某个细分市场上的收缩行为，推断该企业可能在另外的细分市场上将有所加强；根据企业库存增加而现金减少的指标情况报告，推断该企业将会展开降价行动等。

回溯性指标提示的是分析对象已经发生的变化。这类变化及其重要性往往是人们尚未意识到的，因而有必要通过回溯性指标的形式予以总结和提示。例如，失业率指标数量的增长表明了前段时间经济的不景气。再比如，竞争对手企业的公告往往是在对外通报已经实施的生产或服务的调整措施，由此产生的回溯性指标可以帮助情报用户审视本企业的应对措施。

实时性指标提示的是分析对象正在发生的变化。与市场有关的指标往往具有实时性。例如，GDP指标数值就实实在在地反映了当前经济发展的状况。再比如，竞争情报人员可以通过企业的产品改进措施，推断出该企业正在实施的吸引、争取和保有客户的策略；通过企业库存减少、现金增加的情况报告，推断该企业的产品销量变化情况等。

预测性指标提示的是分析对象可能发生的变化。与前瞻性指标不同，预测性指标本身是一种对未来的假设，所基于的情报素材虽然对假设的未来有证据支持作用，但是情报素材对预测指标所构成的逻辑关系只是必要条件，而不是充分条件或充要条件。在决策研究工作中，预测指标是大量存在的，因为研究人员对很多设想的情况难以勾画出能够构成充分条件的证据框架，再加上情报获取与认识的两难属性，使得情报人员无从搜集完备的情报素材，因而对情报对象未来的变化判断只能以预测指标的形式给出。例如，对未来汇率走势的判断就是一种预测指标。再比如，竞争情报人员对于竞争对手企业未来可能采取的战略改进或拟建生产线的选址判断等分析,只能建立在已有情报素材的基础上,而对手企业未来真正的决策结果可能还取决于其他一些未知因素。

警示性指标用于提示研究人员注意某些研究对象的某种变化。情报工作中日常浏览的主要目的之一就是要发现警示信息。警示性指标涉及研究对象的过去、现在和未来的各种变化,往往能够迅速地令有关人员对于研究对象的某些固有认识进行重新审视,进而扩大研究范围,加深理解认识。例如,企业的资产负债率指标应控制在适度的区间范围之内,超出一定的界限就使企业面临很大的风险。再比如,竞争情报人员通过竞争对手企业在产品和服务方面的些许改动,可以展开研究发现企业市场战略的调整。可见,对于警示信息越早发现就越好,然而在实际工作中研究人员常常不能及时从所掌握的情报素材中发现警示信息,这就要求有关人员要注意经常、系统地重新审视情报研究素材。

肯定性提示指标用于支持或强化研究工作中得到的对有关研究对象情况变化的认识或假设。因为事物的变化往往是一个发展的过程,研究人员在已经整理归纳出预测信息的基础上,可以继续搜集情报素材,用事态后续的发展变化去印证先前作出的判断,用新的指标数据去完善已有的分析。例如,竞争情报人员可以通过企业人事调整的具体行动,去证实有关企业改进服务的传言;可以通过企业在机构设置、广告口径、工作流程和员工培训内容等方面的系列调整动作,勾勒出有关企业的市场战略调整全貌等。

否定性提示指标用于否定先前得到的预测结论。一般说来,在进行否定性分析判断中,导致否定性提示的指标数据获取时间晚于原先预测所基于的素材,有关企业行为的指标数据的权重应高于报表资料指标数据的权重。例如,竞争情报人员可以根据企业新近的新品原料采购声明,推翻先前由企业市场策略不变的声明所作的有关经营战略的设想,转而推断该企业要进行新品市场的尝试。

11.1.3　指标的来源

在决策研究工作中,指标信息十分丰富。仅在企业管理领域,指标信息的来源就包括了企业的行为（包括企业的不作为）、报表和企业组成属性变化等。

1. 行为指标

对于企业而言，绝大多数表征行为的信息都有一定的预兆作用，研究人员可以由这些指标信息推断出企业的其他行为或诸如理念、实力和结构等企业要素的变化情况。企业行为指标共分四类，即市场行为指标、组织行为指标、关系行为指标和不作为行为指标。

所谓市场行为指标，是指那些来自企业有关市场经营活动中的信息。企业市场经营活动主要是围绕产品、客户的行为和针对竞争对手的竞争行为。关于产品或服务的行为包括推出新品种或改进已有的产品或服务流程等。关于客户的行为包括调整分销渠道或改变对最终用户的服务策略等。企业的竞争行为则包括在广告宣传、促销手段和价格等方面的改动等。由于市场行为指标源于企业在市场经营中的公开行为，因而可以很容易被有心人发现。

所谓组织行为指标，是指那些来自企业内部组织管理活动的信息。企业内部组织管理活动包括各种企业内部管理决策行为，如组织结构、资产、规章和工作流程的调整变化等。这些行为有的是从企业外部可以观察到的，如新的人事任免、重大结构调整和资产重组等，有的则仅限于企业内部人员可以看到，如生产流程、内部激励机制和原材料采购活动的改进等。

所谓关系行为指标，是指那些来自企业与各种实体单位的关系行为的信息。这里的实体单位不是指竞争对手、分销商和客户等市场营销相关实体，而是指除此之外的供货商、研究机构、政府组织和社会团体等。有关的关系行为根据实际情况亦有透明与不透明之分。

所谓不作为行为指标，是指那些来自企业不作为行动的信息。这里的企业不作为特指那些企业按理该做而未做的事情，例如，某一企业如果不对其竞争对手企业的降价行为作出反应进行价格调整，则可能意味着该企业不想卷入价格战，也可能意味着该企业有信心通过其他途径保持自己的客户基础。

2. 报表指标

企业的各种报表中蕴涵了大量有用的决策分析指标，这些指标可以分成事先预告、事后公告、评述性和非正式等四类。

所谓事先预告指标,是指那些企业用以宣示未来行动或意图的信息,如企业宣布退出某个市场、扩展某条生产线、雇请某位新人或寻求某类合作伙伴等,这些表述目的各异,但都具有强烈的预兆提示作用。

所谓事后公告指标,是指那些企业发布的通报性信息,如企业对外宣布的人事任命、研发进展、产品改进和市场战略调整等。这些公告信息虽属事后发表,但是准确性高,对后面将要开展的决策分析研究工作仍然具有重要的提示作用。

所谓评述性指标,是指那些企业通过正式渠道给出的评论或解释性信息,这类信息有时会与预告或公告信息同时给出,有时会单独给出,此类信息会涉及企业经营状况、市场/客户分析、企业决策缘由等多个重要方面,信息发布形式又较正规,因而对决策分析研究具有重要提示作用。

所谓非正式指标,是指那些以非正式形式传递的企业经营信息,如企业销售人员在业务过程中就企业预告或公告向客户作出的解释说明、企业管理人员在公开场合对一些问题的口头说明,以及流传在外的企业内部文字通信等。这些信息内容敏感,对决策分析研究也有重要的提示作用。

与企业行为指标相比,某些报表指标有时会被不自觉地忽视,因为人们一般更愿意相信自己针对事实所作的总结分析,尤其对于擅长进行分析的竞争情报研究人员更是如此。然而,陈述性信息也有充分的理由需要引起研究人员足够的重视:首先,陈述性信息常常先于行为信息出现,例如企业的预告性信息就是如此;其二,陈述性信息的存在有助于对某些企业行为的正确理解和认识;其三,陈述性信息有时可以帮助人们调整改变某些固有的观念,而这些固有观念往往难以因为个别事件的发生而改变。

3. 企业组成属性变化指标

企业组成属性的变化同企业的行为和有关陈述一样,也是重要的决策分析指标信息来源。因为企业的组成属性本身就是一个十分复杂的信息聚合体,涉及企业的市场战略、价值链、企业联盟关系、企业信念、资产、能力、技术、组织结构和企业文化等方方面面,企业关键属性的变化,不可避免地会成为决策分析所关注的对象。例如,一个企业若是在不停地努力提升其信用等级,则此信用情况的变动必然预示该企业酝酿新的战略举措,如采取新的采购策略等;而企业从以生产为中心向以客户为中心发展的企业文化的演进,也必然预示企业会在其与市场发展战略相关的各成分对象上有所调整。

与企业的行为指标和报表指标相比,企业组成属性变化指标更强调组合信息的作用机制,这种信息的组合机制体现在两个方面:一是各种属性变化指标被组合使用,二是属性变化指标与行为指标和报表指标常被结合在一起使用。因此,组合态的属性变化信息的存在,既有助于拓展指标信息的来源范围,也有助于研究人员更深入、系统地进行信息分析和信息识别。

11.2 指标分析注意事项

所谓指标分析,是指以指标数据作为判断研究主要依据的决策分析过程。由于指标是此类分析中的支撑性基础信息,因而在进行指标分析时必须注意从其内涵、外延、实效性以及指标发布主体上去把握对有关指标的使用。

11.2.1 对指标内涵的把握

在分析研究时要想把握好指标内涵,就必须切实弄清指标本身的定义,真正明白指标所能反映出的事物对象的属性。

1. 指标的定义

决策分析中所涉及的每一个指标都有其专门定义,专业领域对相关指标的定义有共识。例如,现在人们常用的衡量经济发展的指标 GDP(Gross Domestic Product,国内生产总值)可以定义为,以货币形式所表现的特定经济体(如某一国家或地区)在特定时间范围内所有经济活动产品的总和。其计算公式可以表述如下:

GDP＝市场零售总额＋投资总额＋出口总额－进口总额

从支出角度看,上述公式中的市场零售总额反映的是特定经济体在衣、食及其他消费品上的支出,投资总额反映的是特定经济体在房屋、道路和生产设施等方面的支出,出口总额反映外部对本经济体货品和服务的消费支出,进口总额则反映出本经济体对外来货品和服务的消费支出。

虽然对指标的定义和计算公式的表述都是明确的,但在对指标的具体衡量和计算中,却会因时、因地而有所调整。例如,不同经济体对于投资项目的认定标准可能存在差异,对计算数值是否考虑通胀因素亦会对结果产生很大影响。

2. 指标反映的事物属性

决策分析中所使用的指标反映着事物的特定属性,决策分析者为了不同的目的可以选择使用一些专门的指标。例如,人们可以使用 GDP 值来判断某一经济体的综合实力,可以利用 GDP 的变化率来表示经济的发展态势。

在事关经济发展的决策中,针对不同的议题会有若干的相关指标供参考。例如,关于劳动力市场,会有人口、劳动力、就业率、失业率和职位需求等指标;关于财政状况,会有公共支出、财政收入、预决算平衡、赤字与盈余以及国家或政府债务等指标。表 11-1 列举了按所反映的经济事物属性所区分的常用经济分析指标。

表 11-1 常用经济分析指标列表

经济发展状况	名义 GDP、实际 GDP、人均 GDP、按产出计算的 GDP、按支出计算的 GDP、劳动生产率、各种经济周期表征指标
劳动力市场状况	人口、劳动力、就业率、失业率、职位需求
财政状况	政府公共支出、财政收入、预决算平衡、赤字与盈余、国家或政府债务
消费状况	个人收入、个人可支配收入、消费者个人支出、消费者个人或家庭存款、存款率、消费信心指数
投资与储蓄状况	固定资产投资、投资意愿、库存量、储蓄数量和储蓄率
工商状况	产出、产能、订单数、在建项目、完成订单数、库存数、批发零售总额
支付状况	国际收支、对外投资额、外汇储备、金融资本流向、海外净资产

续表

汇率状况	名义汇率、特别提款权、实际汇率、贸易条件
货币与金融市场状况	货币流量、货币政策、利率、债券收益
价格与收入状况	价格指数、黄金价格、石油价格、价格走势、进出口货品价格、薪酬、劳动力成本、批发零售价格、GDP平减指数

此外,由于各个国家和地区对具体指标的内涵理解不同,在指标数据的统计处理上会有所不同,因而研究人员在使用有关的指标数据进行分析时,一定要注意处理好相关指标数据的可比性问题。

11.2.2 对指标外延的把握

在分析研究时要想把握好指标外延,就必须在指标所反映的对象范围内,关注指标对象的组成要素,考虑指标数据间的相互作用。

1. 指标对象的组成要素

在进行领域决策分析时,指标对象的组成要素一般具有共性。在经济领域中,决策分析所使用的指标主要用来衡量经济活动,因而指标对象的组成要素不外乎数量、价格和价值这三个方面。这里所说的数量是指产量或销量等,价格是指单位产品的售价,价值则由数量与价格相乘获得。例如,当国际原油价格为每桶50美元时,若某国每月生产原油150万桶,其原油月产值则为7 500万美元。这其中的"每桶50美元"、"150万桶"和"7 500万美元"分别反映了价格、数量和价值要素。

一般说来,指标对象要素的含义是明确的,但决策研究人员在进行分析时,还要根据实际情况进行处理,来避免由于表述形式简单所带来的混乱。例如,在经济领域中,产品或服务的产值以货币形式表述。表面看来,只要把相应产品或服务项目的价格与数量相乘即可得到产值,但是由于价格本身不是常量,因此,研究分析人员必须考虑通胀因素,选取一个不变价格,计算出不同时段的产值,才能进行有意义的比较和判断。而这种做法又涉及指标数据间的相互作用问题。

2. 指标数据间的相互作用

前面已经看到,指标对象要素之间存在着相互作用,这种相互作用既决定着指标的具体数值,又影响着对指标分析使用的效果,而这种对分析使用效果的影响,在一些含有权重成分在内的组合型指数指标上表现尤为突出。

所谓指数指标,就是一些以具有比例意义(一般是百分比)的数字形式存在的指标。例如,假设一种产品的产量年增长率是35%,则其前后连续两年的产量指数可以分别表示为100和135。使用指数数据的好处在于,一是可以避开使用计量单位的麻烦,二是可以很直观地反映事物变化的情况。

所谓组合型指数指标,就是以两种以上指数合成的指标。例如,消费者的消费支出指数可以由消费者在食品和其他商品上的支出数据组合而成。

组合型指数中的权重成分则是指具有一定权重值的组合指标的组成成分。以表11-2所列举的某地家庭消费数据为例,可以看出组合型指数指标是如何受到其组成要素影响的。

表 11-2　某地家庭消费统计数据

消费项目	1995 年指数		2005 年指数	
	商品价格	消费数量	商品价格	消费数量
酒类	9.00	5	10.50	6
乳品类	5.00	2	8.00	3

引自:The Economist. *Guide to Economic Indicators* (6th ed). New York: Bloomberg Press, 2007: 14—16.

根据表中所给出的数据,该地家庭1995年在酒类和乳品上的支出可以计量为

$$E_{1995} = 9 \times 5 + 5 \times 2 = 55$$

把1995年的消费量放在2005年计算,相应的支出则为

$$E_{2005} = 10.5 \times 5 + 8 \times 2 = 68.5$$

于是,若将1995年作为基准年计算,则该地家庭2005年在两类商品上的消费支出变化指数为

$$I_{2005} = (68.5/55) \times 100 = 124.5$$

该指数实际上反映了价格变化所带来的影响。

上述计算是以 1995 年的消费数量为基数进行的,若是以 2005 年的消费数量作为基准量,则会得到一个不同的消费支出变化指数,其计算过程如下:

$$E'_{1995} = 9 \times 6 + 5 \times 3 = 69$$
$$E'_{2005} = 10.5 \times 6 + 8 \times 3 = 87$$
$$I'_{2005} = (87/69) \times 100 = 126.1$$

可见,指标对象要素的配比与取舍会影响到指标数据的结果,也会影响到分析人员对指标数据的判断与使用。要避免相关的负面影响,必须在对指标进行规范的基础上严加把握指标的时效性。

11.2.3 对指标时效性的把握

决策分析中的指标对象其实就是情报研究素材,因而对情报质量所要求的"准、快、灵"(准确、及时、有效)同样适用于对指标的要求。如果说从指标的内涵与外延入手能够保证准确性的话,那么对指标时效性的把握则要牢牢抓住一个"变"字。

1. 关注指标提示对象的变化

从情报研究的角度看,指标的本质是提示变化,解读指标就是发现和总结变化的过程。企业及其经营环境的发展变化通过各种各样的指标数据表现出来,因而进行指标分析就要求研究人员在审视指标的过程中尽早发现变化征兆,尽早找出相关变化对研究对象的影响意义。

作为决策分析或情报研究人员,对于通过指标分析来识别预兆信息的过程必须有如下几点清醒认识:① 在预兆信息识别过程中,有关信息或数据的获取、识别、感知、解释和评估是必不可少的活动;② 上述活动都有助于提高情报研究的效率和功效;③ 研究人员应在上述不同的活动中采用相应的工具和手段;④ 数据与相关逻辑同样都应受到重视;⑤ 要坚持对各种结论和建议进行重新审视,以应对变化了的环境;⑥ 要有长期作战的思想准备,不可指望对预兆信息的识别和使用能够一蹴而就。

在指标分析中需要时刻牢记的是,指标素材揭示的可能性不是唯一的,指标分析与信息解读过程也不是唯一的,细心、恒心与耐心才是指标分析工作的不变要件。

2. 把握指标自身的反映时效

经济发展过程中,客观存在着"低谷→扩张→高峰→收缩→低谷……"的周期性波动循环。经济指标一般都能反映市场经济的波动情况,由于这些指标自身反映的内容不同,它们与经济波动变化的步调也有所差异。根据反映时效,这些指标可以被分为领先指标、同步指标和滞后指标三类,表11-3列出了国外投资分析经常参考的这样三类经济指标。

表11-3 投资分析参考经济指标

参考经济指标	领先指标 ① 产业工人每周平均工时 ② 申领失业保险人数 ③ 新增消费品订单 ④ 供货表现统计 ⑤ 新增非军品订单数 ⑥ 新增住房批准开工数 ⑦ 基金收益曲线 ⑧ 股票价格指数 ⑨ 货币供应总量(M2) ⑩ 消费信心指数
	同步指标 ① 非农业在职劳动人口数 ② 个人收入支出差 ③ 工业产值 ④ 制造与贸易总额
	滞后指标 ① 平均失业时间 ② 库存销售比例 ③ 单位产品劳动力成本 ④ 银行平均基准利率 ⑤ 商业贷款发放额 ⑥ 消费信贷与私人收入比例 ⑦ 服务消费物价指数

领先指标,在变动时间上先于市场的变化,对宏观经济运行活动的变化始终可起预报或示警作用。许多领先指标反映着对近期和未来经济活动的承诺,如新订单数、新签合同数、政府颁发的许可证。有些领先指标反映着一些非常敏感的经济活动,如库存变动、股票价格指数、原料价格指数等。这些指标的变动往往要比一般经济行情或市场行情的变动提前几个月,因而可以根据领先指标的变动预测未来行情变动。

同步指标,在变动时间上与市场的变化几乎同时发生,如 GDP、工业产值、就业率与失业率、个人收入、市场销售额等。这些指标衡量宏观经济活动,显示宏观经济的发展情况。

滞后指标,在变动时间上落后于市场的变化,如单位产品劳动成本、抵押贷款利率、未清偿债务、库存总量、长期失业人数、投资支出总量等。滞后指标并不仅仅只是被动地反映市场经济形势,有时这些滞后指标又会影响到领先指标的变化。

11.2.4 对指标发布主体的把握

在现代社会中,与经济社会发展密切相关的各种指标数据大都由权威机构定期发布,这些指标来源可靠,发布有序,是决策研究者的主要参考工具。若想利用好权威机构发布的指标信息,就应了解清楚指标数据生产发布的责任单位和指标数据发布的时间规律。

1. 指标数据生产发布的责任单位

承担经济指标数据搜集和发布任务的单位和机构在各个国家有所不同。大部分情况下,主要指标数据的发布由国家统计部门承担进行,一些专门性指标数据可以由相关行政管理部门进行发布。个别情况下,某些国家把数据统计与发布的责任直接分配给不同的行政管理部门。表 11-4 列出了一些国家(地区)经济指标数据处理的主要责任机构。

表 11-4　各国(地区)经济指标数据发布的主要责任机构

国　家	机　构
中国	国家统计局
美国	FedStats Commerce Department Treasury Department Federal Reserve
加拿大	Statistics Canada (StatCan)
英国	Office of National Statistics (ONS)
法国	INSEE(Institute National de la Statistique et des Etudes Economique)
德国	Deutsche Bundesamt Statistisches Bundesamt Labour Office Federal Economics Ministry
意大利	ISTAT (Istituto Nazionale di Statistica)
日本	METI (Ministry of Economy, Trade and Industry) Ministry of Finance Ministry of Health, Labour and Welfare Bank of Japan Cabinet Office
澳大利亚	Australian Bureau of Statistics
欧盟	Eurostat

除了政府机构，一些非政府组织和私营信息机构也会组织发布针对区域或专业用途的指标数据，比如英国 NTC Research 编纂的采购经理指数(PMIS)就已发展进入了许多国家。

由于各国各地区对指标数据的理解和处理标准不同，在跨区域指标数据分析时存在理解和比较障碍，因此国际货币基金组织(IMF)、联合国(UN)和经合组织(OECD)等一直致力于统一格式指标数据的组织和发布。

2. 指标数据发布的时间规律

由政府部门等权威机构提供的经济统计指标数据都有严格规范的发布程序。了解关键指标数据的发布渠道和发表时间，对于保证决策研究资料搜集的系统性、准确性和时效性都有重要的意义。因此，指标数据的发布单位一般都会向社会预告信息发布的内容和时间。例如,美国政府部门不仅对外提供内容丰富的各项统计资料,而且还会提前准备出详细的数据发表时间表供人参考。表 11-5 列出了美国的 23 种重要统计数据的发表时间和发布机构。

表 11-5　美国 23 种重要统计数据的发表时间和发布机构

数据指标	发表时间	发布机构
汽车销售	每月 2 日	商务部
商业库存	每月 15 日	商务部
基建支出	每月头一个工作日	商务部
消费者信心指数	每月最后一个周二	咨商会
消费信贷	每月第 5 个工作日	联储局
消费价格指数 CPI	每月 13 日	劳动统计署
耐用品订单	每月 26 日	商务部
劳动成本指数	每季度头一个月的月底	劳动统计署
就业相关数据	每月头一个周五	劳动统计署
二手房屋销售	每月 25 日	全国零售业协会
工厂订单	每月头一个工作日	商务部
国内生产总值 GDP	每月的第三到第四周	商务部
房屋开工数	每月 16 日	商务部
工业产值	每月 15 日	联储局
失业救济申领	周四	劳动部
国际贸易平衡	每月 20 日	商务部
经济领先指标	月初	咨商会
货币供应量	周四	联储局
新屋销售数	每月最后一个工作日	商务部
生产价格指数 PPI	每月 11 日	劳动统计署
生产率与成本统计	每季度第二个月第 7 天左右	劳动统计署
零售统计	每月 13 日	商务部
采购经理指数	每月头一个工作日	全国采购经理协会

研究人员在了解和掌握指标数据资料发布的时间规律时,需要

关注不同机构的数据发布之间存在的时间差,需要关注对统计数据的修正规律,需要关注对历史数据的妥善保存和使用。

由于管理和操作内容的不同,各国家、各部门在同类指标数据的整理发布上很难做到同步,例如,美国发表的统计数据往往比欧洲和日本的早1~3个月。对已发表统计数据的修正,德国、意大利和日本等做得比美国及时,因为美国的数据修正一般是随下月数据一起公布,而德、意、日则在月中就会公布修正版本。尤其是德、意两国对消费品物价指数CPI明确规定了修正发表的日期。

尽管指标数据有很强的时效性限制,但是研究人员对于有关的历史数据仍需给予充分关注。这是因为历史性指标数据是各国中央银行制定货币政策时必须考虑的内容,也是投资者评估经济形势、发现变化现象的判断依据。此外,某些特定指标的历史数据可以对其他指标数据起到一定程度的替代预示作用。例如,从头几个月的市场零售数据就可以预估出将出现在本季GDP报告中的销售统计值,而本季GDP报告可能还要再等几个月才能公布。

11.3 决策中常用的经济和管理分析指标

现代决策分析的经济发展议题十分活跃,决策分析人员经常利用一些特定指标进行相关研究,这些指标既牵涉社会经济发展的宏观内容,也会触及企业内部管理的微观层次。例如,决策研究人员在进行宏观经济形势分析时,往往利用有关GDP、利率和通胀的指标对政府的货币和财政政策进行效能预测和判断,利用有关市场波动的领先、同步和滞后指标对经济运行周期进行拐点预测和判断。

11.3.1 常用宏观经济指标

决策分析中所使用的宏观经济指标可以分为两大类,一类是反映经济运行状况的状态指标,如国内生产总值和价格指数等;一类是政府调控经济所使用的政策工具指标,如存贷款利率和汇率等。

1. 经济状态指标

(1) 国内生产总值 GDP(Gross Domestic Product)

GDP 是一定时期社会商品和服务的市场价值总量。GDP 的快速增长表明随着社会经济规模的扩大,企业有更多的发展机会。目前,与 GDP 指标起类似分析作用的另一个指标是工业产值,只是后者关注的对象仅仅限于经济领域的加工制造成分。

(2) 失业率指标

失业率是失业劳动者人数占劳动者整体人数的比例。失业率衡量社会经济能力运行动员的程度。虽然表面上看,失业率是有关劳动者人数的统计比率,但从分析意义上说,这个比率也反映了其他经济能力要素的动员使用程度。与其相关的另一个分析指标是企业的产能比率。

(3) 通胀率指标

通胀率衡量社会总体商品和服务的价格上涨水平。高通胀往往意味着经济的"过热",即社会对商品和服务需求的增长速度超出产出能力的增长速度,导致商品和服务价格的上升。政府部门常常希望通过需求的增长来刺激提高就业率,又时刻警惕由此产生过于强烈的通胀现象,因此,通胀率与失业率的关系调整总是宏观经济政策研究制定中的焦点问题。

(4) 消费者物价指数 CPI(Consumer Price Index)

CPI 亦称居民消费价格指数,反映与居民生活有关的产品及劳务价格变动情况。CPI 的计算公式是:

$$CPI = \frac{一组固定商品按当期价格计算的价值}{一组固定商品按基期价格计算的价值} \times 100\%$$

其实际含义是:对普通家庭来说,购买具有代表性的一组商品,在今天要比过去某一时间多花费多少,因此 CPI 是衡量通货膨胀的主要指标之一。

如果消费者物价指数升幅过大,表明通胀已经成为经济不稳定因素,央行会有紧缩货币政策和财政政策的风险,从而造成经济前景不明朗。因此,该指数过高的升幅往往不被市场欢迎。一般认为 CPI 超过 3% 为通货膨胀,超过 5% 就是比较严重的通货膨胀。例如，2007年，中国内地CPI受食品价格上涨等因素影响而一路走高，11月份的CPI同比上涨6.9%，创11年来的新高，也因此使得CPI成为当年的热门话题。

(5) 生产物价指数PPI(Producer Price Index)

PPI是衡量工业企业产品出厂价格变动趋势和变动程度的指数，是反映某一时期生产领域价格变动情况的重要经济指标，也是制定有关经济政策和国民经济核算的重要依据。生产者物价指数用来衡量企业在生产过程中所需采购品的价格状况，因而这项指数包括了原料、半成品和最终产品等三个生产阶段的物价信息[过去衡量大宗物资批发价格状况的指数被称为批发物价指数或趸售物价指数(Whole sale Price Index，WPI)]。如果PPI比预期数值高，表明有通货膨胀的风险；如果PPI比预期数值低，则表明有通货紧缩的风险。由于食品价格因季节变化加大，而能源价格也经常出现意外波动，为了能更清晰地反映出整体商品的价格变化情况，一般将食品和能源价格的变化剔除，从而形成"核心生产者物价指数"，用于进一步观察通货膨胀率变化趋势。[①]

目前，我国PPI的公布由国家统计局负责，统计局调查产品有4 000多种(含规格品9 500多种)，覆盖全部39个工业行业大类，涉及调查种类186个。美国生产者物价指数的资料搜集由美国劳工局负责，他们以问卷的方式向各大生产厂商搜集资料，搜集的基准月是每月13日所在星期的2 300种商品的报价，再加权换算成百进位形态，为方便比较，基期定为1967年。

(6) 采购经理指数PMI(Purchase Manager Index)

PMI是一套按月发布的、综合性经济监测指标，是通过对采购经理的月度调查汇总出来的指数，反映经济变化的趋势。由于采取了快速、简便的调查和计算方法，PMI数据发布在时间上一般大大早于其他官方数据。PMI是一个指数体系，包括制造业PMI和服务业PMI，也有一些国家建立了建筑业PMI。

PMI计算出来之后，可以与上月进行比较。如果PMI大于

---

① http://kbs.cnki.net/forums/70059/ShowThread.aspx,2009-04-16

50%，表示经济上升；反之则趋向下降。例如，若制造业 PMI 高于 50%，则表示制造业经济在增长；若制造业 PMI 低于 50%，则表示制造业经济下降。

目前，全球已有 20 多个国家建立了 PMI 体系，中国物流与采购联合会和中国国家统计局从 2005 年开始共同发布中国的 PMI，共有 11 个分类指数，约 700 多家企业接受调查。

(7) 股票价格指数

股票价格指数亦称股票指数，是证券交易所或金融服务机构编制的表明股票市场价格变动的参考指标。投资者据此可以检验自己的投资效果，并预测股票市场的动向。决策者可以用来观察、预测社会政治、经济的发展形势。

编制股票价格指数，通常是设定某个基期的股票价格指数（比如设为 100)，再用以后各时期的股票价格和基期价格比较，计算出升降的百分比，即：将报告期的股票价格与基期价格相比，并将两者的比值乘以基期的指数值，得到该报告期的股票指数。

由于上市股票种类繁多，计算全部上市股票的价格平均数或指数的工作过于复杂，因此人们常常从上市股票中选择若干种富有代表性的样本股票，并计算这些样本股票的价格平均数或指数。用以表示整个市场的股票价格总趋势及涨跌幅度。

目前国际上比较有影响的股票价格指数是[1]：

① 道琼斯股票价格平均指数。道琼斯股票价格平均指数由道琼斯公司编制，是目前世界上影响最大、最有权威性的一种股票价格指数，指数所选用的股票都具有代表性，这些股票的发行公司都是本行业具有重要影响的著名公司，其股票行情为世界股票市场所瞩目，各国投资者都很重视。道琼斯股票价格平均指数共分四组，包括工业股票价格平均指数、运输业股票价格平均指数、公用事业股票价格平均指数和平均价格综合指数。

② 标准·普尔股票价格指数。标准·普尔股票价格指数是美

---

[1] http://wiki.mbalib.com/wiki/%E8%82%A1%E7%A5%A8%E6%8C%87%E6%95%B0 2009-04-16

国最大的证券研究机构标准·普尔公司编制的股票价格指数。这一股票价格指数的范围包括500种股票,分成95种组合。其中最重要的四种组合是工业股票组、铁路股票组、公用事业股票组和500种股票混合组。

③ 纽约证券交易所股票价格指数。纽约证券交易所股票价格指数是由纽约证券交易所编制的股票价格指数。股票范围包括在纽约证券交易所上市的公司。纽约证券交易所分别计算工业股票、金融业股票、公用事业股票和运输业股票的价格指数,其中最大和使用最广泛的是工业股票价格指数。

④ 日经道琼斯股价指数。日经道琼斯股价指数由日本经济新闻社编制并公布。分日经225种平均股价和日经500种平均股价两种,其中最著名的是日经225种平均股价。日经225种平均股价从1950年一直延续下来,所选样本均为在东京证券交易所第一市场上市的股票,由于连续性及可比性较好,因而成为考察和分析日本股票市场长期演变及动态的最常用和最可靠指标。

⑤ 伦敦《金融时报》工商业普通股股票价格指数。伦敦《金融时报》工商业普通股股票价格指数由英国《金融时报》公布发表,该股票价格指数包括从英国工商业中挑选出来的具有代表性的30家公开挂牌公司的普通股股票。

⑥ 香港恒生指数。香港恒生指数是香港股票市场上历史最久、影响最大的股票价格指数,由香港恒生银行发布。恒生股票价格指数包括从香港500多家上市公司中挑选出来的33家有代表性且经济实力雄厚的大公司股票作为成分股,分为四大类:4种金融业股票、6种公用事业股票、9种地产业股票和14种其他工商业(包括航空和酒店)股票。

我国大陆地区最重要的股票价格指数分别是上证股票指数和深证综合股票指数。

上证股票指数是由上海证券交易所编制的股票指数。该股票指数的样本为所有在上海证券交易所挂牌上市的股票,其中新上市的股票在挂牌的第二天就被纳入股票指数的计算范围。

深证综合股票指数是由深圳证券交易所编制的股票指数。该股票指数的计算方法基本与上证指数相同,其样本为所有在深圳证券交易所挂牌上市的股票,权数为股票的总股本。

(8) 国际收支平衡表

国际收支平衡表是反映一定时期(一年、半年、一季或一月)内一国同外国的全部经济往来的收支流量表。它是对一个国家与其他国家进行经济技术交流过程中所发生的贸易、非贸易、资本往来以及储备资产的实际动态所作的系统记录,是国际收支核算的重要工具。通过国际收支平衡表,可综合反映一国的国际收支平衡状况、收支结构及储备资产的增减变动情况,为制定对外经济政策,分析影响国际收支平衡的基本经济因素,采取相应的调控措施提供依据,并为其他核算表中有关国外部分提供基础性资料。

国际收支平衡表是按照复式簿记原理编制的。在表中一切收入项目或负债增加、资产减少的项目都列为贷方,或称正号项目;一切支出项目或资产增加、负债减少的项目都列为借方,或称负号项目。每笔交易同时分记有关的、金额相等的借贷两方。

国际收支平衡表由于各类交易的情况不同,其编制内容也有所不同,但一般都包括三大部分,即经常项目、资本项目和平衡项目。这里的"项目"也称为"账户"。

第一,经常项目。经常项目是本国与外国交往中经常发生的国际收支项目,它反映了一国与他国之间真实资源的转移状况,在整个国际收支中占有主要地位,往往会影响和制约国际收支的其他项目。它包括货物项目、服务项目、收入项目和经常转移项目四个子项目。

① 货物项目。货物包括一般商品、用于加工的货物、货物修理、各种运输工具在港口购买的货物及非货币黄金。

② 服务项目。服务项目是指一个国家对外提供服务或接受服务所发生的收支。由于服务不像货物那样能够看得见、摸得着,所以服务项目又称为无形收支项目。

③ 收入项目。收入包括居民与非居民之间的两大类交易:职工报酬,即支付给非居民工人的薪金和其他福利;投资收入,包括

居民因持有国外金融资产或承担对非居民负债而造成的收入或支出。

④ 经常转移项目。经常转移属于单方面转移的一类。单方面转移项目是指单方面、无对等的交易,即在国际移动后并不产生归还或偿还问题的一些项目。

第二,资本和金融项目。资本与金融项目,反映一国资产所有权在国际转移的状况,它包括资本项目和金融项目两大部分。

① 资本项目。资本项目包括资本转移和非生产、非金融资产的收买和放弃。

② 金融项目。金融项目包括一国对外资产和负债所有权变更的所有交易。根据投资类型或功能分类,金融项目分为直接投资、证券投资、其他投资三类。与经常项目不同,金融项目并不按借贷方总额来记录,而是按净额来记入相应的借方和贷方。

第三,储备资产。储备资产是一国金融当局直接掌握的并可随时动用的用于平衡国际收支与稳定汇率的系列金融资产,包括货币性黄金、外汇以及在 IMF 的储备头寸和 IMF 分配给成员国而未调用的特别提款权。储备资产项目是一个记录储备变化,而不是流量状况的项目。每年年底,把一个国家金融当局所持有的储备资产与上年年底相比,而后把净差额记入储备资产项目之中。在处理这个项目的符号时,出于平衡整个账户的需要,人为地把储备资产的增加用负号表示,把储备资产的减少用正号表示,这与一般意义上正负号的含义相反。

第四,错误与遗漏项目。错误与遗漏是一个人为设计的平衡项目,它作为余项在最后计算。国际收支平衡表的统计数据由于资料来源、完整性和准确性等方面的原因,总会出现一些遗漏,因此,表中的经常项目加上资本与金融项目之后,借方与贷方间会有"缺口",此时,国际收支平衡表上错误与遗漏项目的数字,就是该"缺口"数目,方向(正负号)相反。

表 11-6 是国家外汇管理局公布的 2008 年 1~6 月份我国的国际收支平衡表。

表 11-6　2008 年 1～6 月中国国际收支平衡表(单位：千美元)

项　目	行次	差　额	贷　方	借　方
一、经常项目	1	191 717 837	828 389 270	636 671 433
A. 货物和服务	2	129 185 087	742 081 928	612 896 842
a. 货物	3	132 479 569	669 986 890	537 507 322
b. 服务	4	−3 294 482	72 095 038	75 389 520
1. 运输	5	−5 861 355	19 174 808	25 036 163
2. 旅游	6	2 595 519	20 232 000	17 636 481
3. 通信服务	7	−52 719	736 503	789 222
4. 建筑服务	8	2 715 835	4 729 119	2 013 284
5. 保险服务	9	−5 797 275	540 786	6 338 061
6. 金融服务	10	−153 527	127 094	280 621
7. 计算机和信息服务	11	1 465 290	2 768 436	1 303 146
8. 专有权利使用费和特许费	12	−4 353 955	196 463	4 550 418
9. 咨询	13	1 669 332	7 838 945	6 169 614
10. 广告、宣传	14	229 603	1 052 552	822 948
11. 电影、音像	15	65 007	178 906	113 899
12. 其他商业服务	16	4 301 159	14 273 676	9 972 518
13. 别处未提及的政府服务	17	−117 395	245 749	363 144
B. 收益	18	38 346 287	59 692 021	21 345 734
1. 职工报酬	19	3 163 831	4 478 134	1 314 303
2. 投资收益	20	35 182 457	55 213 888	20 031 431
C. 经常转移	21	24 186 462	26 615 320	2 428 858
1. 各级政府	22	−78 471	27 539	106 010
2. 其他部门	23	24 264 933	26 587 781	2 322 848
二、资本和金融项目	24	71 931 258	520 638 299	448 707 040
A. 资本项目	25	1 662 349	1 783 680	121 331
B. 金融项目	26	70 268 910	518 854 619	448 585 709
1. 直接投资	27	40 752 912	80 972 603	40 219 692
1.1　我国在外直接投资	28	−33 338 020	919 325	34 257 345
1.2　外国在华直接投资	29	74 090 931	80 053 278	5 962 346
2. 证券投资	30	19 822 497	33 040 749	13 218 251
2.1　资产	31	14 772 120	27 864 857	13 092 737

续表

项　目	行　次	差　额	贷　方	借　方
2.1.1　股本证券	32	−1 124 210	4 842 900	5 967 110
2.1.2　债务证券	33	15 896 330	23 021 957	7 125 627
2.1.2.1　(中)长期债券	34	16 442 330	23 021 957	6 579 627
2.1.2.2　货币市场工具	35	−546 000	0	546 000
2.2　负债	36	5 050 377	5 175 891	125 514
2.2.1　股本证券	37	5 175 891	5 175 891	0
2.2.2　债务证券	38	−125 514	0	125 514
2.2.2.1　(中)长期债券	39	−125 514	0	125 514
2.2.2.2　货币市场工具	40	0	0	0
3. 其他投资	41	9 693 501	404 841 267	395 147 766
3.1　资产	42	−83 054 572	22 385 602	105 440 174
3.1.1　贸易信贷	43	−4 200 000	0	4 200 000
长期	44	−294 000	0	294 000
短期	45	−3 906 000	0	3 906 000
3.1.2　贷款	46	−5 408 086	321 915	5 730 002
长期	47	−1 865 000	0	1 865 000
短期	48	−3 543 086	321 915	3 865 002
3.1.3　货币和存款	49	15 715 479	19 035 328	3 319 849
3.1.4　其他资产	50	−89 161 965	3 028 358	92 190 324
长期	51	0	0	0
短期	52	−89 161 965	3 028 358	92 190 324
3.2　负债	53	92 748 073	382 455 665	289 707 592
3.2.1　贸易信贷	54	15 400 000	15 400 000	0
长期	55	1 078 000	1 078 000	0
短期	56	14 322 000	14 322 000	0
3.2.2　贷款	57	52 965 930	302 752 064	249 786 134
长期	58	6 238 243	12 396 821	6 158 578
短期	59	46 727 687	290 355 243	243 627 556
3.2.3　货币和存款	60	24 183 576	63 035 719	38 852 143
3.2.4　其他负债	61	198 567	1 267 882	1 069 315
长期	62	238 858	245 012	6 155

续表

项　目	行次	差额	贷方	借方
短期	63	−40 290	1 022 870	1 063 160
三、储备资产	64	−280 781 863	0	280 781 863
3.1　货币黄金	65	0	0	0
3.2　特别提款权	66	−66 416	0	66 416
3.3　在基金组织的储备头寸	67	−136 447	0	136 447
3.4　外汇	68	−280 579 000	0	280 579 000
3.5　其他债权	69			
四、净误差与遗漏	70	17 132 768	17 132 768	0

注：本表计数采用四舍五入原则。引自：http://www.safe.gov.cn，2009-04-16。

2．政策工具指标

政府调控经济所使用的政策工具集中表现在货币政策和财政政策上。货币政策是指中央银行为实现稳定物价、促进经济增长、实现充分就业和平衡国际收支的经济目标，通过调节货币供给和利率，进而影响宏观经济的方针与措施总和。从广义上讲，政府部门所有有关货币方面的规定和影响金融变量的措施都属货币政策的范畴。财政政策是政府为支出和税收的组成所设置的规范，财政政策通过税收和预算等手段调整财政收入和支出的比例，进而影响长期经济增长。如果说货币政策主要着眼于调控货币供应量和信贷总规模，促进社会总供求大体平衡，从而保持币值稳定，那么财政政策则主要着眼于解决经济结构问题，通过引导信贷投向，调整信贷结构，促进产业结构调整和区域经济协调发展。

货币政策的实施一般是由中央银行利用贴现率、存款准备金率、公开市场业务来达到改变利率进而控制货币供应量的目标。

贴现率是金融机构对于未到期票据兑现时所计的利息率。

存款准备金是指金融机构为保证客户提取存款和资金清算需要而准备的资金，金融机构按规定向中央银行缴纳的存款准备金占其存款总额的比例就是存款准备金率。存款准备金制度是在中央银行体制下建立起来的，世界上美国最早以法律形式规定商业银行向中央银行缴存存款准备金。存款准备金制度的初始作用是保证存款的支付和清算，之后才逐渐演变成为货币政策工具，中央银行通过调整存款准备金率，影响金融机构的信贷资金供应能力，从而间接调控货币供应量。

公开市场业务是中央银行吞吐基础货币、调节市场流动性的主要货币政策工具。中央银行与指定交易商进行有价证券和外汇的交易，实现货币政策调控目标。中国公开市场业务操作包括人民币操作和外汇操作两部分。

货币供应量，是指一国在某一时期内为社会经济运转服务的货币存量，它由包括中央银行在内的金融机构供应的存款货币和现金货币两部分构成。按照流动性标准（即资产变现的能力），货币供应量分为不同层次。参照国际通用原则，根据我国实际情况，中国人民银行将我国货币供应量指标分为以下四个层次：

M0：流通中的现金；

M1：M0＋企业活期存款＋机关团体部队存款＋农村存款＋个人持有的信用卡类存款；

M2：M1＋城乡居民储蓄存款＋企业存款中具有定期性质的存款＋外币存款＋信托类存款；

M3：M2＋金融债券＋商业票据＋大额可转让存单等。

其中，M1是通常所说的狭义货币量，流动性较强；M2是广义货币量，M2与M1的差额是准货币，流动性较弱；M3是考虑到金融创新的现状而设立的，暂未测算。

决策分析中经常关注的政策工具指标主要是汇率指标、利率指标和财政预算赤字等。

（1）汇率指标

汇率，或称汇价，是一种货币与其他货币的兑换比价，也可以说是一种货币用另一种货币表示的价格。例如，2002年4月在国际货币市场上130日元可以购买一美元，则可说美元对日元的汇率是130日元/美元，或者说是0.0077美元/日元。汇率指标能够反映出国家的汇率政策。所谓汇率政策，是指一个国家（或地区）政府为达到一定的目的而出台的一系列法令或法规，这些政策手段把本国货币与外国货币比价确定或控制在适度的水平。

国际市场上的汇率是在不断变动的,以本国货币标价的商品价值必然会随着本币与外币汇率的变化而变化。由于一国国际收支的变化所引起的外汇市场上的供求变化是影响汇率高低变化的主要因素,而汇率的浮动又意味着货币的贬值或升值,因此使用汇率指标进行分析时,应该将货币购买力(汇率)的变化与实际商品购买力的变化结合在一起考虑,即要剔除通胀因素的影响,才能总结出实际汇率的确切变化情况,判定特定货币购买能力的强与弱。

(2) 利率指标

利率,是一定时期内利息额与借贷资金的比率,通常分为年利率、月利率和日利率。根据资金借贷关系中诸如借贷双方的性质、借贷期限的长短等,可把利率划分为不同的种类——法定利率和市场利率、短期利率和中长期利率、固定利率和浮动利率、名义利率和实际利率。

存贷款利率的高低是企业单位进行投资决策时要考虑的一个重要因素。高利率降低了未来资金流量的现时价值,因而会影响企业当前的投资热情。低利率能够刺激消费与投资,又是引发通胀的一个原因。因此,利率指标是经济管理决策分析时不可或缺的成分。

目前,中国人民银行使用利率工具的方式主要有:① 调整人民银行基准利率,包括:再贷款利率,指人民银行向金融机构发放再贷款所采用的利率;再贴现利率,指金融机构将所持有的已贴现票据向人民银行办理再贴现所采用的利率;存款准备金利率,指人民银行对金融机构交存的法定存款准备金支付的利率;超额存款准备金利率,指人民银行对金融机构交存的准备金中超过法定存款准备金水平的部分支付的利率。② 调整金融机构法定存贷款利率。③ 制定金融机构存贷款利率的浮动范围。④ 制定相关政策,对各种利率结构和档次进行调整。

(3) 财政赤字

财政赤字是政府财政支出与财政收入之差,财政赤字所代表的资金缺口通过政府举债来弥补。经济学家一般认为政府过多举债会挤占正常的商业放贷,刺激利率的提高,影响企业的投资。

11.3.2 企业经营分析指标

是指用于对企业进行分析评估的指标。按照生成过程中受主观因素影响的大小可以分成两大类,一类是反映企业运营状况的客观性指标,如各种财务指标等;一类是在有关人员主观意志影响下形成的主观性指标,如客户满意度指标等。此外,研究人员在对企业进行分析评估时还会特别关注一些特定的事件或事实,将这些事件或事实用于对企业的发展战略或经营预警判断,此类事件或事实可以被看做是事务性指标。

1. 客观性指标

企业财务报表和各种公告、资料能够在最大限度上客观反映企业运营状况,是进行企业评估时的主要客观指标来源。在这些客观性指标中尤以财务指标为主。企业财务指标按照其反映内容的用途可以分为以下五类:收益性指标,反映企业的经营获利情况;成长性指标,反映企业的经营前景状况;流动性指标,反映企业的资金效率情况;生产性指标,反映企业的生产经营现状;安全性指标,反映企业的经营风险情况。表11-7列举了上述五类财务指标的具体内容。

表 11-7 企业财务指标内容

指标类别	指标内容
收益性指标	资产报酬率 所有者权益报酬率 普通股权益报酬率 普通股每股收益额 股利发放率 市盈率 销售利税率 毛利率 净利润率 成本费用利润率

续表

指标类别	指标内容
成长性指标	销售收入增长率 税前利润增长率 固定资产增长率 人员增长率 产品成本降低率
流动性指标	总资产周转率 固定资产周转率 流动资产周转率 应收账款周转率 存货周转率
生产性指标	人均销售收入 人均净利润 人均资产总额 人均工资
安全性指标	流动比率 速动比率 资产负债率 所有者权益比率(股东权益比率) 利息保障倍数

2. 主观性指标

(1) 顾客满意度[①]

顾客满意度是评价企业质量管理体系业绩的重要手段,也是企业评估所使用的重要主观指标来源。

ISO 9001 中明确指出:组织应监控顾客满意和(或)不满意的信息,作为对质量管理体系业绩的一种测量。ISO 9004 则对顾客满意程度的测量、监控以及信息收集方法提出了具体的要求。

1989 年,美国学者费耐尔(Fornell)博士从产品质量入手提出了

---

① 本节内容参照引用了 MBA 智库百科(http://wiki.mbalib.com/wiki)中的相关资料。

顾客满意度指数模型。该模型主要用于研究和确定顾客满意度的各种影响因素,以及顾客满意度和这些因素之间的相关程度。顾客满意度指数模型由六个变量构成:顾客的期望、顾客对质量的感受、顾客对价值的感受、顾客的满意程度、顾客的抱怨、顾客对品牌的忠诚。

① 顾客预期。是指顾客在购买和使用某种产品或服务之前对其质量的估计。决定顾客预期的观察变量有三个:产品个性化(产品符合个人特定需要)预期、产品可靠性预期和对产品质量的总体预期。

② 质量感受。是指顾客在使用产品或服务后对其质量的实际感受,包括对产品个性化程度的感受、对产品可靠性的感受和对产品质量的总体感受。

③ 价值感受。是顾客综合考虑产品或服务的质量和价格后对所获得利益的主观感受。价值感受的观察变量有两个,即"给定价格条件下对质量的感受"和"给定质量条件下对价格的感受"。

④ 顾客满意度。是一个经过计量转换所得的指数。决定顾客满意度的三大因素是:顾客的期望、顾客对质量的感受、顾客对价值的感受。如果事后感受高于事先期望,顾客就会体验到喜悦和满足,感觉满意。构造顾客满意度时可以选择三个观察变量:实际感受同预期质量的差距、实际感受同理想产品的差距和总体满意程度。顾客满意度主要取决于顾客实际感受同预期质量的比较。同时,顾客的实际感受同顾客心目中理想产品的比较也影响顾客满意度,差距越小顾客满意度水平就越高。

⑤ 顾客抱怨。顾客感觉不满意时会有两种反应:一种是不满意但未采取行动,这部分顾客的沉默将使企业失去改进和提高的机会。开展顾客满意度测评就是要了解这部分顾客的要求。另一种是不满意而采取行动的,对企业来讲,希望这部分顾客最好能直接来投诉或抱怨,将影响降到最小,这需要企业能够创造条件,鼓励这部分顾客采取积极的投诉方式,因为会抱怨的顾客才是真正的顾客。顾客抱怨的观察变量只有一个,即顾客的正式或非正式抱怨。通过统计顾客正式或非正式抱怨的次数可以得到顾客抱怨这一结构变量的数值。

⑥ 顾客忠诚。顾客如果对某产品或服务感到满意,就会产生一定程度的忠诚。顾客对品牌的忠诚体现在:顾客会重复购买或向他人热情推荐,忠诚的顾客会为企业的发展带来稳定性,培育顾客忠诚是满意度模型分析研究的终极目标。顾客忠诚有两个观察变量:顾客重复购买的可能性和对价格变化的承受力。

总体说来,在顾客满意度模型中,"顾客期望"、"质量感受"和"价值感受"决定了顾客满意程度,是系统的输入变量,被称为前提变量。由于这三个前提变量的作用,产生了"顾客满意度"、"顾客抱怨"和"顾客忠诚"三个结果变量。当顾客在事后对服务的实际感受低于期望时,顾客满意度就低,就容易产生顾客抱怨;当顾客在事后对服务的实际感受高于其期望时,顾客满意度就高。而当顾客的实际感受远远超过事前的期望时,就会产生顾客对该品牌的忠诚。

(2) 品牌价值衡量指标

除了顾客满意度外,在企业经营管理中还经常用到涉及无形资产评价的一些主观性指标,这其中最主要的就是品牌价值衡量指标。对品牌价值进行衡量可以从以下四个标量入手:

① 差异度。差异度是一个品牌区别于同类竞争者的能力,任何品牌都应该尽可能与众不同。通过向消费者提供一整套与众不同的承诺,品牌才能够建立起来,并得以维持。同时,差异度塑造得好,营收也得到保证。

② 相关度。相关度就是品牌在消费市场上真实的且能够被感知的重要程度,用以衡量品牌与消费者之间的关系程度,它与家庭渗透度(购买该品牌商品的家庭数百分比)紧密捆绑在一起。

③ 美誉度。美誉度是指消费者对品牌质量以及流行趋势的感知程度。品牌是否做到了承诺?消费者对商家品牌建设活动所作出的反应,主要取决于他/她对两个因素的感知,即商品质量和流行程度。不同文化对品牌美誉度也会产生不同影响。

④ 认知度。认知度是消费者对品牌的理解程度和知识广度。对品牌的认知度高,知晓其含义,显示出消费者和品牌的亲密关系。品牌认识来源于品牌构建活动。

3. 事务性指标

(1) 与企业发展战略相关的事务性指标

与企业发展战略相关的事件或事实表述,主要来自于企业管理者对外发表的运营管理报告。报告中除了财务数据信息外,还会提供一些说明性信息,如:企业主要项目运行情况、经营活动总结与展望、分红情况、研发情况、资产的账面价值与市场价值差异说明、人员状况说明、供货商结算政策说明、环境事物说明、社会公益活动说明、股权转让情况、主要股息情况、主要资金变化情况、审计情况和法律事务说明等。

在有关企业的运营和财务状况报告中,报告者会通过对特定事务的说明将企业战略及战略实施效果清晰展现出来。这些事务包括:重要政治、经济和环境影响因素;对市场变化情况的分析;市场份额;利润空间变化;新产品研发;并购活动以及分支机构的设立和关闭;汇率、利率和通胀率的影响。

(2) 与企业经营预警相关的事务性指标

企业经营预警的一个重点是对各种风险因素进行监控,而监控的对象则来自于两大方面,一方面是与企业财务相关的风险事务,另一方面则是与企业综合管理相关的风险事务。

与企业财务相关的风险事务分直接风险和相关影响两类。直接风险事务是财务指标自身的风险状态,如利率风险、市场价格风险、汇率风险、资产和债务交易风险以及各种对冲或套期保值活动等。相关影响事务则是指企业财务支出的项目活动,如市场营销宣传活动、员工培训教育活动、产品技术开发活动、生产设备维护活动以及对企业客户提供的技术支持和服务活动等。利用财务相关事务数据可以进行风险因素定量分析。例如按照以下公式可以求出风险测度 Z 值。对于一般企业来说,Z 值大于 3 表示企业财务状况良好,Z 值低于 1.8 则预示着企业面临失败的风险[1]。

$$Z = 0.012A + 0.014B + 0.033C + 0.006D + 0.010E$$

---

[1] Vause B. *Guide to Analysing Companies*. London: Profile Books Ltd., 2005: 264.

式中
$A=$ 资产净现值 $\div$ 总资产
$B=$ 企业纯利 $\div$ 总资产
$C=$ 税前利润 $\div$ 总资产
$D=$ 企业的资本市场估值 $\div$ 总债务
$E=$ 销售收入 $\div$ 总资产

与企业综合管理相关的风险事务是那些不以财务数据形式表现的风险事件或现象。按照对应的风险程度,这些风险事务可以分为问题性事务、警示性事务和危机性事务。问题性事务是构成未来风险来源的企业正常经营活动,如企业经营者正在出售转让所持股权,企业财务审计合作单位资质低下,企业只经营单一品种,企业只拥有单一购销渠道或单一优势资源等。警示性事务是企业正在发生的一些问题,如利润指标完成困难、现金收入乏力、陷入法律纠纷、借贷规模持续增加、出现悔约现象等。这些问题如果遇到管理人员能力或经验不足的情况,则会演变成危机性事务,对企业产生致命影响。可见,对事务性指标进行组合分析,是企业风险管理的重要分析手段。

第 12 章 现代管理决策中的竞争情报研究

在以经济和企业管理为中心的现代管理决策中,竞争情报(Competitive Intelligence)工作成为必不可少的重要组成部分,竞争情报研究的方法和手段亦被大量运用于决策研究的过程之中。

12.1 竞争情报的基本概念

竞争情报工作是在利用情报满足企业管理要求的过程中发展起来的,竞争情报概念则在竞争情报工作的发展过程中逐步形成和完善。

12.1.1 竞争情报工作发展的动因

企业管理对竞争情报工作的要求与市场经济环境、企业经营决策和企业信息保障等因素密不可分,这些因素是竞争情报工作发展的动因。

1. 市场经济是竞争情报工作产生和发展的源泉

市场经济的一大特点是变化,这种变化体现在规则和资源分布状况上,这种变化是由市场这只"看不见的手"所操纵的。企业经营者们意识到变化的客观存在,有意适应这种变化,"要么进行变革,要么品尝苦果"已成为市场经济参与者的共识[①]。而主动适应变化、积极进行变革的条件首先就是要努力发现那只"看不见的手"。这就要求企业经营者能够对各种相关的市场环境因素进行监测和预警,即要求企业经营者能够开展情报工作。环境因素变化愈激烈、愈复杂,对情报工作的要求也就越多。

---

① Valentine L M, Dauten C A. *Business Cycles & Forecasting*. Cincinnati, Ohio: South-Western Publishing Co., 1983: 3.

20世纪五六十年代,国外一些大型企业为了应对战后出现的新的竞争环境,纷纷借鉴情报工作的管理经验组建企业竞争情报机构,为制定和贯彻本企业的发展战略进行信息搜集和分析,例如,摩托罗拉公司聘请前中央情报局高级官员简·荷灵主持竞争情报工作,取得了很好的成绩,起到了示范作用。迈克尔·波特教授的《竞争战略》一书出版后,引发企业对经营战略的强烈关注,带动了对企业决策支持性情报的需求,为情报工作应用于企业决策营造了坚实的平台,竞争战略理论亦成为竞争情报工作的重要理论基础。1986年竞争情报从业者协会(SCIP)在美国成立,把为企业生产经营服务而开展的情报工作统一在竞争情报这面大旗下,在 SCIP 的宣传推广下,竞争情报理论与实践得到进一步发展。据统计,目前名列全球500强的企业中,绝大部分企业都组建了自己的竞争情报部门,竞争情报对企业的贡献率不断增长。[1]

2. 管理决策需求决定了竞争情报工作对象的内容

随着社会和经济的发展,企业的经营环境在不断变化,而且这种变化有着愈益频繁的趋势。竞争情报学家法希列举了这种快速变化环境中的六种现象[2]:① 技术进步日新月异;② 市场行情变化迅速;③ 企业资金流动加快;④ 法律、规则和标准的制定与调整频繁发生;⑤ 新的竞争对手和合作伙伴不断涌现;⑥ 企业要随时依据所掌握的信息调整生产和经营计划。

在快速变化的竞争环境中,争得和拥有客户成为企业成功的关键要素。企业管理者必须针对变化的环境,以最快的速度去审视和调整生产经营战略与策略。这就要求竞争情报工作重视变化,重视创新,围绕着"变"与"新"关注与企业战略相关的要素,及时开展调查研究,支持企业的管理决策。

于是,竞争情报工作所关注的战略要素便包括:企业的竞争对

---

[1] 黄蕾. 基于提升企业竞争力的知识管理与竞争情报整合研究. 北京大学博士学位论文,2004:38.

[2] Fahey L. *Competitors: Outwitting, Outmaneuvering, and Outperforming*. New York: John Wiley & Sons, Inc., 1999:4.

手、企业的生产经营领域、企业的业绩和企业拥有的资源。其中，企业的竞争对手是竞争情报的核心对象，竞争情报人员必须了解掌握现有和潜在竞争对手企业的经营理念、运作模式、客户渠道、资源分布、组织结构和管理业绩等方面的情况，要结合本企业的特点，进行管理决策咨询。

壳牌国际服务公司则在其商业情报知识仓库系统中将企业管理所需关注的情报对象总结为以下五类[1]：① 竞争对手情报。包括竞争对手企业过去、当前以及未来可能的各种活动信息和各种相关人员及经营状况信息。② 客户情报。包括有关现实及潜在客户的各种信息和分析，尤其是相关的各种关系信息和预测分析。③ 市场营销情报。包括与市场营销有关的各种事物对象信息，如宏观经济预测，行业或区域组织发展观察以及社会、政治、经济和环境信息等。④ 技术情报。包括企业组织内部的技术能力信息及其与产品、市场和企业发展战略之间的关系信息等。⑤ 合作伙伴情报。包括现实与潜在的合作伙伴企业及有关人员的文档记录、客户状况和企业关系信息等。

3. 企业信息保障奠定竞争情报的基础

在竞争情报研究领域，大家对竞争情报产品和竞争情报过程的理解较为一致。竞争情报产品就其情报属性而言，必是难获取的增值性信息，就其应用领域而言，必是为经营决策所需的参考性信息。

虽然竞争情报工作与企业信息保障工作有着密切的关系，但是两者之间也存在不同。首先，竞争情报工作的针对性和目的性非常明确，是为企业经营决策服务的，这也是情报服务于决策的本质属性所决定的。企业信息保障的服务对象较竞争情报工作而言，则更为广泛，可以面向企业各个层次和各个方面的所有员工，员工利用企业信息保障系统（如 MIS——管理信息系统）的目的也不仅仅限于决策。其次，竞争情报工作主要是进行信息的内容揭示，其工作过程实

---

[1] Breeding, B. CI and HM convergence: A case study at shell services international. *Competitive Intelligence Review*, 2000, 11(4): 12—24.

现了由已知不完全信息发现未知信息,并进而推导分析出经营决策所需的情报产品。企业信息保障系统所做的则是对信息的形式揭示。虽然现代信息保障系统所提供的信息服务功能日益丰富,从普通标引、组织到语义、概念检索等,力图通过形式处理达到对信息内容的揭示,但是对于发现征兆、推理和决策等核心情报工作而言,企业信息保障工作仍然只是一个基础性工作,是情报工作流程的一部分。

12.1.2 竞争情报的相关概念

由于竞争情报是从企业经营管理和情报工作实践中发展起来的,不同背景的人对其有不同的理解和认识,因此有关竞争情报的概念表述形式多样,相关的术语亦经常混淆人们的视线。

1. 竞争情报

美国竞争情报从业者协会(SCIP)对竞争情报的定义是:"竞争情报是在法律和道德规范下收集、分析并及时、准确地传递具有相关性、特定性、可预见性和可操作性的有关商业环境、竞争对手与组织自身情报的持续过程。"[1]这个定义强调情报工作的动态过程,有助于理解和研究竞争情报操作实务。

我国情报专家包昌火给竞争情报下的定义则是:"竞争情报是关于竞争环境、竞争对手和竞争策略的信息和分析,它既是一个过程,也是一种产品。过程,包括对竞争信息的收集和分析;产品,包括由此形成的情报或谋略。"[2]这个描述兼顾情报产品和情报过程,定义更为完整、准确,在情报界内得到较好的认同。

我国竞争情报专家缪其浩对其定义作了更为细致的解释:"竞争情报既是一个产品,又是一个过程。作为产品,它是一种信息,这种信息必须是:① 关于组织外部及内部环境的;② 专门采集来的、

---

[1] http://www.scip.org. 2006-10-03
[2] 包昌火. 加强竞争情报工作,提高我国企业竞争能力. 中国信息导报,1998(11):33—36.

经过加工而增值了的;③ 为决策所需的;④ 为赢得和保持竞争优势而采取行动的。作为一个过程,则是生产上述信息,并使之运用于组织竞争决策的整个过程。"[1]这种定义既可使竞争情报探索不脱离信息管理注重信息的主流研究环境,又充分强调了情报工作服务于管理决策的本质特点,为我国竞争情报的理论与实践发展奠定了基础。当然,从语言文字的严格性来讲,把竞争情报表述成"是一个产品,又体现了一个过程"则更为妥当。

2. 商业智能

商业智能是对企业依托管理信息系统,通过对数据的收集、组织和挖掘做出商业决策系列活动和相关系统的总称。常见的商业智能活动包括在线分析处理、统计分析、预测、数据挖掘、决策与咨询。商业智能系统在现代企业的战略规划和决策过程中发挥着重要作用。常见的商业智能相关系统有:客户分析系统、反洗钱系统、反诈骗系统、市场细分系统、信用计分系统、产品收益分析系统、库存管理系统以及与商业风险分析相关的应用系统等。从本质上讲,商业智能系统是决策支持系统在现代富信息环境下的企业应用。图 12-1 展示了商业智能决策生成的过程。

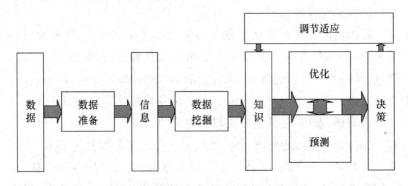

图 12-1 商业智能决策生成过程示意图

---

[1] 包昌火.加强竞争情报工作,提高我国企业竞争能力.中国信息导报,1998(11):39.

商业智能与竞争情报在决策支持功能上目的一致,分析方法互有重叠,但是两者在应用前提和成果形式上仍然存在一定的差异。从应用前提看,商业智能解决在丰富的信息中进行数据挖掘和发现新知方面的问题,竞争情报则是要在已有条件下满足决策所需的情报素材获取、发现和使用的问题。从成果形式上看,商业智能以做出商业决策为终极表现形式,竞争情报则根据情报用户的要求表现为通报、分析报告和决策建议等多种形式。

3. 市场研究

市场研究是企业为了有效竞争所进行的市场调查和分析工作。在市场经济条件下,市场研究是企业进行管理决策的必要工作,因此从工作组织上看,许多企业的竞争情报职能由市场研究部门承担是顺理成章的,而竞争情报部门进行市场研究也是其工作职责的体现。要说两者之间存在什么差异,主要表现在研究层次和研究范围上。表 12-1 列举了竞争情报与市场研究的异同点。

表 12-1 竞争情报与市场研究概念异同对照

	竞争情报	市场研究
视角方向	对外	对外
决策层次	战略、管理、业务与技术	管理层决策
研究方式	定性与定量研究	定量研究为主
方法渊源	市场、计划、管理等各领域的方法工具均可使用	大部分源于市场研究
对象层次	从宏观经济到微观经济	主要集中于微观经济层次
时间范围	历史、现在及将来	历史、现在,有时涉及短期未来
目标对象	经常被调整	相对稳定

4. 咨询

咨询有询问、请教、商量和考察等含义。咨询工作就是解答或解决问题的工作,咨询业者能够利用咨询用户所不具备的专门技术或知识解答用户的特定问题。常见的咨询类别有:一般性咨询,解答规章、方法和工具使用方面的问题;代办性咨询,为用户代办特定业务;检索性咨询,解决用户的信息查寻问题;数据性咨询,为用户提供特定的事实和数据;研究性咨询,为用户提供方案、决策设计和进行项目评估。

从工作内容和方法可以看出,咨询与竞争情报有许多相似之处,但是从业务工作本质看,两者之间又确实存在不同。根本不同在于,咨询的本质是知识、技能或技术的外包服务,而竞争情报的本质是要解决决策过程中的信息不足问题。咨询行业从先进工业国家现代化进程中发展起来的历史事实已经证明,咨询业务要立足于相关专业知识、技能或技术的精与专,以咨询为对象的咨询学关注咨询机构及人员的组织与管理,重视充分发挥知识与技术的潜能。情报研究实践发展的历史说明,竞争情报研究要注重情报方法的应用。规范的方法、制度和流程控制(如"获、详、参"情报流程控制法),是竞争情报产品达到"准、快、灵"标准的根本保证。

12.2 竞争情报工作过程

竞争情报工作是一个系统性工作,了解其工作过程、对不同的工作环节进行针对性管理,是有效开展竞争情报工作的必要条件。

12.2.1 竞争情报工作过程的表示方式

依照不同的视角,竞争情报工作过程可以通过决策信息处理流程来描述(如图 12-2 所示),也可以通过竞争情报循环过程来描述(如图 12-3 所示),二者在本质上是一致的。决策信息流中的数据、信息和情报是竞争情报工作的客体对象,竞争情报循环中的规划、收集、分析、传播和反馈则对竞争情报工作主体的行为提出了要求。因此,在竞争情报的实际工作过程中,既要注意客体对象在不同工作阶段的特性,又要注意通过对主体行为提出要求,来保证竞争情报工作的顺利进行。

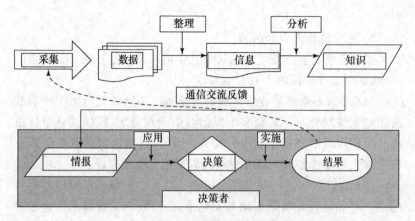

图 12-2 竞争情报决策信息流程

(引自：http://www.scip.org//downloads/citoday.pdf. 2006-10-03)

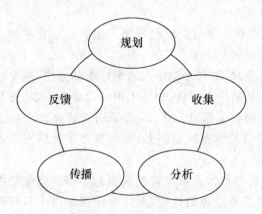

图 12-3 竞争情报循环

(引自：黄蕾. 基于提升企业竞争力的知识管理与竞争情报整合研究. 北京大学博士学位论文. 2004, 49)

12.2.2 竞争情报工作管理的主要环节

目前在国际上进行的有关管理实践活动中，一般将竞争情报工作的过程分为需求明确、信息搜集、信息分析、情报研究产品加工和竞争情报产品报送等五个环节。管理过程的控制针对这五个环节而展开。

1. 竞争情报需求的明确

了解和明确企业或组织机构的竞争情报需求是一项十分复杂的工作，这项工作涉及四个关键步骤：

(1) 必须明确谁是竞争情报的需求者。不同的人由于工作的性质和个人情况背景不同会有不同的竞争情报需求，同样的竞争情报产品对不同的用户会有不同的效果。因此，在竞争情报研究管理中必须首先划分清楚未来研究成果的真正用户或用户群。

(2) 要将竞争情报需求清楚地表示出来。竞争情报机构所面对的用户群和经营环境处于动态变化中，所面临的情报需求也会不停地变动。尽管如此，竞争情报工作秩序要保持相对稳定。因此，必须要用规范的形式将竞争情报需求表述出来，以保证竞争情报研究管理的有序性。

(3) 要明确竞争情报研究所要采用的主要技术和方法。不同的研究方法对信息的要求不同，譬如，在研究竞争对手对于本企业某举措的反应时，如果采用个人档案分析的方法，就要去搜集对手企业主管人员的个人信息，如果采用情景分析方法，则要去搜集各种情景要素的相关信息。所以，拟采用的研究方法和技术手段是未来信息需求的重要决定因素，必须要在了解情报需求的过程中予以明确。

(4) 要将竞争情报需求转变成信息要求。竞争情报研究过程归根结底是信息处理的过程，对竞争情报的需求只有转换成对信息的明确要求，研究工作才有可能被纳入到规范管理的轨道中来，研究过程中后面的研究环节如信息搜集、信息分析以至情报产品的加工和投送才会有明确的对象且具有可操作性。表12-2列举了竞争情报研究中常见情报需求与信息要求的对应关系，可以作为竞争情报需求与信息要求转换的参考工具。需要注意的是，在实际工作中的转换要考虑的因素更多，并不是表中所列举的简单一一对应关系。

表 12-2　常见情报需求与信息要求对照

情报需求	信息要求
产品性能和供应问题	关于产品发布的信息
管理人员的决策风格问题	行为表现信息
征信问题	法律诉讼信息
产品或企业战略发展方向	招聘中对知识技能的要求信息等
产品评价问题	客户反馈的信息
企业资源能力问题	供应商和分销商信息
企业定标比超管理问题	价格信息等
企业并购问题	相关征兆信息
生产供应能力和发展方向调整问题	工厂或办事机构的开设或关闭信息等

2．竞争情报信息的搜集

信息要求一旦确定,竞争情报研究便进入信息搜集环节,这个环节包括以下三个步骤：

(1) 设定相关的信息资源。信息采集开始之前,必须计划清楚作为采集对象的信息资源。为此,应对企业内部和外部可能的信息资源结合研究需求进行评测。由于竞争情报研究中的信息要求复杂多变,而来自企业内部和外部的信息资源分布又十分广泛,因此,为保证信息采集工作准确有效,必须事先设定作为采集工作对象的信息资源范围。对企业外部的信息资源,可以通过文献计量和调查等方法进行评定。对于企业内部的信息资源,则要通过审视企业已有的档案资料和分析企业员工信息获取实力的方法搞清内部信息资源能力。

(2) 获取信息。信息资源设定后,情报人员可以通过两种策略去获取信息：一种策略是检索,另一种策略是浏览。检索是情报人员根据信息需求,利用多种检索策略去查找各种文档或数据库中经过著录和标引的相关信息,浏览则是情报人员带着研究问题对报纸杂志和网站进行浏览,去发现所关心的信息。在信息采集实际工作中,这两种策略往往要结合使用。

(3) 信息筛选。检索或浏览获取的信息往往只是在字面形式上符合信息查询要求,尚需对其进行进一步筛选,即要根据信息所反映的内容与信息查询要求的匹配情况以及信息的真伪和利用价值情况来决定信息的存留，这一步骤即为信息筛选。目前，很大一部分信息的获取可以通过计算机软件自动实现，但在现代信息技术条件下，对于信息的筛选则主要是借助于相关工作人员的智慧。若想从管理方面保证信息筛选的质量和效果，则要通过建立工作制度规范来进行。譬如，可以通过要求进行多渠道查询检验来保证信息的一致性。

3. 信息分析

信息分析是竞争情报研究中最为重要的环节，因为在这个环节中实现了从信息到情报的转换。信息在这个环节中被重组和提炼，在各种综合和假设分析中被应用，最终由于被赋予新的、有实践参考价值的引申意义而变成情报。

信息分析需要用到大量的分析方法和技术，不同的分析方法和技术对信息的要求有所不同，因此在竞争情报研究的起始环节，在明确情报需求的时候，就对信息分析方法和技术进行了规划。在实际进行竞争情报研究工作时，采用的信息分析技术和方法会随着工作的进展情况和信息变化情况而有所调整。

对信息分析环节的控制应着重关注分析方法、研究深度、综合力度和建议可行性等几方面的问题，要审视研究对象、数据类型与研究方法之间的协调性，注意尽量同时利用多种不同的方法，从不同角度对研究议题进行深入细致的分析，通过多方印证求得正确的分析结论，提出切实可行的管理决策建议，实践"大胆假设，小心求证"的情报研究基本思路。

4. 情报研究产品加工

情报产品有多种形态，如文字、图表、照片甚至多媒体资料等，即使是同一形态的情报产品，又会有不同的表现形式，如情报研究报告就有主报告、分报告、摘要简报和情况通报等不同表达形式。不同形态或形式的情报产品具有不同的用途和效果。因此，在竞争情报加工环节需要注意对情报产品的形态和形式进行必要的控制。控制主要集中在竞争情报产品形态和形式的多样性、有效性和灵活性三个方面。

控制竞争情报产品的多样性，就是要准备好向竞争情报用户（包括潜在用户),提供诸如情况通报、对手分析之类的多种报告,还要根据竞争情报用户的需要,本着"易用"原则,准备好相应材料。

控制竞争情报产品的有效性,就是要在竞争情报产品中有选择、有重点地揭示和展示信息、数据与结论。研究表明,情报产品的信息表述是否简明,关系到情报被采纳和利用情况的好坏。[①]

控制竞争情报产品的灵活性,就是要准备条件,保证在用户提出要求的情况下,能够迅速改变情报产品的形态或形式,例如,进行文字和图表间的转换,进行电子文本格式和其他载体格式间的转换等。

5. 竞争情报产品报送

竞争情报产品报送,决定着竞争情报产品的价值最终能否实现,如果情报研究成果不能为人知晓,那么再好的研究也没有意义。另外,随着竞争情报产品的报送和被使用,又会引发新的竞争情报需求。因此,控制好报送环节也是竞争情报研究过程管理的重要内容。

在竞争情报报送环节要注意控制的是两件事:一件是报送方式的选择,另一件是报送对象的选择。

报送方式的选择主要是指报送载体和渠道的选择,如选择通过电子邮件或直接报送的方式分发研究报告,选择会议方式通报研究进展等。情报产品的报送传播渠道分为公开和内部两大系列。公开渠道指各种会议和公开发表的报告等,内部渠道则指在企业内部按照规定发布各种市场信息,提交各种数据和分析报告等。报送方式的选择与竞争情报产品内容和情报用户的自身习惯及特点都有关系,在选择时要予以综合考虑。

报送对象的选择则是要根据竞争情报产品的性质,正确划分出情报产品的接受对象。提出研究课题要求的机关和个人是当然的情报产品报送对象,除此,还有一些潜在的情报产品用户。在竞争情报研究中,在将情报需求转换为信息要求后,情报人员从事的工作主要

[①] Westney, D. E. & Ghoshal, S. Building a Competitive Intelligence Organization: Adding Value in an Information Function. // Allen T J, Morton M S Scott (Eds.). *Information Technology and the Corporation of the 1990s*. New York: Oxford University Press, 1994: 430—453.

是浏览、监测、预测和评估，浏览、监测属信息搜集工作，预测、评估则是分析工作的内容，其中评估的内容之一就是要判明竞争情报产品的适合用户。竞争情报的报送应以此为对象而进行。这样做，既可保证情报能够发挥应有的效能，又为开展新一轮的竞争情报研究划定了情报需求调查的范围。

12.3 竞争情报研究方法

竞争情报工作的对象复杂，时空环境多变，因此需要因时因地适当选择研究的方法。从竞争情报研究管理的角度出发，若要恰当选择研究方法，第一要了解和掌握进行情报研究的基本方法，第二要理顺各种通用研究方法之间的关系，第三要根据竞争情报研究对象的具体情况，采用适当的分析技术。

12.3.1 情报研究的基本方法

情报研究的基本方法是指在研究中必须采用的方法，如文献研究、系统分析、实证分析和规范分析。其中文献研究和系统分析是一般意义上的科学研究都要用到的基本方法，实证分析和规范分析则是经济学研究的基本手段。由于现代情报研究所面向的决策对象往往置身于经济管理领域，因而经济学研究的基本手段也就成为情报研究的基本方法。

1. 文献研究

所谓文献研究，是指对研究论题相关的文献资料进行搜集整理，通过阅读分析，得出综述报告的研究方法。文献研究包括两个基本步骤：一是进行文献检索，二是进行分析综述。文献研究的成果形式是综述研究报告。

无论是对于自然科学还是对于人文社会科学，文献研究都是研究过程中必不可少的手段和方法。研究人员通过文献研究发现相关研究领域中存在的问题，总结已有的成果，标示自己的研究起点，论证研究设想的合理性，为课题研究奠定基础。因此，文献研究是知识界普遍采用的基本科学方法。

文献研究也是情报研究的基本方法。在情报研究中,对文献资料的搜集整理,表现为情报人员对各个渠道多种信息的采集和加工,综述分析则体现在情报调研报告中。报告中既有调查所得的信息数据,又有情报人员对信息数据的阐释,因而,情报调研报告已经是一个比较完整意义上的情报产品。需要注意的是,在情报研究中,对信息资料的搜集不仅仅局限在正规文献信息渠道上,各种正式或非正式的信息资料都可成为情报研究中文献研究的对象。

   2. 系统分析

   系统分析是基于系统论的分析方法。系统论由美籍奥地利理论生物学家 L. V. 贝塔朗菲(Bertalanffy)于 1925 年首次提出,是研究系统的一般模式、结构和规律的理论。系统论的核心概念是"系统"。其定义是:"系统是由若干要素以一定结构形式联结构成的具有某种功能的有机整体。"系统论研究各种系统的共同特征,用数学方法描述系统功能,寻求并建立适用于所有系统的原理、原则和数学模型。在这种一般系统论的基础上,专家学者从不同角度(学科)去研究系统的原理,发展起广义系统论。系统分析就是用系统的观点去研究各种自然和社会现象,探寻发展规律的思维方式,系统分析为研究解决现代复杂问题提供了有效方法[1]。

   在系统分析过程中,必须牢牢把握住四个关键,即要素、结构、功能和环境。要素又称为系统的组成部分,是系统中被组织起来、相互作用、相互影响的因素,也是影响系统本质的主要因素。正确划分要素,对认识、设计和控制系统十分重要。结构又称联系,反映着系统要素的时空和数量关系,要素间的不同联系会产生不同的效能,因此研究要素间的联系比研究要素本身更复杂、更重要。功能指系统整体的作用和效能。实现满意的系统功能是研究系统的根本目的。系统功能与系统要素有关,也与系统结构有关。环境又称条件,是指在系统之外与之联系且相互作用的存在,主要包括物质条件和信息条件。系统功能的正常发挥有赖于环境或条件配置。因而当以管理决策为主要目的进行系统分析时,必须注意除了正常的系统构建之外,

---

[1] 张翔主编. 新军事革命. 北京:海潮出版社,2004:38—39.

物质和信息环境因素的准备与调整,对系统管理目标的实现也是至关重要的。

在情报研究中,以系统的观点对研究对象进行分析,是情报分析人员必备的基本方法,从环境或条件入手去提升管理对象的系统运行效能,是情报研究报告的经常性内容,对信息技术、信息环境和信息资源条件的探索,更是信息时代情报研究系统分析方法运用的体现。

3. 实证分析

实证分析是一种通过调查、观察和判断来解决社会与经济对象描述问题的研究方法。在社会经济事物中,各种现象产生的原因错综复杂,表现形态与发展趋势很难用自然科学方法予以精确描述,只能进行假设性或经验性的判断和归纳,对这种判断和归纳,可以利用调查、统计手段去进行验证。

情报研究采用实证分析,往往是用于解决研究对象"是什么"的问题。一般的做法是对调查掌握的事例进行剖析,归纳总结出事物的共性和规律。应该指出,实证分析的基础是大量事例的存在,如果用于分析的事例很少或代表性不强,则实证分析结果的可信度就会大打折扣。此外,在实际情报研究中,还应注意区分实证分析与实例说明。如果只是利用个别实例来说明某些观点或理论的应用,则这种做法只是实例说明,而不是完整意义上的实证分析。

4. 规范分析

与实证分析相对应,规范分析通过比较和推理来解决社会与经济对象的运行控制问题。当人们解决了社会与经济对象描述问题以后,接踵而来的问题就是社会经济事物应当如何运行?可以采取什么措施对事物的运行施加影响?对此类问题的分析,也会涉及方方面面的各种因素,但是解题分析的原则却很明确:一要遵循规律,二要切实可行。

情报研究采用规范分析,往往用于回答决策者应该"怎样做"的问题。一般的做法是找出研究对象的理论或理想状态与实际状态之间的差异,列明扬长避短的可能措施方案,比较各种方案的优劣情况,最后提出可行的方案建议。需要注意的是,在实际情报研究工作中,多方案的比较本身是重要的论证组成部分,简单地罗列"补差"措施是不足取信的,因为事物是发展变化且相互影响着的,变化的多种可能性决定了多个待选方案存在的必要性。

12.3.2 情报研究的通用方法

在情报研究中被普遍采用的方法有很多,按照目标、手段和分析方式来定,可分为针对性研究和开放性研究、定性分析和定量分析、归纳和演绎等几组。由于对这些方法的使用总会体现在情报研究中,因而可称之为通用方法。

1. 针对性研究和开放性研究

法希将企业竞争情报研究划分成针对性研究和开放性研究两大类[1]。

所谓针对性研究,是一种目的对象明确、组织流程清晰的研究方式。在竞争情报工作中引发进行针对性研究的往往是那些本企业在决策过程中需要明确了解的有关竞争对手、竞争环境的问题,譬如:① 本企业对竞争对手或竞争环境都知道些什么?② 本企业能够了解些什么?③ 本企业已经知道和将要能够了解到的信息(知识)差异是什么?换言之,本企业通过情报工作得到的信息(知识)增量是什么?④ 什么人会把这种信息(知识)增量用在什么决策上?

这里所说的信息(知识)增量实际上就是情报。因此,情报需求明确是针对性研究的特征。情报需求的明确,又使得情报工作的组织流程可以做到清晰有序、有的放矢,情报人员可以有计划、有重点、有步骤地进行信息采集、整理、分析和加工。

所谓开放性研究,是一种情报需求在研究的初始阶段尚不能十分清楚予以表达的情报研究方式。在企业经营管理中,任何人不可能在任何时候都十分清楚自己或本企业的情报需求是什么,为了弥补这种需求表达缺陷以应对未知的竞争事件,管理决策者或情报人员往往通过提出类似以下的问题来进行开放性研究:① 谁是本企

---

[1] Fahey, Liam. *Competitors: outwitting, outmaneuvering, and outperforming*, John Wiley & Sons, Inc, 1999, 46.

业的现实或潜在竞争对手？② 未来可能发生什么事件？③ 未来的可能事件对企业有何影响？

针对开放性问题，情报人员要在范围广泛的环境监控和信息采集基础上，逐渐明晰研究重点，形成研究思路，得到情报产品。在开放性研究中，情报人员不受预先设定观点和信息源的限制，尽量避免陷入某种思维定式，积极、主动、大胆开展工作。

虽然针对性研究和开放性研究在其试图满足的信息需求形式上有所不同，两种研究的开展方式也有区别，但在本质上这两种研究方式都是用来满足企业经营决策情报需求的，在实际工作中二者互为补充，两种研究方式可以在各自的进程中相互转化。比如，情报研究人员在关于竞争对手市场策略的针对性研究中，发现有人提到一种新技术，于是由此便开展了有关新技术的开放性研究。在开放性研究中，亦可就某些特定事物开展针对性研究。

2. 定性分析和定量分析

竞争情报预测分析方法从量化手段上大致可以分为两类：定量分析方法和定性分析方法。应用定量分析的条件有两个：一是拥有历史数据，二是分析对象的关键变量之间的关系稳定。当不存在历史数据或预期的关键变量在未来将发生显著变化时，则要采取定性分析方法。常用的定量分析技术有计量经济学模型、回归分析和趋势外推法。常用的定性分析技术有销售人员估计法、管理人员评价法、市场调查研究法、总体概要预测法、德尔菲法（Delphi）和头脑风暴法。

在定量分析方法中，计量经济学模型基于多元回归方程，可用于预测诸如利率和货币供给之类的重要经济变量。多元回归技术则可限定误差的范围，使管理人员能够估计特定预测的可信度。随着计算机技术的发展，定量分析方法日益显露其经济和快速的特性。但是，这并不意味着定量分析方法优于定性分析方法。因为所有的定量分析技术，无论在统计上多么高深和复杂，都是基于关键变量间的历史联系。例如，线性回归所基于的假设是，未来变化趋势与过去发生的情况一样，然而实际情况往往并非如此。随着社会经济事物中各项要素的历史联系变得越来越复杂、越来越不稳定，定量预测也会变得愈加模糊,因此必须采用定性分析方法予以弥补。正如威尔夫在《情报和营销中的定性研究》一书中所提到的,竞争情报是一种基于推理的分析方法。这种方法从各种信息碎片中作出推论,将它们编织成一个可辨识的、可以使用的拼图。今天的情报人员在作出有价值的推论时,越来越多地重新采用判断、直觉和主观见解等方法[1]。由于定性分析技术比定量分析技术更加需要进行直觉性判断,而分析者有时会错误地按照自己的主观愿望进行预测,所以定性分析也存在着判断失当的风险。

从理论上讲,如果一个现象或事物的物理结构完全清楚,那么通过准确的数学表达式去描述它是可以做到的。但在多数情况下,完全的信息或为产生结构模型所需的大量试验手段是不可能得到的,分析人员只能求助于经验模型。在情报实践中,分析人员可以利用不完全的理论信息去设定一组合适的数学函数,并用来进行经验拟合,即模型中所需的项数和参数的数值由已有试验或调查数据来估计。因此,定量分析方法和定性分析方法是结合在一起进行的。情报分析人员对各种分析预测方法必须小心使用,必须去注意研究各种预测内部因素的关系和变化机理,保证自己预测的准确性,争取预测结果对管理决策带来帮助而非造成误导。

3. 归纳和演绎

归纳和演绎是竞争情报研究中常用的逻辑方法。归纳和演绎反映着人们认识事物的两条方向相反的思维途径:一条是从个别到一般的思维途径;一条是从一般到个别的思维途径。

归纳推理是从一般性程度较小的知识前提,过渡至一般性程度较大的新知识或结论的推理,也就是从个别、特殊到一般的推理。归纳推理根据在前提中是否研究了某类事物的全部对象而分为完全归纳法和不完全归纳法,不完全归纳又分为简单枚举法与科学归纳法。

演绎推理是从一般性程度较大的知识前提,过渡到一般性较小的新知识或结论的推理,即从一般的原理出发,推出关于特殊事物的

---

[1] Alf H. Walve III. *Qualitative research in intelligence and marketing*. Westport, Conn.: Quorum Books, 2001. 67.

结论。由两个前提和一个结论组成的演绎推理叫间接推理,由一个前提和一个结论组成的推理叫直接推理。

由于归纳推理的结论超出了前提的范围,加上这个结论又是来自直接经验,而人的经验总是不完全的,所以,归纳推理的结论对于它的前提来说,是带有不同程度或然性的知识,而演绎推理,由于它的大前提是从一般原理出发,因此,只要前提真实,又符合推理规则,则结论必然是真实的。

12.3.3 竞争情报分析技术

竞争情报研究中,要大量地使用各种分析技术,根据分析对象和目的的不同,相应的技术可以分为判断分析、统计分析和模型分析。

1. 判断分析

判断分析是根据一定的标准对研究对象进行评估的分析技术。在竞争情报研究中,判断分析一般用于研究素材鉴别、研究推理过程和研究成果评价中。

在竞争情报研究素材的鉴别中,竞争情报人员要对素材的可靠性、准确性和时效性进行判断分析。情报素材可靠性的判断标准主要是素材载体的来源和渠道,一般来讲,公开渠道传递的正式文件和数据,以及非正式交流中从关键人物口中得到的直接信息,其可靠性比较有保障。判断信息数据的准确性,要看其是否来自数据发生部门或权威认证部门,还要分析某些定量数据的计算推导过程是否科学。情报素材的时效性判断标准主要是时间、适用范围和条件,通过对信息生成背景和研究任务目标环境的对比分析,可以判断出有关素材的时效性情况。

在竞争情报的研究推理过程中,判断分析贯穿始终。竞争情报研究人员在推理过程中,通常根据研究专题的要求,按照一定的评估或鉴定标准,对本企业和竞争对手的状况和竞争态势作出判断,对未来竞争环境的变化作出预测。因此,判断分析的框架和流程对于研究推理结果的完整性和科学性起着至关重要的作用。

在竞争情报研究成果的评价中,有关人员运用科学、准确、及时、适用的指标体系对情报产品进行的判断分析,决定着有关情报研究成果最终能否被使用,以及在未来被使用过程中研究成果能够实现多大的价值。情报研究成果评估的过程中往往需要进行定量的统计分析,最终在情报人员的主观意志作用下,按照一定的评价标准,可以得到定性的判断结论。

2. 统计分析

统计分析是针对研究对象展开统计调查,并对得到的数据进行数量分析,找出数据关联的规律,总结数据所反映事物的特征。统计分析是经济和社会科学研究的常用手段,也是竞争情报研究使用频繁的分析工具。

竞争情报研究人员在使用统计分析技术时,需要注意各种条件和限制。第一,统计调查样本的选择要有代表性,例如,调查企业的客户满意情况,必须保证被调查的客户样本代表了所有的客户群。第二,要注意合理选择统计计算公式,例如,在进行有关趋势问题研究时,要选用时间序列有关的计算公式,在进行有关要素相互关系问题研究时,要选用与回归分析有关的计算公式。第三,要保证选用处理数据的准确性和完整性,因为统计数据处理结果的可靠性不取决于数学计算过程,而是取决于选用的数据和拟制的数据关系方程。

竞争情报研究中,统计分析技术往往要与其他研究分析技术结合起来共同使用,因为单纯的数据统计分析只能揭示数据对象间存在的数量关系,而不能解释数据对象间相互作用的因果关系和作用机制,所以,要想解释清楚有关的机理,就必须使用各种定量与定性分析工具。

3. 模型分析

模型分析是将被分析的领域对象归纳抽象成一个个问题框架或公式,在分析过程中只要依次回答了框架中的问题,或者给公式中的变量赋具体的值,就可以得到对有关问题的分析结果。模型分析的好处在于,可以充分利用前人在有关问题上取得的方法论成果,并通过问题框架或公式的提示来规范分析研究的方向和重点。

竞争情报研究中,对模型分析的使用常常体现在一些常见的预测研究中,例如,为了验证对未来竞争情景(场景)预测的一致性,可以提出以下问题:① 预期的行动和事件发生的顺序是正确的吗? ② 假定场景中应该出现的行为和事件是否有遗漏? ③ 特定行动和事件发生之前必然发生的先导行动和事件是什么? ④ 什么行动发生后会排除其他预期行动的出现? ⑤ 在预期的战略目标中可能会出现什么不一致? ⑥ 进行预期的行动会导致实现预期的目标吗?

为了验证情景分析预测逻辑的合理性,可以提出以下问题:① 对于预期的战略结果来说,哪一种驱动力量最为关键? ② 所谓的战略驱动力量会导致预期的战略发展方向吗? ③ 驱动力量之间会相互抵消,会导致相反的战略方向吗? ④ 假如一些驱动力量消失或反方向,预期的战略方向会发生什么变化?

此外,在竞争对手专题研究中,关于竞争对手的物质基础、思想意识、企业文化和企业关系等问题都可以通过对相应分析模型的引导性问题的回答得到解决。

模型分析实质上是一种情报研究方法论的体现,各种专题研究、各种常用方法都会牵涉模型问题。模型分析既是对模型的使用,也是对模型的检验。因此,竞争情报研究人员在进行模型分析时要注意自觉使用其他方法对得到的结论进行印证,要注意根据实际情况的发展变化及时调整和修改所用的模型,以便在竞争情报实践的过程中完善和丰富竞争情报的理论与方法。

12.4 竞争情报产品评审

由于竞争情报工作是一个循环过程,竞争情报产品对未来的有关工作会持续发挥作用,因而对竞争情报产品的评估审查对于竞争情报工作的整体管理意义重大。对竞争情报产品进行评审,主要围绕有关情报产品的质量、内容和时效来进行。

12.4.1 对竞争情报产品质量的评审

竞争情报作为一种智慧产品,其质量取决于内在、外在多种因素。从管理角度出发,竞争情报产品的质量取决于三个外部可见的因素,即情报表述明确、论据释义得当、分析逻辑清晰。

情报表述明确的前提是,在竞争情报研究中作为论据的数据和信息必须是准确而无歧义的。然而在实际工作中,针对同一对象不同来源的数据和信息常常互不协调、各有所指,报告文章亦有不同的风格和表述习惯,反映事物、现象变化的警示信息更因其"新"而难以预先规范表达方式,这种信息表述风格上的多样性,会为后续的理解分析带来很多困难。例如,有关竞争对手企业的行为描述、文字记录和企业属性等信息往往是模糊不清的;有关新产品、新的客户服务和价格变化的情况信息需要相当时间的积累才能准确描述;对于某些竞争对手企业有意发布的信息需要甄别加工才能投入分析使用等。情报人员的任务就是要克服这些困难,要在情报产品中用明确统一的形式介绍情况和表述观点,而不能将此类问题留给情报用户去解决。

在竞争情报研究中,论据释义得当,才有可能得到正确的分析结论。而论据释义是一个见仁见智的工作,难以统一规范,只能结合有关信息数据的背景情况进行判断。例如,要想解读企业联合开发某项产品的公告意义,就必须了解有关企业的研发能力、市场态势、竞争对手企业的相关状况以及发布公告的目的等。因此,通过对相关性背景材料的把握,可以控制竞争情报研究中论据释义的准确程度。

竞争情报产品中的分析逻辑有直接和间接之分。所谓直接逻辑,是指情报结论可以由情报现象(素材)直接推出,表 12-3 展示了种种情报结论与情报现象(素材)之间的直接对应关系,例如,通过竞争企业雇请新的客户经理的举动,可以推断该企业可能要在提高客户服务质量上做文章。所谓间接逻辑,是指通过反映某事物的情报现象(素材)可以作出有关其他事物的情报结论,例如,通过某跨国企业在某国的业务或战略调整的举动,可以推断该企业在其他国家或地区业务或战略调整的可能性;通过企业在生产过程中的变化,可以推断企业可能的市场营销战略调整。在竞争情报产品中,无论是直接的还是间接的,都要保证逻辑清晰可见,唯有这样,才能使情报研究成果被接受和使用。

表 12-3　企业加强客户服务情报现象推断表

情报现象	情报结论
雇请新的客户经理	准备提高客户服务质量
重组客户支持与服务部门	证实上述推断
客户支持与服务部门现改由主管市场（而非销售）的副总经理领导	表明企业提高了对服务的重视
对销售人员实施新的培训计划	服务工作在所有涉及客户的部门都得到加强
在广告宣传中强调客户服务	表明企业把服务作为吸引和留住客户的重要手段
企业负责人提出：顾客对质量的要求不仅体现在产品上，也体现在服务上	服务意识正在企业中形成，也将体现在组织变化上
客户反映：该企业正在提供前所未有的服务	证实客户服务已被纳入企业管理的有机组成中

引自：Fahey, Liam. *Competitors: Outwitting, Outmaneuvering, and Outperforming*. John Wiley & Sons, Inc, 1999, 90.

12.4.2　对竞争情报产品内容的评审

对竞争情报产品内容进行的评审主要是针对有关信源的发信目的、情报标的和情报可信度进行的。评审的目的是为情报工作管理者和情报使用者确定对有关情报的处理意见提供决策依据。

1. 发信目的的审查

审核竞争情报有关信源的发信目的是为了避免在竞争情报研究过程中被误导。因为在竞争情报研究过程中所涉及的信息有时是被有意发出的，信息发出者有时会试图通过有计划地释放信息来向外界发出某些信号，以引导竞争对手、合作伙伴或客户作出某些特别行动。此类信息发布可以通过语言文字公告、市场行为或企业组织结构调整等来进行。例如，某些大型企业对其竞争对手的所有促销措施都予以仿效或进行比照，对所有的升级换代产品研发都有相应措施，这些企业通过释放上述信息，向外界表明其捍卫本地市场的决心和能力，借此巩固客户对企业产品的信任，动摇竞争对手染指本地市场的念头。当然，在企业经营过程中，大量信息会在企业没有意识或不能控制的情况下发出,如各种依法公开的财务数据、生产经营组织的发展变化等都对信息接受者具有客观的参考价值。此外,在有意为之的信息传输过程中,信息的接受者未必会按照信息发出者的意愿解读信息,尽管如此,在竞争情报研究中,探究信源的发信目的对于准确理解信息含义、正确制定本企业的决策还是十分重要的。

2. 情报标的审查

审核竞争情报标的主要是要弄清情报反映对象的变化性质和重要程度。竞争情报的提示作用就是反映有关情报对象的变化情况,情报对象的重要程度有高有低,情报对象的变化状态有些是稳定或渐进的,有些则是突变的,通过对变化状态的观察,可以发现情报对象的作为与趋势。一般的文字和行为信息反映的变化情况常常相对舒缓,尤其在将这些信息与企业战略变化相联系时往往有一定的时间冗余,而一些重要的企业公告如联营公告等,则反映了企业的某些大动作将要或已经发生。在竞争情报工作中,对于反映重要对象重大变化的信息需要着重进行审查,因为此类信息的情报作用大,而信息的不确定性程度也往往较高。因此,审核界定情报标的,有助于合理组织安排情报研究和情报报送工作。

3. 可信度审查

审核竞争情报的可信度既有助于发现和弥补情报研究中的不足,也有助于提高情报产品的说服力,增加情报产品被使用的机会。情报可信度的高低取决于相关数据信息以及在数据信息基础上的推理分析。一般而言,源于企业资产数据信息和源于情报人员获取的一手信息的情报其可信度较高,具有较多指标信息支持的情报其可信度较高。对于建立在完备推理分析基础上的情报产品来说,其可信度也高于那些仅仅对情报素材间的联系作出简单或片面解释就得出结论的情报产品。例如,只是根据个别顾客得到了打折产品,就推断某企业在价格策略上会有重大调整,此种情报推论的可信度就很有问题。因此,对情报素材和分析方法进行质疑是保证提高情报可信度的手段。需要注意的是,竞争情报的可信度衡量的只是情报素材与情报分析过程,可信度高并不一定意味着情报所反映的事物一定要发生,这是审核情报可信度时必须清醒意识到的。

12.4.3 对竞争情报产品时效的评审

对竞争情报产品进行时效性审核,能够影响情报管理者和使用者对相应情报的重视程度。竞争情报产品的时效性包括情报的紧迫性和情报作用效能两方面的考虑成分。

1. 竞争情报紧迫性审查

竞争情报的紧迫性取决于两个因素,一是情报研究人员了解掌握有关情报所需占用的时间,二是情报所揭示的对象变化的急缓情况。

情报人员获取情报占用两个时段,即感知时段和认知时段。感知时段指情报人员从得到信息数据到意识到有关情报素材存在所用的时间。如果信息数据源于常规重复的信息采集过程,往往会有一段意识反应的时滞,如果信息数据源于非常,则感知时段极有可能为零。例如,竞争情报人员可能某时对某些源源报来的财务数据的变化并不敏感,而当其听到对手企业主管人员的最新讲话时,却会立即与相应的企业管理问题相关联并进行分析。认知时段指情报人员从意识情报素材存在到发现其蕴涵的情报意义所用的时间。对于正常的情报工作来说,认知时段或长或短总是存在的。如果在竞争情报研究中能够减少情报获取所用的时间,则会使情报用户能够较从容地使用情报产品。

情报揭示对象变化的缓急情况表现在情报与其预期事件的实际发生之间的时差上,这个时差与情报素材的内容和来源有很大关系。例如,根据某企业招聘新的知识员工的信息可以推断该企业正在开发新产品,而新产品的实际投放可能发生在得出上述情报判断之后相当长的时间之后。而根据某企业的公开声明得出的企业调整预测可能很快就成为现实。因此,情报揭示对象变化的缓急情况,实际也决定了情报发生作用的时限或情报价值的寿命。

竞争情报的紧迫性有时也可用竞争情报反应时间来表示。所谓竞争情报反应时间,是指情报用户从得到情报产品到采取行动作出反应所用的时间。竞争情报反应时间也是由紧迫性的两个因素共同决定的,情报的紧迫性强,则反应时间就少,情报的紧迫性弱,则反应时间就可以适当延长一些。可以说,竞争情报反应时间和竞争情报的紧迫性是同一问题的两种不同表述形式,之所以要用不同的形式来表述这一问题,是为了从情报的实际应用上给用户和情报工作者更多的参考依据。

2. 竞争情报作用效能审查

竞争情报效能是专指有关情报产品对本企业的影响效果。这类影响可能会表现为新生产线的产生、生产成本的大幅降低、知识创造团队的加盟以及发掘新的市场机会等。竞争情报产品的影响除了在领域范围表现不同外,在影响力度和影响时间上也有所不同。影响力大的情报产品往往需要情报研究人员动用更多的研究资源、投入更多的时间和精力来进行深入细致的分析研究,这些研究往往需要征询更多的情报素材做证据,常常涉及调整企业长期以来对市场、竞争对手和经营战略所持的基本判断,而这些内容一旦被调整,相关情报产品的作用亦呈长期有效状态。

需要注意的是,对竞争情报产品效能的审核与对情报产品的质量和内容审核不同。质量好、可信度高的情报产品未必会有强的竞争情报效能,例如,通过行业出版物和客户等渠道调查发现了竞争对手正在重组其销售力量的有关情报,然而这个情报对本企业正在实施的加强客户关系管理、扩大市场份额的战略影响就不是很大。相反,有时一些不甚准确的情报却有可能对本企业发生较大的影响,例如,有关竞争对手企业未经证实的猎头计划传言,可能会使企业重新调整用人政策,重新审视企业发展重点。可见,对竞争情报效能的审核实际是在判别有关情报作用的大小。

因此,对情报时效性的审核,既包括对情报作用时限的考虑,也包括对情报作用大小的判断,时效性审核是对有关情报产品评估审查必不可少的组成部分。

从上述对竞争情报评估审查的内容介绍中可以看出,作为被审查对象的竞争情报产品在不同的评估视角下有不同的作用意义。企业竞争情报管理作为一个完整的系统,必须注意从质量、内容和时效性等多方面、多角度对竞争情报研究成果进行评估审查。只有这样,才能保证企业的竞争情报工作真正发挥其应有的作用。

主要参考文献

[1] Alf H. Walve III. *Qualitative Research in Intelligence and Marketing*. Westport, Conn.: Quorum Books, 2001.
[2] Altier, W. J. *The Thinking Manager's Toolbox*. Oxford University Press, 1999.
[3] Baron, J. *Thinking and Deciding*. 2nd ed. Cambridge University Press, 1994.
[4] Baumohl B. *The Secrets of Economic Indicators*. New Jersey: Pearson Education, Inc., 2005.
[5] Bazerman, M. *Judgment in Managerial Decision Making*. 4th ed. Wiley, 1998.
[6] Bouthillier F, Shearer K. *Assessing Competitive Intelligence Software: A Guide to Evaluating CI Technology*. New Jersey: Information Today, Inc., 2003.
[7] Breeding B. CI and HM Convergence: A Case Study at Shell Services International. *Competitive Intelligence Review*, 2000, 11(4).
[8] Burby J, Atchison S. *Actionable Web Analytics*. Indiana: Wiley Publishing, Inc., 2007.
[9] Clemen, R. T. *Making Hard Decisions: An Introduction to Decision Analysis*. 2nd ed. Belmont: Duxbury Press, 1996.
[10] Cowell, R. G., et al. *Probabilistic Networks and Expert Systems*. New York: Springer-Verlag, 1999.
[11] Fahey L. *Competitors: Outwitting, Outmaneuvering, and Outperforming*. New York: John Wiley & Sons, Inc. 1999.
[12] Fleisher C S, Bensoussan B E. *Business and Competitive Analysis: Effective Application of New and Classic Methods*. New Jersey: Pearson Education, Inc., 2007
[13] Fleisher C S, Bensoussan B E. *Strategic and Competitive Analysis: Methods and Techniques for Analyzing Business Competition*. New

Jersey: Pearson Education, Inc. , 2003.
[14] French, S. *Readings in Decision Analysis*. London: Chapman and Hall, 1990.
[15] Gallhofer, I. N. , et al. *Foreign Policy Decision-making: A Qualitative and Quantitative Analysis of Political Argumentation*. Westport, CT: Praeger, 1996.
[16] Goldstein, W. W. , et al. *Research on Judgment and Decision Making: Currents, Connections and Controversies*. Cambridge: Cambridge University Press, 1997.
[17] Hammond, J. S. , et al. *Smart Choices*. Harvard Business School Press, 1999.
[18] http://wiki.mbalib.com/wiki
[19] Kasriel P, Schap K. *Seven Indicators That Move Markets*. New York: McGraw-Hill, 2003.
[20] Kirkwood, C. W. *Strategic Decision Making: Multiobjective Decision Analysis with Spreadsheets*. Belmont: Duxbury Press, 1997.
[21] Klein, G. *Sources of Power: How People Make Decisions*. MIT Press, 1998.
[22] Marshall, K. T. , et al. *Decision Making and Forecasting (with Emphasis on Model Building and Policy Analysis)*. McGraw-Hill Inc, 1995.
[23] Michalewicz Z, et al. *Adaptive Business Intelligence*. Berlin: Springer, 2007.
[24] Picker A D. *International Economic Indicators and Central Banks*. New Jersey: Wiley Publishing, Inc. , 2007.
[25] Reibstein D J, Chussil M J. Putting the Lesson before the Test: Using Simulation to Analyze and Develop Competitive Strategies. // *Wharton on Dynamic Competitive Strategy*. New York: John Wiley & Sons, Inc. , 1997.
[26] Russo J E, Schoemaker P J H. Managing overconfidence. *Sloan Management Review*, 1992, 33(2).
[27] The Economist. *Guide to Economic Indicators*. 6th ed. New York: Bloomberg Press, 2007.
[28] Valentine L M, Dauten C A. *Business Cycles & Forecasting*. Ohio: South-Western Publishing Co. , 1983.
[29] Vause B. *Guide to Analysing Companies*. London: Profile Books Ltd. , 2005.
[30] Westney D E, Ghoshal S. Building a Competitive Intelligence Organiza-

tion: Adding Value in an Information Function. // Allen T J, Morton M S Scott (Eds.). *Information Technology and the Corporation of the 1990s*. New York: Oxford University Press, 1994.

[31] Zahra S A, Chaples S C. Blind spots in competitive analysis. *Academy of management executive*, 1993, 7(2).

[32] 〔美〕保罗·穆迪著,安玉英等译. 管理决策方法. 北京:中国统计出版社,1989.

[33] 陈良瑾. 决策与智囊. 呼和浩特:内蒙人民出版社,1985.

[34] 陈文伟. 决策支持系统及其开发,第二版. 北京:清华大学出版社,2000.

[35] 陈秀梅,于亚博. 领导艺术古今谈. 北京:红旗出版社,1996.

[36] 程明熙. 决策理论与方法. 南京:东南大学出版社,1991.

[37] 丁厚德. 发展战略与科学决策. 长春:吉林教育出版社,1991.

[38] 高宝义,等编著. 工商企业经营预测与决策技术. 北京:北京经济学院出版社,1992.

[39] 郭金树,等. 领导决策基础. 北京:求实出版社,1989.

[40] 何国伟. 企业管理工程学. 上海:知识出版社,1984.

[41] 侯定丕. 管理科学定量分析引论. 合肥:中国科技大学出版社,1993.

[42] 黄孟藩. 决策概论. 杭州:浙江教育出版社,1989.

[43] 姜圣阶,等. 决策学基础. 北京:中国社会科学出版社,1986.

[44] 金笙,谢京湘. 现代企业决策方法. 北京:中国城市出版社,1996.

[45] 金逸南,周志纯. 软科学研究与决策科学化. 武汉:武汉工业大学出版社,1988.

[46] 赖茂生,等. 计算机情报检索. 北京:北京大学出版社,1993.

[47] 李光. 现代思想库与科学决策. 北京:科学出版社,1991.

[48] 李怀祖. 决策理论引导. 北京:机械工业出版社,1993.

[49] 李同明. 经济管理决策. 北京:中国人民大学出版社,1990.

[50] 李忠尚. 现代决策论. 北京:中国青年出版社,1995.

[51] 刘晶珠. 决策支持系统导论. 哈尔滨:哈尔滨工业大学出版社,1990.

[52] 吕志良,编译. 经济决策分析. 北京:机械工业出版社,1990.

[53] 马庆国,等. 决策科学导引. 杭州:浙江人民出版社,1989.

[54] 茅于轼. 择优分配原理. 成都:四川人民出版社,1985.

[55] 彭斐章,胡昌平. 科学研究与开发中的信息保障. 武汉:武汉大学出版社,1998.

[56] 乔迪·兰德决策——机遇预测与商业决策. 成都:天地出版社,1998.

[57] 秦铁辉.情报研究概论.北京:北京大学出版社,1991.
[58] 〔英〕琼尼,〔英〕特惠斯著,陆廷刚译.用于计划决策的技术预测.上海:复旦大学出版社,1984.
[59] 〔美〕斯蒂芬·P·罗宾斯著,黄卫伟等译.管理学(第四版).北京:中国人民大学出版社,1997.
[60] 宋绍礼.定量决策方法及应用.北京:北京经济学院出版社,1991.
[61] 童星.社会管理学概论.南京:南京大学出版社,1991.
[62] 王加微.行为科学.杭州:浙江教育出版社,1986.
[63] 王延飞,主编.经营战略信息管理.北京:北京大学出版社,2005.
[64] 王延飞.竞争情报方法.北京:北京大学出版社,2007.
[65] 王众托,等.计算机决策支持系统.北京:中国石化出版社,1995.
[66] 魏同悟.领导活动案例评点(决策卷).南宁:广西人民出版社,1998.
[67] 吴志辉.走向决策科学化.广州:广州高教出版社,1990.
[68] 欣士敏.经济决策概论.上海:上海社会科学院出版社,1988.
[69] 徐国祥.统计预测和决策.上海:复旦大学出版社,1994.
[70] 张南保.经济信息学.上海:华东化工学院出版社,1990.
[71] 张勤.决策操作探微·程序编.北京:中国政法大学出版社,1992.
[72] 张尚仁.现代决策方法学.济南:山东人民出版社,1989.
[73] 张世英,等.技术经济预测与决策.天津:天津大学出版社,1994.
[74] 张为国,主编.会计学概论.上海:三联书店,1994.
[75] 赵宏.经济管理中的预测技术和艺术.北京:解放军出版社,1988.
[76] 赵文彦,等.科学研究与管理.北京:时事出版社,1986.
[77] 中国冶金建设管理协会编.决策技术及其应用.北京:冶金工业出版社,1989.
[78] 周寄中.美国科技大趋势.北京:科学出版社,1991.
[79] 周立基,倪加勋.现代管理决策方法——定量分析与测度技术.北京:中国人民大学出版社,1993.